数据保护

合规指引与规则解析

刘新宇◎主编

Data Protection:

Compliance Guidelines and Rule Analysis

中国法制出版社
CHINA LEGAL PUBLISHING HOUSE

序　言

数据商业利用与个人信息保护之间存在的对立，无疑是数字社会发展中遇到的最大矛盾。合理的个人信息保护是数据商业交易不反噬个人私领域的基本保障和前提，而数据的自由流动与个人信息的正当使用则是数字社会健康发展的基础。这两者相辅相成、和谐发展方能带来数字社会的繁荣。如何平衡数据商业利用与个人信息保护之间的关系，最大效用地利用数据与信息，且能有效保护数据主体的最大权益，将是数据治理中的永恒核心议题。

在信息化趋势下，网络空间内安全威胁的范围不断扩大，具体表现形态也纷繁多样，网络安全形势愈发严峻。在此背景下的数据处理，尤其是其规模的不断扩大，也带来了更多的网络空间安全问题。如何通过高水平的立法应对网络安全威胁，保护关键信息基础设施和公民个人信息安全，维护国家利益和公民合法权益，进而推动我国网络空间国际治理能力的发展，亦成为在网络安全领域立法需回应的问题。

最近十年，“科技寡头”的快速扩张，时常会引发用户们对于自身的个人信息和数据是否能得到合理保护的担心，“支付宝年度账单事件”等与个人数据保护相关的事件和诉讼案件开始频繁涌现。这些与个人数据相关的议题，不断占据舆论热点。其中揭示的现实问题是：个人用户数据权利意识愈发强烈，企业的数据合规也愈发重要。这也使得企业个人数据的合规能力，正在和企业的商业信誉愈发紧密地捆绑在一起。在可见的未来，企业的数据合规将和企业名誉、利益甚至命运息息相关。甚至可以说，一个企业的信息合规能力，在未来会成为决定其综合实力的重要影响因素。

刘新宇博士等作者前瞻且深刻地认识到，在数据商业运用广泛铺开的21世纪，数据本身的开放性、共享性和无形性，决定了法律人不仅会在学理层面遇到信息权利建构等各方面的挑战，而且更会让信息控制者和法律从业者，在实务的数据交易和数据运用中面对各种棘手的难题。面对这些问题，不仅立法者需要跳出传统法律体系的框架，面对新情况即时调整规范；法律从业者和个人信息持有者，也需要即时适应数据权利保护不断流变的法律框架，把握规范发展的脉络，甚至做出具有前瞻性的合规调整。

本书作为数据保护实务指引，凝聚了作者在长期法律研究和实务工作中的所见、所思、所得，紧跟数据保护热点、难点和重点，对数据合规相关问题的分析深入浅出，并从数据保护全生命周期的角度提出了具体的实务操作建议，具有较强的可行性，能够帮助读者在大数据时代，更好地应对新兴的数据合规挑战。这本书的亮点还在于收录了作者对数据保护相关新规的解析，方便读者在近两年数据保护新规不断出台的情况下，第一时间掌握新规的要点、难点，并为读者有效落实新规的要求提供了针对性的指导。

本书的几位作者均是在数据保护领域深耕多年的专家，熟悉各类数据商业应用的场景，对数据合规有着充分而深刻的理解。其中新宇跟我攻读博士期间便参与了跟我主持的国家社科基金重大课题“大数据时代个人数据保护与数据权利体系研究”相关的学术研究。其博士学位论文也是以《数据权利构建及其交易规则研究》为题，较为深入地研究了大数据时代下数据权属的认定、交易规则和数据权利构建等相关问题。可喜的是，他去年还在核心期刊上发表了《大数据时代数据权属分析及其体系构建》一文，指出目前以用户为中心的个人信息“绝对保护”框架，已经无法有效地调整经营者和用户之间的复杂关系；而现代社会正愈发倾向于一种动态化的双向保护方式，以平衡个人信息权益与经营者数据资产权益。可以看出，他在执业之余，一直在数据法律领域坚持学习与研究。

本书作者尽管付出了艰辛努力，但对相关法律规章的解读还可更为细致些，对于案例的分析还可更为全面些，对一些基本概念或术语的介绍还可更加深入些。但瑕不掩瑜，本书丰富而系统的法律规章梳理，全面而富有针对性的条文解读以及对于典型案例的分析等，无论是对于数据企业，还是对于相关法律从业者，都会带来一定助益；也相信这本书对于企业数据合规体系在未来的构建，能够带来实际帮助。感动于作者在繁忙的实务工作中，不忘学习与研究！更期待新宇博士无论在实践业务，还是在学理知识上，继续努力与进步！

彭诚信
上海交通大学凯原法学院副院长、教授
2020 年 6 月于凯原法学院

目 录

第一部分

我国数据保护现状概述

一、引言

当下，相关技术及市场的快速发展深刻改变着现有的生产和生活方式，正引发思维方式和社会形态的剧烈变革。数据有价，数据商品化的实现将数据使用和保护的平衡推到了信息化时代的台前，如何平衡数据的保护和利用并促进数据的流通成为新的关注点。一方面，民众权利意识的提升亟待法律的回应；而另一方面，企业和政府使用信息给民众带来巨大便利的现实，又不断提醒着我们，法律应当谨慎把控数据保护的力度，保障信息的流通自由。

现如今，数据，尤其是个人信息，对于实现风险控制、风险定价、精准营销、产品开发和战略分析等发挥着越来越重要的作用。但与此同时，其带来的风险也是不能忽视的。近年来，境内外数据安全事件频发，无论是Facebook的信息泄露事件、支付宝年度账单事件、顺丰员工转卖内部数据权限等重大数据安全事件，还是各类个人信息买卖案件、App个人信息侵权事件，在使社会公众信息安全和财产安全面临威胁的同时，也引发了政府和公众对数据安全的思考。

2020年5月28日通过的《民法典》将个人信息的相关规则写入民事立法中，确立了个人信息相关权利的法律地位及性质。而在此之前，2017年6月1日，《网络安全法》正式实施，其作为我国第一部全面规范网络空间安全管理方面问题的基础性法律，不仅是我国网络空间法治建设的重要里程碑，也就数据和个人信息合规提出了许多框架性的要求。《网络安全法》实施以来，各类配套法规、规章和标准化文件不断出台。尤其是2019年以来，数据保护相关规范的出台速度明显加快，规则体系的框架已越发清晰，对应的合规要求也逐渐落向实处。随着我国政府数据安全意识不断加强以及个人信息主体自身权利意识的逐渐觉醒，做好数据保护已经成为面对着监管要求和舆情压力的企业在规划发展战略和开展日常运营工作的过程中不可忽视的重要环节。

二、数据保护立法现状

在现代社会治理中，将数据治理与个人信息保护放到更加重要的地位上已经成为国际社会的广泛共识。于我国而言，虽然聚焦于数据治理及个人信息保护的专门法律——《数据安全法》与《个人信息保护法》尚未出台，[①] 但与数据保护相关的条文早在多年以前，便逐渐开始散见于法律、司法解释以及相关的部门规范性文件中，其具体的发展脉络梳理如下：

（一）民商事法律、法规、规章层面

2012 年 3 月 15 日，工业和信息化部发布的《规范互联网信息服务市场秩序若干规定》正式施行，其明确规定，除非法律、行政法规另有规定，“能够单独或者与其他信息结合识别用户的信息”的收集、使用、提供必须“经用户同意”。就此，“可识别性”成为认定个人信息的核心标准，个人信息保护的客体开始逐渐明晰。2012 年 12 月 28 日，全国人大常委会通过了《关于加强网络信息保护的决定》，明确了国家对于网络信息安全的保护，强调了公民个人信息收集过程中的合法、正当、必要原则以及防止个人信息泄露的义务，国家越发重视对于个人的网络信息保护。随后的两三年间，征信、工信、消费者保护等领域的立法都将个人信息保护纳入相应的法律文本中，如《征信业管理条例》《电信和互联网用户个人信息保护规定》《中华人民共和国消费者权益保护法》等。

2017 年 6 月 1 日，《网络安全法》正式实施，作为我国网络和数据安全框架性的立法，它标志着我国网络安全保护相关的众多制度要求开始逐步建立。在安全等级保护方面，《网络安全等级保护条例（征求意见稿）》《网络安全等级测评机构管理办法》等规章相继发布或生效；在关键信息基础设

---

① 据全国人大常委会法制工作委员会发言人表示，2020 年人大法工委计划制定《数据安全法》及《个人信息保护法》，参见《中国发布丨法工委：明年计划制定个人信息保护法、数据安全法等法律案》，http：//news. china. com. cn/txt/2019 - 12/20/content_ 75533058. htm，最后访问时间：2020 年 3 月 5 日。

施保护方面，《关键信息基础设施安全保护条例（征求意见稿）》（以下简称《CII 保护条例（征求意见稿）》）发布；在数据出境方面，《个人信息出境安全评估办法（征求意见稿）》（以下简称《个人信息出境办法（征求意见稿）》）等规范性文件的制定标志着数据跨境传输方面的制度要求逐渐完善。此外，国家网信办还于 2019 年 5 月 28 日发布了《数据安全管理办法（征求意见稿）》。

伴随着《网络安全法》的施行和相关监管实践活动的开展，在积累了较为充分的监管经验的前提下，更具针对性的数据立法开始大量发布。如 2019 年 10 月 1 日起施行的《儿童个人信息网络保护规定》对于儿童的个人信息的保护采取了更加严格的手段，并基于儿童个人信息保护的特殊性对儿童个人信息保护进行了专门的规定。而针对一些 App 过度收集用户个人信息，隐私条款不完善等问题，国家网信办、工信部、公安部、国家市场监管总局四部委也于同年 11 月 28 日联合发布了《App 违法违规收集使用个人信息行为认定方法》（以下简称《App 违法违规认定方法》）。该文件既为监管部门认定 App 违法违规收集使用个人信息行为提供了参考，也为 App 运营者自查自纠和网民社会监督提供了具体的实务指引。

我国不同地区的网络条件及技术能力存在较大差异，不同地区数据保护情况可能存在区别。实践中，部分地方政府也尝试通过制定地方法规的方式对数据处理活动进行规范。例如，天津市网信办于 2019 年 6 月 26 日发布了《天津市数据安全管理办法（暂行）》，并于 2019 年 8 月 1 日开始正式施行，开启了地方监管机关开展监管探索的尝试。此后，《重庆市政务数据资源管理暂行办法》《贵州省大数据安全保障条例》等地方法规也相继出台，地方政府基于区域特点进行数据方面的针对性监管或将成为今后的立法趋势。

此外，随着新业务的出现和发展，数据保护亦在不同行业的立法中表现为专业化和精细化的特征。如随着“网约车”、物流行业的发展，《网络预约出租汽车经营服务管理暂行办法》《寄递服务用户个人信息安全管理规定》等管理办法应运而生，其中涉及大量旨在规制行业中数据收集和使用等问题的具体条文。这类法规及规章进一步充实了数据治理的相关规则体系。同时，2020 年发布的《民法典》将“隐私权和个人信息保护”单列一章，对隐私和个人信息进行特别的规定，从基本法律的层面体现了对个人信息的重视。

（二）国家标准层面

我国数据立法的一个鲜明特征便在于通过大量的国家标准的制定来为企业合规经营提供指引。国家标准在制定程序上相对更为灵活，更能贴近不断发展变化的数据活动的实践需要。2013 年 2 月 1 日，《信息安全技术　公共及商用服务信息系统个人信息保护指南》（GB/Z 28828－2012）正式实施。这是我国关于个人信息保护的首个国家标准，该文件确立了信息处理的基本原则（目的明确原则、最少够用原则、公开告知原则等），明确将个人信息区分为个人敏感信息和一般个人信息，并区别规制。

2017 年 12 月 29 日，《信息安全技术　个人信息安全规范》（以下简称《个人信息安全规范》）由全国信息安全标准化技术委员会（以下简称信安标委）发布，并于 2018 年 5 月 1 日正式实施。该标准系我国个人信息保护领域最重要、影响最为广泛的国家标准，其对于个人信息的相关名词进行了系统化、专业化的定义，并对于个人信息控制者在收集、保存、使用、共享、转让、公开披露等信息处理环节中的相关行为进行了规制。根据实践中个人信息收集、使用的变化及《个人信息安全规范》（2017）在实施过程中出现的问题，信安标委分别于 2019 年 2 月 1 日、6 月 25 日及 10 月 22 日发布了《个人信息安全规范（草案）》和两次征求意见稿，不断根据监管实践中发现的用户画像、个人生物识别信息收集等相关新问题对规范的内容进行调整，并于 2020 年 3 月 6 日发布了修改后的《个人信息安全规范》正式版，将于 2020 年 10 月 1 日正式施行。

在《网络安全法》确立的具体制度方面，许多制度框架正是通过国家标准来搭建和完善的。例如，在网络安全等级保护方面，《GB/T 22239 信息安全技术　网络安全等级保护基本要求（信息系统安全等级保护基本要求）》（以下简称《网络安全等级保护基本要求》）、《信息安全技术　网络安全等级保护测评要求》、《信息安全技术　网络安全等级保护实施指南》、《信息安全技术　网络安全等级保护安全设计技术要求》等多部国家标准均已在实施当中，以全力推动我国网络安全等级保护制度从“等保 2.0”向

"等保 3.0"时代演进。再如，在《网络安全法》和《个人信息安全规范》搭建的一系列收集、使用个人信息制度的基础上，《信息安全技术 个人信息去标识化指南》(以下简称《个人信息去标识化指南》)、《信息安全技术 大数据安全管理指南》(以下简称《大数据安全管理指南》)、《信息安全技术 个人信息安全影响评估指南（征求意见稿)》、《信息安全技术 个人信息告知同意指南（征求意见稿)》（以下简称《个人信息告知同意指南（征求意见稿)》）等配套国家标准也相继生效或发布，为数据安全及个人信息保护提供了更加详细和具体的指引。

（三）刑事层面

在立法层面，我国对数据和个人信息的保护存在着"刑法先行"的立法模式。1997 年修订的《刑法》便已经规定了破坏计算机信息系统罪，侵入他人计算机删除、修改、增加数据信息的行为开始受到刑事处罚。2009 年 2 月 28 日，《刑法修正案（七)》开始正式施行，其增设了出售、非法提供公民个人信息罪，非法获取计算机信息系统数据、非法控制计算机信息系统罪等罪名。《刑法修正案（七)》不仅采用刑事手段规制金融机构等单位工作人员提供、获取、交易个人信息的行为，也是首次将侵入非国有计算机仅获取数据的行为也纳入刑事规制的范围之内，对于他人计算机信息的删改行为不再成为入罪的必须要件，刑法对于数据保护的力度得以加强。2015 年施行的《刑法修正案（九)》则修改了刑法第 253 条之一，将犯罪主体的限制放宽，提升了法定最高刑的刑期，并规定对于在履行职责或者提供服务过程中获得的公民个人信息，非法出售或提供的行为，可以从重处罚。修改后，"出售、非法提供公民个人信息罪"和"非法获取公民个人信息罪"被整合为"侵犯公民个人信息罪"。同时，《刑法修正案（九)》也增设了非法侵入计算机信息系统罪、破坏计算机信息系统罪等罪名的单位犯罪规定。

除《刑法》外，最高人民法院、最高人民检察院和公安部也出台了一系列与数据和个人信息犯罪相关的司法解释，以指导相关刑事案件的侦查、检察和审判。2013 年 4 月 23 日，最高人民法院、最高人民检察院和公安部联合发布了《关于依法惩处侵害公民个人信息犯罪活动的通知》，要求坚决打击侵害公民个人信息犯罪活动。该通知明确规定侵害公民信息犯罪的定罪量刑应当综合考量非法出售、提供、获取个人信息的次数、数量、手段和牟利数额等因素，与此同时，该文件也对于具有可识别性的个人信息进行了较为细致的列举，如姓名、年龄、有效证件号码、婚姻状况、工作单位、学历、履历等。2014 年 10 月 10 日，最高人民法院发布的《关于审理利用信息网络侵害人身权益民事纠纷案件适用法律若干问题的规定》正式施行，全方位地确定了利用信息网络侵害个人信息案件的审理流程与审判要点，提高了个人信息相关刑事案件的审判工作水平，也变相推动了司法机关对个人信息相关犯罪的打击力度。

2017 年 6 月 1 日，最高人民法院、最高人民检察院联合发布的《关于办理侵犯公民个人信息刑事案件适用法律若干问题的解释》（以下简称《侵犯公民个人信息刑事案件解释》）正式施行。该司法解释对于侵犯公民个人信息罪的构成要件、量刑标准和具体法律适用问题进行了系统性的规定。其后两年中，最高人民检察院发布的《检察机关办理侵犯公民个人信息案件指引》和《最高人民法院、最高人民检察院关于办理非法利用信息网络、帮助信息网络犯罪活动等刑事案件适用法律若干问题的解释》（法释〔2019〕15 号）（以下简称《网络犯罪解释》）则对于侵犯公民个人信息案件的几个具体构成要件，列出了更为细致的证据审查要求与更加清晰的定罪量刑之标准。

（四）数据保护相关法律、法规、规章、规范性文件及国家标准汇总

当前我国数据保护相关的重要法律、法规、规章、规范性文件及国家标准参见下表：

序号	文件名称	发布机构	生效时间	法律状态
A. 数据保护相关的重要法律、法规、规章及规范性文件				
1	《消费者权益保护法》第 14 条、第 29 条、第 50 条、第 56 条	全国人大常委会	2014 年 3 月 15 日	现行有效
2	《刑法修正案（七）》	全国人大常委会	2009 年 2 月 28 日	现行有效
	《刑法修正案（九）》第 17 条、第 28 条		2015 年 11 月 1 日	

续表

序号	文件名称	发布机构	生效时间	法律状态
3	《网络安全法》	全国人大常委会	2017 年 6 月 1 日	现行有效
4	《民法典》第 111 条、第 1032 ~ 1039 条	全国人大	2021 年 1 月 1 日	尚未生效
5	《电子商务法》第 5 条、第 23 条、第 25 条、第 32 条	全国人大常委会	2019 年 1 月 1 日	现行有效
6	《密码法》	全国人大常委会	2020 年 1 月 1 日	现行有效
7	《最高人民法院关于审理利用信息网络侵害人身权益民事纠纷案件适用法律若干问题的规定》	最高人民法院	2014 年 10 月 10 日	现行有效
8	《侵犯公民个人信息刑事案件解释》	最高人民法院、最高人民检察院	2017 年 6 月 1 日	现行有效
9	《网络犯罪解释》	最高人民法院、最高人民检察院	2019 年 11 月 1 日	现行有效
10	《征信业管理条例》	国务院	2013 年 3 月 15 日	现行有效
11	《电信和互联网用户个人信息保护规定》	工信部	2013 年 9 月 1 日	现行有效
12	《中国人民银行金融消费者权益保护实施办法》	中国人民银行	2016 年 12 月 14 日	现行有效
13	《儿童个人信息网络保护规定》	国家网信办	2019 年 10 月 1 日	现行有效
14	《App 违法违规认定方法》	国家互联网信息办公室秘书局、工业和信息化部办公厅、公安部办公厅、国家市场监督管理总局办公厅	2019 年 11 月 28 日	现行有效
15	《网络安全审查办法》	国家网信办	2020 年 6 月 1 日	现行有效
16	《App 违法违规收集使用个人信息自评估指南》	App 违法违规收集使用个人信息专项治理工作组	2019 年 3 月 3 日	非法律文件
17	《数据安全法（草案）》	全国人大常委会	2020 年 7 月 3 日（发布时间）	正式版未发布，未生效

续表

序号	文件名称	发布机构	生效时间	法律状态
18	《CII 保护条例（征求意见稿）》	国家网信办	2017 年 7 月 10 日（发布时间）	正式版未发布，未生效
19	《网络安全等级保护条例（征求意见稿）》	公安部	2018 年 6 月 27 日（发布时间）	正式版未发布，未生效
20	《数据安全管理办法（征求意见稿）》	国家网信办	2019 年 5 月 28 日（发布时间）	正式版未发布，未生效
21	《个人信息出境办法（征求意见稿）》	国家网信办	2019 年 6 月 13 日（发布时间）	正式版未发布，未生效
22	《网络安全漏洞管理规定（征求意见稿）》	工信部	2019 年 6 月 18 日（发布时间）	正式版未发布，未生效
B. 数据保护相关的重要国家标准				
23	《网络安全等级保护基本要求》	市场监管总局、国家标准化委员会	2019 年 12 月 1 日	已生效
24	《信息安全技术　网络安全等级保护测评要求》	市场监管总局、国家标准化委员会	2019 年 12 月 1 日	已生效
25	《个人金融信息保护技术规范》	中国人民银行	2020 年 2 月 13 日	已生效
26	《个人信息去标识化指南》	市场监管总局、国家标准化委员会	2020 年 3 月 1 日	已生效
27	《大数据安全管理指南》	市场监管总局、国家标准化委员会	2020 年 3 月 1 日	已生效
28	《信息安全技术　网络安全等级保护实施指南》	市场监管总局、国家标准化委员会	2020 年 3 月 1 日	已生效
29	《个人信息安全规范》	市场监管总局、国家标准化委员会	2020 年 10 月 1 日	尚未生效
30	《个人信息安全影响评估指南（征求意见稿）》	信安标委	2018 年 6 月 11 日（发布时间）	正式版未发布，未生效

续表

序号	文件名称	发布机构	生效时间	法律状态
31	《信息技术　安全技术　生物特征识别信息的保护要求（征求意见稿）》	信安标委	2019 年 6 月 25 日（发布时间）	正式版未发布，未生效
32	《个人信息告知同意指南（征求意见稿）》	信安标委	2020 年 1 月 20 日（发布时间）	正式版未发布，未生效
33	《信息安全技术　移动互联网应用程序（App）收集个人信息基本规范（征求意见稿）》	信安标委	2020 年 1 月 20 日（发布时间）	正式版未发布，未生效
34	《网络安全标准实践指南—移动互联网应用程序（App）收集使用个人信息自评估指南（征求意见稿）》	信安标委	2020 年 3 月 19 日（发布时间）	正式版未发布，未生效

综合上表来看，现阶段我国对于数据保护的立法中，已经有相当一部分较为具体、可操作的规定。但是由于缺少较高位阶的法律加以统一，整体的法规和规范性文件依然处在一个较为分散和松散的状态，缺少系统性。当下，《个人信息保护法》《数据安全法》等法律法规已经被列入人大法工委 2020 年度立法工作计划之中。可以预见，在不远的将来，立法对数据的保护会进一步完善，覆盖的广度和深度会进一步加强，数据和个人信息保护的重要性将会进一步提升。

三、数据保护监管部门梳理

自《网络安全法》实施以来，网络安全相关的执法检查日益常态化。对于企业来说，充分了解各监管部门的职责范围和行政执法重点，能够帮助其更加依法合规地开展业务、面对监管检查。

1. 行政执法主体

根据国务院于 2004 年印发的《全面推进依法行政实施纲要》（国务院令第十号）第 7 条第 22 项：“行政执法由行政机关在其法定职权范围内实施，非行政机关的组织未经法律、法规授权或者行政机关的合法委托，不得行使行政执法权……”可以认为，行政执法主体包括：（1）在法定职权范围开展行政执法行为的行政机关；（2）由法律、法规授权或者行政机关委托行使行政执法权的非行政机关。

具体到网络安全、个人信息安全保护领域，结合《网络安全法》等相关规定以及当前的执法实践可以看出，相关行政执法事项主要由网信部门、工信部门、公安部门以及市场监督管理部门负责。

尽管各部门有其法定的职责权限，其行政执法的对象和范围也各有侧重，但在具体开展行政执法的过程中，仍然存在一些困境。2017 年 12 月 24 日举行的十二届全国人大常委会第三十一次会议上，关于检查网络安全法、加强网络信息保护的决定（即“一法一决定”）实施情况的报告明确指出：网络安全监管“九龙治水”现象仍然存在，权责不清、各自为战、执法推诿、效率低下等问题尚未有效解决，法律赋予网信部门的统筹协调职能履行不够顺畅。一些地方网络信息安全多头管理问题比较突出，但在发生信息泄露、滥用用户个人信息等信息安全事件后，用户又经常遇到投诉无门、部门之间推诿扯皮的问题。不少网络运营单位反映，行政执法过程中存在不同执法部门对同一单位、同一事项重复检查且检查标准不一等问题，不同法律实施主管机关采集的数据还不能实现“互联互通”，经常给网络运营商增加额外负担。

针对前述问题，除了依照相关法律法规及政策文件规定、在实践中进一步明确各职能部门的权责界限以外，各部门也越来越多地采用了联合协作等方式开展行政执法工作，以加强资源整合、信息共享，打破数据壁垒。例如，2019 年初，中央网信办、工信部、公安部、市场监管总局共同发布了《关于开展 App 违法违规收集使用个人信息专项治理的公告》，联手在全国范围组织开展 App 违法违规收集使用个人信息专项治理行动。2019 年 5 月至 12 月，前述四部门又联合开展全国范围的互联网站安全专项整治工作，对未备案或备案信息不准确的网站进行清理，对攻击网站的违法犯罪行为进行严厉打击，对违法违规网站进行处罚和公开曝光。

此外，具体到各个细分行业，不少行业主管部门也逐渐承担起对所在行业的网络信息安全的管理责任。例如，在金融行业，中国银行保险监督管理委员会、中国人民银行等会配合对金融相关的数据合规问题进行监督管理；在教育行业，教育部、国家新闻出版署等相关部门会参与到个人信息保护相关的治理行动中；其他领域的行政主管部门，如国家质量监督检验检疫总局、国家食品药品监管总局、国家宗教事务局、国家版权局等，也同样针对各自领域内的数据和信息进行相应的规范。

2. 行政执法行为

从中共中央办公厅、国务院办公厅发布的《行政执法类公务员管理规定（试行）》[①]，以及国务院办公厅印发的《推行行政执法公示制度执法全过程记录制度重大执法决定法制审核制度试点工作方案》（国办发〔2017〕14 号）[②] 等文件中均可以看出，行政执法行为应当包含行政许可、行政处罚、行政强制、行政征收、行政收费、行政检查六类。

在网络安全、个人信息安全保护领域，最主要和最常见的行政执法行为是行政检查和行政处罚，当然部分情况下也会涉及行政许可和行政强制。

从行政处罚措施上来看，根据《行政处罚法》第 8 条规定："行政处罚的种类：（一）警告；（二）罚款；（三）没收违法所得、没收非法财物；（四）责令停产停业；（五）暂扣或者吊销许可证、暂扣或者吊销执照；（六）行政拘留；（七）法律、行政法规规定的其他行政处罚。"其中，就责令停产停业这一处罚，在互联网环境下，除了常规的停业整顿外，还包括关闭网站、关闭通讯群组、暂停系统运行、暂停新用户注册等形式。

（一）网信部门

1. 部门简介

网信部门在中央/国家层面包括中央网信办和国家网信办。国家网信办

---

① 《行政执法类公务员管理规定（试行）》第 2 条："本规定所称行政执法类公务员，是指依照法律、法规对行政相对人直接履行行政许可、行政处罚、行政强制、行政征收、行政收费、行政检查等执法职责的公务员，其职责具有执行性、强制性。"

② 《推行行政执法公示制度执法全过程记录制度重大执法决定法制审核制度试点工作方案》第 2 条："……各试点地方和部门根据实际情况，可以在行政许可、行政处罚、行政强制、行政征收、行政收费、行政检查六类行政执法行为中选择全部或者部分开展试点。"

与中央网信办是“一个机构两块牌子”的关系，列入中共中央直属机构序列[①]。

中央网信办，即中共中央网络安全和信息化委员会办公室，其前身是于2014年2月27日成立的中央网络安全和信息化领导小组，由中共中央总书记、国家主席、中央军委主席习近平担任组长；2018年3月，中共中央印发《深化党和国家机构改革方案》，将中央网络安全和信息化领导小组改为中央网络安全和信息化委员会，中央网信办为该委员会的办事机构。中央网信办自成立之初，即开展了“扫黄打非·净网2014”专项行动、打击整治“伪基站”专项行动、“剑网2014”专项行动等。

国家网信办，即中华人民共和国国家互联网信息办公室，是经国务院批准设立的互联网信息监管机构，成立于2011年5月初。《网络安全法》为国家网信部门设定的职责主要包括：

序号	职责	依据
1	统筹协调网络安全工作和相关监督管理工作。	《网络安全法》第8条
2	会同国务院有关部门制定、公布网络关键设备和网络安全专用产品目录，并推动安全认证和安全检测结果互认。	《网络安全法》第23条
3	关键信息基础设施的运营者采购网络产品和服务，可能影响国家安全的，会同国务院有关部门组织的国家安全审查。	《网络安全法》第35条
4	对关键信息基础设施运营者将其在境内运营中收集和产生的个人信息和重要数据向境外提供的，会同国务院有关部门制定办法进行安全评估。	《网络安全法》第37条

① 中华人民共和国中央人民政府网站“国务院办事机构”一栏显示：国家互联网信息办公室与中央网络安全和信息化委员办公室，一个机构两块牌子，列入中共中央直属机构序列，http：//www.gov.cn/guowuyuan/zuzhi.htm，最后访问时间：2020年2月17日。

续表

序号	职责	依据
5	统筹协调有关部门对关键信息基础设施的安全保护采取下列措施： （一）对关键信息基础设施的安全风险进行抽查检测，提出改进措施，必要时可以委托网络安全服务机构对网络存在的安全风险进行检测评估； （二）定期组织关键信息基础设施的运营者进行网络安全应急演练，提高应对网络安全事件的水平和协同配合能力； （三）促进有关部门、关键信息基础设施的运营者以及有关研究机构、网络安全服务机构等之间的网络安全信息共享； （四）对网络安全事件的应急处置与网络功能的恢复等，提供技术支持和协助。	《网络安全法》第 39 条
6	和有关部门依法履行网络信息安全监督管理职责，发现法律、行政法规禁止发布或者传输的信息的，应当要求网络运营者停止传输，采取消除等处置措施，保存有关记录；对来源于中华人民共和国境外的上述信息，应当通知有关机构采取技术措施和其他必要措施阻断传播。	《网络安全法》第 50 条
7	统筹协调有关部门加强网络安全信息收集、分析和通报工作，按照规定统一发布网络安全监测预警信息。	《网络安全法》第 51 条
8	协调有关部门建立健全网络安全风险评估和应急工作机制，制定网络安全事件应急预案，并定期组织演练。	《网络安全法》第 53 条

此外，2014 年 8 月，国务院发布《国务院关于授权国家互联网信息办公室负责互联网信息内容管理工作的通知》（国发〔2014〕33 号），授权国家互联网信息办公室负责全国互联网信息内容管理工作，并负责监督管理执法。

2017 年 5 月，国家网信办又发布《互联网信息内容管理行政执法程序规定》（以下简称《程序规定》），从部委规章的层面将互联网信息内容管理的执法工作进行了程序上的统一协调安排。特别值得关注的是，《程序规定》第 21 条和第 29 条分别对“网络巡查”和“远程取证”等新型执法手段作了规定，在针对互联网领域的行政执法实践中更加具有可操作性。

2\. 行政执法情况

针对互联网信息内容管理，网信部门进行了一系列专项执法检查和行政处罚。

2019 年初，国家网信办启动网络生态治理专项行动，分为启动部署、全面整治、督导检查、总结评估四个阶段，剑指各类网站、移动客户端、论坛贴吧、即时通信工具、直播平台等重点环节中 12 类违法违规互联网信息，集中解决网络生态重点环节突出问题。

2019 年，全国网信系统通过约谈、警告、限期整改、暂停更新网站，会同电信主管部门取消违法网站许可或备案、关闭违法网站，会同有关部门依法查处网上各类违法信息和违法行为，移送司法机关相关案件线索等方式，持续加大行政执法力度。例如：

序号	执法主体	处罚对象	处罚原因	处罚措施
1	北京市网信办	搜狐	搜狐 WAP 网、搜狐新闻客户端传播低俗庸俗信息、破坏网上舆论生态等。	约谈相关负责人，责令整改。整改期间，搜狐 WAP 网“新闻频道”、搜狐新闻客户端“新闻频道”自 2019 年 1 月 3 日 15 时起暂停更新一周。
2	北京市网信办	新浪网	对用户发布违法违规信息未尽审查义务，持续传播炒作导向错误、低俗色情、虚假不实等违法有害信息。	约谈相关负责人，责令其全面深入整改，整改期间对“新浪博客”“新浪看点”平台暂停更新 1 个月，对“新浪新闻”“新浪博客”App 下架 1 个月。
3	上海市网信办	华尔街见闻简书网	未获得互联网新闻信息服务资质，违规登载新闻信息，内容导向存在偏差等扰乱网络信息传播秩序。	约谈相关负责人，责令其停止违法违规行为，开展全面深入整改，依法作出罚款处罚。
4	杭州市网信办（浙江省网信办指导）	花瓣网	历史存量信息中存在违法不良有害信息内容。	约谈“花瓣网”相关负责人，责令“花瓣网”全面开展自查整改，全站暂停信息内容更新 15 天。
5	天津市网信办会同江苏省和北京市网信办	视觉中国	违规从事互联网新闻信息服务、违规与境外企业开展涉及互联网新闻信息服务业务的合作。	约谈网站负责人，责令两家网站立即停止违法违规行为，进行全面整改。整改期间，两家网站暂停服务。
	上海市网信办	IC photo		

地方各级网信办也积极开展各项行动，例如深圳市网信办于 2018 年 5 月组织开展“一法一令”（《网络安全法》和《互联网新闻信息服务管理规

定》）落实情况专项检查行动，对腾讯公司、果酱直播等单位的法律法规落实情况进行执法监督检查。

同时，针对关键信息基础设施，近两年来，各地网信办也积极组织开展网络安全检查工作，通过现场查看、技术检测、查阅资料、座谈交流等方式，明确关键信息基础设施的数量、管理、运维等状态，其主要功能、服务范围、遭破坏的危害性，以及运行环境、管理和防护等情况，对被检查单位的网络安全制度建设、风险隐患等方面存在的问题进行反馈，并提出整改意见。

（二）工信部门

1. 部门简介

工业和信息化部作为主管信息化事务的国务院部门，与其下属的地方主管部门——通信管理局和各级经济和信息化局（或工业和信息化厅）共同承担保障网络安全的部分职责。

工信部内设网络安全管理局，承担电信和互联网行业网络安全审查相关工作，指导督促电信企业和互联网企业落实网络与信息安全管理责任，组织开展网络环境和信息治理，以及电信网、互联网网络数据和用户信息安全保护管理等工作。

2. 行政执法情况

2019 年，工业和信息化部网络安全管理局组织对部分电信和互联网企业、域名机构的网络安全防护工作情况、网络与信息安全责任落实情况、网络数据安全保护责任及管理措施落实情况、电话用户真实身份信息登记情况等开展随机抽查。根据网络安全管理局发布的“2019 年‘双随机一公开’检查结果公示”①，检查发现的问题主要包括：（1）在网络安全防护方面，存在业务系统未开展定级备案、符合性评测和安全风险评估工作，未及时整改前期已发现的网络安全隐患，未开展网络安全事件应急演练等问题；

---

① 《工业和信息化部网络安全管理局2019 年“双随机一公开”检查结果公示》，http：//www.miit.gov.cn/n1146285/n1146352/n3054355/n3057724/n3057728/c7565082/content.html，最后访问时间：2020 年3 月2 日。

（2）在网络与信息安全责任落实方面，存在互联网信息安全管理系统部分功能和性能指标不符合电信主管部门以及相关标准要求，未有效建立企业新业务安全评估、用户信息安全保护制度等问题；（3）在网络数据安全保护责任落实方面，存在未有效采取数据分类、敏感信息加密等保护措施等问题；（4）在电话用户真实身份登记方面，存在未严格落实电话用户真实身份信息登记、物联网卡安全管理相关规定等问题。

2019 年 7 月，工信部开展为期一年的电信和互联网行业提升网络数据安全保护能力专项行动，通过集中开展数据安全合规性评估、专项治理和监督检查，督促基础电信企业和重点互联网企业强化网络数据安全全流程管理，及时整改消除重大数据泄露、滥用等安全隐患。在合规性评估和专项治理层面，包括：（1）开展网络数据安全风险评估，针对物联网、车联网、卫星互联网、人工智能等新技术新应用带来的重大互联网数据安全问题，及时开展行业评估和跨部门联合评估工作。（2）深化 App 违法违规专项治理，持续推进 App 违法违规收集使用个人信息专项治理行动，组织第三方评测机构开展 App 安全滚动式评测，对在网络数据安全和用户信息保护方面存在违法违规行为的 App 及时进行下架和公开曝光；组织开展应用商店安全责任专项部署，督促应用商店落实 App 运营者真实身份信息验证、应用程序安全检测、违法违规 App 下架等责任。（3）强化网络数据安全监督执法，持续开展数据泄露等网络数据安全和用户信息安全事件监测跟踪与执法调查，对违法违规行为及时采取约谈、公开曝光、行政处罚等措施，将处罚结果纳入电信业务经营不良名单或失信名单。

2019 年 10 月，工信部开展 App 侵害用户权益专项整治工作，针对违规收集用户个人信息（私自收集个人信息、超范围收集个人信息）、违规使用用户个人信息（私自共享给第三方、强制用户使用定向推送功能）、不合理索取用户权限（不给权限不让用、频繁申请权限、过度索取权限）以及为用户账号注销设置障碍（账号注销难）等方面，对 App 服务提供者进行检查。同时也针对 App 分发服务提供者（包括应用商店和基础电信企业营业厅等承担 APP 分发功能的各类企业）是否落实《移动智能终端应用软件预置和分发管理暂行规定》进行检查。

此外，工信部门也会对部分存在违规收集、使用用户信息等问题的企业进行巡查和约谈。例如：2018 年，工信部网络安全管理局曾会同北京、上海等通信管理局，先后组织针对随意调取手机摄像头权限、用户订单信息泄露引发诈骗案件、用户信息过度收集和滥用等网络数据和用户个人信息安全问题，对涉及的携程、腾讯、洋码头、弹幕网络科技、爱奇艺、探探等企业进行了情况问询，结合情况问询及调查核实情况，初步认定洋码头存在用户个人信息安全管理制度不完善、用户个人信息泄露补救措施不到位等问题，对该企业相关负责人进行了约谈，责令企业限期整改，并提交整改报告。① 2019 年，针对媒体公开报道和用户曝光的“ZAO” App 用户隐私协议不规范，存在数据泄露风险等网络数据安全问题，工信部网络安全管理局对陌陌相关负责人进行了问询约谈，要求其严格按照国家法律法规以及相关主管部门要求，组织开展自查整改，依法依规收集使用用户个人信息，规范协议条款，强化网络数据和用户个人信息安全保护②。

在地方层面，各级通信管理局也会对数据和个人信息保护、灾难备份等技术措施的标准符合性情况等进行检查，评估仍然存在的网络安全风险隐患。各地通信管理局已经开始对与个人信息有关的违规问题进行处罚，处罚原因主要包括：

序号	处罚原因
1	互联网接入服务提供者及其工作人员非法使用用户的个人注册信息资料和互联网电子邮件地址；或未经用户同意，泄露用户的个人注册信息和互联网电子邮件地址。
2	未经用户同意，互联网信息服务提供者自行收集与用户相关、能够单独或者与其他信息结合识别用户的信息，或将用户个人信息提供给他人。

① 《工业和信息化部网络安全管理局对多家涉及网络数据和用户个人信息安全突出情况的企业开展问询调查》，http：//www. miit. gov. cn/n1146290/n1146402/n1146440/c6284388/content. html，最后访问时间：2020 年 3 月 2 日。

② 《工业和信息化部网络安全管理局就“ZAO” App 网络数据安全问题开展问询约谈》，http：//www. miit. gov. cn/n1146285/n1146352/n3054355/n3057724/n3057728/c7392754/content. html，最后访问时间：2020 年 3 月 2 日。

续表

序号	处罚原因
3	互联网信息服务提供者经用户同意收集用户个人信息，未明确告知用户收集和处理用户个人信息的方式、内容和用途，或收集其提供服务所必需以外的信息，或将用户个人信息用于其提供服务之外的目的。
4	互联网信息服务提供者未妥善保管用户个人信息，或在保管的用户个人信息泄露或者可能泄露时，未立即采取补救措施的，造成或者可能造成严重后果，未立即向准予其互联网信息服务许可或者备案的电信管理机构报告，并配合相关部门进行调查处理。

除地方通信管理局外，地方经信委也已经开始对个人信息保护相关违规行为进行处罚，主要原因包括：（1）掌握公众信息的单位和个人，泄露、篡改、毁损、出售或者非法向他人提供在业务活动中收集的公民、法人或者其他组织的信息；（2）非法截取涉及国家安全、国家秘密或者公共安全以及单位和个人信息。

（三）公安部门

1. 部门简介

公安部门在网络安全行政执法中被赋予的行政处罚权力如下：

序号	处罚事项	处罚措施	处罚依据
1	从事危害网络安全的活动，或者提供专门用于从事危害网络安全活动的程序、工具，或者为他人从事危害网络安全的活动提供技术支持、广告推广、支付结算等帮助，尚不构成犯罪的。	（个人）没收违法所得，处五日以下拘留，可以并处五万元以上五十万元以下罚款；情节较重的，处五日以上十五日以下拘留，可以并处十万元以上一百万元以下罚款。 （单位）没收违法所得，处十万元以上一百万元以下罚款，并对直接负责的主管人员和其他直接责任人员依照前款规定处罚。	《网络安全法》第 63 条
2	窃取或者以其他非法方式获取、非法出售或者非法向他人提供个人信息，尚不构成犯罪的。	没收违法所得、处违法所得一倍以上十倍以下罚款，没有违法所得的，处一百万元以下罚款。	《网络安全法》第 64 条

续表

序号	处罚事项	处罚措施	处罚依据
3	设立用于实施违法犯罪活动的网站、通讯群组，或者利用网络发布涉及实施违法犯罪活动的信息，尚不构成犯罪的。	（个人）五日以下拘留，可以并处一万元以上十万元以下罚款；情节较重的，处五日以上十五日以下拘留，可以并处五万元以上五十万元以下罚款。关闭用于实施违法犯罪活动的网站、通讯群组。 （单位）十万元以上五十万元以下罚款，并对直接负责的主管人员和其他直接责任人员依照前款规定处罚。	《网络安全法》第 67 条
4	境外的机构、组织、个人从事攻击、侵入、干扰、破坏等危害中华人民共和国的关键信息基础设施的活动，造成严重后果。	依法追究法律责任；国务院公安部门和有关部门并可以决定对该机构、组织、个人采取冻结财产或者其他必要的制裁措施。	《网络安全法》第 75 条

2018 年 11 月 1 起正式施行的《公安机关互联网安全监督检查规定》则成为公安部门进行网络安全监督检查的执法依据。根据《公安机关互联网安全监督检查规定》，互联网安全监督检查工作由县级以上地方人民政府公安机关网络安全保卫部门组织实施。上级公安机关应当对下级公安机关开展互联网安全监督检查工作情况进行指导和监督。其中，网安部门的大致层级为：中央设公安部网络安全保卫局，省（直辖市、自治区）级设网络安全保卫总队，地市级设网络安全保卫大队，区县级设网络安全保卫大队，各派出所不设网安保卫部门。

2. 行政执法情况

2019 年中，公安部部署了本年度网络安全执法检查工作，以国家关键信息基础设施、重要信息系统和大数据等相关应用系统为重点检查对象，组织网络安全技术检测和现场检查工作。

2019 年，公安部在全国范围内继续组织开展“净网 2019”专项行动，各地公安机关网安部门高度重视，加大互联网安全监管力度，依法严厉打击侵犯公民个人信息、黑客攻击破坏等突出网络违法犯罪活动，依法严厉打击涉“暗网”等新型犯罪活动。

2019年11月以来，公安部加大打击整治侵犯公民个人信息违法犯罪力度，组织开展APP违法违规采集个人信息集中整治，全国公安机关网安部门按照公安部网络安全保卫局的部署要求，集中发现、集中侦办、集中查处整改了100款违法违规APP及其运营的互联网企业。本次行动，重点针对无隐私协议、收集使用个人信息范围描述不清、超范围采集个人信息和非必要采集个人信息等情形，责令限期整改27款，处以警告处罚63款，处以罚款处罚10款，另有2款被立为刑事案件开展侦查，相关案件正在侦查中。

同时，国家网络安全通报中心就此次整改发布了四起典型案例：

序号	违法行为	查处机关	法律依据	处罚结果
1	“健康天津”APP涉嫌无隐私协议收集用户位置信息等	天津市公安局武清分局网安支队	《网络安全法》第41条、第64条	行政警告并责令限期整改
2	“趋势密码”APP未经用户同意收集使用精准定位等个人信息，涉嫌超范围收集用户信息等	上海市公安局徐汇分局网安支队	《网络安全法》第64条第1款	行政警告
3	“折疯了海淘”APP未明示数据项采集用途，涉嫌违规收集用户信息	杭州市公安局西湖分局	《网络安全法》第64条第1款	行政警告并责令限期整改
4	“简讯”APP涉嫌无隐私协议收集用户位置信息等	成都市公安局网安支队	《网络安全法》第60条第1款	行政警告并处罚款2000元

此外，公安机关已于2018年起实行“一案双查”制度，即在对网络违法犯罪案件开展侦查调查工作时，同步启动对涉案网络服务提供者法定网络安全义务履行情况的监督检查①。

（四）市场监督管理部门

1. 部门简介

根据2018年3月18日全国人民代表大会发布并实施的《国务院机构改

① 《公安机关对网络违法犯罪案件实行“一案双查”》，http://legal.people.com.cn/n1/2018/0818/c42510-30236093.html，最后访问时间：2019年1月21日。

革方案》（2018），决定组建国家市场监督管理总局，将国家工商行政管理总局的职责，国家质量监督检验检疫总局的职责，国家食品药品监督管理总局的职责，国家发展和改革委员会的价格监督检查与反垄断执法职责，商务部的经营者集中反垄断执法以及国务院反垄断委员会办公室等职责整合，组建国家市场监督管理总局，作为国务院直属机构。同时，组建国家药品监督管理局，由国家市场监督管理总局管理。此后，各地市场监督管理局陆续成立。

尽管市场管理监督部门并非传统意义上的信息安全保护部门，但其职责权限较为广泛。作为负责市场综合监督管理、负责市场主体统一登记注册、负责组织和指导市场监管综合执法工作、负责监督管理市场秩序、负责统一管理标准化工作、负责统一管理检验检测工作及负责统一管理、监督和综合协调全国认证认可工作的职能机构，不少涉及网络安全、个人信息安全的群众投诉、举报案件是由各地市场监督管理局受理并进一步调查处理的，其与群众联系密切，实践中在网络安全、个人信息保护等领域的地位和作用也愈加重要。

2. 行政执法情况

市场监管总局办公厅通知于2019年4月1日至9月30日，在全国范围内部署开展“守护消费”暨打击侵害消费者个人信息违法行为专项执法行动，重点打击侵害消费者个人信息违法行为。本次行动依照《消费者权益保护法》《电子商务法》《网络安全法》《侵害消费者权益行为处罚办法》等法律法规的相关规定，重点关注违法行为多发的房产租售、小贷金融、教育培训、保险经纪、美容健身、装饰装修、旅游住宿、快递、电话营销、网站或APP运营等行业和领域，主要查处3类违法行为：一是未经消费者同意，收集、使用消费者个人信息；二是泄露、出售或者非法向他人提供所收集的消费者个人信息；三是未经消费者同意或者请求，或者消费者明确表示拒绝的，向其发送商业性信息。

2019年11月18日，国家市场监管总局召开“守护消费”暨打击侵害消费者个人信息违法行为专项执法行动专题新闻发布会，对侵害消费者个人信息违法行为专项执法行动进行了阐述，并通报了十大典型案例。从查办案件的情况来看，当前侵害消费者个人信息违法行为主要高发在房产租售、装饰装修、教育培训三个领域，最突出的违法行为是未经消费者同意，收集、使用消费者个人信息，具体数据如下：

	类别	案件数量及占比	涉案信息数量及占比	罚没款及占比
行业领域	房产租售行业	273（18.5%）	153.2 万（41.5%）	428.2 万元（22%）
	装饰装修行业	234（15.9%）	34.5 万（9.3%）	176.7 万元（9.1%）
	教育培训行业	133（9%）	126.2 万（34.2%）	475.7 万元（24.4%）
违法行为	未经消费者同意，收集、使用消费者个人信息	710（48.2%）	276.3 万（74.8%）	1006.3 万元（51.7%）

四、数据保护测评情况

App 违规收集、使用用户个人信息是近年来监管部门和社会公众关注的热点话题。随着《网络安全法》的施行和《个人信息安全规范》的出台，网络运营者收集、使用个人信息的相关行为是否合规也有了较过去更为清晰的评判标准。基于此，政府部门、行业协会以及各类社会组织近年均开始联合或单独对不同互联网产品的个人信息保护状况进行测评和检查，引起行业和社会公众对于个人信息保护的广泛关注和热议，具体测评治理情况参见下表：

序号	时间	负责部门/机构	测评治理概况
1	2017 年 7 月	中央网信办、工信部、公安部、国家标准委	中央网信办、工信部、公安部及国家标准委基于推荐性国家标准《个人信息安全规范》，开展针对微信、新浪微博、淘宝、京东商城、支付宝、高德地图、百度地图、滴滴、航旅纵横、携程网 10 家企业的隐私条款专项评审工作，并要求 10 家企业按照测评结果对隐私条款进行整改。

续表

序号	时间	负责部门/机构	测评治理概况
2	2018年8至10月	中国消费者协会	针对10类100款App个人信息保护情况进行测评并发布详细测评报告。报告显示100款App中，多达91款App存在过度收集用户个人信息的问题。测评结果显示，新闻阅读、网上购物和交易支付等类型App总平均分相对较高，而金融理财类App得分相对较低。
3	2018年9月	信安标委	信安标委主导第二次隐私条款评审专项工作，采用更加严格的测评标准对出行旅游、生活服务、影视娱乐、工具资讯和网络支付5类30款网络产品和服务进行了隐私条款评审，同时对2017年评审的10款产品进行了复核，引导帮助企业根据评审要点，对存在的问题进行持续改进，以全面提升个人信息保护水平。
4	2018年年底	中国互联网协会	针对14款手机App收集和使用用户个人信息情况进行测评，并召开评议会通报测评结果和整改情况。针对技术检测发现12款App疑似存在的过度收集“短信”“通讯录”“位置”“录音”等用户敏感信息问题，大多数企业表示收到通知后已第一时间进行自查，确认了存在的不规范问题，趣头条、芒果TV、金山词霸、宜搜小说等企业表示已对App进行了调整和优化。
5	2019年4月	北京大学互联网法律中心与北京大学粤港澳大湾区知识产权发展研究院	4月17日，北京大学《全球百款互联网应用产品个人信息保护测评报告》（2018）在北京大学法学院报告厅对外公开发布。测评对象涵盖了社交软件、智能家居、移动医疗等18个领域，共计100款国内外互联网产品。报告显示，在被抽样测评的100款国内外互联网应用产品中，仅5款App的个人信息保护政策总体水平达到相对优秀，35款App表现良好，31款App表现一般，29款App表现不佳。

各部门、行业协会和社会组织密集且不断完善测评标准的历次个人信息保护测评和评估源于社会公众对于App违法违规收集、使用个人信息的担忧。无论是监管部门还是企业行业自身，已经开始在实践中比照《网络安全法》及相关法律法规和国家标准的要求对App收集、使用个人信息的情况进行评估。从几次测评和评估的结果来看，实践中App违法违规收集、使用个人信息的现象较为普遍，个人信息总体保护水平仍未达到监管预期。个人信息保护的测评和其他相关治理活动，对于企业在社会公众心中的形象和在监管部门方面的信誉，都会产生重要的影响，企业应高度重视并对测评

和治理发现的问题，做到“有则改之，无则加勉”。

五、数据保护专项整治情况

如前所述，随着数据保护相关法律、法规及规范性文件的大量出台，行业层面对于个人信息保护的意识和重视程度都在逐渐加强。行政机构、行业协会等开展的测评活动等，一定程度上督促各个企业进行自我整改。但不可否认，公权力机关的整治行动和惩罚举措，由于其强制性所带来的威慑力，无疑是个人信息监管活动中最直接、有效的方式，对个人信息保护也发挥着至关重要的作用。

2019 年 1 月 25 日，中央网信办、工信部、公安部、市场监管总局四部门联合发布《关于开展 App 违法违规收集使用个人信息专项治理的公告》。受上述四部门委托，信安标委、中国消费者协会、中国互联网协会、中国网络空间安全协会成立了 App 违法违规收集使用个人信息专项治理工作组，具体推动 App 违法违规收集使用个人信息评估以及相关整治工作。[①] 由此，数据保护治理行动相继开展，监管部门重拳出击，数据整治活动覆盖了各个社会行业，深入到了社会生活中的每一个角落。其具体内容如下：

序号	时间	负责部门	重点内容	阶段成果
1	2019 年 1 月	中央网信办、工信部、公安部、市场监管总局	发布《关于开展 App 违法违规收集使用个人信息专项治理的公告》，并联合有关单位成立了 App 违法违规收集使用个人信息专项治理工作组，旨在打击 App 违法违规收集使用个人信息行为。	最新阶段成果显示，App 专项治理工作组 12 月发布《关于 61 款 App 存在收集使用个人信息问题的通告》，通告显示，在近期评估中，App 专项治理工作组发现 57 款 App 存在收集使用个人信息问题；金融类应用仍然是“重灾区”。此外，此前被发现问题建议整改但截至目前未完成整改的 4 款 App 此次也在通告之列②。

① 葛鑫：《App 违法违规收集使用个人信息专项治理重点工作概述》，http：//pip. tc260. org. cn/jbxt/privacy/detail/20190430103756646533，最后访问时间：2020 年 2 月 16 日。

② 《App 治理工作组：我来贷等 61 款 App 存在违规收集使用个人信息问题　金融类应用仍是重灾区》，http：//news. 10jqka. com. cn/20191223/c616186723. shtml，最后访问时间：2020 年 02 月 15 日。

续表

序号	时间	负责部门	重点内容	阶段成果
2	2019年1月	公安部	开展“净网2019”专项行动，依法严厉打击侵犯公民个人信息、黑客攻击破坏等网络违法犯罪活动。	截至2019年10月31日，共侦破涉网络案件45743起，抓获犯罪嫌疑人65832名，打掉多个利用“暗网”倒卖公民信息的犯罪团伙，捣毁一批为“套路贷”提供技术、数据服务的科技公司。同时，针对互联网企业及联网单位开展安全监督检查17万余家次，清理违法有害信息445万余条，关闭网络账号60万余个，约谈整改相关网站及App 3.7万余家次，行政查处9.1万家次。①
3	2019年4月	市场监管总局	在全国范围内开展“守护消费”暨打击侵害消费者个人信息违法行为专项执法行动，重点打击侵害消费者个人信息的违法行为。 重点关注违法行为多发的房产租售、小贷金融、教育培训、保险经纪、美容健身、装饰装修、旅游住宿、快递、电话营销、网站或App运营等行业和领域。 主要查处3类违法行为：一是未经消费者同意，收集、使用消费者个人信息；二是泄露、出售或者非法向他人提供所收集的消费者个人信息；三是未经消费者同意或者请求，或者消费者明确表示拒绝的，向其发送商业性信息。	行动期间，全国市场监管部门共立案查办各类侵害消费者个人信息案件1474起，查获涉案信息369.2万条，罚没款1946.4万元，移送公安机关案件154起；组织执法联动4225次；开展行政约谈3536次；开展宣传活动10653次。 从查办案件的情况来看，当前侵害消费者个人信息违法行为主要高发在房产租售、装饰装修、教育培训3个领域。 最突出的违法行为是未经消费者同意，收集、使用消费者个人信息。②

① 《“净网2019”专项行动已侦破涉网案件45743起，抓获犯罪嫌疑人65832名》，https：//baijiahao.baidu.com/s？id=1650142674923576119&wfr=spider&for=pc，最后访问时间：2020年2月15日。

② 《全国市场监管系统立案查办各类侵害消费者个人信息案件1474件》，https：//baijiahao.baidu.com/s？id=1650549071617851473&wfr=spider&for=pc，最后访问时间：2020年2月15日。

续表

序号	时间	负责部门	重点内容	阶段成果
4	2019年11月	工业和信息化部	开展信息通信领域App侵害用户权益专项整治行动，重点整治违规收集用户个人信息、违规使用用户个人信息、不合理索取用户权限、为用户账号注销设置障碍4个方面的8类突出问题。 整治工作分为企业自查自纠、监督检查和结果处置3个阶段，时间为2个月。	12月19日，工信部通报关于侵害用户权益行为的App（第一批）。根据通报，在开展App侵害用户权益专项整治工作的自查自纠阶段共有8000多款App完成整改。但截至目前，尚有搜狐新闻、QQ阅读等41款App存在违规收集、使用用户个人信息、不合理索取用户权限、为用户账号注销设置障碍等问题，未完成整改。①
5	2020年1月	浙江省公安厅	自2020年1月10日起，浙江省公安厅专门针对全省互联网企业涉个人信息数据安全的专项整治工作已经拉开序幕。	此次专项行动将重点围绕企业底数排摸、企业自查自纠、违法违规App治理、安全监督执法、严惩涉个人信息犯罪、加强管理制度建设六个主要方面。 专项行动的预期将从数据入口关、出口关双管齐下，对处理网络数据和个人信息业务的互联网企业开展集中排摸、监督检查，集中规范、查办一批违规违法互联网企业，整改消除涉个人信息数据泄露、滥用等安全隐患。②
6	2020年3月	天津市委网信办	针对疫情防控App、小程序、页面工具等收集使用个人信息的情况进行评估和检测，对存在问题的责令其运营者限期整改；逾期不改或情节严重的，依法采取约谈运营者、公开曝光、通知下架、行政处罚等措施，涉嫌犯罪的依法移送公安机关追究刑事责任。	2020年3月16日，天津市委网信办发布了《天津市疫情防控App专项治理情况通报（第一期）》，发现“新冠通”等7个App存在违规收集使用个人信息的问题，问题类型主要包括：在App或小程序中无法找到隐私政策、收集用户个人信息时未告知使用目的、未按法律规定提供删除或更正个人信息功能，或未公布投诉、举报方式等信息等。

① 《工信部通报第一批侵害用户权益行为的App，41款产品在列》，https://baijiahao.baidu.com/s?id=1653313320107406219&wfr=spider&for=pc，最后访问时间：2020年2月15日。

② 《突发！浙江省公安厅部署2020年第一个“保卫个人信息安全”专项行动》，https://mp.weixin.qq.com/s/1VVBnUOV5ra7OMPazv2jPQ，最后访问时间：2020年2月15日。

当前数据保护专项整治行动主要集中于非法买卖公民个人信息和 App 违法违规收集、使用个人信息这两个领域。上表中相关数据亦反映出当前整治力度之空前，影响范围之广。在该等背景下，企业宜重点关注该等整治行动中表现出的监管口径及折射出的相应监管精神，并据此调整相关的经营方针和实务操作。

六、我国当前数据保护存在的问题

从专项测评和专项整治活动开展过程中发现的问题来看，我国企业侵害数据安全和侵犯公民个人信息的情形多有发生，当前数据保护的总体水平同监管部门的要求和社会公众的预期尚且存在一定差距。这同数据保护立法在我国起步较晚有一定关联。在立法层面，《网络安全法》施行至今尚不足 3 年，且其作为我国全面规范网络空间安全管理方面问题的基础性法律，条文多为框架性规定，尽管其为网络运营者确立了一系列框架性的义务，但在义务的具体细化上并不充分。这是由其作为基础性法律的性质所决定的，需要将更多细化规范留待其他专门性法律、法规、规章甚至国家标准来勾勒。在《数据安全法》《个人信息保护法》等专门性法律的立法工作尚未完成之际，数据及个人信息保护领域的部分规范散见于各类行政法规、规章、标准之中，不利于企业系统性地学习和把握监管精神和具体要求，给企业合规工作造成了一定的困难。

在立法起步晚的同时，相当一部分企业对数据保护问题重视程度不足，是导致我国当前数据保护情况不容乐观的重要原因。

App 违法违规收集、使用用户个人信息无疑是当前数据保护领域企业违规的典型现象，该等问题在实践中的主要表现形式包括：未公开收集使用个人信息规则、强制授权、过度索权、超范围收集个人信息、超范围使用个人信息、未公开 SDK 等第三方插件收集使用个人信息情况、未提供有效的注销用户账号功能等。尽管 App 违法违规收集使用个人信息专项治理已火热开展一年有余，App 违法违规收集使用个人信息专项治理工作组多次公示了违规 App 名单，各地公安机关在“净网行动”中也对该等问题进行了重点打击，但由于市场上手机 App 数量繁多，相关企业数据保护水平参差不齐，导致 App 违法违规收集、使用用户个人信息的现象仍然普遍存在。

个人信息买卖也是整治活动中屡禁不止的一个典型问题。数据对于商业发展的意义毋庸置疑，尤其体现在电子商务、金融借贷、出行旅游等领域。对于大部分企业而言，通过正当方式获取大量数据所需的成本相对较高，于是非法买卖个人信息的黑色产业链应运而生。部分企业通过黑色产业链可以较低成本攫取大量的个人信息用于商业运作，尽管《刑法》及相关司法解释已经对非法获取、买卖个人信息的行为进行了明确的定性，公安机关在“净网行动”中也加大了对相关黑色产业链的打击力度，但其背后蕴藏的巨大利润仍然导致部分犯罪分子铤而走险。

相较于 App 违法违规收集、使用个人信息和买卖个人信息，数据泄露事件发生的频率相对较低。但其一旦发生，波及面之广、危害之大远胜前两者。数据泄露是当前国内外实践中均存在的问题，不论是如 Facebook、三星、雅虎这般行业领先的科技公司，还是国泰航空、万豪酒店这类传统服务业企业，由于其保存有大量的客户数据，一旦因为数据安全管理不到位导致数据泄露，都可能对用户个人信息的相关权利产生极大影响。同时，涉及金融、能源、交通、电信、公共安全、遗传资源等领域的重要数据的泄露还可能引发国家安全和个人安全问题。一旦发生数据泄露事件，企业往往将面临巨额的处罚、赔偿金以及巨大的商业利益损失。

须知，近年来数据领域监管力度的不断加强，充分说明了监管部门对数据保护相关问题的重视，企业切不可抱侥幸心理。同时，数据，尤其是个人信息相关问题由于牵涉到用户自身利益，社会公众对其重视程度正逐渐升高，未能充分尽到个人信息保护义务的企业可能会面临较大的舆论压力，导致用户的流失，对企业的商业利益造成影响。出于维护企业商誉，减少不利舆情对商业利益影响的考虑，企业也应当对数据安全问题高度关注。只有严格按照数据保护相关法律规范的要求做好对应的数据合规工作，企业才能更好地在大数据时代站稳脚跟，降低因数据违规问题受到行政处罚、刑事责任追究和商业利益损失的风险。

第二部分

数据保护相关法律规范

在第一部分简要介绍我国当前数据保护的基本立法结构和现状的基础上，本部分我们将对数据保护领域的相关重要法律规范进行更加细致、深入的研究，以期帮助读者对该等法律规范进行更加深入的了解和掌握。

我们选取了包括《网络安全法》在内的多部法律、行政法规、其他规定、司法解释以及国家标准，按照法律效力层级的顺序，从框架性的立法《网络安全法》开始，到其配套的法律法规和其他个人信息保护相关的法律规范，围绕每一部重要法律规范规制的领域和制度逐一进行介绍。

一、法律、行政法规

（一）《网络安全法》

1.《网络安全法》出台背景及其重要意义

从2015年6月26日十二届全国人大常委会第十五次会议对《网络安全法（草案）》首次进行审议，到2016年11月7日十二届全国人大常委会第二十四次会议表决通过，《网络安全法》于2016年11月7日正式公布，并于2017年6月1日起施行。作为我国网络安全领域的基本法，《网络安全法》的出台具有里程碑式的意义。

一方面，随着信息化时代的发展，网络早已融入每个人生活的方方面面，互联网在给社会民众带来便利的同时，也带来了诸多威胁，诸如网络入侵、网络诈骗、个人信息泄露等安全事件层出不穷。因此，急需网络安全领域的统一立法以规制网络参与者的行为，保护各类网络主体的合法权益。另一方面，对于我国而言，网络安全治理具有战略性的意义。我国是一个网络大国，同时也面临着严重的网络安全问题。[①] 制定《网络安全法》有利于建设网络强国，维护我国的网络主权，维护国家安全和促进国家发展。

《网络安全法》便是在这样一个背景下诞生的，其填补了我国网络安全领域专门立法的空白，顺应了时代发展的趋势，是我国在信息网络立法进程中迈出的重要一步。

2. 《网络安全法》的主要内容

《网络安全法》条文上包括总则、网络安全支持与促进、网络运行安全、网络信息安全、监测预警与应急处置、法律责任、附则，共7章79条。在具体适用上，凡是在我国境内建设、运营、维护和使用网络，以及网络安全的监督管理，均需遵守《网络安全法》的相关规定。作为我国网络空间治理的框架性、综合性法律，《网络安全法》明确了网络空间主权原则、网络产品和服务提供者的安全义务、网络运营者的安全义务，进一步完善了个人信息保护规则，并且提出了关键信息基础设施、数据出境、安全等级保护等多方面制度要求。

其中对于个人信息保护而言，《网络安全法》明确了个人信息的含义，即个人信息，是指以电子或者其他方式记录的能够单独或者与其他信息结合识别自然人个人身份的各种信息，包括但不限于自然人的姓名、出生日期、身份证件号码、个人生物识别信息、住址、电话号码等。[②] 同时，《网络安全法》第4章用较大的篇幅专章规定了个人信息保护的相关要求。而在《网络安全法》其他章节处，也零散分布着部分涉及个人信息保护的相关规定。总体而言，包括了收集、使用个人信息的规则，网络运营者维护网络信息安全的相关义务，网络用户所享有的个人信息保护相关权利，国家网信部门和有关部门网络信息安全监督管理职责以及关于违反个人信息保护规定的法律责任承担等内容。笔者将结合前述规定内容对《网络安全法》所确定

---

① 《全国人大常委会组成人员：制定网络安全法十分必要和紧迫》，http：//www. npc. gov. cn/zgrdw/npc/xinwen/lfgz/2015 -06/28/content_ 1939640. htm，最后访问时间：2020年2月17日。

② 《网络安全法》第76条第5项："个人信息，是指以电子或者其他方式记录的能够单独或者与其他信息结合识别自然人个人身份的各种信息，包括但不限于自然人的姓名、出生日期、身份证件号码、个人生物识别信息、住址、电话号码等。"

的个人信息保护相关规则进行分析。

3.《网络安全法》中个人信息保护的相关规定

《网络安全法》中关于个人信息保护的规定主要涉及如下内容：

（1）明确了个人信息收集、使用的相关原则

《网络安全法》规定收集、使用个人信息应当遵循合法、正当、必要的原则。具体包括：在收集用户个人信息时，应当公开收集、使用规则，明示收集、使用的目的、方式和范围，并经被收集者同意。对于收集个人信息的范围，规定了网络运营者不得收集与其提供服务无关的个人信息。并且，网络运营者应当根据法律、行政法规的规定和其与用户之间的约定收集、使用个人信息。这也体现了关于个人信息保护的知情同意和特定目的原则，提高了个人信息收集过程中的透明度。《网络安全法》同时规定了网络运营者不得泄露、篡改、毁损其收集的个人信息。

在个人信息对外提供方面，《网络安全法》明确规定了网络运营者未经被收集者同意，不得向他人提供个人信息。但是，经过处理无法识别特定个人且不能复原的除外。本条中“经过处理无法识别特定个人且不能复原的”所包含的匿名化标准为大数据流通和交易环节提供了法律依据和要求。“经过处理无法识别”是保护个人信息的一种重要技术措施，其要求个人信息经过数据脱敏等技术手段处理后，过程必须不可逆，不能再从脱敏后的信息中识别出个人。关于这一点，信息化标准委员会于 2017 年 8 月 25 日发布了《个人信息去标识化指南（征求意见稿)》，明确了去标识化的过程和管理办法。

此外，《网络安全法》对关键信息基础设施的运营者提出了数据本地化的要求，即关键信息基础设施的运营者在我国境内收集和产生的个人信息和重要数据应当在境内存储。因业务需要，确需向境外提供的，应当进行安全评估。

（2）规定了网络运营者在维护网络信息安全方面的相关义务

包括：1）建立健全相关制度。网络运营者应当建立健全用户信息保护制度，对收集的用户信息严格保密；同时，网络运营者应当建立网络信息安全投诉、举报制度，及时受理并处理与网络信息安全相关的投诉和举报。

2）网络安全管理义务。网络运营者应当采取技术措施和其他必要措施，确保收集的个人信息安全，防止信息泄露、毁损和丢失。《网络安全法》同时提出了实名制要求，即网络运营者在向用户提供服务时，应当要求用户提供真实身份信息，否则，不得为其提供相关服务。同时，网络运营者应当加强对用户发布的信息的管理，发现违法信息的，应当及时采取停止传输、消除等处置措施。3）监管配合义务。《网络安全法》规定在发生或者可能发生个人信息泄露、毁损、丢失的情况时，网络运营者应当立即采取补救措施，按照规定及时告知用户并向有关主管部门报告。发现用户发布违法信息的，也应当向有关部门报告。对于网信部门和有关部门依法实施的监督检查，网络运营者应当予以配合。

（3）明确了网络用户享有的个人信息相关权利

网络用户享有个人信息删除权。个人信息删除权，是指信息主体在具备法定理由的情形下，请求删除个人信息的权利，通常包括三种情形：第一，收集使用行为不具有合法性，如在收集伊始就没有得到用户的同意且无其他法律依据、用户的同意无效或已被撤销，或收集使用的信息超出了法定或者约定的范围；第二，收集使用个人信息的目的消失，使对个人信息的保存及处理、利用失去了必要性、正当性；第三，约定的收集、使用、保存个人信息的期限届满。[①]《网络安全法》第 43 条对个人信息删除权作出了具体规定：“个人发现网络运营者违反法律、行政法规的规定或者双方的约定收集、使用其个人信息的，有权要求网络运营者删除其个人信息。”

网络用户还享有个人信息更正权。个人信息更正权，是指在个人信息收集、存储、使用过程中，若个人信息不完整或者不准确时，个人有权要求及时改正、补充的权利，保障个人信息被合法、正确地使用。《网络安全法》第 43 条对个人信息更正权作出了具体规定：个人“发现网络运营者收集、存储的其个人信息有错误的，有权要求网络运营者予以更正。网络运营者应当采取措施予以删除或者更正”。

---

① 杨合庆：《中华人民共和国网络安全法释义》，中国民主法制出版社 2017 年版，第 107 页。

（4）规定了违反个人信息保护相关要求的法律责任承担

包括：1）民事责任，有关主体违反《网络安全法》关于个人信息保护相关规定，给他人造成损害的，应当依法承担民事责任。2）行政责任。网络运营者、网络产品或者服务的提供者违反个人信息保护相关规定，侵害个人信息依法得到保护的权利的，有关部门可以采取责令改正、警告、没收违法所得、罚款、责令暂停相关业务、停业整顿、关闭网站、吊销相关业务许可证或者吊销营业执照等处罚。如果构成违反治安管理行为的，依法给予治安管理处罚。3）违反《网络安全法》相关规定，构成犯罪的，应当依法追究刑事责任。

4.《网络安全法》个人信息保护相关规定的简要评述

在《网络安全法》出台以前，我国也有关于个人信息保护的相关立法，典型如工信部在2013年7月16日发布的《电信和互联网用户个人信息保护规定》等。但该等立法一方面层级较低，另一方面规定内容存在分散化、碎片化的情况，不足以满足个人信息保护的法律规范需求。《网络安全法》在此基础上对于个人信息保护进行了总括式的规定，对于统一个人信息保护的规则适用，保障个人信息权利具有重大的意义，也对后续个人信息的其他立法起到了基础性、导向性的作用。

与此同时，作为网络安全领域整体性、综合性的法律，《网络安全法》对于个人信息保护仍然偏向于原则性的规定，在具体适用及其配套机制的规定上尚不健全，可操作性上有所欠缺。对于《网络安全法》相关规定的实际执行而言，仍然有赖于其他细则规定的出台予以进一步的明确。事实上，在《网络安全法》正式发布之后，有关部门已经接连颁发了诸多配套规定及国家标准，笔者也将在下文中逐一进行分析。

（二）《刑法》

《刑法》是保护公民权利、维护社会稳定发展的有力武器，在《刑法》中设置网络信息安全保护的相关条款，一方面有利于增强民众的防范意识，明确涉及信息安全的相关行为边界。另一方面随着信息化社会的发展，侵害公民个人信息的犯罪行为也随之增加，因此，通过《刑法》的规定明确对该类犯罪行为的打击，也十分有必要。我国《刑法》中涉及信息安全保护的主要罪名及具体规定包括：

序号	条款	罪名	具体内容
1	第 177 条之一	窃取、收买、非法提供信用卡信息罪	有下列情形之一，妨害信用卡管理的，处三年以下有期徒刑或者拘役，并处或者单处一万元以上十万元以下罚金；数量巨大或者有其他严重情节的，处三年以上十年以下有期徒刑，并处二万元以上二十万元以下罚金： （一）明知是伪造的信用卡而持有、运输的，或者明知是伪造的空白信用卡而持有、运输，数量较大的； （二）非法持有他人信用卡，数量较大的； （三）使用虚假的身份证明骗领信用卡的； （四）出售、购买、为他人提供伪造的信用卡或者以虚假的身份证明骗领的信用卡的。 窃取、收买或者非法提供他人信用卡信息资料的，依照前款规定处罚。 银行或者其他金融机构的工作人员利用职务上的便利，犯第二款罪的，从重处罚。
2	第 219 条	侵犯商业秘密罪	有下列侵犯商业秘密行为之一，给商业秘密的权利人造成重大损失的，处三年以下有期徒刑或者拘役，并处或者单处罚金；造成特别严重后果的，处三年以上七年以下有期徒刑，并处罚金： （一）以盗窃、利诱、胁迫或者其他不正当手段获取权利人的商业秘密的； （二）披露、使用或者允许他人使用以前项手段获取的权利人的商业秘密的； （三）违反约定或者违反权利人有关保守商业秘密的要求，披露、使用或者允许他人使用其所掌握的商业秘密的。 明知或者应知前款所列行为，获取、使用或者披露他人的商业秘密的，以侵犯商业秘密论。 本条所称商业秘密，是指不为公众所知悉，能为权利人带来经济利益，具有实用性并经权利人采取保密措施的技术信息和经营信息。 本条所称权利人，是指商业秘密的所有人和经商业秘密所有人许可的商业秘密使用人。

续表

序号	条款	罪名	具体内容
3	第 253 条之一	侵犯公民个人信息罪	违反国家有关规定，向他人出售或者提供公民个人信息，情节严重的，处三年以下有期徒刑或者拘役，并处或者单处罚金；情节特别严重的，处三年以上七年以下有期徒刑，并处罚金。 违反国家有关规定，将在履行职责或者提供服务过程中获得的公民个人信息，出售或者提供给他人的，依照前款的规定从重处罚。 窃取或者以其他方法非法获取公民个人信息的，依照第一款的规定处罚。 单位犯前三款罪的，对单位判处罚金，并对其直接负责的主管人员和其他直接责任人员，依照各该款的规定处罚。
4	第 285 条第 1 款	非法侵入计算机信息系统罪	违反国家规定，侵入国家事务、国防建设、尖端科学技术领域的计算机信息系统的，处三年以下有期徒刑或者拘役。
5	第 285 条第 2 款	非法获取计算机信息系统数据、非法控制计算机信息系统罪	违反国家规定，侵入前款规定以外的计算机信息系统或者采用其他技术手段，获取该计算机信息系统中存储、处理或者传输的数据，或者对该计算机信息系统实施非法控制，情节严重的，处三年以下有期徒刑或者拘役，并处或者单处罚金；情节特别严重的，处三年以上七年以下有期徒刑，并处罚金。
6	第 285 条第 3 款、第 4 款	提供侵入、非法控制计算机信息系统程序、工具罪	提供专门用于侵入、非法控制计算机信息系统的程序、工具，或者明知他人实施侵入、非法控制计算机信息系统的违法犯罪行为而为其提供程序、工具，情节严重的，依照前款的规定处罚。 单位犯前三款罪的，对单位判处罚金，并对其直接负责的主管人员和其他直接责任人员，依照各该款的规定处罚。
7	第 286 条	破坏计算机信息系统罪	违反国家规定，对计算机信息系统功能进行删除、修改、增加、干扰，造成计算机信息系统不能正常运行，后果严重的，处五年以下有期徒刑或者拘役；后果特别严重的，处五年以上有期徒刑。 违反国家规定，对计算机信息系统中存储、处理或者传输的数据和应用程序进行删除、修改、增加的操作，后果严重的，依照前款的规定处罚。 故意制作、传播计算机病毒等破坏性程序，影响计算机系统正常运行，后果严重的，依照第一款的规定处罚。 单位犯前三款罪的，对单位判处罚金，并对其直接负责的主管人员和其他直接责任人员，依照第一款的规定处罚。

续表

序号	条款	罪名	具体内容
8	第 286 条之一	拒不履行信息网络安全管理义务罪	网络服务提供者不履行法律、行政法规规定的信息网络安全管理义务，经监管部门责令采取改正措施而拒不改正，有下列情形之一的，处三年以下有期徒刑、拘役或者管制，并处或者单处罚金： （一）致使违法信息大量传播的； （二）致使用户信息泄露，造成严重后果的； （三）致使刑事案件证据灭失，情节严重的； （四）有其他严重情节的。 单位犯前款罪的，对单位判处罚金，并对其直接负责的主管人员和其他直接责任人员，依照前款的规定处罚。 有前两款行为，同时构成其他犯罪的，依照处罚较重的规定定罪处罚。
9	第 287 条之一	非法利用信息网络罪	利用信息网络实施下列行为之一，情节严重的，处三年以下有期徒刑或者拘役，并处或者单处罚金： （一）设立用于实施诈骗、传授犯罪方法、制作或者销售违禁物品、管制物品等违法犯罪活动的网站、通讯群组的； （二）发布有关制作或者销售毒品、枪支、淫秽物品等违禁物品、管制物品或者其他违法犯罪信息的； （三）为实施诈骗等违法犯罪活动发布信息的。 单位犯前款罪的，对单位判处罚金，并对其直接负责的主管人员和其他直接责任人员，依照第一款的规定处罚。 有前两款行为，同时构成其他犯罪的，依照处罚较重的规定定罪处罚。
10	第 287 条之二	帮助信息网络犯罪活动罪	明知他人利用信息网络实施犯罪，为其犯罪提供互联网接入、服务器托管、网络存储、通讯传输等技术支持，或者提供广告推广、支付结算等帮助，情节严重的，处三年以下有期徒刑或者拘役，并处或者单处罚金。 单位犯前款罪的，对单位判处罚金，并对其直接负责的主管人员和其他直接责任人员，依照第一款的规定处罚。 有前两款行为，同时构成其他犯罪的，依照处罚较重的规定定罪处罚。

续表

序号	条款	罪名	具体内容
11	第 308 条之一第 1 款、第 2 款	泄露不应公开的案件信息罪	司法工作人员、辩护人、诉讼代理人或者其他诉讼参与人，泄露依法不公开审理的案件中不应当公开的信息，造成信息公开传播或者其他严重后果的，处三年以下有期徒刑、拘役或者管制，并处或者单处罚金。 有前款行为，泄露国家秘密的，依照本法第三百九十八条的规定定罪处罚。
12	第 308 条之一第 3 款、第 4 款	披露、报道不应公开的案件信息罪	公开披露、报道第一款规定的案件信息，情节严重的，依照第一款的规定处罚。 单位犯前款罪的，对单位判处罚金，并对其直接负责的主管人员和其他直接责任人员，依照第一款的规定处罚。

在本部分内容中，笔者将重点对“侵犯公民个人信息罪”以及“拒不履行网络安全义务罪”加以分析，其他部分罪名笔者将结合相关场景（比如“爬虫”技术应用）在本书后续章节中展开阐述。

1. 侵犯公民个人信息罪

《刑法》第 253 条之一规定了“侵犯公民个人信息罪”。回顾该条罪名的制定过程，最早可以追溯到 2009 年的《刑法修正案（七）》，其中规定了：“国家机关或者金融、电信、交通、教育、医疗等单位的工作人员，违反国家规定，将本单位在履行职责或者提供服务过程中获得的公民个人信息，出售或者非法提供给他人，情节严重的，处三年以下有期徒刑或者拘役，并处或者单处罚金。窃取或者以其他方法非法获取上述信息，情节严重的，依照前款的规定处罚。单位犯前两款罪的，对单位判处罚金，并对其直接负责的主管人员和其他直接责任人员，依照各该款的规定处罚。”为了更好地保护个人信息，2015 年《刑法修正案（九）》又对该条款进行了修改。将犯罪主体从特殊主体扩大到一般主体；从重处罚“将在履行职责或者提供服务过程中获得的公民个人信息，出售或者提供给他人的”的行为；同时将本罪最高刑期由“三年以下有期徒刑或者拘役”，修改为“三年以上七年以下有期徒刑”；取消了非法获取公民个人信息的“情节严重”的入罪条件。这一系列改动将非法出售合法渠道获取的公民个人信息的行为也囊括进来，扩大了犯罪主体范围，体现了刑法对于保护公民个人信息力度的加强。

具体分析本罪的构成要件，构成本罪需相关主体违反国家有关规定，实施了向他人出售或者提供公民个人信息、窃取或者以其他方法非法获取公民个人信息的行为。从侵害对象或者法益看，行为对象必须是公民个人信息，如果是其他对象，则可能构成刑法规制的其他犯罪，比如侵犯商业秘密罪。同时，本罪亦存在单位犯罪的可能。但本罪规定亦存在不少模糊之处，比如公民个人信息的内涵和范围如何界定；入罪条件中“情节严重”的标准等问题，给本罪在司法实践中的具体适用造成了一定困难。也因此，2017 年 5 月 8 日，最高人民法院、最高人民检察院发布了《侵犯公民个人信息刑事案件解释》（法释〔2017〕10 号）对上述相关问题作出了进一步的明确规定，笔者将在下文中详细展开讨论。

2. 拒不履行信息网络安全管理义务罪

《刑法》第 286 条之一对拒不履行信息网络安全管理义务罪作出了相应规定。该条为 2015 年 8 月 29 日发布的《刑法修正案（九）》中新增罪名，本罪的犯罪主体为“网络服务提供者”，单位亦可以构成本罪。在《刑法修正案（九）》之前，我国《刑法》并未明确规定网络服务提供者犯罪的刑事责任，因此，该条规定在一定程度上填补了《刑法》规制的空白，也有利于增强网络服务提供者履行网络安全管理义务的意识。

本罪在客观方面表现为网络服务提供者不履行法律、行政法规规定的信息网络安全管理义务，经监管部门责令采取改正措施后拒不改正，同时，符合下列情形之一的：（1）致使违法信息大量传播；（2）致使用户信息泄露，造成严重后果的；（3）致使刑事案件证据灭失，情节严重的；（4）有其他严重情节的。在理解本罪客观方面构成要件上，有以下三点需要特别注意：

（1）信息网络安全管理义务。我国在很长一段时间内，关于网络服务提供者的信息网络安全义务的范围缺乏系统的规定，散见于诸多法律、行政法规当中。而在《网络安全法》出台之后，对网络服务提供者的安全管理义务也作出了相应的规定。如《网络安全法》要求网络服务提供者应当采取防范计算机病毒、网络攻击、网络侵入等危害网络安全行为的技术措施；加强对其用户发布的信息的管理，发现法律、行政法规禁止发布或者传输的信息的，应当立即停止传输该信息，采取消除等处置措施。

（2）前提条件需经过行政部门处理。“经监管部门责令采取改正措施而不改正”是构成本罪的前提条件。信息网络安全监管部门事前未依据法律、行政法规规定发出指令；相关指令没有法律、行政法规依据；或者不是根据法律、行政法规而仅依据部门规章发出改正通知；又或者仅仅发出口头整改通知，甚至违法发出指令的，网络服务提供者均不构成该罪。[①]

（3）三种特定的危害情形。本罪是结果犯，相关主体的行为需导致出现了条文规定的特定结果，方才构成犯罪。《刑法修正案（九）》列举了三种特定危害情形，并以有其他严重情节作为兜底。但该等关于危害情形的规定仍然存在模糊之处，比如“致使违法信息大量传播”中的“违法信息”如何认定；“致使用户信息泄露，造成严重后果的”中的“严重后果”标准为何等均不明确，这无疑给该条罪名的适用造成了困难。而直到 2019 年 10 月 21 日发布的《网络犯罪解释》才对前述相关问题作出了回应，笔者也将在下文中具体阐述。

（三）《民法典》

《民法典》于 2020 年 5 月 28 日正式发布，将于 2021 年 1 月 1 日生效。其中，《民法典》第 111 条沿用了《民法总则》第 111 条的规定，强调自然人的个人信息受法律保护。除此之外，《民法典》在第四编人格权编的第六章专章规定了隐私权和个人信息保护，明确了个人信息的定义、个人信息的处理原则和条件、处理个人信息的免责事由、自然人查阅、复制、更正删除个人信息的权利、信息处理者的信息安全保护义务、未经同意不得对外提供个人信息等内容。

总体而言，《民法典》中个人信息保护的相关规定多是在《网络安全法》规定的基础上加以完善，整体规定偏原则性，具体适用仍然需要结合后续出台的个人信息保护相关立法和标准的规定。接下来，将对重要变化内容进行梳理和解析。

---

① 周光权：《拒不履行信息网络安全管理义务罪的司法适用》，载《人民检察》2018 年第 9 期。

1. 扩张了个人信息处理行为的规制范围

相较于《网络安全法》第 41 条规制网络运营者的个人信息收集使用行为，《民法典》第 1035 条未设置主语且将规制的行为范围扩张至包括收集、存储、使用、加工、传输、提供、公开等在内的全部个人信息处理行为，意味着个人信息全生命周期的处理行为均纳入到该条规制范围，而各环节对应的主体也都受到该条的约束。可以看出，《民法典》对个人信息的保护更加全面，也更加能够满足新形势下的个人信息保护需求。

2. 增加了处理个人信息的免责事由相较于《网络安全法》，《民法典》新增第 1036 条作为处理个人信息的免责事由。需要强调的是，免责事由就意味着该条规定的三种情形是具有违法性的，只不过通过该条对其进行了免责。而且，该条规定的三种情形均有一个限定语“合理”，具体来说三种情形分别使用了“合理实施”和“合理处理”的表述，但如何界定是否“合理”，存在较大的不确定性，可能要根据个案进行具体判定。因此，企业需要避免对该条规定的过分依赖，而应主要依据《民法典》第 1035 条的规定处理个人信息，否则一旦无法适用该条规定，违法性相对应的后果就是企业需要承担相应的责任。

3. 强化了自然人查阅、复制个人信息的权利

相较于《网络安全法》第 43 条规定了个人享有删除、更正个人信息的权利，《民法典》第 1037 条增加规定了自然人查阅、复制个人信息的权利，意味着信息处理者如果拒绝自然人查阅、复制个人信息的要求，可能构成对该条规定的违反。但从实践落地角度，该条如不加以规范和限制，可能会给信息处理者造成额外的负担，有待相关细则或司法实践进一步明确该条的具体适用标准。

（四）《消费者权益保护法》

我国在 1993 年发布的《消费者权益保护法》中并未对个人信息保护相关问题作出规定。但随着市场经济和信息化社会的发展，一方面经营者利用收集的消费者信息改进其生产经营活动，创造了巨大的经济价值；另一方面消费者个人信息被滥用、泄露等问题也层出不穷，个人信息保护问题日益得

到重视。因此，在2013年修订的《消费者权益保护法》中对个人信息保护相关问题作出了明确规定。明确了消费者享有个人信息依法得到保护的权益，同时，对经营者收集、使用消费者个人信息提出了合法、正当、必要的原则性要求，明确了经营者收集使用消费者个人信息的规则，同时，要求经营者及其工作人员对消费者个人信息予以保密，采取必要的措施保障信息安全。《消费者权益保护法》进一步规定了经营者侵害消费者个人信息依法得到保护的权利的，应当停止侵害、恢复名誉、消除影响、赔礼道歉，并赔偿损失，同时，由相关部门依法予以行政处罚。

笔者将《消费者权益保护法》中涉及个人信息保护的相关条款汇总如下，以供参考：

序号	条款	具体内容
1	第14条	消费者在购买、使用商品和接受服务时，享有人格尊严、民族风俗习惯得到尊重的权利，享有个人信息依法得到保护的权利。
2	第29条	经营者收集、使用消费者个人信息，应当遵循合法、正当、必要的原则，明示收集、使用信息的目的、方式和范围，并经消费者同意。经营者收集、使用消费者个人信息，应当公开其收集、使用规则，不得违反法律、法规的规定和双方的约定收集、使用信息。 经营者及其工作人员对收集的消费者个人信息必须严格保密，不得泄露、出售或者非法向他人提供。经营者应当采取技术措施和其他必要措施，确保信息安全，防止消费者个人信息泄露、丢失。在发生或者可能发生信息泄露、丢失的情况时，应当立即采取补救措施。 经营者未经消费者同意或者请求，或者消费者明确表示拒绝的，不得向其发送商业性信息。
3	第50条	经营者侵害消费者的人格尊严、侵犯消费者人身自由或者侵害消费者个人信息依法得到保护的权利的，应当停止侵害、恢复名誉、消除影响、赔礼道歉，并赔偿损失。
4	第56条	经营者有下列情形之一，除承担相应的民事责任外，其他有关法律、法规对处罚机关和处罚方式有规定的，依照法律、法规的规定执行；法律、法规未作规定的，由工商行政管理部门或者其他有关行政部门责令改正，可以根据情节单处或者并处警告、没收违法所得、处以违法所得一倍以上十倍以下的罚款，没有违法所得的，处以五十万元以下的罚款；情节严重的，责令停业整顿、吊销营业执照……（九）侵害消费者人格尊严、侵犯消费者人身自由或者侵害消费者个人信息依法得到保护的权利的……

《消费者权益保护法》对于个人信息保护偏向于原则性规定，在《消费

者权益保护法》的实施过程中，普遍反映经营者收集、使用消费者个人信息的制度过于原则，执法主体不明确，法律责任不到位，消费者个人信息被违法收集使用的势头还在蔓延。目前的状况是消费者举证难，监管部门和消协组织取证难，即使查实的案件也存在追责难、处罚轻的情况，难以起到震慑作用。[①] 2016 年，工商总局制定了《消费者权益保护法实施条例（征求意见稿)》，国务院法制办在 2016 年 11 月 16 日对工商总局上报国务院的《消费者权益保护法实施条例》（送审稿）［以下简称《消保法实施条例》(送审稿)］进行了公开征求意见。在《消费者权益保护法》的基础上，《消保法实施条例》（送审稿）中对个人信息保护的相关问题进行了细化规定，主要包括：

1. 明确了消费者个人信息的定义。《消费者权益保护法》并未对消费者个人信息的概念作出界定，在《消保法实施条例》（送审稿）第 22 条则以列举 + “可识别” 规定兜底的方式对消费者个人信息的概念进行了定义：“消费者个人信息是指经营者在提供商品或者服务活动中收集的消费者姓名、性别、职业、出生日期、身份证件号码、住址、联系方式、收入和财产状况、健康状况、消费情况、生物识别特征等能够单独或者与其他信息结合识别消费者的信息。”

2. 针对经营者信息收集的必要性原则，《消保法实施条例》（送审稿）明确提出了“经营者不得收集与经营业务无关的信息”。

3. 规定了消费者享有删除、修改个人信息的权利。根据《消保法实施条例》（送审稿）第 22 条，除法律法规另有规定外，消费者明确要求经营者删除、修改其个人信息的，经营者应当按照消费者的要求予以删除、修改。

4. 针对经营者向他人提供消费者个人信息，《消保法实施条例》（送审稿）同样规定应当经过消费者同意。但同时提出了“经过处理无法识别特定消费者且不能复原的除外”。该条规定为经营者依法使用匿名化的个人信息留下了一定的空间。

---

① 《全国人民代表大会常务委员会执法检查组关于检查〈中华人民共和国消费者权益保护法〉实施情况的报告》，http：//www.npc.gov.cn/npc/c12491/201511/b3833048ca4b4ca88c5b8d02dbe20b70.shtml。最后访问时间：2019 年 2 月 17 日。

5. 细化了关于商业性信息推送的规定。《消保法实施条例》（送审稿）在《消费者权益保护法》的基础上进一步规定了“未经消费者明确同意或者请求，经营者不得向消费者的固定电话、移动电话等通讯设备，电脑等电子终端或者电子邮箱、网络硬盘等电子信息空间发送商业性电子信息或者拨打商业性推销电话。消费者同意经营者向其发送商业性电子信息或者拨打商业性推销电话的，除双方另有约定以外，不得要求消费者承担费用”。

但从2016年11月16日开始对外征求意见，《消保法实施条例》至今尚未发布正式版，笔者也期待《消保法实施条例》的正式出台，能否进一步落实消费者个人信息保护问题。

（五）《电子商务法》

我国电子商务发展迅速，足不出门的购物方式成了社会公众的消费新时尚，但电子商务在给社会民众带来便利的同时，也对电子商务消费者的个人信息保护带来了巨大的挑战。在电子商务的发展过程当中，个人信息被滥用、泄露等问题屡屡发生，因此，《电子商务法》制定之初，个人信息保护问题就成了重点讨论的内容之一。《电子商务法》于2018年8月31日正式发布，并于2019年1月1日起生效实施，全文围绕电子商务经营者、电子商务消费者（用户）以及有关主管部门各自的权利义务对个人信息保护相关内容进行了规定，主要包括：

1. 个人信息的收集、使用。《电子商务法》对于个人信息的收集、使用仅作了原则性规定，要求电子商务经营者在收集、使用个人信息时应当遵守有关法律、行政法规的规定。我国《网络安全法》等法律规范均对个人信息的收集、使用作出了相关规定，电子商务经营者在具体场景下收集、使用个人信息时应当遵照该等法律法规的规定进行，如在收集用户个人信息时，应当公开收集、使用规则，明示收集、使用的目的、方式和范围，并经被收集者同意。

2. 关于个人信息的保存期限。《网络安全法》并未明确规定用户信息的保存期限要求，仅规定网络运营者应当按照规定留存相关的网络日志不少于六个月。但《电子商务法》中明确要求电子商务平台经营者应当记录、保存平台上的商品和服务信息、交易信息，保存时间自交易完成之日起不少于三年。

3. 关于个性化推荐。个性化推荐在电子商务场景下十分普遍，电子商务经营者利用其掌握的用户信息，通过大数据分析电子商务消费者的兴趣爱好，针对性地进行商品、服务的推送以及搜索结果的展示。通常与个性化推荐相关的场景还包括“大数据杀熟”，指电子商务经营者利用大数据分析结果，对不同用户采取不同的定价策略，甚至出现同一商品或服务对于忠诚度较高的老用户价格要高于新用户的情况，严重侵害了用户的权益。对于这一问题，《电子商务法》明确规定了电子商务经营者根据消费者的兴趣爱好、消费习惯等特征向其提供商品或服务的搜索结果的，应当同时提供不针对其个人特征的选项，以保护消费者的合法权益。

4. 用户的相关权利。《电子商务法》第 24 条明确规定了用户享有信息查询、更正、删除以及注销的权利。[①] 同时，要求电子商务经营者明示用户行使前述权利的方式、程序，不得设置不合理的条件。在具体程序上，《电子商务法》要求电子商务经营者在收到用户关于信息查询、更正、删除申请的，应当在核实身份后及时履行义务，用户申请注销的，应当立即删除用户信息。

5. 主管部门的权利义务。《电子商务法》规定了有关主管部门有权依法要求电子商务经营者提供电子商务数据信息。但有关主管部门应当采取必要的措施保护数据信息的安全，不得泄露、出售或者非法向他人提供。

电子商务法的正式实施对于电子商务发展过程中个人信息的利用以及保护具有重要意义。对于电子商务经营者而言，一方面要遵循《电子商务法》关于个人信息保护的相关规定，另一方面除了《电子商务法》外，我国《网络安全法》等其他法律法规也对个人信息保护作出了相关规定，电子商务经营者也应当加以遵循。同时，《电子商务法》对个人信息保护的相关规

① 《电子商务法》第 24 条规定，电子商务经营者应当明示用户信息查询、更正、删除以及用户注销的方式、程序，不得对用户信息查询、更正、删除以及用户注销设置不合理条件。电子商务经营者收到用户信息查询或者更正、删除的申请的，应当在核实身份后及时提供查询或者更正、删除用户信息。用户注销的，电子商务经营者应当立即删除该用户的信息；依照法律、行政法规的规定或者双方约定保存的，依照其规定。

定更偏原则性和倡导性，笔者也期待后续关于电子商务场景下个人信息利用与保护的相关细则、标准的出台，以便更好地规范电子商务经营者收集、使用用户个人信息的行为。

附：《电子商务法》关于个人信息保护的相关条款：

序号	条款	具体内容
1	第 5 条	电子商务经营者从事经营活动，应当遵循自愿、平等、公平、诚信的原则，遵守法律和商业道德，公平参与市场竞争，履行消费者权益保护、环境保护、知识产权保护、网络安全与个人信息保护等方面的义务，承担产品和服务质量责任，接受政府和社会的监督。
2	第 18 条第 1 款	电子商务经营者根据消费者的兴趣爱好、消费习惯等特征向其提供商品或者服务的搜索结果的，应当同时向该消费者提供不针对其个人特征的选项，尊重和平等保护消费者合法权益。
3	第 23 条	电子商务经营者收集、使用其用户的个人信息，应当遵守法律、行政法规有关个人信息保护的规定。
4	第 24 条	电子商务经营者应当明示用户信息查询、更正、删除以及用户注销的方式、程序，不得对用户信息查询、更正、删除以及用户注销设置不合理条件。 电子商务经营者收到用户信息查询或者更正、删除的申请的，应当在核实身份后及时提供查询或者更正、删除用户信息。用户注销的，电子商务经营者应当立即删除该用户的信息；依照法律、行政法规的规定或者双方约定保存的，依照其规定。
5	第 25 条	有关主管部门依照法律、行政法规的规定要求电子商务经营者提供有关电子商务数据信息的，电子商务经营者应当提供。有关主管部门应当采取必要措施保护电子商务经营者提供的数据信息的安全，并对其中的个人信息、隐私和商业秘密严格保密，不得泄露、出售或者非法向他人提供。
6	第 30 条	电子商务平台经营者应当采取技术措施和其他必要措施保证其网络安全、稳定运行，防范网络违法犯罪活动，有效应对网络安全事件，保障电子商务交易安全。 电子商务平台经营者应当制定网络安全事件应急预案，发生网络安全事件时，应当立即启动应急预案，采取相应的补救措施，并向有关主管部门报告。
7	第 31 条	电子商务平台经营者应当记录、保存平台上发布的商品和服务信息、交易信息，并确保信息的完整性、保密性、可用性。商品和服务信息、交易信息保存时间自交易完成之日起不少于三年；法律、行政法规另有规定的，依照其规定。

续表

序号	条款	具体内容
8	第 32 条	电子商务平台经营者应当遵循公开、公平、公正的原则，制定平台服务协议和交易规则，明确进入和退出平台、商品和服务质量保障、消费者权益保护、个人信息保护等方面的权利和义务。
9	第 69 条	国家维护电子商务交易安全，保护电子商务用户信息，鼓励电子商务数据开发应用，保障电子商务数据依法有序自由流动。 国家采取措施推动建立公共数据共享机制，促进电子商务经营者依法利用公共数据。
10	第 75 条	电子商务经营者违反本法第 12 条、第 13 条规定，未取得相关行政许可从事经营活动，或者销售、提供法律、行政法规禁止交易的商品、服务，或者不履行本法第 25 条规定的信息提供义务，电子商务平台经营者违反本法第 46 条规定，采取集中交易方式进行交易，或者进行标准化合约交易的，依照有关法律、行政法规的规定处罚。
11	第 76 条第 1 款第 3 项	电子商务经营者违反本法规定，有下列行为之一的，由市场监督管理部门责令限期改正，可以处一万元以下的罚款，对其中的电子商务平台经营者，依照本法第 81 条第 1 款的规定处罚： （三）未明示用户信息查询、更正、删除以及用户注销的方式、程序，或者对用户信息查询、更正、删除以及用户注销设置不合理条件的。
12	第 79 条	电子商务经营者违反法律、行政法规有关个人信息保护的规定，或者不履行本法第三十条和有关法律、行政法规规定的网络安全保障义务的，依照《中华人民共和国网络安全法》等法律、行政法规的规定处罚。
13	第 80 条	电子商务平台经营者有下列行为之一的，由有关主管部门责令限期改正；逾期不改正的，处二万元以上十万元以下的罚款；情节严重的，责令停业整顿，并处十万元以上五十万元以下的罚款： （四）不履行本法第 31 条规定的商品和服务信息、交易信息保存义务的。
14	第 87 条	依法负有电子商务监督管理职责的部门的工作人员，玩忽职守、滥用职权、徇私舞弊，或者泄露、出售或者非法向他人提供在履行职责中所知悉的个人信息、隐私和商业秘密的，依法追究法律责任。

（六）《征信业管理条例》

2013 年 3 月 15 日，由国务院制定的《征信业管理条例》正式生效，《征信业管理条例》适用于在我国境内从事个人或企业信用信息的采集、整理、保存、加工，并向信息使用者提供的征信业务及相关活动，规范对象主要是征信机构的业务活动及对征信机构的监督管理。个人征信业务中重要的一环是对个人信用信息的收集和使用，因而该条例也着重对这一部分进行了规范。个人信用信息通常包括：（1）个人基本信息，指自然人身份识别信息、职业和居住地址等信息；（2）个人信贷交易信息，指商业银行提供的自然人在个人贷款、贷记卡、准贷记卡、担保等信用活动中形成的交易记录；（3）反映个人信用状况的其他信息，指除信贷交易信息之外的反映个人信用状况的相关信息。①

《征信业管理条例》明确了征信机构、信息提供者、信息使用者以及信息主体在征信业务活动中的权利义务，从采集、查询、使用、保存及提供等各环节明确了征信业务的开展规则。

对于采集个人信息，《征信业管理条例》明确规定了除依法公开的信息外，采集个人信息应当经信息主体本人同意。规定了禁止征信机构采集的个人信息范围，包括个人的宗教信仰、基因、指纹、血型、疾病和病史信息以及法律、行政法规规定禁止采集的其他个人信息。同时规定，除明确告知信息主体可能的不利后果并取得其同意外，征信机构不得采集个人的收入、存款、有价证券、商业保险、不动产的信息和纳税数额信息。在向征信机构查询个人信息时，《征信业管理条例》规定除了法律规定可以不经同意查询的，都应当取得信息主体本人的书面同意并明确约定用途。对于个人信息的使用，根据《征信业管理条例》的规定，信息使用者应当按照与个人信息主体约定的用途使用个人信息，不得用作约定以外的用途。《征信业管理条例》明确要求征信机构在中国境内采集的信息的保存应当在中国境内进行，对个人不良信息的保存期限，自不良行为或者事件终止之日起为5年；超过5年的，应当予以删除。此外，在对外提供个人信息方面，《征信业管理条例》规定信息提供者向征信机构提供个人不良信息，应当事先告知信息主体本人。信息使用者未经信息主体同意不得向第三方提供个人信息。同时，

① 《个人信用信息基础数据库管理暂行办法》第4条规定，本办法所称个人信用信息包括个人基本信息、个人信贷交易信息以及反映个人信用状况的其他信息。前款所称个人基本信息是指自然人身份识别信息、职业和居住地址等信息；个人信贷交易信息是指商业银行提供的自然人在个人贷款、贷记卡、准贷记卡、担保等信用活动中形成的交易记录；反映个人信用状况的其他信息是指除信贷交易信息之外的反映个人信用状况的相关信息。

要求征信机构如需向境外组织或者个人提供信息，应当遵守法律、行政法规和国务院征信业监督管理部门的有关规定。

《征信业管理条例》同时明确了个人信息主体享有的权利，包括：1. 同意权。在采集、查询、向第三方提供信息时均应当取得个人信息主体的同意。2. 知情权。信息提供者向征信机构提供个人不良信息时，应当事先告知信息主体本人。信息主体可以向征信机构查询自身信息，并且每年有两次免费获取本人信用报告的权利。3. 异议权。个人信息主体如果认为征信机构采集、保存、提供的信息存在错误、遗漏的，可以向征信机构或者信息提供者提出异议，要求更正。4. 救济权。如果个人信息主体认为征信机构或者信息提供者、信息使用者侵害其合法权益的，可以向所在地的国务院征信业监督管理部门派出机构投诉。如果认为前述主体侵害了其合法权益的，也可以直接向人民法院起诉。

《征信业管理条例》明确了违反个人信息保护相关要求的法律责任。对于征信机构、信息提供者以及信息使用者而言，如果违反《征信业管理条例》规定实施了非法获取信息、违法提供或者出售信息、过失泄露信息、未按照约定用途使用个人信息等行为的，由监管部门依照规定给予责令改正或者罚款或者没收违法所得等行政处罚。如果给信息主体造成损失，应当依法承担民事责任。构成犯罪的，应当依法追究刑事责任。

对于采集企业信用信息，《征信业管理条例》也作出了相关规定。征信机构可以通过信息主体、企业交易对方、行业协会提供的信息，政府有关部门依法已公开的信息，人民法院依法公布的判决、裁定等多个渠道采集企业信用信息。企业的董事、监事、高级管理人员与其履行职务相关的信息，不作为个人信息，不适用关于个人信息的规定。但征信机构不得采集法律、行政法规禁止采集的企业信息，不得侵犯企业的商业秘密。

征信业务在一定程度上能够防范信用风险、保障交易安全，对于市场经济的发展意义重大。但在《征信业管理条例》颁布之前，征信活动缺乏明确的法律规范，对信息主体的保护严重不足，不当采集、使用信用信息的情况十分普遍。《征信业管理条例》的出台明确了征信活动的边界，为个人信用信息的保护提供了依据，有利于促进征信行业的规范化发展。

二、其他规定

《网络安全法》的出台标志着我国的数据保护立法迈入了一个新的阶段，其作为我国在网络安全领域的纲领性法律，在宏观层面对包括数据及个人信息保护在内的网络安全问题作出了相应的规定。但其作为纲领性法律，在完成制度设计的同时也将更多细化的空间留给了其配套法律法规和其他规范性文件进行规制。当前，数据的收集使用早已渗透社会生活的方方面面，在不断涌现的数据应用场景和数据运用方式面前，仅依靠《网络安全法》的既有规定不足以妥善调整现实生活中数据活动产生的问题。

在《网络安全法》框架下，我国出台了大量的配套规范性文件，对《网络安全法》未作明确的相关领域进行了进一步细致的规定。一方面，工信、网信等部门通过制定行政法规，对包括网络安全等级保护制度、关键信息基础设施保护制度等网络安全法确立的基本制度进行了规范；另一方面，在信安标委牵头下，针对实践中受广泛关注的领域，大量的数据合规要求以推荐性国家标准的形式出台，为企业的合规也提供了有益的指引。

（一）《电信和互联网用户个人信息保护规定》

1. 出台背景

作为《网络安全法》出台之前个人信息保护领域重要的法律规范之一，早在 2013 年 7 月 16 日，工信部就公布了《电信和互联网用户个人信息保护规定》，确立了个人信息在收集、使用等方面的诸多规则。作为一部现行有效的规章，该规定对我们现今的数据合规仍然具有重要意义。

2. 具体内容

除了对数据的收集和使用提出具体要求外，该规定还按照“谁经营、谁负责”“谁委托、谁负责”的原则，明确规定由电信业务经营者、互联网信息服务提供者负责对其代理商的个人信息保护工作实施管理。并且从岗位责任、管理制度、权限管理、存储介质、信息系统、操作记录、安全防护等方面，明确了电信业务经营者、互联网信息服务提供者应当采取的防止用户个人信息泄露、毁损、篡改或者丢失的措施。与此同时，该规定还对用户个人信息保护情况自查和培训等制度作了相应的规定。

3. 不足之处

尽管《电信和互联网用户个人信息保护规定》的部分条款体现出了一定的先进性，但作为数据和个人信息保护领域立法的试水，其仅为工信部颁布的部门规章，一定程度上削弱了其影响力。一方面，其法律位阶较低；另一方面，其规范的行业和领域仅限于工信部监管的电信与互联网领域，无法覆盖各行各业普遍存在的信息收集、使用情况，对个人信息保护的程度相对有限。

（二）《儿童个人信息网络保护规定》

1. 出台背景

2019 年，一系列数据和个人信息保护领域的法律法规纷纷出台，进一步完善了《网络安全法》的配套制度，对企业的数据和个人信息保护要求逐渐细化，对于数据合规的指引也日趋清晰。在这一系列同个人信息保护相关的法规中，自 2019 年 5 月 31 日下午征求意见稿发布到 2019 年 8 月 23 日下午正式版出台仅间隔 84 天的《儿童个人信息网络保护规定》，成为国家网信办 2019 年正式发布的第一个个人信息保护相关规定的正式版，充分体现了以国家网信办为代表的监管部门对于儿童个人信息保护的高度重视。

近年来，各地儿童个人信息侵权事件屡见不鲜。例如，抖音海外版 Tik-Tok 因涉嫌违反美国联邦法律被罚款 570 万美元，原因是“涉嫌非法收集 13 岁以下儿童信息”。再如，为解决美国联邦贸易委员会（FTC）对 YouTube 涉嫌违反儿童隐私方面法律的调查，谷歌同意向 FTC 支付 1.5 亿至 2 亿美元。

此类事件的频繁出现某种程度上导致儿童个人信息的保护逐渐受到普遍关注。相较于成人，由于相关知识储备和社会经验上的不足，儿童在面对个人信息收集、使用等数据活动时在认知和判断能力上存在严重不足，可能严重影响其合法利益，需要为其提供特殊保护。而在儿童个人信息保护领域，美国无疑是世界范围内的先行者，其早在 1998 年就通过了《儿童在线隐私保护法》(Children's Online Privacy Protection Act，COPPA)，对提供在线服务的服务商在儿童个人信息保护方面提出了具体、详细的要求。从比较法的角度来看，我国《儿童个人信息网络保护规定》的保护思路总体上同 COPPA 类似，一方面对儿童信息的保护需要遵循同其他个人信息的保护相同的具体规则，另一方面对儿童个人信息的同意方式作出了特殊规定，即征得儿童监护人同意。

2. 具体内容

从具体规定来看，《儿童个人信息网络保护规定》结合借鉴《个人信息安全规范（征求意见稿）》和《数据安全管理办法（征求意见稿）》的相关内容和思路，针对儿童个人信息的收集、使用、存储、披露及相关的法律责任进行了较为详细的规定。

一般来说，监护人与儿童最亲近，对儿童的影响最大，要想加强对儿童个人信息的保护，监护人认真履行监护职责必不可少。而且，很多监护人是孩子的家长，家长是孩子的第一任老师，儿童自我保护个人信息的意识和能力需要家长的教育和引导。基于此，《儿童个人信息网络保护规定》强化了监护人对儿童个人信息的保护职责，明确网络运营者在收集、使用、转移、披露儿童个人信息前应当征得儿童监护人的同意，并对征得同意时明确告知事项的范围作出了具体的规定。

前述，儿童个人信息保护有其特殊性，需要给予儿童个人信息更高层次的保护。据此，《儿童个人信息网络保护规定》在遵循一般的个人信息保护规则的基础上，通过一系列制度设计将儿童个人信息保护提高到了较一般个人信息更高的层次。例如，其明确要求网络运营者设置专门儿童信息保护规则、用户协议、指定专人负责儿童个人信息保护相关事宜，并明确禁止网络运营者收集与其提供的服务无关的儿童个人信息的行为。又如，相较于一般情形，《儿童个人信息网络保护规定》在规范儿童或其监护人在特定情况下享有对其个人信息进行删除的权利时，新增了“超出范围或必要性对儿童个人信息进行处理”“儿童监护人撤回同意”两种特殊情形，实质上赋予了儿童及其监护人对于儿童个人信息享有更广泛的删除权。

此外，《儿童个人信息网络保护规定》也充分发挥了“市场”的调节作用，明确规定“将网络运营者违反本规定的行为记入信用档案，并予以公示”作为对网络运营者违反规定的惩罚措施之一。通过从商业角度影响网络运营者的经营管理，增加网络运营者的违规成本的方式，督促网络运营者开展合规运营。

3. 不足之处

尽管从立法层面来说，《儿童个人信息网络保护规定》对儿童个人信息保护进行了较为详尽的规定，但其回避了企业在实践过程中如何有效甄别儿童以及如何判断作出同意的成年人是否为儿童监护人这两个关键问题。这意味着，企业在落实《儿童个人信息网络保护规定》的过程中仍然将面临一些实操上的困难。从某种程度上来说，其宣示意义更大于现实意义，在实践中监管部门如何适用相关条文，还有待于后续监管实践进一步检验。

（三）《App 违法违规认定方法》

1. 出台背景

近年来，各类 App 进一步覆盖了个人工作和生活的方方面面，为广大 App 使用者带来了大量的便利。然则，在这一过程中，包括强制授权、过度索权、隐藏收集行为、“注销难”等违法违规现象也随之大量出现。不仅侵害了用户的合法权益，也一定程度上引发了用户对于 App 违法违规收集个人信息行为的担忧和反感，影响了 App 的运营。

前述，自 2019 年起，国家网信办、工信部、公安部、国家市场监督管理总局四部门针对 App 违法违规收集使用个人信息的相关行为展开了专项整治，并会不定期对整治、评估过程中发现存在问题的 App 进行公告、向 App 运营者发送相应的整改通知要求其开展相应的整改工作。在治理工作开展过程中，针对发现的突出问题，四部门将整治和评估过程中的相关要点和经验转化并出台了《App 违法违规认定方法》，明确界定了 App 收集使用个人信息方面的违法违规行为，为 App 运营者自查自纠提供指引的同时也为

App 评估和处置提供了具体的参考。

2. 具体内容

在《App 违法违规认定方法》出台前，尽管 App 专项治理工作已经处于火热的开展过程中，但对于具体违规行为的认定，实践中一直缺乏明确的规范性文件作为指引，未能充分将专项治理工作的工作方法和相关成果进一步转化为具体的合规要求。《App 违法违规认定方法》采用罗列的方式列举了包括“未公开收集使用规则”“未明示收集使用个人信息的目的、方式和范围”“未经用户同意收集使用个人信息”“违反必要原则，收集与其提供的服务无关的个人信息”“未经同意向他人提供个人信息”“未按法律规定提供删除或更正个人信息功能”“未公布投诉、举报方式等信息”7 大类共计 31 种违法违规行为，为 App 运营者收集、使用个人信息的行为划定了红线。

就具体内容而言，《App 违法违规认定方法》继承了《网络安全法》的立法精神，明确同意为收集、使用用户个人信息的合法性基础，并在遵循个人信息收集、使用的最小、必要原则的基础上针对各 App 的收集、使用细化了具体违法违规行为的认定标准，重申了“向第三方提供用户个人信息时需要获得用户的二次授权”“保障用户更正、删除个人信息和注销账户的权利”“不得以默认选择同意隐私政策等非明示方式征求用户同意”等实践中已达成普遍共识的基本规则。整体来说，对于 App 运营者收集使用个人信息而言，《App 违法违规认定方法》为其设置了相对明确的限制，但也提供了相对明确的合规指引。

就公开收集使用规则而言，《App 违法违规认定方法》明确 App 应公开易于阅读和访问的隐私政策和收集使用个人信息规则，并在首次运行时对用户进行明显提示。

就告知而言，《App 违法违规认定方法》要求 App 应逐项列举收集使用个人信息的目的、方式、范围等，并明确该等要求不仅适用于 App 自身收集使用个人信息的目的、方式和范围，亦适用于 App 嵌入的第三方代码、插件，直指实践中泛滥的 SDK 隐瞒收集个人信息的问题。同时，强调了在重要情况变更时需要对用户以适当方式进行通知，规定 App 在每次需要用户提供个人敏感信息时应当同步告知用户其目的，并要求企业确保收集使用规则内容的易读性，从多个角度对企业对个人信息主体的告知提出了全面要求。

就同意而言，《App 违法违规认定方法》沿用了《个人信息安全规范(征求意见稿)》和《App 违法违规收集使用个人信息自评估指南》（以下简称《App 自评估指南》）中"明示同意"的要求，明确了同意是收集使用个人信息的起始点，强调不得违反用户意愿收集个人信息和不得频繁弹窗、干扰使用，并针对实践中用户普遍关注的定向推送、权限设置等问题进行了规制。

此外，对于实践中常见的"违反必要原则，收集与其提供的服务无关的个人信息""未经同意向他人提供个人信息"两类行为，《App 违法违规认定方法》分别列举了 9 类和 6 类具体的违规方式。总的来说，其列举的 7 大类 31 种违规行为，基本覆盖了相关治理工作中违法违规行为常见的表现形态。其出台一定程度上也预示着个人信息保护工作已经进入了深水区，充分体现了监管部门对于打击 App 违法违规收集使用个人信息行为的决心。

3. 不足之处

尽管《App 违法违规认定方法》涉及 App 嵌入的第三方代码、插件隐瞒收集的相关问题，但由于其适用对象主要为 App 运营者而非第三方服务的相关方（如 SDK 提供者），也并未为第三方服务相关方设定相应的披露义务从而实现对第三方服务相关方的约束，实践中若仅仅依靠 App 运营方，或许不足以解决第三方代码、插件隐瞒收集的问题。①

此外，《App 违法违规认定方法》的效力也存在着一定争议。其某种程度上可视作 App 专项治理工作组治理工作的阶段性成果，其于 2019 年 5 月 5 日公开征求意见，并于 12 月 30 日出台正式版。不难发现，征求意见稿的发文机构为 App 专项治理工作组，而正式版的发文机构则调整为国家互联网信息办公室秘书局、工业和信息化部办公厅、公安部办公厅和国家市场监

---

① 针对这一问题，《个人信息告知同意指南（征求意见稿）》中设计的告知路径或许更为合理。具体可参见本书"第二部分　四、国家标准（五）《个人信息告知同意指南（征求意见稿）》"。

督管理总局办公厅。有观点认为，《App违法违规认定办法》的制定机关是“国家互联网信息办公室秘书局、工业和信息化部办公厅、公安部办公厅及国家市场监督管理总局办公厅”，发文字号为“国信办秘字”，根据《立法法》第84条第1款“部门规章应当经部务会议或者委员会会议决定”和第85条第1款“部门规章由部门首长签署命令予以公布”的规定可知，《App违法违规认定办法》并不符合部门规章的发文主体要求，其效力层级不属于规章，而仅是执法机关在执法过程中可以参考适用的文件，法律强制力存疑。①

（四）《数据安全管理办法（征求意见稿）》

1. 出台背景

早在2015年发布的《促进大数据发展行动纲要》中，国务院便已经将数据定性为国家基础性战略资源，并从国家大数据发展战略全局的高度，提出了我国大数据发展的顶层设计。基于其基础性战略资源的定位，数据安全自然也成了国家重点关注的话题。

现行立法层面，《网络安全法》也对数据安全、个人信息保护等内容作出了原则性的规定，但上述内容多为基础性的表述，缺乏具体、细化的规则内容，且缺少对重要数据保护问题的相关规定。《网络安全法》采用原则性、纲领性规定的目的或在于为后续立法留足细化和解释的空间，但由于《数据安全法》的出台尚需时日，现有的规范性文件在打击数据违法行为、保护数据安全方面稍有不足。出于完善数据安全监管体系的需要，《数据安全管理办法（征求意见稿）》应运而生。

2. 具体内容

《数据安全管理办法（征求意见稿）》在总则部分将在中华人民共和国境内利用网络开展数据收集、存储、传输、处理、使用等活动统一定义为“数据活动”，并明确数据活动、数据安全的保护和监督管理均受该办法管

---

① 《清规丨突如其来的〈App违法违规收集使用个人信息行为认定办法〉到底是个什么》，https://mp.weixin.qq.com/s/sqRp4DV9I7k5FMKj6e60LA，最后访问时间：2020年2月16日。

辖。在个人信息保护层面，其充分吸收了 2019 年 2 月发布的《信息安全技术　个人信息安全规范（草案）》中的相关合规要求，明确为网络运营者设定了相应的义务。在重要数据保护层面，其试图通过重要数据的收集备案、向第三方提供重要数据的批准管理、向境外提供重要数据前的安全评估等制度弥补现行法在重要数据保护方面的具体规则空白。同时，《数据安全管理办法（征求意见稿）》系统地规定了网络运营者数据收集、数据处理使用、数据安全监督管理等覆盖数据全生命周期的综合合规要求，直面强制捆绑授权、网络爬虫、定向推送、自动化洗稿、算法歧视等新型数据安全问题，以期为企业的数据收集、处理及管理活动提供有益的合规指引。

针对实践中发现的算法歧视行为，《数据安全管理办法（征求意见稿）》第 13 条明确予以禁止，强调网络运营者不得根据个人信息收集情况对个人信息主体采取歧视行为。相较于网络运营者，个人信息主体处于相对弱势的地位，本条实际上限制了网络运营者对个人信息主体不配合提供个人信息的“报复”行为，有利于制止网络运营者运用算法等技术手段通过“歧视”变相逼迫个人信息主体同意对其个人信息的收集和使用。

实践中，爬虫使用已经成为普遍现象，因网络爬虫引起的流量和不正当竞争纠纷屡见不鲜。针对网络爬虫问题，《数据安全管理办法（征求意见稿）》第 16 条明确了网络爬虫等自动化手段访问收集网站数据的红线要求，要求网络爬虫等自动化手段访问收集网站数据不得妨碍网站正常运行。此外，该规定采用了标准界定加举例的方式限制自动化手段的使用，如自动化访问收集流量不得超过网站日均流量三分之一。

针对定向推送问题，《数据安全管理办法（征求意见稿）》第 23 条强调网络运营者应以明显方式向用户提示所推送的信息为“定推”并提供用户停止接收定向推送信息的功能，若用户选择停止接收定向推送信息，该条在吸收《个人信息安全规范（征求意见稿）》第 7.4 条“向个人信息主体提供删除或匿名化定向推送活动所基于的个人信息的选项”的基础上，进一步明确了网络运营者应当停止推送并删除已收集的用户数据和个人信息的义务，并且将已经收集的设备识别码作为用户数据和个人信息的典型代表单独强调。同时，该条文明确禁止在定向推送中实施歧视行为。

针对自动合成信息问题，《数据安全管理办法（征求意见稿）》第 24 条明确了对网络运营者利用大数据、人工智能等技术自动合成信息的限制。本条指出，使用自动合成的信息时需以显著方式标明“合成”字样。同时，本条亦对自动合成信息的适用场景进行限制，明确规定不得以“谋取利益或损害他人利益”为目的。这有助于预防自动合成信息的不当使用，对于促进网络空间的生态治理具有积极意义。

3. 不足之处

然而，由于《数据安全管理办法（征求意见稿）》试图将同数据相关的各种活动都纳入其规制范围之中，不可避免地导致其部分规定略显粗糙，同业务开展的商业逻辑不相一致，未充分考虑到数据商业运用与数据安全之间的平衡，若付诸实施则可能为合理的数据的商业运用带来不确定性。例如，第 23 条在规范定向推送的相关问题时，未显著区分新闻信息和商业广告，采用了一刀切的方式进行统一规定，一旦落地可能对互联网企业的广告业务开展产生较大的影响。再如，第 15 条明确了在以经营为目的的情形下，网络运营者收集重要数据和个人敏感信息必须履行相应的备案要求，但却并未明确“以经营为目的”具体指向何种互联网场景。考虑到个人敏感信息的定义较为广泛，且在实践中运用也较为多元，若在一般的业务经营过程中收集个人敏感信息均需要备案，一方面加重了网络运营者的合规义务，另一方面也可能大量增加地方网信部门的工作负担。《数据安全管理办法（征求意见稿）》于 2019 年 5 月 28 日发布并公开征求意见，至今尚未落地。其后续对数据保护可能起到的作用和对企业合规的影响还有待正式版落地并实施后检验。

（五）《网络安全等级保护条例（征求意见稿）》

1. 出台背景

《网络安全法》第 21 条明确要求网络运营者应当按照网络安全等级保护制度的要求，履行安全保护义务，首次明确将网络安全等级保护制度上升为法律层面的要求。事实上，网络安全等级保护制度确立于 1994 年，在被写入《网络安全法》之前，该制度已经发展并运行了20余年。但由于在法律层面缺乏相应的规范性文件支撑，其在实践中实施效果有限，且由于缺乏强制力对公安机关等网络安全职能部门行政执法也产生了一定的不利影响。

《网络安全等级保护条例（征求意见稿）》的出台有利于缓解这一实践中的困境。作为《网络安全法》的配套规则，《网络安全等级保护条例（征求意见稿）》的颁布和征求意见，一方面完善了《网络安全法》相关的规范体系，另一方面也有利于在规范层面为网络安全治理提供有益指导。

2. 具体内容

从内容上看，《网络安全等级保护条例（征求意见稿）》明确其适用于除个人及家庭自建自用的网络外，在中华人民共和国境内建设、运营、维护、使用网络的所有行为。换言之，所有网络运营者都要针对其网络活动开展等级保护工作。同时，其明确了等级保护工作开展过程中网络安全的三同步原则，即网络运营者在网络建设过程中，应当同步规划、同步建设、同步运行网络安全保护、保密和密码保护措施。并基于此对网络运营者提出了一系列具体的要求，包括网络定级备案、安全建设整改、等级测评和自查等。此外，《网络安全等级保护条例（征求意见稿）》亦明确了公安机关、行业主管（监管）部门等在网络安全监督管理中的职责和监管要求，并就安全检查及处置、重大隐患处置、关键人员管理、保密监督管理、网络安全约谈制度等分别作了明确规定。

（六）《CII保护条例（征求意见稿）》

1. 出台背景

《网络安全法》的一大亮点在于提出，应在网络安全等级保护制度的基础上，针对关键信息基础设施实行重点保护。换言之，对于关键信息基础设施，除了普遍意义而言的网络安全等级保护之外，还需要施以更高层次的保护。早在2016年，“建立关键信息基础设施保护制度”便已被写入“十三五纲要”中。关键信息基础设施往往属于涉及国计民生的重要行业。关键信息基础设施一旦遭到破坏、丧失功能或者数据泄露，可能严重危害国家安全、国计民生、公共利益，这是《网络安全法》提出更高程度保护要求的内在原因。但对于保护的具体实施方式，《网络安全法》作为网络安全领域的基础性法律，并未作出明确的规定。

《CII 保护条例（征求意见稿）》弥补了《网络安全法》的上述空白，并对关键信息基础设施的范围、运营者的安全保护义务、监管部门在关键信息基础设施保护中的职责、安全检测评估制度等方面进行了细致、具体的规定。

2. 具体内容

具体内容上，《CII 保护条例（征求意见稿）》第 18 条以非穷尽列举的方式明确了关键信息基础设施的范围，并沿用《网络安全法》的规定明确判断的标准为“一旦遭到破坏、丧失功能或者数据泄露，可能严重危害国家安全、国计民生、公共利益”。同时，《CII 保护条例（征求意见稿）》确立了各部门统筹协作、分工负责的监管机制，涉及的部门包括网信、电信、公安、保密及各行业主管部门。

就关键信息基础设施运营者的安全保护义务，《CII 保护条例（征求意见稿）》明确了运营者主要负责人系安全保护工作的第一责任人，并规定了包括设置专门安全管理机构和安全管理负责人、定期对从业人员进行网络安全教育、对重要系统和数据库进行容灾备份、制定网络安全事件应急预案并定期进行演练等安全保护义务。

3. 不足之处

关键信息基础设施保护的前提和关键在于关键信息基础设施的识别，但在关键信息基础设施的识别上，《CII 保护条例（征求意见稿）》的部分规定不尽完善。《CII 保护条例（征求意见稿）》第 18 条以举例的方式列举了部分关键信息基础设施，但其列举的类别并不清晰。例如，第 18 条第 2 项提及“提供云计算、大数据和其他大型公共信息网络服务的单位”应当纳入关键信息基础设施的保护范围，提供大数据服务的任何设施是否都属于关键信息基础设施？或是将其中的一部分设施作为关键信息基础设施作为保护？再如，第 18 条第 3 项提及的“大型设备”具体指向的是何种设备？此外，在认定程序上，是否可以凭借第 19 条径行认定关键信息基础设施的识别仅以自上而下的方式进行，而无需靠企业自我评估？据悉，《关键信息基础设施安全保护条例》正式版正在抓紧制定中，如何正确识别关键信息基础设施还有待后续正式版落地后验证。

（七）《个人信息出境办法（征求意见稿）》

1. 出台背景

在数据活动的全生命周期中，个人信息的出境是一个颇为特殊的环节。个人信息出境是数据流转过程中对权利人保护最弱的场景之一。这主要归因于以下几点：首先是数据控制者的改变，这必然导致对数据的保护能力发生变化；其次是权利维护能力的改变，对于一般自然人而言，个人信息出境往往意味着一旦发生数据安全事件，其维权能力将大大被削弱；再次是监管能力的改变，基于当前国际实践，作为监管部门的行政机关大多无法直接行使域外管辖权对域外的主体进行监管，而不同法域的监管部门监管能力上并不相同，会在一定程度上影响个人信息的保护力度；最后是适用法律的改变，个人信息出境往往意味着适用法律的变化，而不同法域对个人信息的保护力度有强有弱，也可能严重影响信息主体所享有的权利。同时，个人信息出境往往又是经济活动和交往活动所必需的，信息流动自由化也是国际实践中确立的一项基本原则。为了在保障信息流动自由化的同时充分保护个人信息安全，对于个人信息出境，往往需要专门的法律制度加以保护。如欧盟在《通用数据保护条例》中便分别确立了标准合同条款（standard contract clause，SCC）、约束性企业规则（binding corporate rules，BCR）、充分性认定（Adequacy Decisions）等相关制度调整数据出境问题。

数据出境的安全评估系《网络安全法》重要的配套法律制度。由于其对于企业的跨境经营有重要影响，在《网络安全法》施行以来一直受到企业的广泛关注。早在 2017 年 4 月 11 日，国家网信办便已发布了《个人信息和重要数据出境安全评估办法（征求意见稿）》（以下简称《个人信息和重要数据出境办法（征求意见稿）》），对个人信息和重要数据的出境进行了统一规制。但该等规制未显著区分个人信息出境和重要数据出境的区别，并未在监管流程上进行显著的区分。实践中，重要数据出境主要影响国家安全、网络空间主权和社会公共利益，个人信息出境更多地影响个人信息的安全。或是基于此，《个人信息和重要数据出境办法（征求意见稿）》征求意见两年有余仍未落地。直到 2019 年 6 月 13 日《个人信息出境办法（征求意见稿）》的出台，意味着重要数据和个人信息出境就此区分对待，数据出境的立法也由此进入了一个新的阶段。

2. 具体内容

在《网络安全法》的框架下，个人信息收集、使用或对外提供的合法性基础主要是“同意”。但在个人信息出境的场景下，信息主体的同意不足以充分应对个人信息出境可能带来的上述风险。《个人信息出境办法（征求意见稿）》的出台便是为了回应这一问题，并通过一系列制度设计降低个人信息出境可能面临的安全风险。

首先，《个人信息出境办法（征求意见稿）》明确了网络运营者但凡进行个人信息出境均需报请评估，且评估的内容应包括合同条款是否能够充分保障个人信息主体合法权益、合同能否得到有效执行、网络运营者或接收者是否有损害个人信息主体合法权益的历史、是否发生过重大网络安全事件等涉及个人信息主体权益保障的内容，以重点分析接收者的数据安全能力。

其次，《个人信息出境办法（征求意见稿）》仿效欧盟的标准合同条款，通过对网络运营者与个人信息接收者签订的合同内容进行全面、细致规定的方式，实现对个人信息接收者保护出境个人信息安全的要求。其中涉及许多为网络运营者和接收者新增义务的条款，包括“接收者所在国家法律环境发生变化时终止合同或重新进行安全评估”“应个人信息主体请求提供合同副本”等特殊的制度安排。

再次，《个人信息出境办法（征求意见稿）》试图通过制度设计加强对境外接收者的监督：一方面，其为数据提供方设计了一系列义务，包括运营者代接收者先行赔付、要求接收者暂停或终止向境外提供个人信息等；另一方面，其明确了境外的网络运营者应在境内通过法定代表人或机构履行网络运营者的责任和义务，确保境外网络运营者通过其境内实体承担相应的责任和义务。

最后，《个人信息出境办法（征求意见稿）》还为个人信息主体在出境场景下知情权等权利的履行提供了保障。《个人信息和重要数据出境办法（征求意见稿）》并未涉及这方面的内容，而《个人信息出境办法（征求意见稿）》则从多个层次保障了个人信息主体对于其个人信息出境情况的知情权、访问更正删除个人信息权，并设置了索赔保障机制。

3. 不足之处

当然，作为征求意见稿，《个人信息出境办法（征求意见稿）》可能仍存在一些不足。例如，其并未为个人信息出境的安全评估设计任何例外，任何个人信息出境均通过安全评估是否合理还有待考量。这不仅意味着企业合规成本和监管负担的增加，若存在同类型个人信息向境外同一主体多次进行传输的情况，要求每次传输均通过安全评估似乎也缺乏合理性。再如，企业在未履行安全评估义务时的法律责任也并未明确。实践中，企业主动进行个人信息出境安全评估的意愿可能相对不足，若没有相应的责任机制，可能难以对企业产生足够的约束力，引导企业积极进行安全评估。

一旦《个人信息出境办法（征求意见稿）》落地，其可能对企业日常运营产生较大影响，能否有效规范个人信息出境和保障数据跨境流动中的个人信息安全取决于正式版的内容和监管部门的执行口径。

三、司法解释及其他规范性文件

（一）《侵犯公民个人信息刑事案件解释》

2017年5月8日，《侵犯公民个人信息刑事案件解释》发布，并于2017年6月1日起正式实施。《侵犯公民个人信息刑事案件解释》就公民个人信息的范围等相关概念的界定和侵犯公民个人信息罪的定罪量刑标准等内容进行了详细规定，对保护公民个人信息安全、企业开展在公民个人信息保护领域的合规管理工作具有重要的指导意义。

1. 《侵犯公民个人信息刑事案件解释》的出台背景

随着各类信息价值化、资源化的演变，个人信息泄露问题愈发严重。自

2009 年《刑法修正案（七）》最早对特定群体非法出售、提供公民个人信息进行规制，到 2015 年《刑法修正案（九）》进一步就侵犯公民个人信息犯罪扩大犯罪主体、加重处罚，侵犯公民个人信息犯罪仍处于高发态势。

为进一步加大对公民个人信息的保护、严厉惩处侵犯公民个人信息的犯罪行为，在结合案件办理中实操问题、法律适用问题的基础上，最高人民法院会同最高人民检察院，在公安部等有关部门的大力支持下，制定出台了《侵犯公民个人信息刑事案件解释》。

2. 《侵犯公民个人信息刑事案件解释》的主要内容

《侵犯公民个人信息刑事案件解释》共 13 条，以下将对其中的重点内容进行简述：

（1）进一步扩大“公民个人信息”的范围

基于实践中个人信息的产生与应用，《侵犯公民个人信息刑事案件解释》在《网络安全法》对“公民个人信息”定义的基础上进行了明确和完善，即“公民个人信息是指以电子或者其他方式记录的能够单独或者与其他信息结合识别特定自然人身份或者反映特定自然人活动情况的各种信息，包括姓名、身份证件号码、通信通讯联系方式、住址、账号密码、财产状况、行踪轨迹等”。根据该条规定，“公民个人信息”既包括公民的身份识别信息，也包括公民的活动情况信息，如车辆（GPS）信息、手机定位等反映公民个人活动情况的信息，拓宽了公民个人信息被保护的范围。最高人民法院于 2017 年 5 月 9 日公布的侵犯公民个人信息犯罪典型案例之邵保明等侵犯公民个人信息案中明确“手机定位”属于公民个人信息。

（2）进一步明确法律适用范围

《侵犯公民个人信息刑事案件解释》进一步明确了“违反国家有关规定”的“国家有关规定”是指法律、行政法规、部门规章中有关公民个人信息保护的规定。

值得注意的是，《刑法修正案（九）》在对侵犯公民个人信息罪进行修订时，将原条文中的“违反国家规定”修改为“违反国家有关规定”，这是首次在《刑法》条文中使用“违反国家有关规定”的表述。但《刑法》仅对“国家规定”[①] 进行了解释，未对“国家有关规定”进行说明。本次解释进一步厘清了“国家有关规定”的法律适用范围，在法律、行政法规之外还纳入了部门规章，符合目前侵犯公民个人信息刑事犯罪的高发现状，也表明司法机关对于该类犯罪处罚力度的加大。

（3）进一步明确犯罪行为方式的认定标准

根据《刑法》第 253 条之一的规定，违反国家有关规定，“向他人出售或者提供公民个人信息”，“将在履行职责或者提供服务过程中获得的公民个人信息，出售或者提供给他人的”及“窃取或者以其他方法非法获取公民个人信息”，是侵犯公民个人信息罪的行为方式。结合司法实践，《侵犯公民个人信息刑事案件解释》第 3 条、第 4 条对非法“提供公民个人信息”“其他方式非法获取公民个人信息”的认定进行了明确。

非法“提供公民个人信息”	“其他方式非法获取公民个人信息”
明确接受信息的对象可以是不特定人群（公众）； 强调“提供”行为本身的违法性。	明确违反国家有关规定是核心，即不论是通过购买、收受，还是交换等方式获取公民个人信息均属于非法获取； 明确违反国家有关规定，即便是在正当理由（履行职责、提供服务过程中）下，收集信息的行为也属于非法获取。

（4）进一步明确定罪量刑标准

关于“情节严重”与“情节特别严重”的认定标准，《侵犯公民个人信息刑事案件解释》从个人信息类型和数量、违法所得数额、主体身份、前科情况和信息用途、后果等角度进行细分认定。

① 指全国人民代表大会及其常务委员会制定的法律和决定，国务院制定的行政法规、规定的行政措施、发布的决定和命令。

<table>
<tr><th colspan="2">分类</th><th>“情节严重”</th><th>“情节特别严重”</th></tr>
<tr><td rowspan="6">非法获取、出售或者提供公民个人信息</td><td>信息类型和数量</td><td>一般信息①：五千条以上；
次敏感信息②：五百条以上；
敏感信息③：五十条以上；
或未达到上述标准，但按相应比例合计达到有关数量标准的。</td><td>“情节严重”标准的十倍以上。</td></tr>
<tr><td>违法所得数额</td><td>违法所得五千元以上。</td><td>“情节严重”标准的十倍以上。</td></tr>
<tr><td>信息用途</td><td>出售或者提供行踪轨迹信息，被他人用于犯罪；
知道或者应当知道他人利用公民个人信息实施犯罪，向其出售或者提供的。</td><td>——</td></tr>
<tr><td>主体身份</td><td>将在履行职责或者提供服务过程中获得的公民个人信息出售或者提供给他人，信息数量或违法所得数额减半。</td><td>“情节严重”标准的十倍以上。</td></tr>
<tr><td>前科情况</td><td>曾因侵犯公民个人信息受过刑事处罚或者二年内受过行政处罚，又非法获取、出售或者提供公民个人信息的。</td><td>——</td></tr>
<tr><td>后果严重</td><td>——</td><td>造成被害人死亡、重伤、精神失常或者被绑架等严重后果的；
造成重大经济损失或恶劣社会影响的。</td></tr>
<tr><td colspan="2">为合法经营活动而非法购买、收受一般信息的定罪量刑标准④</td><td>利用非法购买、收受的公民个人信息获利五万元以上的；
有前科情况⑤的；
其他情节严重的情形。</td><td>——</td></tr>
</table>

值得注意的是，在计算涉案公民个人信息的数量时，《侵犯公民个人信息刑事案件解释》专门规定：

① 一般信息：除次敏感信息与敏感信息之外的公民个人信息。

② 次敏感信息：住宿信息、通讯信息、健康生理信息、交易信息等其他可能影响人身、财产安全的公民个人信息。

③ 敏感信息：行踪轨迹信息、通信内容、征信信息、财产信息。

④ 实施该行为，将购买、收受的公民个人信息非法出售或者提供的，定罪量刑标准适用非法获取、出售或者提供公民个人信息的规定。

⑤ 曾因侵犯公民个人信息受过刑事处罚或者二年内受过行政处罚，又非法购买、收受公民个人信息的。

（a）非法获取公民个人信息后又出售或者提供的，公民个人信息的条数不重复计算。

（b）向不同单位或者个人分别出售、提供同一公民个人信息的，公民个人信息的条数累计计算。

（c）对批量公民个人信息的条数，根据查获的数量直接认定，但是有证据证明信息不真实或者重复的除外。

（5）厘清关联犯罪的处理

（a）非法利用信息网络罪：根据《刑法》第 287 条之一的规定，设立用于实施违法犯罪活动的网站、通讯群组，情节严重的，构成非法利用信息网络罪。实质上，供他人实施非法获取、出售或者提供公民个人信息的网站、通讯群组即是用于实施违法犯罪活动的网站、通讯群组。因此，《侵犯公民个人信息刑事案件解释》明确了设立网站、通讯群组侵犯公民个人信息行为如与非法利用信息网络罪发生犯罪竞合，应当依照侵犯公民个人信息罪定罪处罚。

（b）拒不履行信息网络安全管理义务罪：为进一步促使网络服务提供者履行个人信息安全保护义务，《侵犯公民个人信息刑事案件解释》明确网络服务提供者拒不履行法律、行政法规规定的信息网络安全管理义务，经监管部门责令采取改正措施而拒不改正，致使用户的公民个人信息泄露，造成严重后果的，应当以拒不履行信息网络安全管理义务罪定罪处罚。

（6）明确认罪认罚从宽处理规则

为充分发挥刑法的威慑和教育功能，平衡罪与罚，促使犯罪嫌疑人积极认罪悔罪，《侵犯公民个人信息刑事案件解释》规定，实施侵犯公民个人信息犯罪，不属于“情节特别严重”，行为人系初犯，全部退赃，并确有悔罪表现的，可以认定为情节轻微，不起诉或者免予刑事处罚；确有必要判处刑罚的，应当从宽处罚。

（二）《检察机关办理侵犯公民个人信息案件指引》

2017 年 3 月，公安部对打击整治黑客攻击破坏和网络侵犯公民个人信息犯罪专项行动进行部署，联合最高人民检察院开展专项打击整治，严惩与公民个人信息相关的违法犯罪活动。

为加强对办理侵犯个人信息犯罪案件的指导，2018 年 11 月 9 日，最高人民检察院发布《检察机关办理侵犯公民个人信息案件指引》（高检发侦监字〔2018〕13 号）（以下简称《办案指引》），明确了在审查逮捕、审查起诉阶段证据认定的基本要求，入罪标准、法律适用等问题，以及社会危险性与羁押必要性审查等方面的实务问题，统一司法标准。

《办案指引》主要内容如下：

1. 审查逮捕、审查起诉阶段证据认定的基本要求

（1）审查逮捕阶段

在侵犯公民个人信息案件的审查逮捕阶段中，应按照以下标准进行证据审查：

（a）是否有证据证明有侵害公民个人信息犯罪事实；

（b）是否有证据证明侵犯公民个人信息行为是犯罪嫌疑人实施的；

（c）是否有证据证明犯罪嫌疑人具有侵犯公民个人信息的主观故意；

（d）是否有证据证明侵害行为能达到“情节严重”或“情节特别严重”的标准。

（2）审查起诉阶段

在侵犯公民个人信息案件的审查起诉中，除审查逮捕阶段的证据之外，应坚持“犯罪事实清楚，证据确实、充分”的标准，对证据进行以下审查：

（a）证据是否充分：保证定罪量刑的事实都有证据证明，包括有充分证据证明存在侵害事实、犯罪嫌疑人实施了该侵害行为、该等行为符合入罪标准、犯罪嫌疑人有侵害的主观故意。

（b）证据是否属实：相关证据均经法定程序查证属实。

（c）是否排除合理怀疑：对所认定的事实已排除合理怀疑。

2. 重点问题

（1）对“公民个人信息”的审查认定

《办案指引》明确了两种常见的不属于公民个人信息的情形：

第一，经过处理无法识别特定自然人且不能复原的信息，与特定自然人

无直接关联。

第二，由公司购买、归公司使用的手机、电话号码等，不属于个人信息的范畴。但对于企业工商登记等信息中所包含的公司经办人在工商登记等活动中登记的个人电话、手机号码，则属于个人信息。

（2）对“违反国家有关规定”的审查认定

《办案指引》明确《刑法修正案（九）》将原第253条之一的“违反国家规定”修改为“违反国家有关规定”是扩大法律适用的范围，其散见于金融、电信、交通、教育、医疗、统计、邮政等领域的法律、行政法规或部门规章中。

（3）对“非法获取”的审查认定

《办案指引》明确购买是最常见的“非法获取”手段。并举例说明，如房产中介、物业管理公司、保险公司、担保公司的业务员在业务过程中与同行通过QQ、微信群互相交换各自掌握的客户信息，属于非法获取行为。此外，在职务行为中，违反国家有关规定，未获得授权或越权收集公民个人信息也属于非法获取公民个人信息的行为。

（4）对“情节严重”的审查认定

其中，有关“情节严重”，《办案指引》进一步明确了：

（a）不同个人信息类型所包含的典型信息，如财产信息包括银行、第三方支付平台、证券期货等金融服务账户的身份认证信息，以及存款、房产、车辆等财产状况信息；并规定不允许扩大敏感信息的范围。

（b）违法所得直接以出售公民个人信息的收入予以认定，无法说明合法来源的收入也可认定为违法所得。

（c）将公民个人信息用于违法犯罪活动的，不要求他人的行为必须构成犯罪。

对于涉案公民个人信息数量的认定，《办案指引》明确除非获取的该公民个人信息内容发生了变化，犯罪嫌疑人多次获取同一条公民个人信息，一般认定为一条，不重复累计。

（5）对关联犯罪的审查认定

关联犯罪	处理
诈骗罪	通过认真审查非法获取、出售、提供公民个人信息的犯罪嫌疑人对电信网络诈骗犯罪的参与程度，结合能够证实其认知能力的学历文化、聊天记录、通话频率、获取固定报酬还是参与电信网络诈骗犯罪分成等证据判断其是否属于诈骗共同犯罪、是否应该数罪并罚
非法利用信息网络罪	同时构成侵犯公民个人信息罪的，应当认定为侵犯公民个人信息罪
非法获取计算机信息系统数据罪	同时构成侵犯公民个人信息罪的，应择一重罪论处

3. 社会危险性及羁押必要性审查

就审查逮捕阶段，《办案指引》规定应分别从犯罪嫌疑人的犯罪动机、主观恶意程度，及犯罪嫌疑人的犯罪情节是否对社会产生危害性（具体从犯罪时间长短、犯罪行为是否严重、后果是否严重等方面对危害性大的情形进行评判[①]）等方面进行评估判断是否有羁押必要。

就审查起诉阶段，《办案指引》规定对羁押必要性进行审查，应根据不同情形，作出不同处理：（a）对于未达到逮捕证明标准的，撤销原逮捕决定；（b）对于证据发生重大变化，或案件事实发生重大变化或羁押期限即将超过预计判决期限等情形，应当向办案机关提出释放或者变更强制措施的建议；（c）对于有悔罪表现，没有社会危险性的，可以向办案机关提出释放或者变更强制措施的建议。

（三）《网络犯罪解释》

2019 年 6 月 3 日最高人民法院审判委员会第 1771 次会议、2019 年 9 月 4 日最高人民检察院第十三届检察委员会第二十三次会议通过了《网络犯罪

① 一是犯罪持续时间较长、多次实施侵犯公民个人信息犯罪的；二是被侵犯的公民个人信息数量或违法所得巨大的；三是利用公民个人信息进行违法犯罪活动的；四是犯罪手段行为本身具有违法性或者破坏性，即犯罪手段恶劣的，如骗取、窃取公民个人信息，采取胁迫、植入木马程序侵入他人计算机系统等方式非法获取信息。

解释》，自2019年11月1日起施行。

1.《网络犯罪解释》的出台背景

自《刑法修正案（九）》增设拒不履行信息网络安全管理义务罪，非法利用信息网络罪和帮助信息网络犯罪活动罪[①]以来，截至2019年9月，全国法院共审理相关网络犯罪案件260件，判决473人。其中，非法利用信息网络刑事案件159件、223人，帮助信息网络犯罪活动刑事案件98件、247人。[②]

为统一网络犯罪的法律适用，有效惩治网络犯罪，最高人民法院、最高人民检察院出台了《网络犯罪解释》，在与现行法律法规的规定保持衔接的情况下，对拒不履行信息网络安全管理义务罪，非法利用信息网络罪和帮助信息网络犯罪活动罪的定罪量刑标准和有关法律适用问题作了更加详细的规定，也更加明确了司法机关对于网络犯罪打早打小、全链条惩治的决心。此外，司法机关还考虑到网络犯罪大量存在再犯的情况，专门在《网络犯罪解释》中规定对拒不履行信息网络安全管理义务、非法利用信息网络、帮助信息网络犯罪活动的罪犯可以依法宣告职业禁止和禁止令，对犯罪分子进行职业约束。

2.《网络犯罪解释》的主要内容

（1）拒不履行信息网络安全管理义务罪

在《网络安全法》等法律法规的基础上，《网络犯罪解释》进一步明确了拒不履行信息网络安全管理罪的入罪标准和相关法律适用问题。

（a）《网络犯罪解释》进一步明确了“网络服务提供者”的范围，网络服务提供者既可以是单位，也可以是个人。具体包括以下三类：

1）网络技术服务提供者：信息网络接入、计算、存储、传输服务提供者；

2）网络内容服务提供者：信息发布、搜索引擎、即时通讯、网络支付、网络购物、网络游戏、广告推广、应用商店等信息网络应用服务提供者；

---

① 《刑法》第286条之一和第287条之一、之二。

② 《〈最高人民法院、最高人民检察院关于办理非法利用信息网络、帮助信息网络犯罪活动等刑事案件适用法律若干问题的解释〉新闻发布会》，http://courtapp.chinacourt.org/zixun-xiangqing-193671.html，最后访问时间：2020年3月25日。

3）网络公共服务提供者：电子政务、通信、能源、交通、水利、金融、教育、医疗等公共服务提供者。

（b）《网络犯罪解释》进一步明确了入罪的前提条件，即拒不履行“监管部门责令采取改正措施”的认定标准。

1）“监管部门责令采取改正措施”中“监管部门”，是指网信、电信、公安等依照法律、行政法规的规定承担信息网络安全监管职责的部门。

2）“监管部门责令采取改正措施”中“改正措施”，应当满足责令整改通知书或者其他文书的形式。

3）还应综合其他情形对是否构成拒不履行“监管部门责令采取改正措施”进行认定，如改正措施是否明确、期限要求是否合理、网络服务提供者是否有能力进行改正等。

（c）《网络犯罪解释》对拒不履行信息网络安全管理义务罪不同情形的入罪标准进行了明确，包括“致使违法信息大量传播”“造成严重后果”“情节严重”“其他严重情节”。

（2）非法利用信息网络罪

（a）《网络犯罪解释》进一步明确非法利用信息网络罪的客观行为，包括如下：

1）明确《刑法》第287条之一规定的“违法犯罪”，既包括犯罪行为和属于刑法分则规定的行为类型但尚未构成犯罪的违法行为；

2）明确以实施违法犯罪活动为目的而设立或者设立后主要用于实施违法犯罪活动的网站、通讯群组，应当认定为刑法规定的“用于实施诈骗、传授犯罪方法、制作或者销售违禁物品、管制物品等违法犯罪活动的网站、通讯群组”；

3）明确利用信息网络提供信息的链接、截屏、二维码、访问账号密码及其他指引访问服务的，应当认定为刑法规定的“发布信息”。

（b）《网络犯罪解释》明确了非法利用信息网络罪的入罪标准，即“情节严重”的认定标准。《网络犯罪解释》主要从设立网站和通讯群组的数量、发布信息的数量、违法所得数额、前科情况这些方面明确了“情节严重”的认定标准。

（3）帮助信息网络犯罪活动罪

《网络犯罪解释》对帮助信息网络犯罪设置了较低的入罪门槛，是加大对网络犯罪惩治的有力体现。

（a）《网络犯罪解释》明确了帮助信息网络犯罪活动罪的主观明知推定规则。除有相反证据证明之外，以下情形可以认定行为人明知他人利用信息网络实施犯罪：

序号	具体情形
1	经监管部门告知后仍然实施有关行为的
2	接到举报后不履行法定管理职责的
3	交易价格或者方式明显异常的
4	提供专门用于违法犯罪的程序、工具或者其他技术支持、帮助的
5	频繁采用隐蔽上网、加密通信、销毁数据等措施或者使用虚假身份，逃避监管或者规避调查的
6	为他人逃避监管或者规避调查提供技术支持、帮助的
7	其他足以认定行为人明知的情形

（b）《网络犯罪解释》明确了“情节严重”入罪标准，具体情形如下：

序号	具体情形
1	为三个以上对象提供帮助的
2	支付结算金额二十万元以上的
3	以投放广告等方式提供资金五万元以上的
4	违法所得一万元以上的
5	两年内曾因非法利用信息网络、帮助信息网络犯罪活动、危害计算机信息系统安全受过行政处罚，又帮助信息网络犯罪活动的
6	被帮助对象实施的犯罪造成严重后果的
7	其他情节严重的情形

值得注意的是，如因客观条件无法查证被帮助对象是否犯罪，可以根据帮助者自身情况，在数额达到前述情形 2 到 4 规定标准五倍以上或造成特别严重后果的情况下，对帮助信息网络犯罪活动的行为人单独入罪。

四、国家标准

（一）《个人信息安全规范》

《个人信息安全规范》由信安标委于 2017 年 12 月 29 日正式发布，并于 2018 年 5 月 1 日正式实施。《个人信息安全规范》是贯彻《网络安全法》中针对个人信息安全相关规定的重要配套规范之一。尽管其仅为推荐性国家标准而并非法律，但其精神却经常在监管部门的监管中所体现。

例如，早在 2018 年 1 月 10 日，在《个人信息安全规范》正式实施前，网信办网络安全协调局在因“支付宝年度账单事件”约谈支付宝时，便曾指出支付宝、芝麻信用收集使用个人信息的方式，不符合《个人信息安全规范》国家标准的精神。可见，在《个人信息保护法》出台前，作为推荐性国家标准的《个人信息安全规范》事实上成了监管部门执法活动中的重要参考依据，并为企业就个人信息的收集、使用、对外提供等一系列活动提供了行为规范方面的有益指导。

从具体内容上看，《个人信息安全规范》（2017）在借鉴国际立法实践和我国个人信息保护研究成果的基础上，对个人信息全生命周期的相关活动进行了规制，涵盖了个人信息的收集、存储、使用、委托处理、共享、转让、公开披露等环节，重申了收集、使用个人信息的前提是信息主体的同意，并基于此搭建起了一系列个人信息保护制度。其不仅可以作为企业个人信息合规治理的指导，弥补了实际操作层面的不足。同时，《个人信息安全规范》的出台还具有一定的信号功能[①]，释放出“中国竭力保护个人信息安全”的声音。

---

① 许可：《〈个人信息安全规范〉的效力与功能》，载《中国信息安全》2019 年第 3 期。

根据实践中个人信息收集、使用的变化及《个人信息安全规范》（2017）在实施过程中出现的问题，信安标委分别于2019年2月1日、6月25日及10月22日发布了《个人信息安全规范（草案）》和两次征求意见稿，并于2020年3月6日发布了《个人信息安全规范》正式版。几次修订一方面不断融合增加了实践中新出现的问题，例如明确用户画像属于个人信息、补充对注销机制的具体要求、新增“通讯录、好友列表、群组列表”作为个人敏感信息举例、新增对生物识别信息收集、使用的规范等新的规定；另一方面也不断就现有的规定进行调整，如不再强调个人信息跨境传输需进行安全评估、除新闻信息服务外不再强制要求向信息主体提供关闭个性化展示的选项等。从某种程度上说，正是由于推荐性国家标准的属性，《个人信息安全规范》反而具有了充分的灵活性，可以及时根据实践的发展变化灵活调整对企业的规范要求，从而更好地实现对个人信息的保护。

（二）《个人信息去标识化指南》

1. 出台背景

可识别性是个人信息的核心特性。从比较法的角度出发，各国数据立法均将可识别性作为个人信息的重要特征。例如，欧盟GDPR第4条明确规定，个人数据，是指与已识别或可识别的自然人（数据主体）相关的任何数据；可识别的自然人是指尤其通过姓名、身份证号、定位数据、网络标识符等标识符，或通过特定的身体、心理、基因、精神状态、经济、文化、社会等方面个人属性能够被直接或间接识别的自然人。① 法国《数据处理、数据文件及个人自由法》明确，“个人数据是指可通过身份证件号码、一项或多项个人特有因素被直接或间接识别的自然人相关的任何信息”。我国台湾地区“个人资料保护法”认为个人资料系“自然人之姓名、出生年月日……

① “ ‘personal data’ means any information relating to an identified or identifiable natural person (‘data subject’); an identifiable natural person is one who can be identified, directly or indirectly, in particular by reference to an identifier such as a name, an identification number, location data, an online identifier or to one or more factors specific to the physical, physiological, genetic, mental, economic, cultural or social identity of that natural person”, See GENERAL DATA PROTECTION REGULATION, Article 4.

及其他得以直接或间接方式识别该个人之资料”。换而言之，一旦丧失可识别性，无法用于识别到个人，该等信息就不再构成法律意义上的个人信息，也不再受到个人信息保护相关法律、法规的保护。

早在2017年8月25日，出于为个人信息处理相关方提供去标识化指导及为第三方机构测评提供参考依据的目的，信安标委针对去标识化问题发布了《个人信息去标识化指南（征求意见稿）》。2019年8月30日，市场监管总局国家标准化委员会发布了《个人信息去标识化指南》正式版，为企业开展去标识化操作提供了有益指引。

2. 具体内容

所谓去标识化，按《个人信息去标识化指南》的定义，即通过对个人信息的技术处理，使其在不借助额外信息的情况下，无法识别个人信息主体的过程。[①] 因而，采用技术手段对个人信息去识别化，保留不具有可识别性的信息进行处理和挖掘便成为许多企业收集、使用个人信息的重要方式。

《个人信息去标识化指南》关注的待去标识化的数据集是微数据，涵盖了去标识化的目标、原则、技术、模型、过程和组织措施，目的是提出能科学有效地抵御安全风险、符合信息化发展需要的个人信息去标识化的实践指引。其明确了去标识化工作的重点不仅在于对数据集中的标识符进行删除或变换，也在于避免去标识化后的结合后期应用场景评估有关数据集被重标识的风险。

具体内容上，《个人信息去标识化指南》将共享行为按照可能的重标识风险和对去标识化的要求区分为完全公开共享、受控公开共享和领地公开共享，[②] 并要求企业在开展去标识化工作前须根据应用需求确定数据的公开共享类型。同时，《个人信息去标识化指南》还针对去标识化的具体过程提供了详细的操作指引，并针对确定目标、识别标识、处理标识、验证审批、监

---

① 《个人信息去标识化指南》第3.3条。

② 根据《个人信息去标识化指南》的相关规定，完全公开共享，指数据一旦发布，很难召回的共享行为，一般通过互联网直接公开发布。受控公开共享，指通过数据使用协议对数据的使用进行约束的共享行为。领地公开共享，指在物理或者虚拟的领地范围内共享，数据不能流出到领地范围外的共享行为。

控审查等不同的去标识化步骤提出了不同的操作要点。此外，《个人信息去标识化指南》还针对性地规定了数据控制者在开展去标识化工作时应筹划的人员安排，明确了规划管理者、执行者和监督者在去标识化过程中的具体职责，并对去标识化过程中数据控制者的人员管理提出了相应的要求。

（三）《大数据安全管理指南》

1. 出台背景

大数据技术早已渗透入社会生活的方方面面，无论是国家治理、企业决策还是个人生活中，大数据都得到了广泛的应用。但在大数据技术普遍推广和运用的过程中，也暴露出了不少安全问题。大数据技术运用的前提是具备海量的可供使用的数据，而大数据服务的提供者往往倾向于获取更多的数据以提高其提供的服务的质量，这某种程度上也导致更多的数据处于被暴露的风险之中。同时，行业的快速发展也使得参与到大数据产业的实体越来越多。但部分实体或由于技术水平相对有限，或由于安全保障措施和技术不够完备，其管理或控制的数据被窃取或泄露的风险也相对升高，使得大数据安全问题愈发受到重视。《大数据安全管理指南》便是在该等背景下出台的。其于 2017 年 5 月开始征求意见，正式版于 2019 年 8 月 30 日发布并于 2020 年 3 月 1 日正式实施。

2. 具体内容

在大数据的生命周期中，不同类型的组织都可能参与其中并针对数据作出不同的操作。因而《大数据安全管理指南》旨在通过提升掌握数据的组织的技术和管理能力的建设，加强数据采集、存储、处理、分发等环节的技术和管理措施，实现数据的有效保护，降低大数据应用过程中面临的安全风险。

《大数据安全管理指南》明确了开展大数据活动的组织应当开展大数据安全管理工作，并对大数据安全管理的目标、内容和基本原则作出了具体的规定。为满足大数据安全管理的要求，开展大数据活动的组织需要满足保密性、完整性、可用性等要求，且需根据科学性、稳定性、实用性和扩展性的原则针对数据进行分类分级，并需遵循大数据生命周期中的采集、存储、处理、分发、删除等活动的安全要求。此外，《大数据安全管理指南》还要求相关组织识别并评估大数据安全风险，并对大数据安全风险的类型进行了分别列举，以备相关组织进行针对性防范。

（四）《信息安全技术　个人信息安全影响评估指南（征求意见稿）》

1. 出台背景

《个人信息安全规范》明确在汇聚融合个人信息、使用信息系统自动决策机制、委托处理、共享、转让、公开披露等处理个人信息的场景下，个人信息控制者需要事先开展个人信息安全影响评估，并针对个人信息安全影响评估作出了原则性规定。作为《个人信息安全规范》的配套标准，《信息安全技术　个人信息安全影响评估指南（征求意见稿）》（以下简称《个人信息安全影响评估指南（征求意见稿）》）在继承《个人信息安全规范》基本精神的情况下，对企业如何开展个人信息安全影响评估进行了细致的规定。

《个人信息安全规范》第3.8条明确，个人信息安全影响评估是指针对个人信息处理活动，检验其合法合规程度，判断其对个人信息主体合法权益造成损害的各种风险，以及评估用于保护个人信息主体的各项措施有效性的过程。作为在国际实践中被普遍采用的合规评估方式，个人信息安全影响评估是个人信息控制者实施风险管理的重要组成部分。可帮助企业确定遵守数据保护义务并满足信息主体对隐私保护的期望。对于企业而言，个人信息安全影响评估有利于其有效识别个人信息相关活动中面临的安全风险，并及时根据评估结果采取合理手段调整与修正。

2. 具体内容

针对评估的开展，《个人信息安全影响评估指南（征求意见稿）》在第四部分“评估基本原理和框架”分别规定了评估价值、评估报告的使用对象、评估责任主体、评估规模、评估原理图、实施流程、评估活动方法、评估工作形式等内容。就评估方法，其介绍了访谈、检查与测试三种基本评估活动，并分别对开展访谈、检查与测试的具体方法进行了规定。在第五部分，《个人信息安全影响评估指南（征求意见稿）》为组织开展个人信息安全影响评估提供了详尽的流程指引，包括必要性分析、评估准备工作、组建评估团队、制定评估计划、确定评估对象和范围、相关方咨询等。

同时，《个人信息安全影响评估指南（征求意见稿）》进一步丰富了《个人信息安全规范》中规定的评估场景，将包括“需要对去标识化后的数据重标识使用时”“通过购买、从合作伙伴获得方式收集、使用个人信息时”“使用‘征得同意例外’条款收集、使用个人信息时”“使用‘默示同意’方式收集个人信息时”等场景作为评估的典型场景予以规定。

对于具体评估过程中可供参考的具体方法，《个人信息安全影响评估指南（征求意见稿）》在附录 A 中进行了详细的描述。例如，附录 A 指出，在采用定性方式对个人权益影响程度进行评价时，应当从“影响个人自主决定权”“引发差别性待遇”“个人名誉受损和遭受精神压力”“个人财产受损”四个维度，依据附录 A 规定的判定原则，对个人信息主体的权益进行影响程度评价。

3. 不足之处

在现行立法框架较为粗糙的情况下，《个人信息安全影响评估指南（征求意见稿）》针对个人信息安全影响评估提出了许多细化要求，但其中部分要求由于缺乏足够的理论和立法支撑而可能引发争议。例如，附录 A 中提出可以从“影响个人自主决定权”的维度对个人权益受影响程度进行分析和评价，但个人自主决定权并非法定权利，在立法层面缺乏相应的权利基础。这导致企业在判定相关行为对自由意志的影响时可能缺乏相应的标准，且也很难评估影响了个人信息主体的自由意志会对其个人信息安全产生何等程度的影响。

（五）《个人信息告知同意指南（征求意见稿）》

《个人信息告知同意指南（征求意见稿）》作为推荐性国家标准，于 2020 年 1 月 22 日由信安标委发布。《个人信息告知同意指南（征求意见稿）》回应了当前监管执法实践中发现的问题，并力图通过更为细致的规定，指导企业在告知信息主体并取得其同意方面的实践。

1. 出台背景

规模日益庞大的个人信息处理行为给信息与隐私安全带来了隐患。在这样的大背景下，个人信息主体的隐私保护意识愈发高涨，对网络运营者及其收集、处理个人信息行为的质疑情绪也相应“水涨船高”。在国际层面，欧盟《一般数据保护条例》的个人信息保护规则体系是围绕告知同意这一根本原则构建的，而欧盟29工作组于2018年4月26日发布了《对第2016/679号条例（GDPR）下同意的解释指南》（以下简称《29工作组同意指南》），较为细致地阐述了其对于GDPR项下“同意”的理解，并针对“自愿作出”“具体的”“知情的”“明确的意思表示”等关于有效同意的要素逐一加以分析，专门讨论了GDPR中特别关注的领域中与“同意”相关的问题。更具普适性的则是ISO 29100隐私保护标准体系，其将“同意和选择”列为其核心原则之一，并针对此提出了一整套非常翔实的实践指引，正在制定中的《ISO 29184—线上隐私告知与同意指南》（ISO 29184 - Guidelines for online privacy notices and consent，以下简称《ISO 29184指南》）即是该体系下针对个人信息告知同意的专门标准。

《网络安全法》《消费者权益保护法》均明确要求处理个人信息需告知个人信息主体并获得其同意，而《个人信息安全规范》则围绕《网络安全法》确立的基本原则，对告知内容、时间、方式以及同意的形式进行了明确，并在附录中为告知的重要工具——隐私政策提供了具体的模板。诚然，在《网络安全法》辅以《个人信息安全规范》所确立的个人信息保护整体规则的框架下，对于互联网采集使用个人信息行为的规范程度较过去已有了较大的进步，但现有的规范总体框架上仍显粗糙，不足以应对多变的互联网场景中不同类型的信息收集、使用行为。在告知同意方面，尽管《网络安全法》及相关法律法规都明确了告知同意作为收集、使用个人信息的必要规则，但并未对告知同意如何实施提出具体的细化要求，难以形成在实践中对企业相关操作的具体指引。此外，在细节层面，现有规范亦存在着些许不足。例如，《个人信息安全规范》虽已经就同意的例外作出了原则性规定，但缺乏针对具体应用场景的细化规定，须进一步细化其适用情形与适用条件。再如，若发生有关个人信息收集、使用的相关纠纷，则往往涉及告知同意行为的证据留存问题。但针对这一实践中颇受关注的环节，现行规定并未对此明确。

基于此，无论是从监管的要求出发，还是根据企业自身合规的需求考虑，在《网络安全法》及《个人信息安全规范》的基础上出台更为细化的告知同意配套规则，都有利于为网络商事环境中企业获取信息主体的有效同意提供有益的指引，使对个人信息的保护落到实处。

2. 具体内容

在融入监管实践经验并借鉴《29 工作组同意指南》《ISO 29184 指南》等国际立法的前提下，《个人信息告知同意指南（征求意见稿）》就告知同意的适用情形、基本原则、内容、方式、展示、时机和频率等方面内容进行了细致化的规定。

（1）告知同意的适用情形

《个人信息告知同意指南（征求意见稿）》明确在收集、使用、对外提供个人信息的情况下，均需要取得个人信息主体的明示同意，较《个人信息安全规范》，其对企业合规提出了更高的要求。同时，由于《个人信息安全规范》仅对同意的例外进行了概括性的规定，《个人信息告知同意指南（征求意见稿）》在设计告知同意的例外情形时，通过举例的方式对有关情形的表现形式进行了细化，并另行规定了使用目的变更时免于告知同意的情形。

（2）告知的内容

就告知的具体内容上，《个人信息告知同意指南（征求意见稿）》依照《个人信息安全规范》中对基本业务和扩展业务的区分，设计了不同的告知同意要求，并区分收集、使用、存储、对外提供等不同行为分别提出了告知同意层面的要求。值得注意的是，由于委托处理和对外提供情景下企业对个人信息的控制权存在较大区别，《个人信息告知同意指南（征求意见稿）》将个人信息的对外共享、转让及公开披露统一为“对外提供”一并进行规定，并将其同委托处理进行了区分。值得关注的是，《个人信息告知同意指南（征求意见稿）》明确在涉及 SDK 等外部代码的引用时，应告知是否存在 SDK 等外部代码的引用，以及 SDK 等外部代码收集处理个人信息的情况，并在附录 B 中对 SDK 收集使用个人信息场景下的告知同意进行了细致的规定，第一时间回应了专项治理工作中发现普遍存在的 SDK 违法违规收集个人信息的乱象，具体如下：

情形	SDK 提供者应采取的行动	宿主 App 应采取的行动
SDK 为功能性 SDK，所采集的个人信息全部为宿主 App 控制	告知宿主 App 该 SDK 采集个人信息的功能和范围	在 SDK 收集个人信息前向个人信息主体告知 SDK 采集个人信息的功能和范围，并征得个人信息主体同意
SDK 提供者仅从宿主 App 间接获取个人信息时	/	应向个人信息主体告知信息对外提供情况征得个人信息主体同意
SDK 提供者通过 SDK 直接采集个人信息，宿主 App 不能控制收集到的个人信息	告知宿主 App 服务提供者所采集的个人信息类型及采集使用的目的，范围等，经宿主 App 服务提供者同意后方可集成 SDK，SDK 提供者通过 SDK 本身或宿主 App，在收集个人信息前应向个人信息主体告知并征得个人信息主体同意	要求 SDK 提供者告知所采集的个人信息类型及采集使用的目的，范围，配合 SDK 提供者向个人信息主体告知并应征得个人信息主体同意
当 SDK 提供者与宿主 App 服务提供者同是个人信息控制者时	先向宿主 App 服务提供者告知所采集的个人信息类型及采集使用的目的、范围等，同宿主 App 服务提供者各自或共同说明收集个人信息情况，并应征得个人信息主体同意	同 SDK 提供者各自或共同说明收集个人信息情况，并应征得个人信息主体同意

（3）告知和同意的形式

告知的组织形式及其展示方式将对个人信息主体理解告知内容，实现有效告知产生显著的影响，但告知的展示方式和同意的用户界面可能因场景和环境的不同而有很多差异，例如，针对智能手表交互界面和针对网页的告知同意呈现形式将会有很大差异。基于此，《个人信息告知同意指南（征求意见稿）》针对不同应用环境和交互界面规定了不同的展示方式，如允许移动端设备可以采用多层次的告知同意模式，允许 IoT 设备可以在连接互联网时通过绑定该设备的移动端程序展示告知内容。

就同意模式的选择上，《个人信息告知同意指南（征求意见稿）》主张个人信息控制者应当优先采用明示同意的方式，尽量避免采取授权同意的机制，并列举了几种主要的明示同意模式。当然，《个人信息告知同意指南（征求意见稿）》也并未彻底否定授权同意机制，但仅限于特定情形且经个人信息影响评估后无高风险方可适用。此外，《个人信息告知同意指南（征求意见稿）》亦对同意机制的设计进行了特别规定。

（4）其他

《个人信息告知同意指南（征求意见稿）》还对告知同意过程中的一些其他问题提出了相应的解决方案。收集、使用个人信息的一方在作出告知并获得用户的同意后，应如何保存相关证据以应对可能出现的纠纷和诉讼，是业界在落实告知同意要求过程中所普遍关心的问题。具体来看，证据留存主要涉及三个方面的问题，首先是留存的内容，即个人信息控制者应留存哪些方面的证据；其次是留存的方式，即应以何种形式留存且留存的证据应保存在何种载体之中；最后是留存的时间，即有关证据应留存多长期限。《个人信息告知同意指南（征求意见稿）》分别针对上述问题给出了相关的回应。就留存内容上，明确个人信息控制者应当留存个人信息主体初次选择同意特定个人信息处理活动以及后续变更或撤回同意的证据，包括：时间，事项，目的等。对于留存的方式，《个人信息告知同意指南（征求意见稿）》采用了“原则＋举例”的方式进行规定，个人信息控制者可以根据自身情况灵活选择证据留存的方式。而在留存期限上，《个人信息告知同意指南（征求意见稿）》明确，个人信息控制者应在有关的个人信息处理活动持续的过程中始终留存告知同意的相关证据，且在处理活动结束后，个人信息控制者的证据留存不应超过履行法律义务，提起或应对诉讼、纠纷的必要限度，平衡了个人信息控制者和个人信息主体双方的需求。需要指出的是，尽管《个人信息告知同意指南（征求意见稿）》对证据的留存提出了具体的要求，但按照该等方式留存的证据并不具有天然的合法性，其仍需符合电子证据合法性的相关要求方可为法院所认可。

《个人信息告知同意指南（征求意见稿）》的另外一个特色在于其根据不同场景分别设计了获得个人信息主体同意的不同方式。当前，个人信息收集行为可能发生在不同场景下，如 IoT 场景、公共场合场景（如机场、火车站）、车载场景等。不同端口基于其自身特点有所差别，不宜采用相似的告知方式。例如，许多IoT设备本身并未配备有屏幕，难以通过该设备实现告知。《个人信息告知同意指南（征求意见稿）》在附录中分别列举了IoT、公共场合、车载、个性化推荐、互联网金融、网上购物等多个不同场景下告知同意的实现方式，有益于为相关行业提供有益指引。

3. 不足之处

当然，《个人信息告知同意指南（征求意见稿）》在某些规定上仍存在着一定的不足。例如，其并未明确在个人信息主体拒绝提供“同意”的情形下，相关运营者应当采取何种行动；其将委托处理同共享、转让、公开披露相区分，但并未明确个人信息委托处理情形下的告知同意应如何实现；其作为推荐性国家标准在缺乏上位法基础的情况下规定“免于告知同意的情形”，若企业参照其规定的相关情形进行操作，该等行为可能缺乏充足的合法性基础等。

（六）《信息安全技术　移动互联网应用（App）收集个人信息基本规范（征求意见稿）》

1. 出台背景

收集是个人信息全生命周期流转的源头。《网络安全法》第41条明确规定，“网络运营者收集、使用个人信息，应当遵循合法、正当、必要的原则”“网络运营者不得收集与其提供的服务无关的个人信息”。对网络运营者收集用户个人信息提出了明确要求。

自四部委开展专项治理工作以来，App违反最小必要原则收集用户个人信息成为在个人信息收集领域监管部门关注的典型问题之一。例如，部分手电筒App要求用户提供地理位置信息权限，部分万年历App要求用户提供通讯录权限。该等App收集的部分信息或所取得部分权限远远超出了保障其服务运行、满足个人信息主体具体使用需求所必须收集的信息。根据最小必要原则的要求，当个人信息主体同意App收集某服务类型的最小必要信息时，App运营者不应因个人信息主体拒绝提供最小必要信息之外的个人信息而拒绝提供该类型服务。实践中，信息收集的最小必要原则业已成为各行业监管部门关注的重点。2018 年 3 月，支付宝便曾因“个人金融信息收集不符合最少、必需原则”为央行杭州支行所处罚。

针对个人信息收集的乱象，信安标委于 2019 年 8 月 8 日发布了《信息安全技术移动互联网应用（App）收集个人信息基本规范（草案）》，并先后于 2019 年 10 月 24 日和 2020 年 1 月 15 日分别出台了两版《信息安全技术　移动互联网应用（App）收集个人信息基本规范（征求意见稿）》（以下简称《App 收集信息基本规范（征求意见稿）》），旨在规范移动 App 收集用户个人信息的行为。由于其在附录中列举了 30 类常用服务类型可收集的最小必要信息，故亦可以作为 App 运营者根据业务类型规划隐私政策时的重要合规指引。

2. 具体内容

具体内容上，《App 收集信息基本规范（征求意见稿）》第 4 条从多个维度全面地规定了对 App 运营者在个人信息收集环节的基本要求，提出了包括“App 运营者不应因个人信息主体拒绝提供最小必要信息之外的个人信息而拒绝提供该类型服务”“除用于保障网络安全或运营安全外，不应收集不可变更的设备唯一标识（如 IMEI 号、MAC 地址等）”等细致、具体的合规要求。

《App 收集信息基本规范（征求意见稿）》的最大亮点在于其附录 A 列举了 30 种常用服务类型收集的最小必要信息，并在附录 B 中列举了该等常用服务类型的最小必要权限范围。

其中，附录 A 将不同服务类型所需收集的最小必要信息区分为两类，其一为法律法规要求的个人信息，其二为实现服务所需个人信息。以新闻资讯类服务为例，《App 收集信息基本规范（征求意见稿）》梳理了《网络安全法》《移动互联网应用程序信息服务管理规定》《具有舆论属性或社会动员能力的互联网信息服务安全评估规定》等依据相关法律法规规定必须收集的网络访问日志、用户日志信息、手机号码、身份认证信息等个人信息，并明确新闻资讯类所收集的最小必要信息应仅限于其关注的账号。除此之外，附录 A 亦明确了收集的个人信息的相应使用要求。例如，对于网上购物类 App 收集的收货人信息（姓名、地址、手机号码），附录 A 强调该等信息仅可以用于用户使用第三方支付方式对网上购物订单付款，通常包括支付时间、支付金额、支付渠道等。

同时，附录 B 则基于 Android 6.0 及以上的个人信息相关系统权限列示了相应的最小必要权限。其中，包括网络社区、新闻资讯、网上购物在内的近 20 类 App，未列举任何权限。这意味着，该等 App 不得因用户拒绝提供任何权限而拒绝向用户提供服务，否则可能被认定为违反必要性的要求。

3. 不足之处

《App 收集信息基本规范（征求意见稿）》充分结合了目前监管和互联网行业实践，针对不同的互联网服务场景提出了不同的信息收集要求，一定程度上有利于各 App 自查自纠，推动个人信息收集的规范化。但其本身亦存在一定的不足之处，例如，《App 收集信息基本规范（征求意见稿）》仅强调了 SDK 运营方针对收集行为应承担的义务和责任，但并未明确 App 运营者对其使用的 SDK 收集个人信息行为应承担的义务和责任；再如，附录 A 在列举最小必要信息时，明确列明了法律法规要求的个人信息，涉及了大量不同层级、不同行业的法律法规。一旦后续相关法律法规调整，规范可能也需要进行相应调整，无形中增加了立法负担，后续如何操作以确保同相关法律法规的协调，还有待其正式落地后进一步观察。

第三部分

数据保护相关新规解读

一、《互联网个人信息安全保护指南》与《互联网个人信息安全保护指引（征求意见稿）》和《个人信息安全规范》对比解读

前　言

2019 年 4 月 10 日，公安部网络安全保卫局、北京网络行业协会、公安部第三研究所联合发布《互联网个人信息安全保护指南》（以下简称《个人信息保护指南》）。从 2018 年 11 月 30 日公安部网络安全保卫局发布《互联网个人信息安全保护指引（征求意见稿）》（以下简称《指引意见稿》）面向社会征求修改意见，到正式版的公开发布，时间间隔不到半年，可见公安部门对个人信息保护工作的重视程度。

《个人信息保护指南》全文共七部分，包括范围、规范性引用文件、术语和定义、管理机制、技术措施、业务流程和应急处置。其中，重点围绕管理机制、技术措施、业务流程三个方面展开。接下来，从《个人信息保护指南》与《指引意见稿》和《个人信息安全规范》的对比角度，对七个部分进行具体解析（考虑到篇幅有限，前三部分将合并进行解析）。

（一）范围、规范性引用文件、术语和定义

1. 《个人信息保护指南》范围

（1）效力

《个人信息保护指南》由公安部网络安全保卫局发布，并非以公安部令的形式发布，不具有强制执行力。而且，相较于《指引意见稿》，《个人信息保护指南》在第 1 条“范围”中删去了“适用于网络安全监管职能部门

依法进行个人信息保护监督检查时参考使用”。

但是，不能因此否认《个人信息保护指南》的参考借鉴价值。从公安机关的职责和依据看，《网络安全法》第 8 条明确了公安部门有权在职责范围内负责网络安全保护和监督管理工作；《公安机关互联网安全监督检查规定》则作为公安部门进行网络安全监督检查的执法依据。从专项行动看，公安部深入开展打击整治网络违法犯罪“净网 2018”专项行动和 2018 年全国公安机关网络安全执法检查工作的开展，宣告了公安机关具体负责打击网络违法犯罪和开展网络安全执法检查的双重职能。而在行使前述双重职能的过程中，《个人信息保护指南》作为网络安全保卫局制定的参考性标准，一定程度上会为公安机关认定被检查机构是否履行网络安全义务提供重要参考。

（2）适用对象

《指引意见稿》虽指出“为指导互联网企业建立健全公民个人信息安全保护管理制度和技术措施”，但并未明确互联网企业的认定标准。而《个人信息保护指南》则明确适用对象为“通过互联网提供服务的企业，也适用于使用专网或非联网环境控制和处理个人信息的组织或个人”。只要是通过互联网提供服务的企业或者使用专网或非联网环境控制和处理个人信息的组织和个人，传统意义上的互联网企业，金融机构、医疗机构、电信企业、新闻媒体、教育机构、房产中介等持有个人信息的企业和机构，基本都适用《个人信息保护指南》。

2.《个人信息保护指南》规范性引用文件

（1）引用文件的名称

与《指引意见稿》相比，规范性引用文件没有发生实质性变化，具体如下：

GB/T 25069—2010 信息安全技术　术语

GB/T 35273—2017 信息安全技术　个人信息安全规范

GB/T 22239 信息安全技术　网络安全等级保护基本要求（信息系统安全等级保护基本要求）

（2）引用文件的关系

从《个人信息保护指南》看，其大部分内容参照了《个人信息安全规范》和《网络安全等级保护基本要求》两个国家标准（包括其修订稿）的主要内容，并将网络安全等级保护的要求和个人信息保护的要求相结合并进行细化和补充，与前述两个国家标准形成相辅相成、互相补充的关系。

3.《个人信息保护指南》术语和定义

（1）《指引意见稿》增加及补充的术语和定义

《指引意见稿》增加及补充了“个人信息生命周期”“个人信息持有者”“个人信息持有”“个人信息使用”的术语和定义。相较于《个人信息安全规范》，主要适用对象从“个人信息控制者”扩大到了“个人信息持有者”，将个人信息控制和处理的主体都纳入规制范围。

（2）《个人信息保护指南》进一步增加及补充的术语和定义

在《指引意见稿》新增及补充术语和定义的基础上，《个人信息保护指南》进一步增加了“3.9 个人信息处理系统”的定义，即只要是处理个人信息的计算机信息系统，涉及个人信息生命周期一个或多个阶段，都被认定为个人信息处理系统。

（二）管理机制

整体上，管理机制可以总结为“制度落实”和“责任到人”两个方面。从企业的角度，完善管理机制，不仅有利于为加强个人信息保护提供制度和人员支持，而且有助于有效防范“内鬼”违法违规使用、对外提供和泄露个人信息，实现责任到人和有迹可循，降低企业自身承担刑事责任的风险。

接下来，从对比的角度，具体解析管理机制的内容。

1.《指引意见稿》相应规定解析

《网络安全法》第 21 条规定：“国家实行网络安全等级保护制度……（一）制定内部安全管理制度和操作规程，确定网络安全负责人，落实网络安全保护责任……”在此基础上，结合《网络安全等级保护基本要求》及其修订稿的规定，参考《个人信息安全规范》及其修订草案“安全事件应急处置和报告”“明确责任部门与人员”和“人员管理与培训”的要求，《指引意见稿》将管理机制具化为管理制度、管理机构、管理人员。

2. 《个人信息保护指南》新增及主要调整内容解析

（1）增加管理机制“基本要求”

《个人保护指南》在《指引意见稿》的基础上，进一步增加了“4.1 基本要求”，明确了个人信息处理系统的安全管理要求并非一概而论，而是应满足《网络安全等级保护基本要求》相应等级的要求。

（2）进一步明确个人信息保护负责人的岗位重要性

从事个人信息保护工作的最高负责人也得到进一步明确。从《指引意见稿》的“最高管理者或最高管理者应设置专门岗位从事个人信息保护的工作”，调整为“最高管理者或授权专人负责个人信息保护的工作”，进一步提高了从事个人信息保护工作最高负责人岗位的重要性。

（3）增加设置审计管理员岗位

《个人保护指南》在第 4.3.1c）条和第 4.3.2b）条增加了设置审计管理员的职责要求，并明确了审计管理员作为重要岗位人员，和安全管理员一样应为专职，不应兼任网络管理员、系统管理员、数据库管理员、数据操作员等其他重要岗位。

（4）进一步从严规范外部人员的访问

在《指引意见稿》明确建立关于物理环境的外部人员访问的安全措施和关于网络通道的外部人员访问的安全措施基础上，《个人信息保护指南》进一步增加了外部人员访问申请需获得批准、全程录音录像和制定外部人员允许接入受控网络访问系统规定的要求，对外部人员的访问管控进一步加强，旨在有效降低在外部人员访问环节对个人信息造成的窃取、盗用和泄露等安全风险。

（三）技术措施

《网络安全法》第 21 条规定“国家实行网络安全等级保护制度。网络运营者应当按照网络安全等级保护制度的要求，履行下列安全保护义务，保障网络免受干扰、破坏或者未经授权的访问，防止网络数据泄露或者被窃取、篡改……（二）采取防范计算机病毒和网络攻击、网络侵入等危害网络安全行为的技术措施；（三）采取监测、记录网络运行状态、网络安全事件的技术措施，并按照规定留存相关的网络日志不少于六个月；（四）采取数据分类、重要数据备份和加密等措施……”从前述规定可以看出，《网络安全法》明确了采取相应技术措施履行安全保护义务的要求。《公安机关互联网安全监督检查规定》也明确了公安机关对被检查单位技术措施进行监督检查的职责。对企业来说，需要完善技术措施，妥善履行安全保护义务，以更好地防范网络安全风险和迎接公安机关的监督检查。

接下来，从对比的角度，具体解析技术措施的内容。

1. 《指引意见稿》相应规定解析

根据《网络安全法》第 21 条规定，结合《网络安全等级保护基本要求》及其修订稿的规定，并参考《个人信息安全规范》及其修订草案“个人信息访问控制措施”的相应内容，《指引意见稿》明确了应按照《网络安全等级保护基本要求》第三级的物理安全、网络安全、主机安全、应用安全、数据安全及备份恢复要求进行安全保护，并进一步明确包括网络和通信安全、设备和计算、应用和数据在内的基本要求，以及针对云计算安全和物联网安全扩展的增强要求。通过该等技术措施要求，旨在加强网络运行安全稳定和个人信息保护。

2. 《个人信息保护指南》新增及主要调整内容解析

（1）从统一按照第三级保护要求到满足相应等级要求

《个人信息保护指南》“5.1 基本要求”明确“个人信息处理系统其安全技术措施应满足 GB/T 22239 相应等级的要求”，而不再适用《指引意见稿》的统一按照第三级保护要求，体现出更多的弹性和严谨性。对于无需按照第三级保护要求的企业来说，可以参考并作为企业技术措施不断完善的方向。更灵活的信息保护要求为企业留下了相应的发展空间。

（2）区域边界安全的防护和审计更加严格

《个人信息保护指南》第 5.2.2.1b）条增加了“对非授权设备跨越边界行为进行检查或限制”的要求，将非授权设备跨越边界的行为均视为可能存在风险的行为，并要求进行检查或限制。《个人信息保护指南》第5.2.2.5a）条将安全审计的范围从“重要的用户行为和重要安全事件”扩展到“每个用户行为和安全事件”，将所有用户的行为和安全事件都纳入审计范围，旨在及时发现个人信息处理系统的网络边界、重要网络节点的潜在风险，降低安全隐患。

（3）信息泄露后强制修改密码和备份数据恢复测试的强化

《个人信息保护指南》第5.2.4.1c）条新增“当确定信息被泄露后，应提供提示全部用户强制修改密码的功能，在验证确认用户后修改密码”的要求，加强了对于全部用户密码修改的管控。

《个人信息保护指南》第5.2.4.8a）条增加了“定期对备份数据进行恢复测试，保证数据可用性”的要求，强化个人信息的本地数据备份与恢复功能的执行力度，确保在数据受到攻击、破坏、丢失等问题时能够及时恢复数据。

（4）云计算平台个人信息境内储存要求及出境规范

《个人信息保护指南》第5.3.1a）条新增“应确保个人信息在云计算平台中存储于中国境内，如需出境应遵循国家相关规定”，明确要求云计算平台个人信息境内储存，加强个人信息的属地化管理。对于需要出境的个人信息，应该按照国家相关规定采取相应措施。

（四）业务流程

《网络安全法》第41条、第42条、第43条对个人信息的收集、使用、保存、对外共享提出了明确的规范要求。《个人信息安全规范》及其修订草案，对个人信息全生命周期的规范要求进行了细化和扩充。在《网络安全法》规定的基础上，重点参考《个人信息安全规范》及其修订草案，并部分借鉴《网络安全等级保护基本要求》及其修订版内容，明确了个人信息全生命周期的规范要求及技术要求。

接下来，从对比的角度，具体解析业务流程的内容。

1.《指引意见稿》相应规定解析

《指引意见稿》明确了个人信息收集、保存、应用、删除、第三方委托处理、共享和转让、公开披露和应急处置全业务流程的个人信息保护规定。相较于《个人信息安全规范》，在其收集、保存和删除业务流程的具体要求中，增加了基于等级保护基本要求及有关实践的技术要求内容。

2. 《个人信息保护指南》新增及主要调整内容解析

《个人信息保护指南》将《个人信息安全规范》修订草案的部分新增及调整内容吸纳，并对个人信息持有者提出了更多的规范要求。

（1）生物信息摘要、不得强制收集、收集无关信息和大规模收集特定敏感数据

参照《个人信息安全规范》修订草案，《个人信息保护指南》第6.1b）条和第6.1e）条提出了“不应收集与其提供的服务无关的个人信息”“不应通过捆绑产品或服务各项业务功能等方式强迫收集个人信息”和“个人生物识别信息应仅收集和使用摘要信息，避免收集其原始信息”的要求，旨在加强对过度收集和捆绑收集个人信息的规制，更好地保护个人生物识别原始信息，提高用户的自主权利。

《个人信息保护指南》第6.1d）条则首次提出“不应大规模收集或处理我国公民的种族、民族、政治观点、宗教信仰等敏感数据”的要求，降低因大规模收集或处理该等特定敏感数据，对国家安全、社会稳定造成的不利影响。对于需要收集和处理用户该等特定敏感数据的企业，需要避免只收集该等特定敏感数据，并控制收集和处理的规模，在使用该等特定敏感数据进行用户画像等其他处理活动时不得依据该等特定敏感数据歧视用户。

（2）境内运营收集和产生的个人信息境内存储及出境规范

《个人信息保护指南》第6.2a）条增加了“在境内运营中收集和产生的个人信息应在境内存储，如需出境应遵循国家相关规定”的要求，明确要求境内运营收集和产生的个人信息境内存储。对于需要出境的个人信息，应该按照国家相关规定采取相应措施。

（3）个人信息修改的规制和增值应用的区分授权

《个人信息保护指南》第6.3b）条增加了“保证修改后的本人信息具备真实性和有效性”的要求，对个人信息修改增加了规制，即不能随意使用虚假信息和失效信息进行修改。

在《个人信息安全规范》修订草案“用户画像”和“约束信息系统自动化决策”的基础上，《个人信息保护指南》第6.3c）条增加了完全依靠自动化处理的用户画像技术对增值应用的区分授权要求，包括两种情形：1）应用于精准营销、搜索结果排序、个性化推送新闻、定向投放广告等增值应用，可事先不经用户明确授权，但应确保用户有反对或者拒绝的权利；2）如应用于征信服务、行政司法决策等可能对用户带来法律后果的增值应用，或跨网络运营者使用，应经用户明确授权方可使用其数据。也就是说，如果画像技术可能为用户带来法律后果，或者提供给其他网络运营者使用，需要经用户明确授权；如果应用于精准营销、搜索结果排序、个性化推送新闻、定向投放广告等，至少应通过退订、关闭对应栏目等方式保障用户有反对或者拒绝的权利。该条实际上兼顾了大数据时代用户个人信息保护和实现数据价值的利益衡量，有利于数据价值发掘的同时保障用户的个人信息权利。

（4）强调个人信息安全影响评估要求

在《个人信息安全规范》及其修订草案“委托处理”“个人信息共享、转让”“个人信息公开披露”强调开展个人信息安全影响评估的基础上，《个人信息保护指南》在其第6.5b）条增加“对委托行为进行个人信息安全影响评估”、第6.6b）条增加“确保受让方具备足够的数据安全能力”确保评估效果要求以及第6.7a）条增加“事先开展个人信息安全影响评估，并依评估结果采取有效的保护个人信息主体的措施”的要求。个人信息安全影响评估的具体规范内容，可参考《个人信息安全规范》及其修订草案中关于“开展个人信息安全影响评估”的要求。

（5）公开披露个人信息的进一步规制

参考《个人信息安全规范》及其修订草案“公开披露”的要求，《个人信息保护指南》增加第6.7c）条“公开披露个人敏感信息前，除第6.7 b）条中告知的内容外，还应向个人信息主体告知涉及的个人敏感信息的内容”、第6.7e）条“承担因公开披露个人信息对个人信息主体合法权益造成损害的相应责任”和第6.7f）条“不得公开披露个人生物识别信息和基因、疾病等个人生理信息”的要求，旨在加强对公开披露个人信息范围的限制，着重保护个人敏感信息和强化个人信息持有者对公开披露个人信息的主体责任。

此处，《个人信息保护指南》增加条6.7g）条“不得公开披露我国公民的种族、民族、政治观点、宗教信仰等敏感数据分析结果”的要求，降低因公开披露该等特定敏感数据分析结果对国家安全、社会稳定造成的不利影响。

（五）应急处置

《网络安全法》第55条规定，发生网络安全事件，应当立即启动网络安全事件应急预案，对网络安全事件进行调查和评估，要求网络运营者采取技术措施和其他必要措施，消除安全隐患，防止危害扩大，并及时向社会发布与公众有关的警示信息。在此基础上，《个人信息安全规范》及其修订草案规定了“个人信息安全事件处置”的要求。在《网络安全法》规定的基础上，参考《个人信息安全规范》及其修订草案规定，《个人信息保护指南》明确了应急机制和预案、处置和响应的要求。

接下来，从对比的角度，具体解析应急处置的内容。

1.《指引意见稿》相应规定解析

《指引意见稿》将应急处置作为业务流程的一部分，提出了建立健全工作机制、制定应急预案、定期组织演练、制定上报机制、进行应急响应训练和应急演练、知晓应急处置策略和规程、记录信息安全事件信息、影响评估和事态控制以及告知个人信息主体的要求。

2.《个人信息保护指南》新增及主要调整内容解析

（1）将“应急处置”作为专章进行规定

与《指引意见稿》将应急处置作为业务流程的一部分不同，《个人信息保护指南》将“应急处置”作为专章进行规定，体现出对应急处置的重视程度进一步提高。

（2）应急预案内容细化要求和定期评估完善要求

《个人信息保护指南》第7.1b）条增加“个人信息安全事件应急预案，包括应急处理流程、事件上报流程等内容”的要求，对应急预案的内容进行了细化要求。

《个人信息保护指南》第 7. 1d）条增加“应定期对原有的应急预案重新评估，修订完善”的要求，对应急预案的评估和更新提出了要求，保证应急预案能够不断适应最新的企业发展状况和个人信息保护态势。

（3）应急响应培训和应急演练的周期和效果明确

与《个人信息安全规范》及其修订草案要求至少每年一次组织内部相关人员进行应急响应培训和应急演练相比，《个人信息保护指南》第 7. 1c）条明确了至少半年一次进行应急响应培训和应急演练的要求，时间周期要求更加严格。从效果看，参考《个人信息安全规范》及其修订草案要求，《个人信息保护指南》第 7. 1c）条增加“使其掌握岗位职责和应急处置策略和规程，留存应急培训和应急演练记录”的要求，防止应急响应培训和应急演练流于形式，切实提高应急处置能力。

（4）进一步明确风险防范、事件上报及社会公众警示信息发布

参考《个人信息安全规范》及其修订草案要求，《个人信息保护指南》第 7. 2a）条增加“发现网络存在较大安全风险，应采取措施，进行整改，消除隐患；发生安全事件时，应及时向公安机关报告，协助开展调查和取证工作，尽快消除隐患”，第 7. 2d）条增加“应按《国家网络安全事件应急预案》等相关规定及时上报安全事件，报告内容包括但不限于：涉及个人信息主体的类型、数量、内容、性质等总体情况，事件可能造成的影响，已采取或将要采取的处置措施，事件处置相关人员的联系方式”，第 7. 2e）条增加“及时向社会发布与公众有关的警示信息”的要求，进一步明确网络安全风险防范、安全事件上报和社会公众警示信息发布的规范要求。

2019 年，个人信息保护明显进入加速期。《互联网个人信息安全保护指南》的正式发布，为互联网个人信息保护提供了更加明确的参考和指导。建议个人信息持有者，根据《网络安全法》有关规定，参考《个人信息安全规范》及其修订草案、《App 自评估指南》和本文解读的《互联网个人信息安全保护指南》，完善个人信息安全保护的管理机制、安全技术措施、业务流程和应急处置方案，保障网络数据安全和用户合法权益。

二、《网络安全标准实践指南—移动互联网应用程序（App）收集使用个人信息自评估指南（征求意见稿）》与《App 自评估指南》和《App 违法违规认定方法》逐条对比解读

2020 年 3 月 19 日，信安标委秘书处发布《关于对〈网络安全标准实践指南—移动互联网应用程序（App）收集使用个人信息自评估指南（征求意见稿）〉公开征求意见的通知》（信安秘字〔2020〕13 号），对《网络安全标准实践指南—移动互联网应用程序（App）收集使用个人信息自评估指南（征求意见稿）》（以下简称《App 自评估指南（征求意见稿）》）公开征求意见。

《App 自评估指南（征求意见稿）》在其摘要部分，介绍了其系列文件的发展历程和一脉相承的关系，具体如下：

序号	时间	文件名称	文件制定背景	适用范围
1	2019. 03. 01	《App 自评估指南》	App 专项治理工作组结合 2017 年和 2018 年“隐私条款专项评审”等工作经验	指导 App 运营者自查自纠
2	2019. 12. 30	《App 违法违规认定方法》	结合了一年来关于 App 违法违规收集使用个人信息检测评估工作的经验和规律	为监督管理部门认定 App 违法违规收集使用个人信息行为提供参考，为 App 运营者自查自纠和网民社会监督提供指引

续表

序号	时间	文件名称	文件制定背景	适用范围
3	2020.03.19	《App 自评估指南（征求意见稿）》	在 2019 年 3 月 1 日版《App 违法违规收集使用个人信息自评估指南》的基础上，依据《网络安全法》等法律法规要求，参照《App 违法违规认定方法》和相关国家标准，结合检测评估工作经验，归纳总结出 App 收集使用个人信息评估点	供 App 运营者自评估参考，帮助其持续提升个人信息保护水平

接下来，将通过与《App 自评估指南》《App 违法违规认定方法》对比的方式，逐条解析《App 自评估指南（征求意见稿）》。

评估点一：是否公开收集使用个人信息的规则

《网络安全法》第 41 条规定，网络运营者收集、使用个人信息，应当公开收集、使用规则。

《消费者权益保护法》第 29 条规定，经营者收集、使用消费者个人信息，应当公开其收集、使用规则。

【解读】

相较于《App 自评估指南》和《App 违法违规认定方法》，《App 自评估指南（征求意见稿）》首次明确列举了相关要求依据的具体法律条文规定（注：前述规定系对完整条文规定的部分摘录）。根据我们检索威科先行、北大法宝数据库，《网络安全法》第 41 条规定和《消费者权益保护法》第 29 条规定，也是 2019 年 600 例个人信息相关行政处罚的主要处罚依据，需要 App 运营者高度重视，避免因违反前述规定而面临潜在的行政处罚风险。

1.1 是否有隐私政策等收集使用规则

a）在 App 界面中能够找到隐私政策，包括通过弹窗、文本链接、附件、常见问题（FAQs）等形式，且隐私政策可正常显示。

b）隐私政策中需包含收集使用个人信息规则的相关内容。

c）隐私政策文本链接有效，且文本可正常显示。

【解读】

相较于《App 自评估指南》评估点 1，《App 自评估指南（征求意见稿）》吸收了《App 违法违规认定方法》第 1.1 条的规定，新增了“隐私政策中需包含收集使用个人信息规则的相关内容”，直指实践中出现的形式上设置了隐私政策但隐私政策里面无收集使用个人信息规则的相关内容的问题。

从常见问题看，除前述问题外，本条规制的问题还包括：（1）无隐私政策；（2）隐私政策链接失效；（3）隐私政策链接点击后打开的文本不是隐私政策的内容；（4）隐私政策点击后文本无法正常显示，如只可查看当前页面内容无法滑动查看全文等。

1.2 是否提示用户阅读隐私政策等收集使用规则

a）App 需在首次运行或用户注册时通过弹窗等明显方式，提示用户阅读隐私政策。

b）避免使用灰色字体、缩小字号、键盘遮挡、置于边缘等方式未突出显示隐私政策链接。

【解读】

相较于《App 自评估指南》评估点 3、评估点 20 和《App 违法违规认定方法》，《App 自评估指南（征求意见稿）》强化了“避免使用灰色字体、缩小字号、键盘遮挡、置于边缘等方式未突出显示隐私政策链接”的要求。根据 App 专项治理工作组公开通报，部分 App 存在采用将字体缩小，颜色变浅且放置在页面最底端的方式展示隐私政策链接，未通过明显方式提示用户阅读隐私政策的问题。

从弹窗页面中隐私政策链接的放置看，一般会采用与弹窗大小相适配的字号，通过加下划线、字体颜色设置成绿色等醒目颜色来突出显示，放置在弹窗的中间或者下方（但不宜放置在下方最边缘处），弹窗内容无遮挡，点击隐私政策链接后即可跳转至正常显示的隐私政策文本。

1.3 隐私政策等收集使用规则是否易于访问

a）用户进入 App 主功能界面后，通过 4 次（含）以内的点击，能够访问到隐私政策。

b）在 App 常规交互界面展示隐私政策链接，避免仅在注册/登录界面展示隐私政策链接，或只能以咨询客服等方式查看隐私政策的情形。

c）隐私政策以单独成文的形式发布，而不是作为用户协议、用户说明等文件中的一部分存在。

【解读】

相较于《App 自评估指南》评估点 3 和《App 违法违规认定方法》，《App 自评估指南（征求意见稿）》新增了“在 App 常规交互界面展示隐私政策链接，避免仅在注册/登录界面展示隐私政策链接，或只能以咨询客服等方式查看隐私政策的情形”的要求，直指实践中存在的隐私政策仅在注册/登录时展示，进入 App 界面后无法找到隐私政策，或者为了找到隐私政策需要翻遍 App 所有页面才能找到隐私政策，或者为了查看隐私政策需要专门联系客服才可能查看隐私政策等隐私政策难以访问的问题。

从建议角度看，建议将隐私政策放置在常见、方便寻找的位置，一般宜放置在“我的－设置”或“我的－关于”或“常见问题”的子栏目，在该等位置相对方便用户查找。此外，需要指出的是，隐私政策应向所有用户展示，而非仅向特定 VIP 用户或其他特定类型的用户展示，否则仍然可能会被认定为隐私政策难以访问。

1.4 隐私政策等收集使用规则是否易于阅读

a）隐私政策文本文字显示方式（字号、颜色、行间距、清晰度等）不会造成阅读困难。

b）需提供简体中文版隐私政策。

c）隐私政策的内容需符合通用的语言习惯，使用标准化的数字、图示，避免出现错别字或有歧义的语句。

【解读】

相较于《App 自评估指南》评估点 4，《App 自评估指南（征求意见稿）》吸收了《App 违法违规认定方法》第 1.4 条“未提供简体中文版隐私政策”的规定，同时吸收了《个人信息安全规范》第 5.5c）条的“个人信息保护政策的内容应清晰易懂，符合通用的语言习惯，使用标准化的数字、图示等，避免使用有歧义的语言”。

根据 App 专项治理工作组公开通报，部分 App 在登录界面中未提供简体中文版的隐私政策。部分 APP 隐私政策难以阅读，具体表现包括：（1）隐私政策中存在较多错别字、歧义句；（2）文字显示过小、过密：（3）段落划分不明确；（4）文字没有自动换行，需要手动横向滑动才可以阅读完一行文字。

从建议角度看，在中国境内运营的 App 运营者，至少应该提供简体中文版隐私政策，包括登录时展示链接对应的文本和进入 App 界面后查看的隐私政策文本。如面向在中国境内的外国人提供服务，可以在提供中文版隐私政策的同时，也提供英语或其他语言版本的隐私政策。从隐私政策文本内容看，应重视文本内容的撰写，建议由法务人员或者数据保护部门工作人员，根据法律法规相关规定，参照《App 违法违规认定方法》《App 自评估指南（征求意见稿）》和《个人信息安全规范》等文件和国家标准，结合本公司实际情况，制定适用于本公司的隐私政策。制定好隐私政策后，至少应委托公司内部其他法务或者数据保护部门其他工作人员进行文字校对、内容复核，宜委托数据保护专业律师进行专业的优化，避免出现文字错误、歧义句、大段摘抄其他运营者隐私政策而未调整公司名称、与本公司实际情况大相径庭等问题。

1.5 是否公开 App 运营者的基本情况

a）隐私政策应对 App 运营者基本情况进行描述，至少包括组织或公司名称、注册地址或常用办公地址、个人信息保护工作机构或相关负责人联系方式。

【解读】

相较于《App 自评估指南》评估点 9，《App 自评估指南（征求意见稿）》借鉴了《个人信息安全规范》第 5.5a）1）条个人信息保护政策内容“个人信息控制者的基本情况，包括主体身份、联系方式”的规定，解决了集团统一隐私政策模式下无法单列某家公司名称的问题，解决了如果必须公布个人信息保护相关负责人联系方式可能给该等负责人造成不必要的电话骚扰等问题，提高了该要求的可执行性。

1.6 是否公开收集使用个人信息的其他规则

a）隐私政策应说明发布、生效或更新日期。

b）隐私政策应对个人信息存放地域（境内、境外哪个国家或地区）、存储期限（法律规定范围内最短期限或明确的期限）、超期处理方式进行明确说明。

c）如果 App 运营者将个人信息用于用户画像、个性化展示等，隐私政策中应说明其应用场景和可能对用户产生的影响。

d）如果存在个人信息出境情形，隐私政策中应将出境个人信息类型逐项列出并显著标识（如字体加粗、标星号、下划线、斜体、不同颜色等）；如果不存在个人信息出境情形，则明确说明。

e）隐私政策中应对 App 运营者在个人信息保护方面采取的措施和具备的能力进行说明，如身份鉴别、数据加密、访问控制、恶意代码防范、安全审计等。

f）如果存在个人信息对外共享、转让、公开披露等情况，隐私政策中应明确以下内容：①对外共享、转让、公开披露个人信息的目的；②涉及的个人信息类型；③接收方类型或身份。

g）隐私政策中应对以下用户权利和相关操作方法进行明确说明：①个人信息查询；②个人信息更正；③个人信息删除；④用户账户注销；⑤撤回已同意的授权。

h）隐私政策中至少提供以下一种申诉渠道：①电子邮件；②电话；③在线客服；④在线表单。

注：相关定义和内容可参考 GB/T 35273《个人信息安全规范》。

【解读】

相较于《App 自评估指南》评估点 10－17，《App 自评估指南（征求意见稿）》主要调整了以下两点：

第一点，前述 1.6b）条对个人信息存放地域的说明要求，从说明境内境外即可调整为如在境外需要说明是境外哪个国家或地区。此举旨在方便监管部门和社会公众更好地了解个人信息境外存放的具体情况，可以据此判断在该等国家或地区存储个人信息可能面临的安全风险等。

第二点，在前述 1.6d）条新增“如果不存在个人信息出境情形，则明确说明”的要求。对于 App 运营者来说，存在个人信息出境情形，需要按照该条的规定将出境个人信息类型逐项标出并显著标识，不存在个人信息出境情形，也需要在隐私政策中说明“您的个人信息将存储于中华人民共和国境内，不会进行跨境传输”或类似表述。

评估点二：是否明示收集使用个人信息的目的、方式和范围

《网络安全法》第 41 条规定，网络运营者收集、使用个人信息，应当公开收集、使用规则。

《消费者权益保护法》第 29 条规定，经营者收集、使用消费者个人信息，应当公开其收集、使用规则。

2.1 是否逐一列出 App（包括委托的第三方或嵌入的第三方代码、插件）收集使用个人信息的目的、方式、范围等

a）完整、清晰、区分说明各业务功能所收集的个人信息。隐私政策中所述内容应与 App 实际业务相符，并逐项说明各业务功能收集个人信息的目的、类型、方式，不应使用“等、例如”等方式不完整列举。

注：业务功能是指 App 面向个人用户所提供的一类完整的服务，如地图导航、网络约车、即时通讯、网络社区、网络支付、新闻资讯、网上购物、短视频、快递配送、餐饮外卖、交通票务、婚恋相亲、房屋租售、求职招聘、二手车交易、金融借贷等。

b）如 App 使用 Cookie 等同类技术（包括脚本、Clickstream、Web 信标、Flash Cookie、内嵌 Web 链接等）收集个人信息，应向用户说明使用该类技术收集个人信息的目的、类型、方式。

c）如 App 嵌入了第三方代码、插件（如 SDK）收集个人信息，应说明第三方类型，及收集个人信息的目的、类型、方式，说明方式包括隐私政策、弹窗提示、文字备注、文本链接等。

d）如委托的第三方或嵌入的第三方代码、插件直接将个人信息传输至境外的，应明确说明跨境传输个人信息的目的、类型和接收方等。

【解读】

相较于《App 自评估指南》评估点 5－7.21－22，《App 自评估指南（征求意见稿）》主要调整了以下三点：

第一点，吸收了《App 违法违规认定方法》第 2.1 条“未逐一列出 App（包括委托的第三方或嵌入的第三方代码、插件）收集使用个人信息的目的、方式、范围等”的表述作为《App 自评估指南（征求意见稿）》第 2.1 条的表述，将 App 自身收集使用个人信息的目的、方式和范围和 App 嵌入的第三方代码、插件进行集中规定。

第二点，细化对于 SDK、第三方代码等收集个人信息的规定，强调要求说明第三方类型及收集个人信息的目的、类型、方式，直指实践中普遍存在的 SDK 违规收集使用个人信息问题。根据 App 专项治理工作组通报的问题 App 显示，过半 App 存在 SDK 违规问题。对此，建议 App 运营者：（1）全面梳理 App 接入的 SDK，包括手机厂商 SDK、第三方 SDK 等；（2）与接入的 SDK 服务商充分沟通或通过 SDK 服务商公示的服务条款、个人信息保护政策等相关文本了解 SDK 收集的个人信息类型；（3）将接入的 SDK 和该等 SDK 收集的个人信息类型写入隐私政策，通过获得用户对隐私政策的明示同意来获得对于接入 SDK 和对外提供个人信息的同意。此外，可供借鉴的做法为，部分 App 已经将接入的 SDK 的服务条款、隐私政策等相关文本的链接放置在 App 隐私政策的最后，方便用户快速查看和了解接入的 SDK 的具体情况。

第三点，新增“如委托的第三方或嵌入的第三方代码、插件直接将个人信息传输至境外的，应明确说明跨境传输个人信息的目的、类型和接收方等”要求。根据 App 专项治理工作组通报的问题 App，存在部分 App 既未经用户同意，也未做匿名化处理，通过客户端嵌入的 Crashlytics 等 SDK 将收集 Android ID 等个人信息传输到境外某服务器。对此，建议在隐私政策中明确说明跨境传输个人信息的目的、类型和接收方等，需要指出的是，这里使用的“接收方”而非“接收方类型”，简单说明接收方类型可能无法满足此处的要求。

2.2 是否以适当的方式通知用户收集使用个人信息的目的、方式、范围发生的变化

a）收集使用个人信息的目的、方式和范围发生变化时，应以适当方式通知用户，适当方式包括更新隐私政策并以信息、邮件、弹窗等方式提醒用户阅读发生变化的条款等。

【解读】

相较于《App 自评估指南》评估点 18，《App 自评估指南（征求意见稿）》吸收了《App 违法违规认定方法》第 2.2 条“收集使用个人信息的目的、方式、范围发生变化时，未以适当方式通知用户，适当方式包括更新隐私政策等收集使用规则并提醒用户阅读等”的规定，将通知用户发生变化的情形限定为“收集使用个人信息的目的、方式、范围发生变化”，不再强调“业务功能变更、个人信息出境情况变更、个人信息保护相关负责人联系方式变更”等情形下的通知。

从文字意思看，此处要求为“应提醒用户阅读”，不再要求获得用户重新授权，似乎可以理解为 App 运营者 App 首次运行时获得用户授权后，后续可以随意变更授权文本和内容，而对用户要做的仅仅是告知，该要求有待进一步商榷，具体适用有待监管部门进一步明确。

从建议角度看，建议 App 运营者在收集使用个人信息的目的、方式和范围发生变化时，应更新隐私政策、个人信息查询授权书等授权文本，通过弹窗、推送通知、红点提示、电子邮件、信函、电话等适当方式提醒用户阅读，特别是阅读发生重要变化的条款，并通过用户手动点击确认、手动勾选等方式获得用户的再次授权。

2.3 是否同步告知申请打开权限和要求提供个人敏感信息的目的

a）在申请打开可收集个人信息的权限时，App 应通过显著方式（如弹窗提示等）同步告知用户其目的，对目的的描述应明确、易懂。

注：常见可收集个人信息的系统权限有：

iOS 系统：定位、通讯录、日历、提醒事项、照片、麦克风、相机、健康；

Android 系统：日历、通信记录、相机、通讯录、位置、麦克风、电话、传感器、短信、存储。

b）在要求用户提供个人敏感信息（用户身份证号、银行账号、行踪轨迹等）时，App 应通过显著方式（如弹窗提示、文字备注、文本链接等）同步告知用户其目的，对目的的描述应明确、易懂。

注：个人敏感信息包括身份证件号码、个人生物识别信息、银行账号、通信记录和内容、财产信息、征信信息、行踪轨迹、住宿信息、健康生理信息、交易信息、14 岁以下（含）未成年人的个人信息等。（该定义见 GB/T 35273《个人信息安全规范》3.2 节）

【解读】

相较于《App 自评估指南》评估点 20，《App 自评估指南（征求意见稿）》吸收了《App 违法违规认定方法》第 2.3 条“在申请打开可收集个人信息的权限，或申请收集用户身份证号、银行账号、行踪轨迹等个人敏感信息时，未同步告知用户其目的，或者目的不明确、难以理解”的要求，强化了对于打开个人信息权限时和申请个人敏感信息时应单独告知目的，对目的的描述应明确、易懂。需要指出的是，根据本条规定，仅将个人敏感信息的处理规则在隐私政策中告知，已经无法满足要求。

根据 App 专项治理工作组通报的问题 App 显示，未同步告知申请打开权限或要求提供个人敏感信息的目的，高居通报问题数量之首，通报存在问题的 App 中 56.32% 的 App 存在该问题。从具体问题看，常见表现形式包括：（1）仅弹窗提示“是否允许 × × 获取您的设备信息/访问您设备上的照片/获取此设备的位置信息等信息”，未在弹窗页面告知获取前述信息的目的；（2）个人资料填写页面，仅设置身份证号、银行账号等内容的填写框和上传区域，未告知收集该等个人敏感信息的目的。

对于申请可收集个人信息权限，建议 App 运营者通过弹窗的方式告知收集相应个人信息的目的，例如“ × × 想访问您的位置，为了向您提供附近的商品、店铺及优惠资讯”，并征得用户的同意。

对于收集个人敏感信息，建议 App 运营者参照《个人信息安全规范》3.2 节和附录 B 划定个人敏感信息范围，在申请收集用户个人敏感信息时，在用户手动填写页面增加文字说明、弹窗提示、放置文本链接或 App 主动收集个人敏感信息时通过弹窗提示等方式，告知收集该等个人敏感信息的目的。以文字说明为例，可采取括号标注、下方小字标注等方式，但字体不宜过小以免造成阅读困难。

2.4 收集使用规则是否易于理解

a）有关收集使用规则的内容应简练、结构清晰、重点突出，避免使用晦涩难懂的词语（如使用大量专业术语）和冗长烦琐的篇幅。

【解读】

相较于《App 自评估指南》，《App 自评估指南（征求意见稿）》吸收了《App 违法违规认定方法》第 2.4 条“有关收集使用规则的内容晦涩难懂、冗长烦琐，用户难以理解，如使用大量专业术语等”的规定，新增收集使用规则应易于理解的要求。

根据 App 专项治理工作组通报的问题 App 显示，存在部分 App 有关个人信息收集使用规则的内容晦涩难懂、冗长烦琐，用户难以理解的问题。建议 App 运营者尽量使用普通用户可以理解的语言和表述方式，避免大量使用技术术语、法律专业术语等说明收集使用规则，隐私政策的内容编排、体例等参考《个人信息安全规范》附录 D 的模板，确保隐私政策等收集使用规则易于理解。

评估点三：收集使用个人信息是否征得用户同意

《网络安全法》第 41 条规定网络运营者收集、使用个人信息，应“经被收集者同意”且“不得违反法律、行政法规的规定和双方的约定收集、使用个人信息”。

《消费者权益保护法》第 29 条规定经营者收集、使用消费者个人信息，应“经消费者同意”且“不得违反法律、法规的规定和双方的约定收集、使用信息”，“经营者未经消费者同意或者请求，或者消费者明确表示拒绝的，不得向其发送商业性信息。”

3.1 收集个人信息或打开可收集个人信息的权限前是否征得用户同意

a）App 收集个人信息前应提供由用户主动选择同意或不同意（包括退出、上一步、关闭、取消等）的选项。

b）未征得用户同意时，不应收集个人信息或打开可收集个人信息权限。如 App 首次打开时，在用户未得知收集个人信息的目的前，App 就开始收集个人信息。

注：征得同意，指个人信息主体通过书面声明或主动做出肯定性动作，对其个人信息进行特定处理做出明确授权的行为。肯定性动作包括个人信息主体主动作出声明（电子或纸质形式），主动勾选，主动点击“同意”“注册”“发送”“拨打”，主动填写或提供等。

c）不应在征得用户同意前，利用 Cookie 等同类技术、或私自调用可收集用户个人信息的权限等方式收集个人信息。

【解读】

相较于《App 自评估指南》评估点 23－24，《App 自评估指南（征求意见稿）》吸收了《App 违法违规认定方法》第 3.1 条“征得用户同意前就开始收集个人信息或打开可收集个人信息的权限”和第 3.4 条“以默认选择同意隐私政策等非明示方式征求用户同意”的规定，强调收集个人信息或打开可收集个人信息的权限前应征得用户明示同意。

根据 App 专项治理工作组通报的问题 App 显示，存在部分 App 在征得用户同意前就开始收集设备 ID、MAC 地址、用户操作记录、应用程序列表等个人信息。用户同意作为《网络安全法》规定的收集用户信息的法定基础，也是我国现行网络安全生态下 App 运营者收集用户信息的主要合法来源。App 运营者要合法合规收集使用个人信息，就需要能够证明已经获得用户同意，且能够证明用户同意的时间点先于收集使用行为。在未获得用户同意前，不得收集用户任何个人信息。

3.2 用户明确表示不同意收集后是否仍收集个人信息或打开可收集个人信息的权限

a）用户通过拒绝提供个人信息、不同意收集使用规则、拒绝提供或关闭权限等操作，明确拒绝 App 收集某类个人信息后，不应以任何形式收集该类个人信息或打开可收集个人信息的权限。

【解读】

相较于《App 自评估指南》，《App 自评估指南（征求意见稿）》吸收了《App 违法违规认定方法》第 3.2 条“用户明确表示不同意后，仍收集个人信息或打开可收集个人信息的权限……”的规定，新增用户明确表示不同意收集后不应收集个人信息或打开可收集个人信息的权限的要求。

根据 App 专项治理工作组通报的问题 App 显示，存在部分 App 在用户撤销电话权限授权，明确表示不同意收集该类个人信息后，仍通过其他途径收集设备 IMEI 号等个人信息。如果在用户明确表示不同意收集后仍然收集个人信息或打开可收集个人信息的权限，App 运营者将失去收集该等个人信息的合法性基础，而且从主观恶性角度分析，容易加剧监管部门对 App 运营者主观恶性的认定，也容易引起用户的反感、不信任和恐慌，害怕该等 App 存在更多的暗箱操作，可能导致用户流失。

3.3 用户明确表示不同意收集后是否频繁征求用户同意、干扰用户正常使用

a）用户明确表示不同意收集后，不应在每次重新打开 App，或使用某一业务功能时，向用户频繁（如 48 小时内）询问是否同意收集个人信息。

b）用户明确表示不同意收集后，不应在每次重新打开 App，或使用某一业务功能时，向用户频繁（如 48 小时内）询问是否同意打开可收集个人信息的权限。

注：用户选择使用 App 的某一具体功能触发征得同意的动作，不属于频繁干扰情形。如用户自行选择使用拍摄、扫码等功能，App 需获取“相机”权限。

【解读】

相较于《App 自评估指南》评估点 28 和《App 违法违规认定方法》第 3.2 条，《App 自评估指南（征求意见稿）》主要调整了以下两点：

第一点，首次明确了用户明确表示不同意收集后频繁征求用户同意、干扰用户正常使用的时间认定标准，即“48 小时内”，与《个人信息安全规范》附录 C.4b）条规定的“除非个人信息主体主动选择开启扩展功能，在 48 小时内向个人信息主体征求同意的次数不应超过一次”标准相近。

第二点，在本条注的部分增加了例外情形，即用户主动使用某业务功能触发征得同意的情况下，不属于对用户的频繁干扰。以举例中拍摄、扫码等获取“相机”权限进行分析，如果用户现在想要使用该等功能但又拒绝提供“相机权限”，拍摄、扫码功能将无法使用。若 48 小时内用户再次或者多次想使用拍摄、扫码等功能，仍然可以征求获取“相机”权限。但如果用户不想使用拍摄、扫码等功能，只想使用无需“相机”权限的 App 其他业务功能，但用户每次打开 App，均弹窗征求获取用户“相机”权限，就会被认定为频繁干扰用户。

3.4 实际收集的个人信息或打开的可收集个人信息权限是否超出用户授权范围

a）App 收集使用个人信息的过程应与其所声明的隐私政策等收集使用规则保持一致。如实际收集的个人信息类型、申请打开的可收集使用个人信息的系统权限、调用系统权限函数的行为应与隐私政策所描述内容一致，不应超出隐私政策所述范围。

【解读】

相较于《App 自评估指南》评估点 25，《App 自评估指南（征求意见稿）》吸收了《App 违法违规认定方法》第 3.3 条“实际收集的个人信息或打开的可收集个人信息权限超出用户授权范围”的规定，增加了对打开权限的规定，内容未发生实质变化。

隐私政策等获得用户授权的文本公示收集使用个人信息规则，用户对 App 运营者会按照隐私政策收集使用个人信息会形成合理期待。运营者不应利用隐私政策等用户授权文本宣示合法合规收集使用个人信息，但实际操作中却未按照用户授权范围收集使用个人信息。当面一套背后一套，主观恶意明显，不可取。

3.5 是否以默认选择同意隐私政策等非明示方式征求用户同意

a）在首次运行 App 或用户注册时，不应采用默认勾选隐私政策等非明示方式征求用户同意；

b）注册（包括登录即代表注册）的选项与同意隐私政策等的因果逻辑关系应清楚，且主动提示用户阅读以显著方式展示的隐私政策等收集使用规则后，执行下一步注册/登录等动作。

【解读】

相较于《App 自评估指南》评估点 20，《App 自评估指南（征求意见稿）》吸收了《App 违法违规认定方法》第 3.4 条“以默认选择同意隐私政策等非明示方式征求用户同意”的规定，并首次对注册与同意隐私政策提出因果逻辑清楚的要求。

建议 App 运营者在用户首次运行或注册 App 时，通过弹窗或者要求用户手动勾选的方式同意隐私政策，尽量避免使用“注册即代表同意隐私政策”等方式获得用户的同意。

3.6 是否未经用户同意更改其设置的可收集个人信息权限状态

a）未经用户同意，不应私自更改用户设置的收集个人信息权限。

b）App 更新升级后，不应自动将用户设置的权限恢复到默认状态。

【解读】

相较于《App 自评估指南》评估点 29，《App 自评估指南（征求意见稿）》吸收了《App 违法违规认定方法》第 3.5 条“未经用户同意更改其设置的可收集个人信息权限状态，如 App 更新时自动将用户设置的权限恢复到默认状态”的规定，新增了“未经用户同意，不应私自更改用户设置的收集个人信息权限”的要求。

建议申请调用个人信息权限应获得用户的同意，不得未经用户同意私自更改用户权限设置，不得利用系统更新升级更改原有的系统权限设置。

3.7 App 利用用户个人信息和算法定向推送信息时，是否提供非定向推送信息的选项

a）App 存在利用用户个人信息和算法定向推送信息情形（包括利用个人信息和算法推送新闻和信息、展示商品、推送广告等），应提供拒绝接受定向推送信息，或者停止、退出、关闭相应功能的机制，或者不基于个人信息、用户画像等推送的模式、选项。

注：相关定义和内容可参考 GB/T 35273《个人信息安全规范》。

【解读】

相较于《App 自评估指南》，《App 自评估指南（征求意见稿）》吸收了《App 违法违规认定方法》第 3.6 条“利用用户个人信息和算法定向推送信息，未提供非定向推送信息的选项”的规定，并对该规定进行了细化。

需要指出的是，与《个人信息安全规范》第 7.5c）条规定不同的是，本条对提供非定向推送信息选项的要求不再限于推送新闻信息，而是扩充至推送新闻和信息、展示商品、推送广告等，基本涵盖了个性化推送的主要场景。从实操角度看，可供参考的一种模式为，为用户提供关闭个性化推送的按钮，用户关闭个性化推送后，推送的数量不会减少但不再基于用户的个人信息和个人画像进行精准推送。

3.8 是否以欺诈、诱骗等不正当方式误导用户同意收集个人信息或打开可收集个人信息的权限

a）App 所明示收集使用个人信息的目的应真实、准确，不应故意欺瞒、掩饰收集使用个人信息的真实目的。如以红包、金币、抽奖等方式诱骗用户打开可收集个人信息的通讯录权限后，立即上传所有通讯录信息。

【解读】

相较于《App 自评估指南》，《App 自评估指南（征求意见稿）》吸收了《App 违法违规认定方法》第 3.7 条“以欺诈、诱骗等不正当方式误导用户

同意收集个人信息或打开可收集个人信息的权限，如故意欺瞒、掩饰收集使用个人信息的真实目的”的规定，并提供了示例。

分析本条的示例，其真正目的在于获取通讯录信息，但担心用户拒绝或者不愿提供，通过红包、金币、抽奖等方式，来降低或者消除用户对于打开通讯录权限的疑虑、感知，用户甚至无法知晓该等 App 收集通讯录的目的，违反了合法性原则要求。而该等 App 收集用户通讯录，可能也与其业务开展无必然关联，可能也同时违反必要性原则要求。

3.9 是否向用户提供撤回同意收集个人信息的途径、方式

a）App 应向用户提供撤回同意收集个人信息的途径、方式，并在隐私政策等收集使用规则中予以明确。

b）如用户拒绝或撤回特定业务功能收集个人信息的授权时，App 不应暂停提供其他业务功能，或降低其他业务功能的服务质量。

c）如用户拒绝或撤回可收集个人信息的权限时，不得影响用户正常使用与该权限无关的功能，除非该权限是保证 App 正常运行所必需。

【解读】

相较于《App 自评估指南》评估点 23，《App 自评估指南（征求意见稿）》吸收了《App 违法违规认定方法》第 3.8 条“未向用户提供撤回同意收集个人信息的途径、方式”的规定，并吸收了《个人信息安全规范》第 5.3e）条“个人信息主体不授权同意使用、关闭或退出特定业务功能的，不应暂停个人信息主体自主选择使用的其他业务功能，或降低其他业务功能的服务质量”的规定。

建议 App 运营者在隐私政策中向用户说明撤回同意收集个人信息的途径、方式，用户拒绝提供或撤回同意提供某些个人信息，仅应影响与该等个人信息相关的业务功能，不得影响其他业务功能的正常使用，除非该等个人信息或收集个人信息权限为 App 正常运行所必需。

3.10 是否违反其所声明的收集使用规则，收集使用个人信息

a）App 应严格遵循其披露的隐私政策等收集使用规则，开展个人信

息处理活动，如个人信息使用目的发生变化的，应再次征得用户同意。

【解读】

相较于《App自评估指南》,《App自评估指南（征求意见稿)》吸收了《App违法违规认定方法》第3.9条“违反其所声明的收集使用规则，收集使用个人信息”的规定，旨在强调App运营者应言行一致，收集使用规则不仅是告知用户，更是对运营者的约束。

如个人信息使用目的发生变化的，App运营者应按照《App自评估指南（征求意见稿)》第2.2条规定的方式告知用户，并再次征得用户同意，这里的“同意”宜作明示同意理解。

评估点四：是否遵循必要原则，仅收集与其提供的服务直接相关的个人信息

4.1 是否收集与业务功能无关的个人信息

a）不应收集与业务功能无关的个人信息。

b）App不应申请打开与业务功能无关的可收集个人信息的权限。

【解读】

相较于《App自评估指南》评估点27，《App自评估指南（征求意见稿)》吸收了《App违法违规认定方法》第4.1条“收集的个人信息类型或打开的可收集个人信息权限与现有业务功能无关”的规定，除增加对可收集个人信息权限的要求外，内容未发生实质变化。

4.2 用户是否可拒绝收集非必要信息或打开非必要权限

a）App收集业务功能非必要的个人信息或申请打开非必要权限时，应征得用户同意，用户不同意不得拒绝提供相应业务功能。

b）App不应将同意收集其他业务功能所需的个人信息或同意打开其他业务功能所需可收集个人信息权限，作为业务功能打开的前提条件。

c）如App提供无需注册即可使用（如浏览、游客模式）的业务模式，当用户拒绝支撑浏览、游客等模式以外的个人信息收集行为，App不应拒绝提供服务。

注：必要信息指与基本业务功能直接相关的个人信息，缺少该个人信息则基本业务功能无法实现。必要信息范围可参考《信息安全技术移动互联网应用程序（App）收集个人信息基本规范》（征求意见稿），如果业务类型不在该标准内，则应根据其业务特点，参考该规范相关定义和理念自行判定。

【解读】

相较于《App自评估指南》评估点26，《App自评估指南（征求意见稿）》吸收了《App违法违规认定方法》第4.2条“因用户不同意收集非必要个人信息或打开非必要权限，拒绝提供业务功能”的规定，强调应确保用户可拒绝收集非必要信息或打开非必要权限，并且不会因此影响用户正常使用业务功能。

需要指出的是，此处增加了对于App提供无需注册即可使用（如浏览、游客模式）业务模式下收集个人信息的必要性要求，即“当用户拒绝支撑浏览、游客等模式以外的个人信息收集行为，App不应拒绝提供服务”，旨在将浏览、游客等无需注册即可使用模式落到实处，若提供该等模式就仅收集满足该等模式所需的信息。

此外，本条注指出必要信息范围的界定可参考《App收集信息基本规范（征求意见稿）》，如果属于该规范列示的30种常用服务类型，超出该规范列举的最小必要范围，需要审慎考量与现有业务功能的关联性。若难以给出合理解释，建议及时进行调整。

4.3 是否以非正当方式强迫收集用户个人信息

a）根据用户主动填写、点击、勾选等自主行为，作为App的各个业务功能打开或开始收集使用个人信息的条件。

b）App新增业务功能申请收集的个人信息超出用户原有同意范围时，不应因用户拒绝新增业务功能收集个人信息的请求，拒绝提供原有业务功能，新增业务功能取代原有业务功能的除外。

c）不应仅以改善服务质量、提升用户体验、定向推送信息、研发新产品等为由，强制要求用户同意收集其个人信息并以此作为提供服务的条件。

d）App不得以捆绑方式强制要求用户一次性同意打开多个可收集个人信息权限。如将安卓版App的targetSdkVersion值设置低于23，通过声明机制，在安装App时要求用户一次性同意打开多个可收集个人信息权限。

【解读】

相较于《App自评估指南》评估点24，《App自评估指南（征求意见稿）》主要调整了以下三点：

第一点，吸收了《App违法违规认定方法》第4.3条“App新增业务功能申请收集的个人信息超出用户原有同意范围，若用户不同意，则拒绝提供原有业务功能，新增业务功能取代原有业务功能的除外”的规定，新增该要求。实践中，随着公司战略、市场行情、消费需求等的变化，App运营者新增业务功能的情况非常普遍。对此需要根据该条的要求，超出原有个人信息同意范围收集个人信息的，如用户不同意，只影响新增业务功能的使用，不得拒绝提供原有业务功能。但新增业务取代原有业务功能导致业务功能发生变更的除外。

第二点，吸收了《App违法违规认定方法》第4.5条“仅以改善服务质量、提升用户体验、定向推送信息、研发新产品等为由，强制要求用户同意收集个人信息”的规定，新增该要求。在实践中，相当数量的App在隐私政策中将改善服务质量、提高用户体验、定向推送信息、研发新产品单独表述为业务功能和收集使用目的，并将其作为“利器”而肆意收集使用与业务功能无关的用户个人信息。建议将改善服务质量、提高用户体验、定向推送信息、研发新产品等目的与其他业务功能相结合，确保收集使用个人信息的类型与具体业务功能相对应。

第三点，将安卓版App的targetSdkVersion值设置低于23的问题作为示例，突出一揽子授权的问题。根据App治理工作组发布的《App们，还在一次性申请权限?》显示，目前国内主流的安卓系统App已经将targetSdkVersion值设置大于23。以用户手机比较老、操作版本低等理由，将targetSdkVersion值设置小于23，已经无法有效应对监管部门的核查和质疑。建议

App 运营者及时予以调整。如果确实出于向下兼容已停止更新 App 的需要，一次性全部启用可收集用户个人信息的权限，建议提醒用户在安装完毕后逐项关闭权限，需要申请某项权限时，再弹窗告知收集个人信息的目的并获得用户的同意。

4.4 收集个人信息的频度是否超出业务功能实际需要

a）App 收集个人信息的频度不应超出业务功能实际需要，在使用 App 某业务功能过程中，应仅收集与当前业务功能相关的个人信息。

b）在未打开 App 或后台运行 App 时，App 不应收集用户个人信息，除非 App 业务功能需要后台运行时继续提供服务，如导航功能。

c）App 接入第三方应用时，应提醒用户关注第三方应用收集使用个人信息的规则，不得私自截留第三方应用收集的个人信息。

【解读】

相较于《App 自评估指南》，《App 自评估指南（征求意见稿）》吸收了《App 违法违规认定方法》第 4.4 条“收集个人信息的频度等超出业务功能实际需要”的规定，并对该规定进行了细化。

根据 App 专项治理工作组通报的问题 App 显示，部分 App 存在收集设备 IMEI 号、IMSI 号、地理位置、手机号等个人信息和调用电话等权限的频度，超出业务功能实际需要。根据本条要求，举例来说，即使 App 已经获得用户收集其地理位置的同意，但如果用户没有打开 App、后台运行 App 或者当前使用的业务功能不需要地理位置信息，就不应该收集用户的地理位置信息。例外情况在于，如果在后台运行的情况下，App 的业务功能如导航功能，需要借助地理位置信息方能继续提供服务，则可以继续收集地理位置信息。

需要探讨的是，本条新增 c 款对接入第三方应用提出了相应要求，提醒用户关注第三方应用收集使用个人信息的规则，可以参考本文前面提到的在隐私政策附件放置第三方应用收集使用个人信息规则链接的方式。不得私自截留第三方应用收集的个人信息，旨在确保第三方应用的正常使用。但整体来看，本款似乎与本条主要规定的“收集个人信息的频度是否超出业务功能实际需要”没有必然关联，可以关注该款的位置后续是否会进行调整。

评估点五：是否未经同意向他人提供个人信息

5.1 向他人提供个人信息前是否征得用户同意

a）如App存在从客户端直接向第三方发送个人信息的情形，包括通过App客户端嵌入第三方代码、插件（如SDK）等方式，应事先征得用户同意，经匿名化处理的除外。

b）如个人信息传输至App服务器后，App运营者向第三方提供其收集的个人信息，应事先征得用户同意，经匿名化处理的除外。

c）如App接入第三方应用，当用户使用第三方应用时，应事先征得用户同意后，再向第三方应用提供个人信息，用户获知应用为第三方且在知悉收集使用个人信息规则后，自行同意提供给第三方的除外。

【解读】

相较于《App自评估指南》评估点22，《App自评估指南（征求意见稿）》吸收了《App违法违规认定方法》第5条“以下行为可被认定为‘未经同意向他人提供个人信息’……”的具体规定，旨在强调向第三方提供个人信息，均应获得用户的同意，这里宜根据本指南第1.6f）条和第2.1条的规定，通过隐私政策、个人信息查询使用授权书等授权文本告知用户对外提供个人信息的目的、个人信息类型和接收方类型或身份。

相较于《App违法违规认定方法》第5条，本条新增了“用户获知应用为第三方且在知悉收集使用个人信息规则后，自行同意提供给第三方的除外”的例外情形。举例来说，微信某小程序通过弹窗方式，告知用户想要获得用户的昵称、头像、地区、性别、手机号码等个人信息用于某目的，用户若点击允许，即代表用户自行同意微信将该等个人信息提供给该小程序。该场景下是小程序征得用户的同意，而非微信征得用户的同意。

评估点六：是否按法律规定提供删除或更正个人信息功能，或公布投诉、举报方式等信息

6.1 是否提供有效的注销用户账号功能

a）App 应提供有效的注销账号的途径（如在线操作、客服电话、电子邮件等），并在用户注销账号后，及时删除其个人信息或进行匿名化处理，法律法规另有规定的除外。

b）受理注销账号请求后，App 运营者应在承诺时限内（承诺时限不得超过 15 个工作日，无承诺时限的，以 15 个工作日为限）完成核查和处理。

c）注销账号的过程应简单易操作，不应设置不必要或不合理的注销条件，如提供额外的个人敏感信息用于身份验证，或未明确注销所需个人敏感信息在注销成功后是否会删除等。

注：相关内容可参考 GB/T 35273《个人信息安全规范》。

【解读】

相较于《App 自评估指南》评估点 30，《App 自评估指南（征求意见稿）》吸收了《App 违法违规认定方法》第 6.2 条“为更正、删除个人信息或注销用户账号设置不必要或不合理条件”和第 6.3 条“虽提供了更正、删除个人信息及注销用户账号功能，但未及时响应用户相应操作，需人工处理的，未在承诺时限内（承诺时限不得超过 15 个工作日，无承诺时限的，以 15 个工作日为限）完成核查和处理”的规定，新增前述两条的要求。

建议 App 运营者：首先，提供账号注销功能，并在隐私政策中明确说明用户注销账号的操作方法。其次，提供的用户账号注销功能应方便用户操作，且能切实保障用户账号注销的有效实现，避免故意设置操作障碍。最后，如果通过邮箱或客服的方式受理用户注销账号的请求，应及时响应，给予用户已经受理的答复，避免用户请求发出后石沉大海，再无音信。需要人工处理的，应在承诺时限内（承诺时限不得超过 15 个工作日，无承诺时限的，以 15 个工作日为限）完成核查和处理。

6.2 是否提供有效的更正或删除个人信息

a）App 应提供有效的查询、更正、删除个人信息的途径。

b）用户无法通过在线操作方式及时响应个人信息查询、更正、删除请求的，App 运营者应在承诺时限内（承诺时限不得超过 15 个工作日，无承诺时限的，以 15 个工作日为限）完成核查和处理。

c）查询、更正和删除个人信息的过程应简单易操作，不应设置不必要或不合理的条件。

d）用户更正、删除个人信息等操作完成时，App 后台应同步执行完成相关操作。

【解读】

相较于《App 自评估指南》评估点 31，《App 自评估指南（征求意见稿）》吸收了《App 违法违规认定方法》第 6.2 条“为更正、删除个人信息或注销用户账号设置不必要或不合理条件”、第 6.3 条“虽提供了更正、删除个人信息及注销用户账号功能，但未及时响应用户相应操作，需人工处理的，未在承诺时限内（承诺时限不得超过 15 个工作日，无承诺时限的，以 15 个工作日为限）完成核查和处理”和第 6.4 条“更正、删除个人信息或注销用户账号等用户操作已执行完毕，但 App 后台并未完成的”的规定，新增前述 3 条要求。

建议 App 运营者切实提供有效的、简单易操作的查询、更正、删除个人信息的途径，不设置操作障碍，如实告知用户更正、删除个人信息及注销账户的实际进展，在 App 后台完成相应操作后，再向用户提示相关操作已执行完毕。如在操作过程中出现突发情况导致暂时无法实现更正、删除或注销操作，应及时告知用户原因并如实告知操作进展，不得在未完成操作之前提示用户操作已完成。

6.3 是否建立并公布个人信息安全投诉、举报渠道

a）App 运营者应建立并公布可受理个人信息安全问题相关的投诉、举报渠道，受理可采取在线操作、客服电话、电子邮件等方式。

b）App 运营者应妥善受理用户关于个人信息相关的投诉、举报，并在承诺时限内（承诺时限不得超过 15 个工作日，无承诺时限的，以 15 个工作日为限）受理并处理。

【解读】

相较于《App 自评估指南》评估点 32，《App 自评估指南（征求意见稿）》吸收了《App 违法违规认定方法》第 6.5 条“未建立并公布个人信息安全投诉、举报渠道，或未在承诺时限内（承诺时限不得超过 15 个工作日，无承诺时限的，以 15 个工作日为限）受理并处理的”的要求，将受理并处理个人信息安全投诉举报的时间从 15 天放宽至 15 个工作日，有助于 App 运营者更妥善地处理该等投诉举报。

正如《App 自评估指南（征求意见稿）》在其摘要部分指出的那样，其内容重点参照了《App 违法违规认定方法》和《个人信息安全规范》等相关国家标准，并将检测评估工作经验融入其中，App 违法违规使用个人信息行为的相关认定标准渐趋一致，对实务中出现的新问题能够及时地作出判断和回应。App 运营者应高度关注《App 自评估指南（征求意见稿）》，参照其具体规定进行相应合规安排，并关注其正式版出台进度和内容变化。

三、《网络安全审查办法》正式版与征求意见稿逐条对比解读

2020 年 4 月 27 日，国家互联网信息办公室、国家发展和改革委员会、工业和信息化部、公安部、国家安全部、财政部、商务部、中国人民银行、国家市场监督管理总局、国家广播电视总局、国家保密局、国家密码管理局公布了联合制定的《网络安全审查办法》。需要指出的是，其落款时间为 2020 年 4 月 13 日，4 月 27 日仅为公布时间，而生效时间为 2020 年 6 月 1 日。

而在一年前，2019 年 5 月 24 日，国家互联网信息办公室发布了《国家互联网信息办公室关于〈网络安全审查办法（征求意见稿）〉公开征求意见的通知》（落款时间为 2019 年 5 月 21 日）。为了帮助大家更好地理解《网络安全审查办法》的规定，接下来将通过与征求意见稿逐条对比的方式，为大家进行全文解读。

第 1 条　为了确保关键信息基础设施供应链安全，维护国家安全，依据《中华人民共和国国家安全法》《中华人民共和国网络安全法》，制定本办法。

【解读】

该条明确了《网络安全审查办法》的立法目的和制定依据。

从立法目的看，相较于《网络安全审查办法（征求意见稿）》第 1 条，本办法将立法目的明确在确保关键信息基础设施供应链安全，旨在从采购环节就开始防范和控制对关键信息基础设施的风险和危害，最终目的在于维护国家安全。正如国家互联网信息办公室有关负责人就《网络安全审查办法》相关问题答记者问时指出，关键信息基础设施对国家安全、经济安全、社会稳定、公众健康和安全至关重要。我国建立网络安全审查制度，目的是通过网络安全审查这一举措，及早发现并避免采购产品和服务给关键信息基础设施运行带来风险和危害，保障关键信息基础设施供应链安全，维护国家安全。

从制定依据看，相较于《网络安全审查办法（征求意见稿）》第 1 条，本办法明确其上位法依据为《国家安全法》和《网络安全法》，删去了“等法律法规”的表述。具体条款依据为《国家安全法》第 59 条和《网络安全法》第 35 条规定。其中，前者规定，“国家建立国家安全审查和监管的制度和机制，对影响或者可能影响国家安全的网络信息技术产品和服务，以及其他重大事项和活动，进行国家安全审查”。后者规定，“关键信息基础设施的运营者采购网络产品和服务，可能影响国家安全的，应当通过国家网信部门会同国务院有关部门组织的国家安全审查”。

第 2 条　关键信息基础设施运营者（以下简称运营者）采购网络产品和服务，影响或可能影响国家安全的，应当按照本办法进行网络安全审查。

【解读】

该条明确了《网络安全审查办法》的适用范围。

从适用范围看，该条款明确了本办法的适用主体和适用情形两个要点：

第一点，适用主体，关键信息基础设施运营者（以下简称运营者）。该内涵在第20条第1款进行了明确，此处不再赘述。

第二点，适用情形，影响或可能影响国家安全。根据《国家安全法》第2条，“国家安全是指国家政权、主权、统一和领土完整、人民福祉、经济社会可持续发展和国家其他重大利益相对处于没有危险和不受内外威胁的状态，以及保障持续安全状态的能力”。从更加具体的角度，第5条将制定预判指南的权力赋予关键信息基础设施保护工作部门。不同行业、不同领域判断是否影响或可能影响国家安全的标准可能会有所不同。

第3条 网络安全审查坚持防范网络安全风险与促进先进技术应用相结合、过程公正透明与知识产权保护相结合、事前审查与持续监管相结合、企业承诺与社会监督相结合，从产品和服务安全性、可能带来的国家安全风险等方面进行审查。

【解读】

该条明确了网络安全审查的审查原则。

从审查原则看，该条与《网络安全审查办法（征求意见稿）》第3条的内容基本保持一致。《网络安全审查办法》强调了坚持事前审查，并综合考虑了网络安全审查和促进先进技术应用、过程公正透明和保护知识产权之间的平衡。事前审查的有效介入，能够更好地做到未雨绸缪，一定程度上将风险和隐患从源头处降低和消除。该条的规定，平衡了网络安全审查的各项因素，能够更好地兼顾发展和安全的关系，实现在安全的基础上有序发展、在发展的过程中保障安全。

第4条 在中央网络安全和信息化委员会领导下，国家互联网信息办公室会同中华人民共和国国家发展和改革委员会、中华人民共和国工业和信息化部、中华人民共和国公安部、中华人民共和国国家安全部、中华人民共和国财政部、中华人民共和国商务部、中国人民银行、国家市场监督管理总局、国家广播电视总局、国家保密局、国家密码管理局建立国家网络安全审查工作机制。

网络安全审查办公室设在国家互联网信息办公室，负责制定网络安全审查相关制度规范，组织网络安全审查。

【解读】

该条明确了网络安全审查的工作机制和主要负责机构。

从工作机制看，该条将《网络安全审查办法（征求意见稿）》第4条和第5条规定进行了整合。该条第1款明确了网络安全审查的领导机构和具体负责部委。从12个具体负责部委看，网络安全审查工作机制涉及的有关部门基本涵盖了与网络安全密切相关的国家各重要管理部门。

从主要负责机构看，相较于《网络安全审查办法（征求意见稿）》第5条，删去了“监督审查决定的实施”，其他基本沿用了《网络安全审查办法（征求意见稿）》第5条的规定。网络安全审查办公室设置在国家网信办，有利于网络安全审查工作的常态化和有效运行。就具体工作职责而言，负责制定网络安全审查相关制度规范、组织网络安全审查，基本涵盖了网络安全审查的主要工作职责。

第5条 运营者采购网络产品和服务的，应当预判该产品和服务投入使用后可能带来的国家安全风险。影响或者可能影响国家安全的，应当向网络安全审查办公室申报网络安全审查。

关键信息基础设施保护工作部门可以制定本行业、本领域预判指南。

【解读】

该条明确了网络安全审查的风险预判要求、申报机构和预判指南的制定主体。

从风险预判要求看，相较于《网络安全审查办法（征求意见稿）》第6条，删除了制作安全风险报告的要求，保留了预判风险的要求。对于运营者来说，在采购网络产品和服务前，无需制作专门的安全风险报告，但从规范管理角度看，可以书面记录风险预判的结果，以备不时之需。

从申报机构看，该条沿用了《网络安全审查办法（征求意见稿）》第6条的规定，申报机构为网络安全审查办公室。国家互联网信息办公室有关负责人就《网络安全审查办法》相关问题答记者问时指出，具体审查工作由网络安全审查办公室委托中国网络安全审查技术与认证中心承担。中国网络安全审查技术与认证中心在网络安全审查办公室的指导下，承担接收申报材料、对申报材料进行形式审查、具体组织审查工作等任务。

从预判指南的制定主体看，相较于《网络安全审查办法（征求意见稿）》第6条采取“列举+兜底”的方式规定了需要申报网络安全审查的情形，该条直接规定了“关键信息基础设施保护工作部门可以制定本行业、本领域预判指南”，将制定预判指南的权力赋予了关键信息基础设施保护工作部门，为不同行业、不同领域影响或者可能影响国家安全的情形保留了弹性的立法空间。运营者应及时根据所在行业和领域的预判指南，进行风险预判，并根据风险预判结果决定是否申报网络安全审查。若无法准确把握是否需要进行安全审查，稳妥起见，可以先行申报，等待网络安全审查办公室给出是否需要审查的书面通知。

第6条 对于申报网络安全审查的采购活动，运营者应通过采购文件、协议等要求产品和服务提供者配合网络安全审查，包括承诺不利用提供产品和服务的便利条件非法获取用户数据、非法控制和操纵用户设备，无正当理由不中断产品供应或必要的技术支持服务等。

【解读】

该条明确了运营者应要求产品和服务提供者配合网络安全审查的要求。

从运营者应要求产品和服务提供者配合网络安全审查看，相较于《网络安全审查办法（征求意见稿）》第7条，删去了“并与产品和服务提供者约定网络安全审查通过后合同方可生效”的要求，细化了运营者要求产品和服务提供者配合网络安全审查的具体要求。产品和服务提供者配合网络安全审查，有利于网络安全审查的深入和顺利进行，而要做到该点，需要通过采购文件、协议等要求进行落实。

该条引申出了一个问题，何时申报网络安全审查？对此，通常情况下，运营者应当在与产品和服务提供方正式签署合同前申报网络安全审查。如果在签署合同后申报网络安全审查，建议在合同中注明此合同须在产品和服务采购通过网络安全审查后方可生效，以避免因为没有通过网络安全审查而造成损失。

第7条 运营者申报网络安全审查，应当提交以下材料：

（一）申报书；

（二）关于影响或可能影响国家安全的分析报告；

（三）采购文件、协议、拟签订的合同等；

（四）网络安全审查工作需要的其他材料。

【解读】

该条明确了申报网络安全审查的材料要求。

从申报网络安全审查的材料要求看，该条将《网络安全审查办法（征求意见稿）》第8条第2项“安全风险报告”调整为“关于影响或可能影响国家安全的分析报告”。对于分析报告，可以参照后续关键信息基础设施保护工作部门制定的预判指南，其指明触发了预判指南规定的哪种情形。若所在行业和领域尚未出台预判指南，可以先行参照第9条规定的网络安全审查重点评估的风险因素，分析可能带来的国家安全风险。

第8条 网络安全审查办公室应当自收到审查申报材料起，10个工作日内确定是否需要审查并书面通知运营者。

【解读】

该条明确了确定是否需要审查的程序要求。

从确定是否需要审查的程序要求看，相较于《网络安全审查办法（征求意见稿）》，该条新增了该项要求。对运营者来说，在无法确定是否需要申请网络安全审查的情况下，可以先行提交申报材料，经网络安全审查办公室认定。

第9条 网络安全审查重点评估采购网络产品和服务可能带来的国家安全风险，主要考虑以下因素：

（一）产品和服务使用后带来的关键信息基础设施被非法控制、遭受干扰或破坏，以及重要数据被窃取、泄露、毁损的风险；

（二）产品和服务供应中断对关键信息基础设施业务连续性的危害；

（三）产品和服务的安全性、开放性、透明性、来源的多样性，供应渠道的可靠性以及因为政治、外交、贸易等因素导致供应中断的风险；

（四）产品和服务提供者遵守中国法律、行政法规、部门规章情况；

（五）其他可能危害关键信息基础设施安全和国家安全的因素。

【解读】

该条明确了网络安全审查的主要考虑因素。

从网络安全审查的主要考虑因素看，相较于《网络安全审查办法（征求意见稿）》第10条，删去了“对国防军工、关键信息基础设施相关技术和产业的影响”和“产品和服务提供者受外国政府资助、控制等情况”，新增了“产品和服务……来源的多样性，供应渠道的可靠性”的要求，并将“产品和服务提供者遵守国家法律与行政法规情况”扩张至“产品和服务提供者遵守中国法律、行政法规、部门规章情况”。可以看出，该条删去了部分可能产生争议的审查因素，正如国家互联网信息办公室有关负责人就《网络安全审查办法》相关问题答记者问时指出，网络安全审查的目的是维护国家网络安全，不是要限制或歧视国外产品和服务；本办法进一步强化了对供应链安全的要求，有助于在新形势下更好地维护网络安全和国家安全。

第10条 网络安全审查办公室认为需要开展网络安全审查的，应当自向运营者发出书面通知之日起30个工作日内完成初步审查，包括形成审查结论建议和将审查结论建议发送网络安全审查工作机制成员单位、相关关键信息基础设施保护工作部门征求意见；情况复杂的，可以延长15个工作日。

【解读】

该条明确了网络安全初步审查的时间要求和审查结论征求意见要求。

从网络安全初步审查的时间要求看，该条基本沿用了《网络安全审查办法（征求意见稿）》第9条的规定。根据该条规定，从运营者提交审查申报材料起，如需网络安全审查的，一般初步审查时间为10+30个工作日；情况复杂的，需要10+30+15个工作日。

从审查结论征求意见要求看，相较于《网络安全审查办法（征求意见稿）》第11条第1款，该条删去了审查结论建议结果的类型要求，将征求意见的部门范围从“网络安全审查工作机制成员单位”扩充为“网络安全审查工作机制成员单位、相关关键信息基础设施保护工作部门"，有助于进一步提高审查结论的严谨性。

第11条　网络安全审查工作机制成员单位和相关关键信息基础设施保护工作部门应当自收到审查结论建议之日起15个工作日内书面回复意见。

网络安全审查工作机制成员单位、相关关键信息基础设施保护工作部门意见一致的，网络安全审查办公室以书面形式将审查结论通知运营者；意见不一致的，按照特别审查程序处理，并通知运营者。

【解读】

该条明确了网络安全初步审查结论征求意见的时间和后续处理要求。

从网络安全初步审查结论征求意见的时间和后续处理要求看，该条基本沿用了《办法（征求意见稿）》第11条第2款的要求。根据该条规定，从运营者提交审查申报材料起，如需网络安全审查且无需进入特别审查程序的，一般拿到审查结论的时间为10+30+15个工作日；情况复杂的，需要10+30+15+15个工作日。

第12条　按照特别审查程序处理的，网络安全审查办公室应当听取相关部门和单位意见，进行深入分析评估，再次形成审查结论建议，并征求网络安全审查工作机制成员单位和相关关键信息基础设施保护工作部门意见，按程序报中央网络安全和信息化委员会批准后，形成审查结论并书面通知运营者。

【解读】

该条明确了特别审查程序的具体要求。

从特别审查程序的具体要求看，需要经过听取意见—深入分析评估—审查结论建议—征求意见—报中央网信委批准—形成结论并书面通知运营者的程序，旨在确保审查结论的严谨和规范。

第13条　特别审查程序一般应当在45个工作日内完成，情况复杂的可以适当延长。

【解读】

该条明确了网络安全特别审查程序的时间要求。

从网络安全特别审查程序的时间要求看，相较于《网络安全审查办法（征求意见稿）》第 13 条，该条除对延长增加“适当”的限定外，未发生实质变化。该条规定意味着进入特别审查程序的审查项目，可能还需要 45 个工作日或者更长的时间进行审查，且更长的时间暂无明确的具体限制。

第 14 条 网络安全审查办公室要求提供补充材料的，运营者、产品和服务提供者应当予以配合。提交补充材料的时间不计入审查时间。

【解读】

该条明确了运营者、产品和服务提供者应配合提供补充材料的要求。

从运营者、产品和服务提供者应配合提供补充材料的要求看，相较于《网络安全审查办法（征求意见稿）》第 14 条，该条新增了产品和服务提供者应配合提供补充材料的要求，并将“审查时间从提交补充材料之日起计算”调整为“提交补充材料的时间不计入审查时间”。提交补充材料的时间不计入审查时间，意味着审查时间不再重新起算，但审查时间会中止，待运营者、产品和服务提供者按要求提供补充材料后继续计算。

第 15 条 网络安全审查工作机制成员单位认为影响或可能影响国家安全的网络产品和服务，由网络安全审查办公室按程序报中央网络安全和信息化委员会批准后，依照本办法的规定进行审查。

【解读】

该条明确了依职权进行网络安全审查的要求。

从依职权进行网络安全审查的要求看，该条基本沿用了《网络安全审查办法（征求意见稿）》第 19 条的规定。该规定意味着，网络安全审查并非只能由运营者主动申报而触发。若网络安全审查工作机制成员单位认为，某项网络产品和服务影响或可能影响国家安全，也可以根据该条规定的程序要求，依职权进行网络安全审查。

第 16 条 参与网络安全审查的相关机构和人员应严格保护企业商业

秘密和知识产权，对运营者、产品和服务提供者提交的未公开材料，以及审查工作中获悉的其他未公开信息承担保密义务；未经信息提供方同意，不得向无关方披露或用于审查以外的目的。

【解读】

该条明确了保护运营者、产品和服务提供者商业秘密和知识产权的要求。

从保护运营者、产品和服务提供者商业秘密和知识产权的要求看，相较于《网络安全审查办法（征求意见稿）》第 15 条，该条对保密义务的规定进行了细化。此外，从保障企业合法权益的角度看，第 17 条进一步规定了运营者、产品和服务提供者的举报权利。

第 17 条　运营者或网络产品和服务提供者认为审查人员有失客观公正，或未能对审查工作中获悉的信息承担保密义务的，可以向网络安全审查办公室或者有关部门举报。

【解读】

该条明确了运营者、产品和服务提供者的举报权利。

从运营者、产品和服务提供者的举报权利看，相较于《网络安全审查办法（征求意见稿）》，该条系新增要求，有助于保障运营者、产品和服务提供者的合法权益。

第 18 条　运营者应当督促产品和服务提供者履行网络安全审查中作出的承诺。

网络安全审查办公室通过接受举报等形式加强事前事中事后监督。

【解读】

该条明确了运营者督促产品和服务提供者履行承诺，以及网络安全审查办公室加强事前事中事后监管的要求。

从督促产品和服务提供者履行承诺看，相较于《网络安全审查办法（征求意见稿）》第 16 条，删去了“安全管理”的要求，整体规定未发生实质变化。该规定有利于监督产品和服务提供者更好地履行网络安全审查中作出的承诺。该项监督主要从运营者的角度进行。

从加强事前事中事后监管看，相较于《网络安全审查办法（征求意见稿）》第16条，删去了“抽查”的监督形式，增加了“事前”监督的要求，监督范围覆盖事前事中事后。该项监督主要从主管部门和社会公众的角度进行。

第19条 运营者违反本办法规定的，依照《中华人民共和国网络安全法》第六十五条的规定处理。

【解读】

该条明确了运营者违反《网络安全审查办法》的规定需要承担的法律责任。

该条并未对运营者违反《网络安全审查办法》的行为可能面临的法律责任进行直接规定，而是援引《网络安全法》中相关法律责任条款的形式。根据《网络安全法》第65条，“关键信息基础设施的运营者违反本法第三十五条规定，使用未经安全审查或者安全审查未通过的网络产品或者服务的，由有关主管部门责令停止使用，处采购金额一倍以上十倍以下罚款；对直接负责的主管人员和其他直接责任人员处一万元以上十万元以下罚款”。

第20条 本办法中关键信息基础设施运营者是指经关键信息基础设施保护工作部门认定的运营者。

本办法所称网络产品和服务主要指核心网络设备、高性能计算机和服务器、大容量存储设备、大型数据库和应用软件、网络安全设备、云计算服务，以及其他对关键信息基础设施安全有重要影响的网络产品和服务。

【解读】

该条明确了关键信息基础设施运营者和网络产品和服务的指向。

从关键信息基础设施运营者的指向看，该条沿用了《网络安全审查办法（征求意见稿）》第18条第1款的规定。根据中央网络安全和信息化委员会《关于关键信息基础设施安全保护工作有关事项的通知》精神，电信、广播电视、能源、金融、公路水路运输、铁路、民航、邮政、水利、应急管理、卫生健康、社会保障、国防科技工业等行业领域的重要网络和信息系统运营者在采购网络产品和服务时，应当按照《网络安全审查办法》要求考虑申报网络安全审查。

从网络产品和服务的指向看，相较于《网络安全审查办法（征求意见稿）》，该规定系《网络安全审查办法》新增规定。从具体要求看，运营者并非采购任何网络产品和服务时，均需考虑是否进行网络安全审查。《网络安全审查办法》的适用情形仅限于运营者采购对关键信息基础设施安全有重要影响的网络产品和服务。

第 21 条　涉及国家秘密信息的，依照国家有关保密规定执行。

【解读】

该条沿用了《网络安全审查办法（征求意见稿）》第 20 条的规定，明确了涉及国家秘密信息的行为/活动将不适用《网络安全审查办法》的相关规定，而应根据《保守国家秘密法》《保守国家秘密法实施条例》等法律、法规的相关内容具体执行。

第 22 条　本办法自 2020 年 6 月 1 日起实施，《网络产品和服务安全审查办法（试行）》同时废止。

【解读】

该条明确了《网络安全审查办法》生效的时间和与《网络产品和服务安全审查办法（试行）》的替代关系。

从正式生效的具体时间看，2020 年 6 月 1 日正式生效，运营者需要提前考虑进行相关合规安排。

从法律文件关系角度看，该条明确了《网络安全审查办法》正式生效后，《网络产品和服务安全审查办法（试行）》将同时废止，网络安全审查将按照本办法的相关内容执行。

《网络安全审查办法》的出台，反映出国家对于网络安全和国家安全新形势、新问题的精准把握，体现出保护关键信息基础设施供应链安全、网络安全和国家安全的信心和决心，关键信息基础设施运营者需要高度关注和认真研究，并及时开展相应合规安排，需要申报网络安全审查的，在《网络安全审查办法》正式生效后及时进行相应申报。

四、《App 违法违规认定方法》正式版与征求意见稿逐条对比解读

2019 年 12 月 30 日，国家互联网信息办公室秘书局、工业和信息化部办公厅、公安部办公厅、国家市场监督管理总局办公厅正式公开发布《App 违法违规认定办法》从 2019 年 5 月 5 日公开征求意见，到 11 月 28 日正式版下发，再到 12 月 30 日公开发布，速度和效率不可谓不快。

接下来，将通过征求意见稿与正式版进行对比的方式，为大家逐条解读《App 违法违规认定办法》。

根据《关于开展 App 违法违规收集使用个人信息专项治理的公告》，为监督管理部门认定 App 违法违规收集使用个人信息行为提供参考，为 App 运营者自查自纠和网民社会监督提供指引，落实《网络安全法》等法律法规，制定本办法。

【解读】

文首定义了本办法的制定依据、制定目的和适用方法，一参考 + 一指引，决定了本办法在认定 App 违法违规收集使用个人信息行为方面的重要影响力。App 运营者只有对照本办法及时、有效地自查自纠，才能减少或者避免被认定为违法违规收集使用个人信息行为，才能充分经受起网民的社会监督。

一、以下行为可被认定为“未公开收集使用规则”

1. 在 App 中没有隐私政策，或者隐私政策中没有收集使用个人信息规则。

【解读】

该条主要明确应有隐私政策和收集使用个人信息规则。

相较于征求意见稿，该条删减了对用户协议的相关要求，单独强调应有隐私政策和收集使用个人信息规则。但从建议的角度，可以在用户协议中设

置收集使用个人信息版块加以简单介绍，并通过链接或突出提示的方式，提醒用户阅读《隐私政策》。

2. 在 App 首次运行时未通过弹窗等明显方式提示用户阅读隐私政策等收集使用规则。

【解读】

该条主要明确首次运行时的明显提示。

相较于征求意见稿，该条将明显提示用户阅读隐私政策等收集使用规则的时间点固定在了 App 首次运行时，更加符合现行 App 运行的生态。从展示方式上，建议采取弹窗方式，在弹窗内展示内容摘要并放置《隐私政策》全文链接。

3. 隐私政策等收集使用规则难以访问，如进入 App 主界面后，需多于 4 次点击等操作才能访问到。

【解读】

该条主要明确隐私政策应易于访问。

相较于征求意见稿，该条扩充了适用范围，除沿用 4 次以内点击等操作应访问到隐私政策的要求外，隐私政策链接无效、文本无法正常显示等情形可能也会被纳入隐私政策难以访问的情形。从隐私政策放置位置看，一般放置在“我的 - 设置”或“我的 - 关于”的子栏目，在该等位置相对方便用户查找。建议通过点击次数和位置的设置，确保隐私政策易于访问。

4. 隐私政策等收集使用规则难以阅读，如文字过小过密、颜色过淡、模糊不清，或未提供简体中文版等。

【解读】

该条主要明确隐私政策的易读性。

相较于征求意见稿，该条内容对易读性进行了细化要求，降低了在隐私政策文本上动手脚的可行性。建议确保收集使用规则的内容清晰易懂，符合通用的语言习惯，使用标准化的数字、图示等，避免使用有歧义的语言。

二、以下行为可被认定为“未明示收集使用个人信息的目的、方式和范围”

1. 未逐一列出 App（包括委托的第三方或嵌入的第三方代码、插件）收集使用个人信息的目的、方式、范围等。

【解读】

该条主要明确逐项列举收集使用个人信息的目的、方式、范围等。

相较于征求意见稿，该条明确了逐项列举的要求不仅适用于 App 自身收集使用个人信息的目的、方式和范围，亦适用于 App 嵌入的第三方代码、插件，直指实践中泛滥的 SDK 隐瞒收集个人信息的问题。

建议逐项列示每个业务功能收集的个人信息的目的、方式和范围，并列明 App 嵌入的所有 SDK 及各 SDK 所收集的个人信息目的、方式和范围，并按照本办法第 4.4 条的要求，根据满足所使用的业务功能需要的频率来收集个人信息。

2. 收集使用个人信息的目的、方式、范围发生变化时，未以适当方式通知用户，适当方式包括更新隐私政策等收集使用规则并提醒用户阅读等。

【解读】

该条主要明确在重要情况变更时需要对用户以适当方式进行通知。

相较于征求意见稿，从文字意思看，该条将重要变更情况下“应提醒用户重新阅读授权”调整为“应提醒用户阅读”，不再要求获得用户重新授权，似乎可以理解为运营者在最开始获得用户授权后后续可以随意变更授权文本和内容，而用户要做的仅仅是告知，该规定有待进一步商榷，具体适用有待监管部门进一步明确。

从建议角度看，建议运营者在收集使用个人信息的目的、方式和范围发生变化时，应更新隐私政策、个人信息查询授权书等授权文本，通过弹窗、推送通知、红点提示、电子邮件、信函、电话等适当方式提醒用户重新阅读，并通过用户手动点击确认、手动勾选等方式获得用户的再次授权。

3. 在申请打开可收集个人信息的权限，或申请收集用户身份证号、银行账号、行踪轨迹等个人敏感信息时，未同步告知用户其目的，或者目的不明确、难以理解。

【解读】

该条主要明确每次在需要用户提供个人敏感信息时应同步告知用户其目的。

相较于征求意见稿，该条沿用其第4.5条要求，是针对个人敏感信息提出的更加细化、更加严格的要求，充分体现对于个人敏感信息的突出保护。

建议参照《个人信息安全规范（征求意见稿）》附录对于个人敏感信息的举例，明确个人敏感信息的范围。结合《App自评估指南》评估点20的规定，在每次要求用户提供个人敏感信息时，通过弹窗提示等显著方式同步告知收集使用目的、方式、范围等原因，并明确告知对应的业务功能及拒绝提供的影响。

4. 有关收集使用规则的内容晦涩难懂、冗长烦琐，用户难以理解，如使用大量专业术语等。

【解读】

该条主要明确收集使用规则内容的易读性。

相较于征求意见稿，该条沿用其内容，并与本办法第1.4条相关联，直指实践中制造阅读障碍的情形。建议结合《个人信息安全规范（征求意见稿）》及《App自评估指南》评估点4的要求，确保收集使用规则的内容清晰易懂，符合通用的语言习惯，使用标准化的数字、图示等，避免使用有歧义的语言。

三、以下行为可被认定为“未经用户同意收集使用个人信息”

1. 征得用户同意前就开始收集个人信息或打开可收集个人信息的权限。

【解读】

该条主要明确收集使用个人信息的起始点。

相较于征求意见稿，该条对措辞进行了完善，意思表达更加明确。用户同意作为《网络安全法》规定的收集用户信息的法定基础，也是在我国现行网络安全生态下收集用户信息的合法来源。运营者要合法合规收集使用个人信息，就需要能够证明获得用户同意，且能够证明用户同意的时间点先于收集使用行为。

2. 用户明确表示不同意后，仍收集个人信息或打开可收集个人信息的权限，或频繁征求用户同意，干扰用户正常使用。

【解读】

该条主要明确不得违反用户意愿收集个人信息和不得频繁弹窗、干扰使用。

相较于征求意见稿，该条将征求意见稿第3条第2款和第8款进行了合并。实践中存在相当数量的App在不提供权限或者拒绝收集个人信息请求时通过闪退、反复弹窗等方式影响用户使用其他功能的情形。运营者应尊重用户意愿，在用户明确拒绝收集个人信息请求后，不得频繁征求用户同意。用户明确拒绝个人信息请求应仅影响与拒绝提供个人信息相关的业务功能，不得影响用户正常使用其他业务功能。

3. 实际收集的个人信息或打开的可收集个人信息权限超出用户授权范围。

【解读】

该条主要明确不得超出授权范围收集个人信息。

相较于征求意见稿，该条增加了对打开权限的规定，内容无实质变化。隐私政策等获得用户授权的文本公示收集使用个人信息规则，用户对App运营者会按照隐私政策收集使用个人信息会形成合理期待。运营者不应利用隐私政策等用户授权文本宣示合法合规收集使用个人信息，但实际中却不按照用户授权范围收集使用个人信息。当面一套背后一套，主观恶意明显，不可取。

4. 以默认选择同意隐私政策等非明示方式征求用户同意。

【解读】

该条主要明确应征得用户明示同意。

相较于征求意见稿，该条系新增内容，但相较于《个人信息安全规范（征求意见稿）》和《App 自评估指南》，该条系沿用明示同意的要求。实践中常见的非明示方式包括默认勾选同意、注册即表示同意等。

5. 未经用户同意更改其设置的可收集个人信息权限状态，如 App 更新时自动将用户设置的权限恢复到默认状态。

【解读】

该条主要明确不得未经用户同意私自更改用户权限设置。

相较于征求意见稿，该条内容未发生实质变化。建议申请调用个人信息权限应获得用户的同意，不得未经用户同意私自更改用户权限设置，不得利用系统更新升级更改原有的系统权限设置。

6. 利用用户个人信息和算法定向推送信息，未提供非定向推送信息的选项。

【解读】

该条主要明确定向推送时应提供非定向推送信息的选项。

相较于征求意见稿，该条将“提供终止定向推送的选项”调整为“提供非定向推送信息的选项”。以电商场景为例，基于用户兴趣爱好、消费习惯等进行定向推送时，应同时推送不针对用户个性化特征的商品或服务。

7. 以欺诈、诱骗等不正当方式误导用户同意收集个人信息或打开可收集个人信息的权限，如故意欺瞒、掩饰收集使用个人信息的真实目的。

【解读】

该条主要明确不应以欺诈、诱骗、误导的方式收集个人信息。

相较于征求意见稿，该条系新增内容，强调收集个人信息的合法性。但相较于《个人信息安全规范（征求意见稿）》，该条系对其 5.1a）条的沿用和细化，强调应如实、全面、准确告知收集使用个人信息的目的，不得采取欺诈、诱骗、误导等违法方式。

8. 未向用户提供撤回同意收集个人信息的途径、方式。

【解读】

该条主要明确应向用户提供撤回同意的途径和方式。

相较于征求意见稿，该条系新增内容，强调用户个人信息权利的保障。但相较于《个人信息安全规范（征求意见稿）》，该条系对其 7.11a）条的沿用，防止一次授权终身使用等情形。参照第 7.11a）条规定，撤回授权同意后，运营者后续不应再处理相应的个人信息，但不影响撤回前基于授权同意的个人信息处理。从建议角度，应确保提供的途径和方式切实可用，避免流于形式和在用户撤回同意时故意设置多种障碍。

9. 违反其所声明的收集使用规则，收集使用个人信息。

【解读】

该条主要明确运营者言行一致。

相较于征求意见稿，该条将隐私政策声明的收集使用规则进行了扩充，个人信息查询授权书等收集使用规则都可能被纳入声明的收集使用政策范围内。该条与本办法第 3.3 条具有关联性，旨在强调运营者应言行一致，收集使用规则不仅是告知用户，更是对运营者的约束。收集使用个人信息的目的、方式、范围发生变化时，应按照本办法第 2.2 条进行更新、通知和提醒。

四、以下行为可被认定为“违反必要原则，收集与其提供的服务无关的个人信息”

1. 收集的个人信息类型或打开的可收集个人信息权限与现有业务功能无关。

【解读】

该条主要明确收集个人信息应为现有业务功能所必需。

相较于征求意见稿，该条将其第 4.1 条和第 4.7 条合并，指向过度收集和过度索权问题。需要强调的是，该条突出“现有业务功能”，将适用范围限定于业务功能，并且是现有的而非过去或者准备开发的新的业务功能。

结合《App 自评估指南》评估点 6、评估点 7 和评估点 26，建议实际收集的个人信息类型及索取的权限与现有业务功能逐项对应，并且与现有业务功能直接相关，缺少该信息则现有业务功能无法实现。

2. 因用户不同意收集非必要个人信息或打开非必要权限，拒绝提供业务功能。

【解读】

该条主要明确不得因用户拒绝提供非必要个人信息或打开非必要权限而拒绝提供业务功能。

相较于征求意见稿，该条对原有内容进行了扩充，主要针对实践中通过拒绝提供业务功能变相强迫用户同意收集非必要个人信息或打开非必要权限的行为。结合《个人信息安全规范（征求意见稿）》附录 C. 3c）的规定，在用户拒绝某非必要个人信息或打开非必要权限的请求时，不得因此拒绝向用户提供业务功能或降低业务功能的服务质量。

3. App 新增业务功能申请收集的个人信息超出用户原有同意范围，若用户不同意，则拒绝提供原有业务功能，新增业务功能取代原有业务功能的除外。

【解读】

该条主要明确新增业务功能超出用户原有同意范围的处理。

相较于征求意见稿，该条内容无实质区别。实践中，随着公司战略、市场行情、消费需求等的变化，新增业务功能的情况非常普遍。对此需要参照该条的要求，超出原有个人信息同意范围收集个人信息的，如用户不同意，只影响新增业务功能的使用，不得拒绝提供原有业务功能。但新增业务取代原有业务功能导致业务功能发生变更的除外。

4. 收集个人信息的频度等超出业务功能实际需要。

【解读】

该条主要明确收集个人信息的频率应限于实现该业务功能的需要。

相较于征求意见稿，该条取消了频率要求的时间限制，不再限于用户使用业务功能时。《个人信息安全规范（征求意见稿）》第 5. 2b）条要求“自动采集个人信息的频率应是实现产品或服务的业务功能所必需的最低频率”。建议在收集个人信息时，按照实现产品或服务的业务功能所必需的最低频率收集个人信息。

5. 仅以改善服务质量、提升用户体验、定向推送信息、研发新产品等为由，强制要求用户同意收集个人信息。

【解读】

该条主要明确收集使用个人信息需要符合必要性原则的要求。

相较于征求意见稿，该条无实质区别。在实践中，相当数量的 App 在隐私政策中将改善服务质量、提高用户体验、定向推送信息、研发新产品单独表述为业务功能和收集使用目的，并将其作为“利器”而肆意收集使用与业务功能无关的用户个人信息。建议将改善服务质量、提高用户体验、定向推送信息、研发新产品等目的与其他业务功能相结合，确保收集使用个人信息的类型与具体业务功能相对应。

6. 要求用户一次性同意打开多个可收集个人信息的权限，用户不同意则无法使用。

【解读】

该条主要明确不得一揽子授权。

相较于征求意见稿，该条沿用了其第 4. 3 条及《App 自评估指南》评估点 24 的相关要求，主要针对实践中普遍存在的强制捆绑授权问题，特别是在安卓系统下，所声明的 TargetSdkVersion 值小于 23 的 App 大量存在“用户安装时就声明索要所有权限，一旦安装，这些权限就默认打开”的情形。(TargetSdkVersion 值对应着 App 开发时设置的 API 等级，App 对应的 API 等级越高，通常在权限管理和安全设计机制方面越完善)。

结合《App 自评估指南》评估点 23、评估点 24 和评估点 25，建议不得通过捆绑多项业务功能的方式要求用户一次性接受并授权同意多项业务功能收集个人信息的请求。用户不同意应仅影响与所拒绝提供个人信息相关的业务功能，不得影响其他业务功能的正常使用，不得以不同意一揽子授权为由拒绝提供任何单一服务。

五、以下行为可被认定为“未经同意向他人提供个人信息”

1. 既未经用户同意，也未做匿名化处理，App 客户端直接向第三方提供个人信息，包括通过客户端嵌入的第三方代码、插件等方式向第三方提供个人信息。

【解读】

该条主要明确客户端向第三方提供个人信息应征得同意或匿名化处理。

该条与征求意见稿无实质区别，与本办法第 2.1 条相关联。2019 年 12 月 20 日，App 专项治理工作组曾发布《关于 61 款 App 存在收集使用个人信息问题的通告》，其中涉及 44 款 App 在既未经用户同意，也未做匿名化处理的情况通过客户端嵌入的 SDK 向第三方提供用户设备 IMEI 号、地理位置等个人信息。

结合《App 自评估指南》评估点 22 的要求，建议如果通过嵌入第三方代码、插件（如 SDK）等方式向第三方提供个人信息，应通过弹窗提示等方式明确告知用户并获得用户的同意。但经匿名化处理无法识别特定个人且不能复原的无需获得用户的同意。

2. 既未经用户同意，也未做匿名化处理，数据传输至 App 后台服务器后，向第三方提供其收集的个人信息。

【解读】

该条主要明确后台服务器向第三方提供个人信息应征得同意或匿名化处理。

该条与征求意见稿无实质区别，与上条规定相似，区别之处在于规范数据传输至 App 服务器后对外提供个人信息的合法性。

参照《个人信息安全规范（征求意见稿）》第 8.2 条的要求，建议对外提供个人信息时，应通过隐私政策等授权文本告知用户对外提供的目的、第三方的类型并获得用户的授权同意，准确记录和保存对外提供个人信息的情况，包括共享、转让的日期、规模、目的以及第三方基本情况，并开展个人信息安全影响评估进而采取有效的个人信息保护措施。但对外提供经过匿名化处理无法识别特定个人且不能复原的无需获得用户的同意。

3. App 接入第三方应用，未经用户同意，向第三方应用提供个人信息。

【解读】

该条主要明确接入第三方应用提供个人信息应经用户同意。

相较于征求意见稿，该条从兜底条款调整为明确 App 接入第三方应用场景下的规范要求。在 App 接入小程序等第三方应用的情况下，如需通过 API 等方式向第三方应用提供个人信息，应通过隐私政策文本等获得用户的同意。

六、以下行为可被认定为“未按法律规定提供删除或更正个人信息功能”或“未公布投诉、举报方式等信息”

1. 未提供有效的更正、删除个人信息及注销用户账号功能。

【解读】

该条主要明确应提供删除或更正个人信息和注销账号功能。

相较于征求意见稿，该条内容未实质变化，主要指向实践中无法更正、删除个人信息和注销用户账号的问题，旨在保护用户个人信息的权利。结合《App 自评估指南》评估点 30、评估点 31，建议提供查询、更正、删除个人信息和注销用户账号的途径，并且应确保该等途径能够切实有效实现对应功能，避免流于形式。

2. 为更正、删除个人信息或注销用户账号设置不必要或不合理条件。

【解读】

该条主要明确不得妨碍用户权利行使。

相较于征求意见稿，该条属于新增条款，也是工信部近期开展 App 整治活动重点关注的问题之一，但相较于《个人信息安全规范（征求意见稿）》，该条系对其第 7.8 – 7.14 条的部分沿用。结合前述条款规定和实践中常见问题，建议：（1）便于用户操作，不应通过隐蔽入口、操作烦琐等方式影响用户权利的实现；（2）用户行使该等权利时，如需核验身份信息，重新提供的个人信息不应多于注册、使用等服务环节收集的个人信息；（3）

不应设置注销单个账户视同多个产品或服务的条件；（4）不应要求用户填写精准的历史操作记录作为必要注销条件；（5）不应客服之间来回推诿，集团公司之间来回推诿；（6）不应仅提示存在积分、参与活动、授权登陆解绑等影响权利行使的问题，而不提供解决具体问题的通道。

3. 虽提供了更正、删除个人信息及注销用户账号功能，但未及时响应用户相应操作，需人工处理的，未在承诺时限内（承诺时限不得超过15个工作日，无承诺时限的，以15个工作日为限）完成核查和处理。

【解读】

该条主要明确对用户权利要求进行及时响应。

相较于征求意见稿，该条将其第6.2条和6.3条进行了合并，旨在防止更正、删除个人信息及注销账户的功能流于形式和消极处理。一般来说，用户提请相应操作的方式包括在线操作、客服电话、电子邮件等，应确保前述方式的有效性和及时性，保证相关操作能够及时得到响应。该条增加明确了最长承诺时限的限制，用户的相应操作若需要人工处理，则应按照与用户约定的承诺时限完成核查和处理，并且最长以15个工作日为限，切实保障用户得到及时反馈的权利。

4. 更正、删除个人信息或注销用户账号等用户操作已执行完毕，但App后台并未完成的。

【解读】

该条主要明确App后台操作应与用户操作保持一致。

相较于征求意见稿，该条对内容进行了明确和优化，旨在防止更正、删除或注销操作流于形式，欺骗、误导用户误以为已经完成相关操作。建议如实告知用户更正、删除个人信息及注销账户的实际进展，在App后台完成相应操作后，再向用户提示相关操作已执行完毕。如在操作过程中出现突发情况导致暂时无法实现更正、删除或注销操作，应及时告知用户原因并如实告知操作进展，不得在未完成操作之前提示用户操作已完成。

5. 未建立并公布个人信息安全投诉、举报渠道，或未在承诺时限内

（承诺时限不得超过15个工作日，无承诺时限的，以15个工作日为限）受理并处理的。

【解读】

该条主要明确建立、公布投诉、举报渠道并在承诺时限内受理并处理。

相较于征求意见稿，该条属于新增条款，在《个人信息安全规范（征求意见稿）》和《App自评估指南》关于投诉管理相关规定的基础上，进一步明确要求建立并公布投诉、举报渠道，且明确最长承诺时限不得超过15个工作日。

整体来说，从征求意见稿到正式版，《App违法违规认定办法》进行了很多优化，删减了很多争议内容，完善了很多细节规定，提高了严谨性和可执行性。本办法并未明确规定生效的时间，似乎可以理解为下发或者公开发布之日起生效。对于App运营者收集使用个人信息来说，多了相对明确的限制，但也多了相对明确的合规指引。合法合规，方能更好前行。违法违规，必将付出代价。

五、《数据安全管理办法（征求意见稿）》逐条解读

2019年5月28日，国家互联网信息办公室发布《关于〈数据安全管理办法（征求意见稿）〉公开征求意见的通知》。这是继2019年5月8日天津市网信办发布《天津市数据安全管理办法（暂行）（征求意见稿）》之后，第一次以国务院部门发布文件的形式对数据安全管理进行规定。

《数据安全管理办法（征求意见稿）》全文共计5章40条，系统地规定了网络运营者数据收集、数据处理使用、数据安全监督管理等覆盖数据全生命周期的综合合规要求，直面强制捆绑授权、网络爬虫、定向推送、自动化洗稿、算法歧视等新型数据安全问题。以下，将对《数据安全管理办法（征求意见稿）》进行逐条解读，以期帮助大家更好地理解数据安全管理的内容和要求。

第一章　总　　则

第1条　为了维护国家安全、社会公共利益，保护公民、法人和其他组织在网络空间的合法权益，保障个人信息和重要数据安全，根据《中华人民共和国网络安全法》等法律法规，制定本办法。

【解读】

本条明确了《数据安全管理办法（征求意见稿）》的立法目的和立法依据。

从立法目的和立法依据看，在上位法《网络安全法》的基础上，本办法具体细化对数据安全管理的规定，维护网络空间的合法权益，保障个人信息和重要数据安全。相较于《天津市数据安全管理办法（暂行）（征求意见稿）》，本办法更加强调对个人信息和重要数据安全的保障。

第2条　在中华人民共和国境内利用网络开展数据收集、存储、传输、处理、使用等活动（以下简称数据活动），以及数据安全的保护和监督管理，适用本办法。纯粹家庭和个人事务除外。

法律、行政法规另有规定的，从其规定。

【解读】

本条明确了《数据安全管理办法（征求意见稿）》的适用范围。

具体理解本条，包括以下四个要点：第一个要点，地域限制，中华人民共和国境内。第二个要点，手段限制，利用网络开展数据相关活动。未通过网络开展的数据相关活动不在本办法适用范围。根据《网络安全法》第76条第1项规定，网络，是指由计算机或者其他信息终端及相关设备组成的按照一定的规则和程序对信息进行收集、存储、传输、交换、处理的系统。第三个要点，具体适用情形，数据收集、存储、传输、处理、使用等活动以及数据安全的保护和监督管理。也就是说，数据全生命周期的管理均适用本办法。第四个要点，例外情形，纯粹家庭和个人事务除外，即不涉及国家安全和社会公共利益，不影响其他公民、法人和其他组织在网络空间的合法权益的家庭和个人事务，不在本办法适用范围内。

第 3 条 国家坚持保障数据安全与发展并重，鼓励研发数据安全保护技术，积极推进数据资源开发利用，保障数据依法有序自由流动。

【解读】

本条明确了数据安全管理的方针原则。

推动数据发展和数据安全保护二者需要兼顾，基于安全的数据发展才能更好地发挥数据的价值，更有效地防止数据违法违规收集使用对国家安全、网络安全和社会公共利益造成的威胁。

大数据时代，数据是重要的战略资源。数据的流通和应用能够更好地发挥数据的价值，但也加剧了数据泄露、数据滥用等安全问题。因此需要通过不断提升数据安全保护技术、加强数据安全保护和数据安全监督管理，来推进数据资源合法开发和利用，保障数据依法有序自由流动，降低数据安全风险和威胁。

第 4 条 国家采取措施，监测、防御、处置来源于中华人民共和国境内外的数据安全风险和威胁，保护数据免受泄露、窃取、篡改、毁损、非法使用等，依法惩治危害数据安全的违法犯罪活动。

【解读】

本条明确了数据安全管理的工作措施。

事前事中监测防御和事后处置惩治相结合，能够更好地落实数据安全管理。作为国家基础性战略资源，数据的规模及应用能力逐渐成为综合国力的重要组成部分，数据安全关系国家安全，其威胁不仅仅来自于境内。从事前事中监测防御，能够未雨绸缪，及时发现和处置数据安全风险和威胁；依法惩治危害数据安全的违法犯罪活动，则能够让违法犯罪活动付出应有的代价，并且能够通过打击犯罪更好地发挥警示作用，威慑潜在的违法犯罪活动。

第 5 条 在中央网络安全和信息化委员会领导下，国家网信部门统筹协调、指导监督个人信息和重要数据安全保护工作。

地（市）及以上网信部门依据职责指导监督本行政区内个人信息和重要数据安全保护工作。

【解读】

本条明确了数据安全管理的主管部门。

统筹领导和属地监管的结合，能够更好地履行数据安全监督管理职责。根据《网络安全法》第 8 条的规定，国家网信部门负责统筹协调网络安全工作和相关监督管理工作。数据安全作为网络安全的重要组成部分，其统筹管理和监督自然也是由国家网信办负责。具体到地方，各地市及以上网信部门负责本行政区的数据安全管理工作。

第 6 条　网络运营者应当按照有关法律、行政法规的规定，参照国家网络安全标准，履行数据安全保护义务，建立数据安全管理责任和评价考核制度，制定数据安全计划，实施数据安全技术防护，开展数据安全风险评估，制定网络安全事件应急预案，及时处置安全事件，组织数据安全教育、培训。

【解读】

本条明确了数据安全管理的单位责任。

单位责任，具体包括三个要点：第一个要点，责任主体，主要为网络运营者。网络运营者在本办法第 39 条有明确定义，此处不再赘述。第二个要点，责任依据，有关法律、行政法规作为明确依据，国家网络安全标准作为参考。这里的法律主要指向《网络安全法》，行政法规主要指向将要出台的《关键信息基础设施保护条例》等行政法规，国家网络安全标准主要指向《个人信息安全规范》等相关国家网络安全标准。第三个要点，八项具体责任义务，体现出对网络运营者建构数据安全管理体系的要求。具体如下图所示：

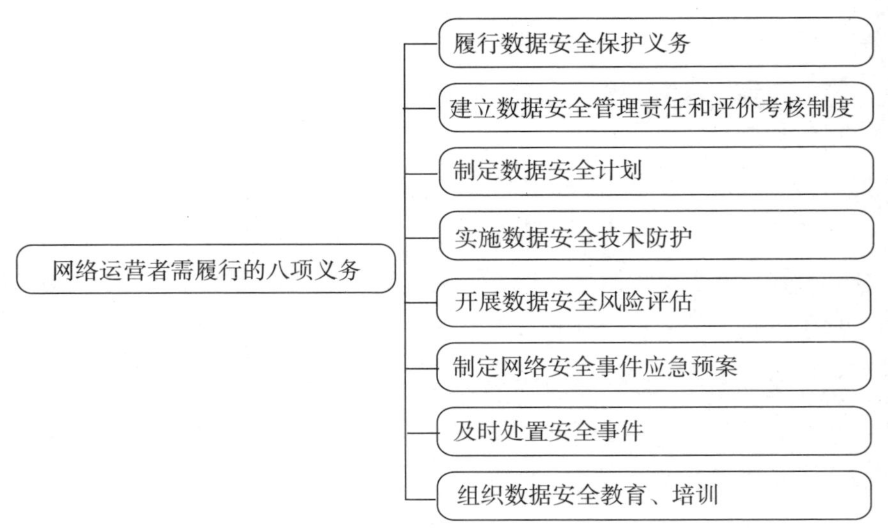

第二章　数据收集

第 7 条　网络运营者通过网站、应用程序等产品收集使用个人信息，应当分别制定并公开收集使用规则。收集使用规则可以包含在网站、应用程序等产品的隐私政策中，也可以其他形式提供给用户。

【解读】

本条明确了公开收集使用数据规则的要求。

公开收集使用数据规则的要求，具体包括两个要点：第一个要点，不同渠道收集使用个人信息应分别制定并公开规则。也就是说，既通过网站收集使用个人信息，也通过 APP 等应用程序收集使用个人信息的，在网站、APP 等应用程序中均需制定并公开收集使用规则，不能仅在网站或仅在 APP 等应用程序中公开收集使用规则。第二个要点，收集使用规则的公开形式，可以包含在隐私政策中，也可以其他形式提供给用户。这里的其他形式，宜理解为用户协议、用户信息授权协议等。值得推敲的是，这里用的是“也可以”的表述，意味着收集使用规则可以仅通过其他形式提供给用户而不是必须包含在隐私政策中，这与《App 违法违规认定方法（征求意见稿）》第 1 条第 1 项似乎存在矛盾之处。

建议在隐私政策中公开收集使用规则，并在用户协议、用户信息授权协议等文本中明确收集使用规则，其中用户协议因篇幅限制可以考虑将具体内容指向隐私政策，用户信息授权协议等文本可以结合具体场景对收集使用规则更加具体化。

第8条　收集使用规则应当明确具体、简单通俗、易于访问，突出以下内容：

（一）网络运营者基本信息；

（二）网络运营者主要负责人、数据安全责任人的姓名及联系方式；

（三）收集使用个人信息的目的、种类、数量、频度、方式、范围等；

（四）个人信息保存地点、期限及到期后的处理方式；

（五）向他人提供个人信息的规则，如果向他人提供的；

（六）个人信息安全保护策略等相关信息；

（七）个人信息主体撤销同意，以及查询、更正、删除个人信息的途径和方法；

（八）投诉、举报渠道和方法等；

（九）法律、行政法规规定的其他内容。

【解读】

本条明确了数据收集使用规则的要求。

数据收集使用规则的要求，具体包括两个要点：第一个要点，明确具体、简单通俗、易于访问，确保易读性。公示收集使用规则的目的就在于方便用户阅读并获得用户的授权，内容晦涩难懂、冗长烦琐、不易访问等情形将制造阅读障碍，不利于用户权益的保障。第二个要点，突出网络运营者基本情况、负责人情况、收集使用具体内容、保存规则、对外提供规则、保护策略、个人信息主体权利等内容。本条突出的收集使用规则内容要求，整体上沿用了《个人信息安全规范（征求意见稿）》《APP 自评估指南》和《App 违法违规认定方法（征求意见稿）》的内容要求。主要不同之处也是可能引起争议之处，在于第二项要求突出网络运营者主要负责人的姓名及联系方式，该要求可能会更好地督促主要负责人重视并落实数据安全保护，但可能也会给主要负责人带来信息公开的烦恼，是否需要公布和能否有效落实值得进一步商榷。

第9条 如果收集使用规则包含在隐私政策中，应相对集中，明显提示，以方便阅读。另仅当用户知悉收集使用规则并明确同意后，网络运营者方可收集个人信息。

【解读】

本条明确了数据收集使用规则在隐私政策中显示的要求和非经用户知悉并授权不得收集个人信息的要求。

从数据收集使用规则在隐私政策中显示的要求看，主要还是在于强调易读性。相对集中，强调的是不得过于分散，否则不利于快速寻获相关内容；明显提示，强调的是内容突出，需要通过加粗、下划线等方式，与其他内容进行有效区分。值得探讨的点在于，收集使用规则相对集中、明显提示的要求，是否仅限于包含在隐私政策的情形？是否应该作为收集使用规则的普适要求，不论其是包含在隐私政策中，还是包含在用户协议、用户个人信息授权协议等其他形式的文本中？普适要求的落实成本不高，可能更能保障易读性。

从非经用户知悉并授权不得收集个人信息的要求看，主要在于落实用户同意的合法性基础。不同于欧盟个人信息处理合法具有六项事由，也不同于美国联邦贸易委员会事实上区分了三个层次的同意和退出机制，《网络安全法》第41条明确了我国收集使用个人信息需经被收集者同意的唯一合法性基础。

本条与《App违法违规认定方法（征求意见稿）》第3条第1项内容相近，强调将用户知悉收集使用规则并明确同意作为收集个人信息的前提。

第10条 网络运营者应当严格遵守收集使用规则，网站、应用程序收集或使用个人信息的功能设计应同隐私政策保持一致，同步调整。

【解读】

本条明确了数据收集使用规则的实际落实要求和功能设计与收集使用规则的同步调整要求。

从数据收集使用规则的实际落实要求看，法律的生命在于执行，同样，公开的收集使用规则也只有通过执行，才能彰显其价值。前面的条款明确了对于收集使用规则的公开和内容要求，能够确保收集使用规则的公开性和内容的合法性、易读性，对于用户而言也形成了合理期待，期待网络运营者能够按照公开的收集使用规则收集使用其个人信息。但是，如果在实际收集使用个人信息的功能设计中未落实已公开的收集使用规则，那么收集使用规则再公开、再完善，也只是空谈。本条与《App 违法违规认定方法（征求意见稿）》第 3 条第 3 项内容相近，强调功能设计与收集使用规则相符，实际收集使用的个人信息不得超出用户授权的范围。

从功能设计与收集使用规则的同步调整要求看，强调动态的一致性。随着业务的发展、市场环境和用户需求的变化，网络运营者收集使用个人信息的相关规则和隐私政策会发生变化，修订相关规则和隐私政策的同时，需要同步调整功能设计，达到修订后也能保障落实相关规则的效果。

第 11 条　网络运营者不得以改善服务质量、提升用户体验、定向推送信息、研发新产品等为由，以默认授权、功能捆绑等形式强迫、误导个人信息主体同意其收集个人信息。

个人信息主体同意收集保证网络产品核心业务功能运行的个人信息后，网络运营者应当向个人信息主体提供核心业务功能服务，不得因个人信息主体拒绝或者撤销同意收集上述信息以外的其他信息，而拒绝提供核心业务功能服务。

【解读】

本条明确了不得强制捆绑授权和核心业务功能信息收集的必要性要求。

从不得强制捆绑授权看，主要在于强调收集信息应遵循合法、正当、必要原则，这也是 APP 违法违规收集个人信息专项治理行动旨在解决的重点问题之一。从对改善服务质量、提升用户体验、定向推送信息、研发新产品等为由的角度看，本条与《个人信息安全规范（征求意见稿）》和《App 违法违规认定方法（征求意见稿）》的思路存在相近之处，似乎又存在矛盾之处。《个人信息安全规范（征求意见稿）》附录 C 中第 C. 1. b）条规定“不应将改善服务质量、提升用户体验、研发新产品单独作为基本业务功能”。

《App 违法违规认定方法（征求意见稿）》第 2 条第 1 项规定“收集使用信息的目的违反合法、正当、必要原则，如仅仅以改善程序功能、提高用户体验、定向推送等为目的收集用户个人信息”。

《个人信息安全规范（征求意见稿）》和《App 违法违规认定方法（征求意见稿）》的思想整体保持一致，即不得将改善服务质量、提升用户体验、定向推送信息、研发新产品等单独作为基本业务功能，不得单独作为收集用户个人信息的目的。而本条似乎可以理解为，如果不强迫、不误导个人信息主体同意收集其个人信息，改善服务质量、提升用户体验、定向推送信息、研发新产品等可以作为收集个人信息的理由，对此有待进一步商榷。从不得强迫、误导个人信息主体同意其收集个人信息看，本条所针对的问题也是 APP 专项治理行动所期望重点解决的问题之一。《关于开展 App 违法违规收集使用个人信息专项治理的公告》指出，专项治理的背景就在于 App 强制授权、过度索权、超范围收集个人信息的现象大量存在，违法违规使用个人信息的问题十分突出。

从核心业务功能信息收集的必要性要求看，主要在于强调遵循必要性原则的要求，不得因拒绝提供非必要信息就拒绝提供服务。

本条明确的点在于，核心业务功能的必要信息收集和功能使用得到了保障。

本条未决的问题在于，核心业务功能的界定以及非核心业务功能是否也应适用不得因拒绝提供非必要信息就拒绝提供服务的要求。

第一个未决问题，核心业务功能的界定。相较于《个人信息安全规范》将业务功能划分为核心业务功能和附加业务功能，《个人信息安全规范（征求意见稿）》已经将业务功能的划分调整为基本业务功能和扩展业务功能，本条继续使用核心业务功能的表述但又没有明确如何界定核心业务功能，似乎有待商榷。可供参照的是，《个人信息安全规范（征求意见稿）》附录 C 中第 C.1 条对区分基本业务功能和扩展业务功能的规定，应根据个人信息主体选择、使用所提供产品或服务的根本期待和最主要的需求，划定产品或服务的基本业务功能。

第二个未决问题，非核心业务功能是否也应适用不得因拒绝提供非必要信息就拒绝提供服务的要求。个人信息收集的必要性原则并非只适用于核心业务功能，而是适用于所有收集个人信息行为的要求。如果非核心业务功能允许网络运营者超出必需收集范围收集，且个人信息主体不同意就拒绝提供服务，实际上违反了必要性原则的要求，侵害了用户权益。

第 12 条　收集 14 周岁以下未成年人个人信息的，应当征得其监护人同意。

【解读】

本条明确了未成年人数据安全保护的特殊要求。

相较于成年人而言，未成年人特别是 14 周岁以下未成年人准确判断收集的个人信息对其影响的能力相对欠缺，在网络空间的合法权益更容易受到侵害，因此需要经过其监护人的同意才能收集其个人信息。《App 违法违规认定方法（征求意见稿）》第 7 条规定了侵犯未成年人在网络空间合法权益的情形，本条与其第 7 条第 1 款内容相近。

本条虽未明确标明是否含 14 周岁，但结合《App 违法违规认定方法（征求意见稿）》和一般立法以上以下包含本数的惯例，建议将 14 周岁未成年人纳入本条范围。值得注意的是，根据 2019 年 5 月 11 日发布的《国务院 2019 年立法工作计划》，《未成年人网络保护条例》赫然在列，反映出国家对于保护未成年人网络合法权益的重视，需要网络运营者予以关注。

建议明确提示 14 周岁以下未成年人用户涉及的收集个人信息的内容应获得其监护人的同意。如果发现在未事先获得监护人同意的情况下收集了 14 周岁以下未成年人用户的个人信息，应设法尽快删除相关信息。

第 13 条　网络运营者不得依据个人信息主体是否授权收集个人信息及授权范围，对个人信息主体采取歧视行为，包括服务质量、价格差异等。

【解读】

本条明确了不得因个人信息收集情况对个人信息主体采取歧视行为的要求。

相较于网络运营者，个人信息主体处于相对弱势的地位，本条实际上限制了网络运营者对个人信息主体不配合提供个人信息的“报复”行为。《个人信息安全规范（征求意见稿）》附录C中第C.3c）条规定“如个人信息主体不同意收集扩展业务功能收集所必要的个人信息，不得拒绝提供基本业务功能或降低基本业务功能的服务质量”，与本条规定思路相近。但本条适用的范围更加宽泛，即针对所有收集个人信息行为，并将价格差异等其他歧视行为纳入进来，能够更有效地限制网络运营者对个人信息主体不配合提供个人信息的“报复”行为，特别是在网络运营者提供的服务是个人信息主体迫切需要使用的情形下。

第14条 网络运营者从其他途径获得个人信息，与直接收集个人信息负有同等的保护责任和义务。

【解读】

本条明确了间接获取个人信息与直接收集个人信息负有同等的保护要求。

相较于以往对间接获取个人信息的有限尽调要求，本条对间接获取个人信息的要求可能过于严格，建议高度关注。实践中，大量存在通过合作公司、大数据公司、征信机构等途径间接获取个人信息的情形。

《个人信息安全规范（征求意见稿）》第5.4b条规定“间接获取个人信息时：1）应要求个人信息提供方说明个人信息来源，并对其个人信息来源的合法性进行确认；2）应了解个人信息提供方已获得的个人信息处理的授权同意范围，包括使用目的，个人信息主体是否授权同意转让、共享、公开披露等。如本组织开展业务需进行的个人信息处理活动超出该授权同意范围，应在获取个人信息后的合理期限内或处理个人信息前，征得个人信息主体的明示同意”。

前述《个人信息安全规范（征求意见稿）》的规定，实际上遵循的还是有限尽调的要求。但本条要求间接获取个人信息与直接收集个人信息负有同等的保护责任和义务，实际上加重了网络运营者的责任。但限于间接获取个人信息无法准确核查信息来源、个人信息数量过大等因素影响，网络运营者要想落实该条，可能面临较大困难。

第15条　网络运营者以经营为目的收集重要数据或个人敏感信息的，应向所在地网信部门备案。备案内容包括收集使用规则，收集使用的目的、规模、方式、范围、类型、期限等，不包括数据内容本身。

【解读】

本条明确了以经营为目的收集重要数据或个人敏感信息的备案要求。

在《天津市数据安全管理办法（暂行）》（征求意见稿）提出建立数据安全信息备案制度引起热议后，本条也规定了数据安全备案制度。具体理解该条的三个要点：

第一个要点，需要备案的情形，即以经营为目的收集重要数据或个人敏感信息的。对于以经营为目的的理解，是指向专门从事重要数据或个人敏感信息收集、处理等的企业，还是指向所有涉及收集重要数据或个人敏感信息并与业务经营相关的运营者，有待进一步明确。如果指向后者，势必会加重网络运营者的合规责任；对于重要数据的理解，本办法第38条明确了重要数据的定义，此处不再赘述；对于个人敏感信息的理解，本办法未明确其定义，可以参考《个人信息安全规范（征求意见稿）》附录B的定义，即个人敏感信息是指一旦泄露、非法提供或滥用可能危害人身和财产安全，极易导致个人名誉、身心健康受到损害或歧视性待遇等的个人信息。

第二个要点，备案部门，所在地网信部门。向所在地网信部门备案，能够一定程度上加强网信部门的监管，有利于网信部门更好地掌握网络运营者的数据安全情况。但对于所在地的理解，如果网络运营者在不同行政区域内的办公场所都具有需要备案的情形，是否均需单独进行备案？从网络运营者数量考虑，如果备案主体采用广义理解，在数量众多的网络运营者均需要备案的情况下，所在地网信部门现有的监管力量能否有效保障备案的有效进行？以上问题，均有待进一步商榷。

第三个要点，备案内容，包括收集使用规则，收集使用的目的、规模、方式、范围、类型、期限等，不包括数据内容本身。从备案的具体内容看，存在一定程度上的可操作性。但是，需要指出的是，重要数据和个人敏感信息处于动态收集的过程，其收集使用规则、目的、规模、方式、范围、类型和期限都可能随着网络运营者的业务发展方向、经济和市场环境的变化而产生变化，也就意味着备案的内容也会处于动态变化过程中，如何确保备案的效果，如何降低网络运营者频繁更新备案的负担，似乎有待进一步商榷。

第16条 网络运营者采取自动化手段访问收集网站数据，不得妨碍网站正常运行；此类行为严重影响网站运行，如自动化访问收集流量超过网站日均流量三分之一，网站要求停止自动化访问收集时，应当停止。

【解读】

本条明确了通过网络爬虫等自动化手段访问收集网站数据的红线要求。

实践中，网络爬虫大量存在，因网络爬虫引起的流量和不正当竞争纠纷屡见不鲜，网络爬虫的红线要求首次被明确，需要相关从业者高度重视。

网络爬虫（又称网页蜘蛛、网络机器人），是一种按照既定的规则，自动抓取网页内容信息的程序或者脚本，通常是搜索引擎识别并抓取网页内容的一种技术手段。从爬取方的角度，爬取的频率越高、内容越多，对其越有利；从被爬取方的角度，爬取超过限度将直接影响其正常运营，导致其网站、带宽等无法承受甚至瘫痪，造成无法准确评估的经济损失。

因此，从综合考虑双方需求的角度，本条进行了利益衡量，明确了网络爬虫等自动化手段访问收集网站数据的红线在于，不得妨碍网站正常运行。并且，采用了标准界定加举例的方式，即自动化访问收集流量超过网站日均流量三分之一。

建议爬虫方重点关注本条，合理控制爬取频率和爬取数量，同时审慎评估网站数据的开放程度和被爬取方的意愿，严格规范爬取手段，限定爬取数据的使用目的和应用场景。

第17条 网络运营者以经营为目的收集重要数据或个人敏感信息的，应当明确数据安全责任人。

数据安全责任人由具有相关管理工作经历和数据安全专业知识的人员担任，参与有关数据活动的重要决策，直接向网络运营者的主要负责人报告工作。

【解读】

本条明确了需要设置数据安全责任人的情形和数据安全责任人的任职要求及职责。

从需要设置数据安全责任人的情形看，同样采用了以经营为目的收集重要数据或个人敏感信息的标准。本办法第 15 条的解读已经对该标准进行解读，此处不再赘述。

从数据安全责任人的任职要求及职责看，在《网络安全法》第 34 条要求关键基础设施设置安全管理负责人和《个人信息安全规范（征求意见稿)》第 10.1b 条要求任命个人信息保护负责人的基础上，本条对数据安全责任人的任职要求和职责进行了明确。

从其地位看，直接向网络运营者的主要负责人报告工作，沿用了个人信息保护负责人的要求，体现了其职位的重要性。

从是否可以重复任职看，关键基础设施安全管理负责人、个人信息保护负责人和数据安全责任人是否可以为同一人担任，有待进一步明确。

第 18 条 数据安全责任人履行下列职责：

（一）组织制定数据保护计划并督促落实；

（二）组织开展数据安全风险评估，督促整改安全隐患；

（三）按要求向有关部门和网信部门报告数据安全保护和事件处置情况；

（四）受理并处理用户投诉和举报。

网络运营者应为数据安全责任人提供必要的资源，保障其独立履行职责。

【解读】

本条明确了数据安全责任人的职责和任职保障。

从数据安全责任人的职责看，基本涵盖了网络运营者数据安全管理的重要职责。相较于个人信息保护负责人的职责，数据安全责任人的职责更针对数据安全管理的重要事项。

从任职保障看，必要的资源可以理解为人力、财力、物力保障等。通过必要的资源，确保数据安全责任人有能力、有动力独立履行职责。

第三章　数据处理使用

第 19 条　网络运营者应当参照国家有关标准，采用数据分类、备份、加密等措施加强对个人信息和重要数据保护。

【解读】

本条明确了网络运营者对个人信息和重要数据的安全保护义务。

本条沿用了《网络安全法》第 21 条第 4 款之规定，明确了网络运营者应采用“数据分类、备份、加密等措施”加强个人信息和重要数据的安全保护。虽然本条并未明确网络运营者在采取前述措施时应参照的具体国家标准，但结合《网络安全法》第 21 条的规定，网络运营者履行安全保护义务应基于网络安全等级保护制度的要求。

因此，我们理解网络运营者实际执行本条过程中，应重点参照最新发布的《网络安全等级保护基本要求》（GB/T 22239－2019）、《信息安全技术　网络安全等级保护测评要求》（GB/T 28448－2019）和《信息安全技术　网络安全等级保护安全设计技术要求》（GB/T 25070－2019）等网络安全等级保护制度系列国家标准，履行对个人信息和重要数据的安全保护义务。

第 20 条　网络运营者保存个人信息不应超出收集使用规则中的保存期限，用户注销账号后应当及时删除其个人信息，经过处理无法关联到特定个人且不能复原（以下简称匿名化处理）的除外。

【解读】

本条明确了网络运营者对个人信息保存时间的最小化要求和用户注销账号的权利保护。

从网络运营者对个人信息保存时间的最小化要求角度来看，本条主要沿用了《个人信息安全规范（征求意见稿）》第 6.1 条关于个人信息保存时间最小化的规定。本条明确了网络运营者应按照收集使用规则中约定的保存期限对个人信息进行保存，不得超过该保存期限。

从用户注销账号的权利保护角度来看，本条主要沿用了《个人信息安全规范（征求意见稿）》第7.10条和《App违法违规认定方法（征求意见稿）》第6条关于个人信息主体注销账户的相关规定。本条明确了用户享有注销账号的权利，网络运营者在用户注销账号后，应及时删除其个人信息或进行匿名化处理。这也对网络运营者的内部制度管理提出了更高的要求。

第21条　网络运营者收到有关个人信息查询、更正、删除以及用户注销账号请求时，应当在合理时间和代价范围内予以查询、更正、删除或注销账号。

【解读】

本条明确了网络运营者对用户个人信息查询、更正、删除及注销账户权利落实的保障要求。

具体理解本条的两个要点：第一个要点，个人信息查询、更正、删除以及用户注销账号的权利。相较于《网络安全法》第43条赋予用户对其个人信息进行更正、删除的权利，本条新增了用户对个人信息享有的查询及注销账号的权利，同时要求网络运营者在收到用户的请求后，应在合理时间和代价范围内进行处理。

第二个要点，关于“合理时间和代价范围”的界定，可以参照《个人信息安全规范（征求意见稿）》第7.13条、《App违法违规认定方法（征求意见稿）》第6条第3项关于响应个人信息主体的请求的规定。建议网络运营者应在承诺时限（无承诺时限的，以15个工作日为限）或法律法规规定的期限内做出答复及合理解释，对“合理的请求原则上不收取费用，但是对一定时期内多次重复的请求，可视情况收取一定成本费用”。

第22条　网络运营者不得违反收集使用规则使用个人信息。因业务需要，确需扩大个人信息使用范围的，应当征得个人信息主体同意。

【解读】

本条明确了网络运营者使用个人信息的范围限制和动态限制。

从范围限制看，本条重申了《网络安全法》关于网络运营者不得违反收集使用规则使用个人信息的要求。《网络安全法》第41条明确规定“网络运营者收集、使用个人信息，应当遵循合法、正当、必要的原则，公开收集、使用规则，明示收集、使用信息的目的、方式和范围，并经被收集者同意”。

从动态限制看，相较于《个人信息安全规范（征求意见稿）》，本条仅规定网络运营者确需扩大个人信息使用范围的，应当征得个人信息主体的“同意”，与《个人信息安全规范（征求意见稿）》第7.3条关于个人信息的使用限制中规定的确需超出范围使用个人信息的，应再次征得个人信息主体“明示同意”的要求不同。宜理解为本条规定的同意为明示同意，但确切认定有待进一步明确，建议进一步关注正式版中最终采用的措辞。

第23条 网络运营者利用用户数据和算法推送新闻信息、商业广告等（以下简称“定向推送”），应当以明显方式标明“定推”字样，为用户提供停止接收定向推送信息的功能；用户选择停止接收定向推送信息时，应当停止推送，并删除已经收集的设备识别码等用户数据和个人信息。

网络运营者开展定向推送活动应遵守法律、行政法规，尊重社会公德、商业道德、公序良俗，诚实守信，严禁歧视、欺诈等行为。

【解读】

本条明确了“定向推送”的内涵、用户享有的个性化展示及退出的权利和定向推送的红线要求。

从定向推送的内涵、用户享有的个性化展示及退出的权利看，本条主要沿用了《个人信息安全规范（征求意见稿）》第7.4条关于个性化展示及退出的相关规定，一方面明确了“定向推送”的内涵，另一方面强调网络运营者应以明显方式向用户提示所推送的信息是“定推”并提供用户停止接收定向推送信息的功能，取消了标注“个性化提示”等选项。

若用户选择停止接收定向推送信息，本条在《个人信息安全规范（征求意见稿）》第7.4条“向个人信息主体提供删除或匿名化定向推送活动所基于的个人信息的选项”的基础上，进一步提出了新的要求，明确了网络运营者应当履行停止推送并删除已收集的用户数据和个人信息的义务，并且将已经收集的设备识别码作为用户数据和个人信息的典型代表单独强调。

从定向推送的红线要求看，主要遵循的是基本法律和道德要求，需要指出的是严禁歧视、欺诈等行为。定向推送的目的在于满足用户的个性化需求和商家的精准营销需求。在使用定向推送的过程中，不得因民族、性别、宗教信仰等因素产生对用户的歧视，不得推送违法违规、违反道德和社会公序良俗的内容，不得推送故意诱导用户产生错误判断的内容。

第 24 条　网络运营者利用大数据、人工智能等技术自动合成新闻、博文、帖子、评论等信息，应以明显方式标明“合成”字样；不得以谋取利益或损害他人利益为目的自动合成信息。

【解读】

本条明确了网络运营者利用大数据、人工智能等技术自动合成信息的限制。

在互联网领域利用大数据、人工智能等技术自动合成新闻、博文、帖子、评论等已经日渐普及，但是在自动合成技术运用的过程中，部分平台存在利用自动合成信息充当“网络水军”“刷评价”的工具，模糊了真实信息与合成信息的边界，扰乱了市场秩序。

2018 年，国家版权局等四部委曾联合开展“剑网 2018”专项行动，主要打击对象包括通过自动合成技术对原创作品进行抄袭、剽窃、篡改的侵权行为。本条首次明确自动合成信息的使用需以显著方式标明“合成”字样，并对自动合成信息的适用场景进行限制，明确规定不得以“谋取利益或损害他人利益”为目的。本条就自动合成信息作出规定，有助于预防自动合成信息的不当使用，对于促进网络空间的生态治理具有积极意义。

第 25 条　网络运营者应采取措施督促提醒用户对自己的网络行为负责、加强自律，对于用户通过社交网络转发他人制作的信息，应自动标注信息制作者在该社交网络上的账户或不可更改的用户标识。

【解读】

本条明确了网络运营者维持健康网络环境，积极引导用户建立对自己的网络行为负责的观念要求。

《网络安全法》第 46 条至第 49 条明确了网络信息安全领域中个人及网

络运营者的相关责任，基于前述条款，本条进一步明确了网络运营者具有“采取措施”督促提醒用户对自己的网络行为负责、加强自律的义务。

本条关于网络运营者应自动标注被转发信息制作者的账户或用户标识的规定可以有效引导用户树立应当对自己制作、发布信息等使用网络的行为负责的观念，有效规制侵权转发的行为，有助于保护知识产权等他人合法权益。但存在可能影响用户体验、运营者因无法识别原始出处而无法准确标注等操作难题。

第 26 条 网络运营者接到相关假冒、仿冒、盗用他人名义发布信息的举报投诉时，应当及时响应，一旦核实立即停止传播并作删除处理。

【解读】

本条明确了网络运营者及时处理侵权发布信息相关投诉举报的要求。

《网络安全法》与《个人信息安全规范（征求意见稿）》均对网络运营者建立网络信息安全投诉、举报制度进行了规定，并要求网络运营者接到投诉、举报时应及时响应。本条在前述条款的基础上，新增要求网络运营者对于假冒、仿冒、盗用他人名义发布信息举报投诉时采取的应对措施，即首先应及时响应，其次一旦核定投诉、举报属实，应立即采取停止传播并作删除的方式进行处理，有助于有效控制违法发布信息的传播。

第 27 条 网络运营者向他人提供个人信息前，应当评估可能带来的安全风险，并征得个人信息主体同意。下列情况除外：

（一）从合法公开渠道收集且不明显违背个人信息主体意愿；

（二）个人信息主体主动公开；

（三）经过匿名化处理；

（四）执法机关依法履行职责所必需；

（五）维护国家安全、社会公共利益、个人信息主体生命安全所必需。

【解读】

本条明确了网络运营者向他人提供个人信息时的安全风险评估要求及向他人提供个人信息时征得授权同意的例外情况。

从网络运营者向他人提供个人信息时的安全风险评估要求角度看，本条明确了网络运营者在向他人提供（包括但不限于共享、转让）个人信息前应进行安全风险评估，并征得个人信息主体同意。本条与《个人信息安全规范（征求意见稿）》第8.2条关于个人信息共享、转让的原则基本一致，但本条的规定较为模糊，在实际操作中，建议网络运营者参照《个人信息安全影响评估指南（征求意见稿）》，具体评估涉及的个人敏感信息的类型、数据接收方的身份和数据安全能力等，并根据安全风险评估结果采取有效的保护个人信息主体的措施。

从向他人提供个人信息时征得授权同意的例外情况角度看，本条内容基本与《个人信息安全规范（征求意见稿）》第8.5条关于共享、转让、公开披露个人信息时事先征得授权同意的例外的规定的思路一致，但是并未采纳第8.5条中关于“与个人信息控制者履行法律法规规定的义务相关的”“与个人信息控制者履行法律法规规定的义务相关的”“出于维护个人信息主体或其他个人的生命、财产等重大合法权益但又很难得到本人同意的”的内容，并在“从合法公开渠道收集”的基础上增加了“不明显违背个人信息主体意愿”的要求。

监管是否会进一步对本条与《个人信息安全规范（征求意见稿）》第8.5条内容进行统一，有待正式版明确。

第28条　网络运营者发布、共享、交易或向境外提供重要数据前，应当评估可能带来的安全风险，并报经行业主管监管部门同意；行业主管监管部门不明确的，应经省级网信部门批准。

向境外提供个人信息按有关规定执行。

【解读】

本条第1款明确了网络运营者需要进行重要数据安全风险评估和报经批准同意的具体情形。本条第2款明确了向境外提供个人信息的要求。

根据《网络安全法》第37条之规定，关键信息基础设施的运营者“因业务需要，确需向境外提供（个人信息和重要数据）的，应当按照国家网信部门会同国务院有关部门制定的办法进行安全评估”。相较于《网络安全法》第37条，本条第1款对重要数据进行安全风险评估进行了扩大规定，一方面扩大了安全评估的主体范围，从“关键信息基础设施的运营者”扩大至“网络运营者”；另一方面增加了需要进行安全风险评估的情形，从“向境外提供”修改为“发布、共享、交易或向境外提供重要数据”。

此外，本条第 1 款将 2017 年发布的《个人信息出境办法（征求意见稿）》中网络运营者基于重要数据的不同情况，分别适用数据安全“自评估”“报请行业主管或监管部门组织安全评估”“国家网信部门组织评估”的梯度审核要求，统一提升为需经行业主管监管部门同意，行业主管监管部门不明确的，经省级网信部门批准的要求，进一步加强了对于重要数据安全风险评估及数据跨境传输的要求。

由于本条第 1 款的适用主体范围宽泛，并且未对重要数据进行分类，对于网络运营者来说，行政审批成本提升，使用重要数据的及时性受到影响。

根据本条第 2 款，向境外提供个人信息按有关规定执行，前述规定主要包括《网络安全法》等法律以及参照《个人信息出境办法（征求意见稿）》《网络安全审查办法》《个人信息安全规范》等相关法规、规范性文件和国家标准（含征求意见稿）中关于个人信息跨境传输的规定。

第 29 条 境内用户访问境内互联网的，其流量不得被路由到境外。

【解读】

本条明确了网络运营者对用户流量路由的路径进行限制。

互联网流量经其他运营商绕转较为常见，本条主要限制的是境内用户访问境内互联网的流量不得被路由至境外，防止潜在的流量劫持、访问异常等数据安全和网络安全风险。

2018 年 11 月 13 日即发生过路由至境外的事件，谷歌旗下的云服务、YouTube 等网络服务受到影响，国外一些原本应流向谷歌地址的数据流量因为尼日利亚运营商 MainOneCable 使用了错误的路由配置导致流量改变了路径而转向中国电信，致使中国电信的网络受到冲击，同时 MainOneCable 的互联线路严重拥塞，超限部分流量被丢弃，造成国外部分用户无法使用谷歌的部分服务。

有外媒称因遭到来自中国运营商的流量“劫持”导致国外访问异常的

发生，中国电信第一时间也发布了《中国电信被指“劫持流量”不实报道的情况说明》。

第30条　网络运营者对接入其平台的第三方应用，应明确数据安全要求和责任，督促监督第三方应用运营者加强数据安全管理。第三方应用发生数据安全事件对用户造成损失的，网络运营者应当承担部分或全部责任，除非网络运营者能够证明无过错。

【解读】

本条明确了网络运营者对第三方接入管理的职责与对用户的责任承担问题。

从网络运营者对第三方接入管理的职责角度看，本条一方面明确了网络运营者对接入其平台的第三方应用，具有向其明确数据安全要求和责任，督促监管第三方应用运营者加强数据安全管理的职责。但是从操作层面看，本条并未提示或明确网络运营者履行前述责任可以采取的具体措施。网络运营者可以在实践中参考《个人信息安全规范（征求意见稿）》第8.7条关于第三方接入管理的规定进行落实。

从网络运营者对用户的责任承担问题角度看，根据本条内容，关于第三方应用发生的数据安全事件，对网络运营者采用过错推定原则，除非网络运营者能够证明其无过错，否则网络运营者应当向用户承担部分或全部责任。由于网络运营者与第三方应用相比处于优势地位，监管制定本条款规定之责任承担方式，一方面有利于充分保障用户利益，另一方面能够增强网络运营者对于合规运营的积极性。需要注意，本条并未就网络运营者如何证明自己无过错进行规定，此条款在实践中的执行效果有待进一步观察。

第31条　网络运营者兼并、重组、破产的，数据承接方应承接数据安全责任和义务。没有数据承接方的，应当对数据作删除处理。法律、行政法规另有规定的，从其规定。

【解读】

本条明确了网络运营者发生兼并、重组、破产等情况下对数据的处理原则。

本条部分采纳了《个人信息安全规范（征求意见稿）》第 8.3 条关于收购、兼并、重组、破产时的个人信息转让的规定，明确网络运营者发生兼并、重组、破产的，数据承接方应承接原网络运营者数据安全责任与义务，同时，本条新增了关于没有数据承接方时的处理方式，即对数据作删除处理。本条并未就实践中网络运营者发生兼并、重组、破产时，相关数据没有承接方的情形，明确网络运营者应删除数据的时间、数据的内容，也未规定网络运营者是否需要将删除信息的情况向相关机构进行汇报。

第 32 条 网络运营者分析利用所掌握的数据资源，发布市场预测、统计信息、个人和企业信用等信息，不得影响国家安全、经济运行、社会稳定，不得损害他人合法权益。

【解读】

本条明确了网络运营者使用数据资源发布信息的要求。

网络运营者使用数据资源发布市场预测、统计信息、个人和企业信用等信息，不得影响国家安全、经济运行、社会稳定，不得损害他人合法权益。网络运营者可以基于对数据资源的收集、使用规则对数据进行分析，并基于原始数据制作市场预测、统计信息、个人和企业信用等信息，但是前述对数据的分析、使用应基于真实有效数据发布客观公正的信息，不得影响国家安全、经济运行、社会稳定，不得损害他人合法权益。本条实际上为网络运营者发布信息提出了更高的要求，需要审慎理解本条背后的含义。

第四章 数据安全监督管理

第 33 条 网信部门在履行职责中，发现网络运营者数据安全管理责任落实不到位，应按照规定的权限和程序约谈网络运营者的主要负责人，督促整改。

【解读】

本条明确了网信部门对网络运营者的主动监管职责。

根据《网络安全法》第 56 条的规定，“省级以上人民政府有关部门在履行网络安全监督管理职责中，发现网络存在较大安全风险或者发生安全事件的，可以按照规定的权限和程序对该网络的运营者的法定代表人或者主要负责人进行约谈”。

本条是对《网络安全法》第56条内容的扩大规定，一方面将监管的主体从“省级以上人民政府有关部门”扩大至“网信部门”，另一方面触发主动监管的情形从“发现网络存在较大安全风险或者发生安全事件”扩大至“发现网络运营者数据安全管理责任落实不到位”。网信部门在后续监管过程中将对网络运营者享有较大的自由裁量权。

第34条 国家鼓励网络运营者自愿通过数据安全管理认证和应用程序安全认证，鼓励搜索引擎、应用商店等明确标识并优先推荐通过认证的应用程序。

国家网信部门会同国务院市场监督管理部门，指导国家网络安全审查与认证机构，组织数据安全管理认证和应用程序安全认证工作。

【解读】

本条第1款明确了国家鼓励网络运营者进行数据安全管理认证和应用程序认证。第2款明确了组织数据安全管理认证和应用程序安全认证工作的主体。

本条第1款对2019年3月发布的《市场监管总局中央网信办关于开展App安全认证工作的公告》予以确认，明确了国家鼓励网络运营者进行数据安全管理认证和应用程序认证，采用通过鼓励搜索引擎、应用商店等明确标识并优先推荐通过认证的应用程序的方式，进一步对网络运营者进行数据安全管理认证和应用程序安全认证进行正面引导。

本条第2款在《网络安全法》内容的基础上，明确了国家网信部门和国务院市场监督管理部门是指导国家网络安全审查与认证机构，组织数据安全管理认证和应用程序安全认证工作的主体。根据《市场监管总局中央网信办关于开展App安全认证工作的公告》，具体认证机构为中国网络安全审查技术与认证中心，认证具体依据为《移动互联网应用程序（App）安全认证实施规则》。

第35条 发生个人信息泄露、毁损、丢失等数据安全事件，或者发生数据安全事件风险明显加大时，网络运营者应当立即采取补救措施，及时以电话、短信、邮件或信函等方式告知个人信息主体，并按要求向行业主管监管部门和网信部门报告。

【解读】

本条明确了网络运营者在发生数据安全事件时的应急处置要求。

本条是对《网络安全法》第42条第2款的细化，参考《个人信息安全规范（征求意见稿）》第9条和《互联网个人信息安全保护指南》第7.2条的规定，新增了“发生数据安全事件风险明显加大”作为触发网络运营者采取补救措施的特定情形之一，同时也细化了在发生数据安全事件时告知个人信息主体可以采用的具体方式，如通过“电话、短信、邮件或信函等方式”。

第36条 国务院有关主管部门为履行维护国家安全、社会管理、经济调控等职责需要，依照法律、行政法规的规定，要求网络运营者提供掌握的相关数据的，网络运营者应当予以提供。

国务院有关主管部门对网络运营者提供的数据负有安全保护责任，不得用于与履行职责无关的用途。

【解读】

本条第1款明确了当国务院有关主管部门为履行职责需要时，网络运营者具有对其所掌握的相关数据的提供义务。本条第2款明确了国务院有关主管部门对网络运营者提供的数据负有安全保护义务，只能将相关数据用于履行职责相关的用途。

本条主要是对《网络安全法》第28条、第30条、第45条内容的呼应，一方面明确了网络运营者对监管机关履行职责时的协助义务，另一方面强调了监管机关不能滥用网络运营者提供的数据，而应切实履行对数据的安全保护责任。

第37条 网络运营者违反本办法规定的，由有关部门依照相关法律、行政法规的规定，根据情节给予公开曝光、没收违法所得、暂停相关业务、停业整顿、关闭网站、吊销相关业务许可证或吊销营业执照等处罚；

构成犯罪的，依法追究刑事责任。

【解读】

本条明确了网络运营者违反本办法规定的法律责任。

本条未针对网络运营者违反本办法某一条要求规定对应的责任，而是明确有关部门可以依照相关法律、行政法规，根据具体情节对网络经营者进行行政处罚，情节严重构成犯罪的，还应追究网络运营者的刑事责任。

第五章　附　　则

第 38 条　本办法下列用语的含义：

（一）网络运营者，是指网络的所有者、管理者和网络服务提供者。

（二）网络数据，是指通过网络收集、存储、传输、处理和产生的各种电子数据。

（三）个人信息，是指以电子或者其他方式记录的能够单独或者与其他信息结合识别自然人个人身份的各种信息，包括但不限于自然人的姓名、出生日期、身份证件号码、个人生物识别信息、住址、电话号码等。

（四）个人信息主体，是指个人信息所标识或关联到的自然人。

（五）重要数据，是指一旦泄露可能直接影响国家安全、经济安全、社会稳定、公共健康和安全的数据，如未公开的政府信息，大面积人口、基因健康、地理、矿产资源等。重要数据一般不包括企业生产经营和内部管理信息、个人信息等。

【解读】

本条明确了《数据安全管理办法（征求意见稿）》中网络运营者、网络数据、个人信息、个人信息主体和重要数据等重要概念的定义。

本条定义中的“网络运营者”“网络数据”“个人信息”沿用了《网络安全法》第 76 条的相关定义。本条定义中“个人信息主体”与《个人信息安全规范（征求意见稿）》基本一致，但是将个人信息“关联到的自然人”新纳入了个人信息主体的范围，有利于更准确地认定个人信息主体，保护个人信息主体的数据安全权益。

另外，本条定义中的“重要数据”主要参考了《信息安全技术 数据出境安全评估指南（征求意见稿）》（以下简称《数据出境安全评估指南（征求意见稿）》）中的相关表述，但是两者定义存在差异。

本条在《数据出境安全评估指南（征求意见稿）》的基础上，进一步缩限了“重要数据”的范围。不同于《数据出境安全评估指南（征求意见稿）》中“重要数据”对“国家安全、经济发展以及公共利益”的影响程度为“密切相关”，本条强调了“重要数据”对“国家安全、经济安全、社会稳定、公共健康和安全”的影响程度是“直接影响”；另外，本条确定了“重要数据”与“企业生产经营和内部管理信息”及“个人信息”的关系，将“企业生产经营和内部管理信息”及“个人信息”排除在重要数据的范围外，减少了实践中误将“企业生产经营和内部管理信息”及“个人信息”纳入“重要数据”范围的情况。

值得注意的是，虽然本条对“网络数据”进行定义，但是《数据安全管理办法（征求意见稿）》除此定义外，通篇使用的都是“数据”一词，并未出现“网络数据”的表述。本办法正文所使用的“数据”与本条定义使用的“网络数据”的关系有待进一步明确。

第39条 涉及国家秘密信息、密码使用的数据活动，按照国家有关规定执行。

【解读】

本条明确了涉及国家秘密信息、密码使用的数据活动将不适用《数据安全管理办法（征求意见稿）》的相关规定，而应根据《保守国家秘密法》《保守国家秘密法实施条例》等法律、法规的相关内容具体执行。根据《国务院2019年立法工作计划》，密码法草案赫然在列，建议予以关注。

第40条 本办法自 年 月 日起施行。

【解读】

本条明确了《数据安全管理办法（征求意见稿）》正式生效的具体时间，考虑到目前本办法仅处于征求意见稿阶段，具体实施时间有待正式版出台时进一步明确。

《数据安全管理办法（征求意见稿）》首次从国家层面，针对个人信息和重要数据，提出了综合性的安全管理要求，对强制捆绑授权、网络爬虫、定向推送、自动化洗稿、算法歧视等新型数据安全问题进行有效约束，标志着我国数据安全管理迈出了具有里程碑意义的一步。

六、《个人信息出境办法（征求意见稿）》逐条解读

2019 年 6 月 13 日，国家互联网信息办公室发布《关于〈个人信息出境安全评估办法（征求意见稿）〉公开征求意见的通知》，对《个人信息出境办法（征求意见稿）》公开征求意见。

相较于国家互联网信息办公室于 2017 年 4 月 11 日发布的《个人信息和重要数据出境办法（征求意见稿）》，《个人信息出境办法（征求意见稿）》最显著的变化之一就在于将个人信息与重要数据涉及出境的安全评估区分对待，明确了个人信息出境的安全评估要求。

《个人信息出境办法（征求意见稿）》全文共 22 条，明确了个人信息出境申报评估要求、申报材料、重点评估内容、个人信息出境记录、出境合同内容及权利义务要求、安全风险及安全保障措施分析报告内容等要求。以下将对《个人信息出境办法（征求意见稿）》进行要点解析和逐条解读，以方便读者快速和详细地理解本办法的内容。

要点一　网络运营者但凡进行个人信息出境均需报请评估

同《个人信息和重要数据出境办法（征求意见稿）》规定的自行评估和六种情形下需要报请评估相比，《个人信息出境办法（征求意见稿）》第 3 条则明确了“个人信息出境前，网络运营者应当向所在地省级网信部门申报个人信息出境安全评估”，意味着只要网络运营者需要将个人信息出境，均需报请所在地省级网信部门进行安全评估。

要点二　明确个人信息出境安全评估的重点评估内容

不同于《个人信息和重要数据出境办法（征求意见稿）》，《个人信息出境办法（征求意见稿）》在将个人信息和重要数据区别开后，其第 6 条在规

定安全评估内容时，更侧重于对网络运营者与个人信息接收者之间签订的合同内容审核和执行性要求以及过往个人信息保护和网络安全履行情况要求，强调了个人信息来源的合法正当性和个人信息主体权益保障，不再强调出境的必要性审核。

要点三　全面规定了网络运营者与个人信息接收者签订的合同的具体内容

由于不同法域间个人信息保护立法存在较大差异，如何确保个人信息出境后其获得的保护水平同在境内相匹配便成为规范数据出境问题的重点和难点之一。《个人信息和重要数据出境办法（征求意见稿）》并未对合同的内容作出具体规定，《个人信息出境办法（征求意见稿）》仿效欧盟采用标准合同条款（Standard Contractual Clauses，SCC）的规制方式，通过对网络运营者与个人信息接收者签订的合同内容进行全面、细致规定的方式，实现对个人信息接收者保护出境个人信息的要求。

《个人信息出境办法（征求意见稿）》对合同内容的具体规定，包括个人信息出境的目的、类型、保存时限、接收者责任义务、个人信息主体权利等内容。其中涉及许多为网络运营者和接收者新增义务的条款，包括“网络运营者代接收者先行赔付”“应个人信息主体请求提供合同副本”等特殊的制度安排。

要点四　通过系列设计加强对境外接收者的监督

实践中，对于境外的接收者，因管辖问题，网信部门往往难以履行其监管职责，不利于监管规则的执行和落实。《个人信息出境办法（征求意见稿）》通过系列设计，加强了对境外接收者的监管方式。

首先，本办法要求网络运营者和接收者须在合同中明确个人信息主体在合法权益受到损害时可以自行向一方或者双方索赔，且个人信息主体不能从接收者获得赔偿时，网络运营者须先行赔付，既从合同的层面为网络运营者和接收者设定了相应的义务，其不履行则要承担相应的违约责任，又通过“先行赔付”客观上促使网络运营者主动、积极履行对接收者的监督义务。

其次，本办法规定了在某些与信息安全相关的情况下，网信部门可以要求网络运营者暂停或终止向境外提供个人信息，监管部门可以据此通过对网络运营者的控制间接部分实现对接收者的控制。

最后，本办法明确了境外的网络运营者应在境内通过法定代表人或机构履行网络运营者的责任和义务，确保境外网络运营者通过其境内实体承担相应的责任和义务，使对个人信息的保护落到实处。

要点五　明确了个人信息主体在出境场景下知情权等权利履行的保障

个人信息出境会影响个人信息主体对其个人信息的控制，因而规定个人信息主体在个人信息出境场景下享有的权利，既可以缓解由于出境引发的个人信息主体对其个人信息安全的担忧，也是实现个人信息出境安全的重要手段。

《个人信息和重要数据出境办法（征求意见稿）》并未涉及这方面的内容，《个人信息出境办法（征求意见稿）》则从多个层次保障了个人信息主体对于其个人信息出境情况的知情权、访问更正删除个人信息权，并设置了索赔保障机制。

从知情权的保障角度看，网络运营者应当告知个人信息主体网络运营者和接收者的基本情况、个人信息主体可以要求网络运营者提供其同接收者签订的合同副本等。由此，亦有利于个人信息主体了解其个人信息所受到的保护程度，并便于后续发生信息安全事件时行使相应的权利。

从访问更正删除个人信息权角度看，要求在合同中明确接收者为个人信息主体提供访问其个人信息的途径，个人信息主体要求更正或者删除其个人信息时，应在合理的代价和时限内予以响应、更正或者删除，能够有效保障个人信息主体访问、更正、删除个人信息权利的行使。

从索赔保障机制角度看，通过明确个人信息主体作为涉及个人信息主体权益的条款的受益人，有权自行或者委托代理人向网络运营者或者接收者或者双方索赔，并明确过错推定的举证责任分配机制，再加上要求个人信息主体不能从接收者获得赔偿时网络运营者应先行赔付，有利于最大限度上确保个人信息主体索赔的便捷性和及时收到索赔金额的结果。

《个人信息出境办法（征求意见稿）》逐条解读如下。

第 1 条 为保障数据跨境流动中的个人信息安全，根据《中华人民共和国网络安全法》等相关法律法规，制定本办法。

【解读】

本条明确了《个人信息出境办法（征求意见稿）》的立法目的和制定依据。

相较于《个人信息和重要数据出境办法（征求意见稿）》，本办法可喜的变化在于将个人信息和重要数据出境区别对待。相较于重要数据出境主要影响国家安全、网络空间主权和社会公共利益，个人信息出境更多地影响个人信息的安全。因此，从立法目的而言，本办法重点在于保障出境的个人信息的安全；从制定依据的对比看，本办法主要上位法为《网络安全法》，不再强调将《国家安全法》同时作为上位法。

第 2 条 网络运营者向境外提供在中华人民共和国境内运营中收集的个人信息（以下简称个人信息出境），应当按照本办法进行安全评估。经安全评估认定个人信息出境可能影响国家安全、损害公共利益，或者难以有效保障个人信息安全的，不得出境。

国家关于个人信息出境另有规定的，从其规定。

【解读】

本条明确了个人信息的出境安全评估要求和不得出境的情形。

从出境安全评估的要求看，主要包括三个要点：第一个要点，适用主体，网络运营者。关于网络运营者的定义，本办法第 21 条第 1 项进行了规定，此处不再赘述。第二个要点，地域和行为要求，中华人民共和国境内运营中收集个人信息。第三个要点，不同规定的适用关系，国家关于个人信息出境另有规定的，从其规定。对于特殊行业收集的个人信息出境有特殊规定的，应按照其特殊规定适用。

从不得出境的情形看，主要包括三种情形：第一种情形，可能影响国家安全、损害公共利益的，不得出境。大数据时代，个人信息的跨境流通和共享有助于充分挖掘数据的价值，但个人信息出境的最底线要求，就在于不得影响国家安全和损害公共利益。第二种情形，难以有效保障个人信息安全的，不得出境。个人信息的利用和保护需要平衡，个人信息使用的基本要求就在于保障个人信息的安全。应用到个人信息出境的场景，最基本的要求同样在于保障个人信息安全。第三种情形，国家关于个人信息出境另有规定的，从其规定。对于特殊行业有其他不得出境的情形要求的，按照其规定执行。

第 3 条 个人信息出境前，网络运营者应当向所在地省级网信部门申报个人信息出境安全评估。

向不同的接收者提供个人信息应当分别申报安全评估，向同一接收者多次或连续提供个人信息无需多次评估。

每 2 年或者个人信息出境目的、类型和境外保存时间发生变化时应当重新评估。

【解读】

本条明确了个人信息出境的报请评估要求、评估次数要求和重新评估情形要求。

从报请评估要求看，相较于《个人信息和重要数据出境办法（征求意见稿)》规定的自行评估和六种情形下报请评估要求不同，本办法直接明确只要涉及个人信息出境均应报请所在地省级网信部门评估。值得探讨的是，网络运营者所在地分布在不同的省或直辖市且均涉及个人信息出境的情况下，所在地以网络运营者住所地认定集中进行报请评估还是按照不同所在地分别报请评估？实践中大量企业涉及个人信息的出境，全部需要报请评估且集中在省级网信部门评估，即使本办法第 5 条明确省级网信部门组织专家或技术力量进行具体评估，省级网信部门现有的人员配置能否满足评估的组织需要？

从评估次数要求看，区分的点在于接收者是否相同，主要包括两种情形：第一种情形，向不同的接收者提供个人信息应当分别申报安全评估。该等情形背后的考虑因素主要在于不同的接收者接收个人信息的目的、类型和保存时间不同，个人信息保护能力和采取的措施不同，是否存在损害个人信息主体合法权益的历史、是否发生过重大网络安全事件情形不同，适用的法律法规也可能有所不同。第二种情形，向同一接收者多次或连续提供个人信息无需多次评估。该款规定主要考虑实践中普遍存在向同一接收者多次或连续提供个人信息的情形，如果每次提供个人信息均需报请评估，将增加网络运营者的负担、降低商业合作的效率和提高省级网信部门的评估负担。但需要指出的是，向同一接收者多次或连续提供个人信息并非评估一次就“一劳永逸”，需要遵循本条第 3 款规定的重新评估情形要求。

从重新评估情形要求看，主要包括常规频率要求和特殊情形要求。常规频率要求即每 2 年重新评估；特殊情形要求即个人信息出境目的、类型和境外保存时间发生变化，该等情形对个人信息的安全风险、对国家安全和社会公共利益的影响可能产生重要变化，因此需要重新评估。但值得商榷的是，如何认定出境目的、类型和境外保存时间发生变化？只要发生任何变化均需重新评估还是需要发生实质变化才需重新评估？如何把握变化的尺度？由网络运营者自行判断还是网信部门判断？前述问题，有待进一步明确。

第 4 条 网络运营者申报个人信息出境安全评估应当提供以下材料，并对材料的真实性、准确性负责：

（一）申报书。

（二）网络运营者与接收者签订的合同。

（三）个人信息出境安全风险及安全保障措施分析报告。

（四）国家网信部门要求提供的其他材料。

【解读】

本条明确了个人信息出境评估需提交的申请材料要求。

申请材料要求主要包括申请材料具体内容和材料真实性、准确性要求两个要点。

第一个要点，申请材料具体内容要求。本条明确了四项内容，其中需要指出的是第二项和第三项材料。第二项，网络运营者与接收者签订的合同，本办法第 13 条至第 16 条明确了对合同的要求；第三项，个人信息出境安全风险及安全保障措施分析报告，本办法第 17 条明确了对分析报告的要求。

第二个要点，申请材料真实性、准确性要求。主要强调网络运营者对申报材料的责任，不得提交虚假、片面、有瑕疵的申请材料。

第5条　省级网信部门在收到个人信息出境安全评估申报材料并核查其完备性后，应当组织专家或技术力量进行安全评估。安全评估应当在15个工作日内完成，情况复杂的可以适当延长。

【解读】

本条明确了个人信息出境评估的程序要求和时间要求。

从程序要求看，省级网信部门负责收取申报材料、核查材料完备性和组织专家或技术力量进行安全评估，具体评估工作由专家或技术力量进行。

从时间要求看，原则上应在15个工作日内完成，情况复杂的可以适当延长。需要探讨的问题在于，15个工作日的起算时间，是从收到申报材料起算还是从核查完毕材料的完备性起算？如果从核查完毕材料的完备性起算，核查材料完备性的时间要求？情况复杂如何认定？适当延长的期限为多久？前述问题，有待进一步明确。

第6条　个人信息出境安全评估重点评估以下内容：

（一）是否符合国家有关法律法规和政策规定。

（二）合同条款是否能够充分保障个人信息主体合法权益。

（三）合同能否得到有效执行。

（四）网络运营者或接收者是否有损害个人信息主体合法权益的历史、是否发生过重大网络安全事件。

（五）网络运营者获得个人信息是否合法、正当。

（六）其他应当评估的内容。

【解读】

本条明确了个人信息出境评估的重点评估内容。

重点评估内容涵盖了国家规定的遵守、合同条款内容、合同执行、网络运营者和接收者的“黑历史”情况、个人信息来源的合法正当性和其他内容。其中第四项和第五项的要求需要重点关注。

第四项，即网络运营者和接收者的“黑历史”情况，意味着如果网络运营者和接收者存在过损害个人信息主体合法权益的历史和重大网络安全事件，将会影响其后续的个人信息出境的开展。对于网络运营者而言，不仅需要注意自身落实好网络安全要求和个人信息保护要求，还需要关注接收者的网络安全要求和个人信息保护落实情况。对于接收者存在“黑历史”的情况，审慎考虑是否开展或者继续进行个人信息传输的合作。

第五项，即个人信息来源的合法正当性，意味着网络运营者需要遵循《网络安全法》第41条等相关法律法规和参照《个人信息安全规范》等国家标准的规定，不论是直接获取个人信息还是间接获取个人信息，均需获得用户的同意，通过正当途径获取。

第7条 省级网信部门在将个人信息出境安全评估结论通报网络运营者的同时，将个人信息出境安全评估情况报国家网信部门。

网络运营者对省级网信部门的个人信息出境安全评估结论存在异议的，可以向国家网信部门提出申诉。

【解读】

本条明确了个人信息出境评估结论的通报要求和异议申诉规定。

省级网信部门负责出境安全评估，其评估结论通报网络运营者的同时报国家网信部门，有助于国家网信部门及时了解并统筹把握出境安全评估事宜。对于网络运营者而言，对省级网信部门的安全评估结论存在异议的，可以向国家网信部门申诉，为网络运营者的权益增加了程序保障。但本条并未明确提出申诉的时间要求和申诉处理的时间要求，需要进一步明确。

第8条 网络运营者应当建立个人信息出境记录并且至少保存5年，记录包括：

（一）向境外提供个人信息的日期时间。

（二）接收者的身份，包括但不限于接收者的名称、地址、联系方式等。

（三）向境外提供的个人信息的类型及数量、敏感程度。

（四）国家网信部门规定的其他内容。

【解读】

本条明确了个人信息出境记录要求。

出境记录包括两个要点，内容要求和时间要求。

第一个要点，内容要求，日期时间、接收者的身份和个人信息类型及数量、敏感程度等。主要强调个人信息出境的有迹可循，方便网络运营者自主统计查询出境情况，也有利于网信部门等主管部门更好地检查个人信息出境情况。

第二个要点，时间要求，至少保存 5 年。5 年是最低保存期限，也是个人信息出境后比较可能出现风险和安全事件的期限，因此本条提出了个人信息出境记录至少保存 5 年的要求。

第 9 条 网络运营者应当每年 12 月 31 日前将本年度个人信息出境情况、合同履行情况等报所在地省级网信部门。

发生较大数据安全事件时，应及时报所在地省级网信部门。

【解读】

本条明确了个人信息出境年度报告要求和较大数据安全事件报告要求。

从个人信息出境年度报告要求看，具体包括三个要点：第一个要点，报告时间，每年 12 月 31 日前；第二个要点，报告内容，本年度个人信息出境情况、合同履行情况等；第三个要点，所在地省级网信部门。年度报告的实行将有助于网信部门有效掌握单个网络运营者年度的整体数据出境情况和合同的执行情况，以便开展后续的监督检查等工作。

从较大数据安全事件报告要求看，主要强调报告的及时性和报告部门为所在地省级网信部门。

第 10 条 省级网信部门应当定期组织检查运营者的个人信息出境记录等个人信息出境情况，重点检查合同规定义务的履行情况、是否存在违反国家规定或损害个人信息主体合法权益的行为等。

发现损害个人信息主体合法权益、数据泄露安全事件等情况时，应当及时要求网络运营者整改，通过网络运营者督促接收者整改。

【解读】

本条明确了个人信息出境的事中事后监督规定。

申报评估作为个人信息出境的事前监管要求，能够从源头上把控个人信息出境的安全风险；事中事后的监督检查要求，能够及时发现个人信息出境实际履行中和履行后的风险和安全事件，采取有效措施处置风险和安全事件，最大限度上降低损失。需要指出的是，本条明确了通过网络运营者督促接收者整改的要求，旨在应对网信部门无法管辖接收者的影响。

第11条 出现以下情况之一时，网信部门可以要求网络运营者暂停或终止向境外提供个人信息：

（一）网络运营者或接收者发生较大数据泄露、数据滥用等事件。

（二）个人信息主体不能或者难以维护个人合法权益。

（三）网络运营者或接收者无力保障个人信息安全。

【解读】

本条明确了暂停或终止个人信息出境的情形。

三种暂停或终止个人信息出境的情形，能够有效督促网络运营者和接收者加强个人信息安全保障，确保个人信息主体在数据出境后能够维护个人合法权益。更为重要的是，能够增强对境外接收者的监督，如果境外接收者基于境内网信部门无权管辖而拒不履行个人信息安全保护和维护个人信息主体合法权益的责任，网信部门有权基于本条规定要求暂停或终止个人信息出境。

第12条 任何个人和组织有权对违反本办法规定向境外提供个人信息的行为，向省级以上网信部门或者相关部门举报。

【解读】

本条明确了举报违规个人信息出境的规定。

举报规定具体包括两个要点。第一个要点，举报人，任何个人和组织，意味着举报主体没有设置限制。第二个要点，举报部门，省级以上网信部门或者相关部门。这里的相关部门，宜理解为行业主管部门、公安部门、国安部门等。

第13条 网络运营者与个人信息接收者签订的合同或者其他有法律效力的文件（统称合同），应当明确：

（一）个人信息出境的目的、类型、保存时限。

（二）个人信息主体是合同中涉及个人信息主体权益的条款的受益人。

（三）个人信息主体合法权益受到损害时，可以自行或者委托代理人向网络运营者或者接收者或者双方索赔，网络运营者或者接收者应当予以赔偿，除非证明没有责任。

（四）接收者所在国家法律环境发生变化导致合同难以履行时，应当终止合同，或者重新进行安全评估。

（五）合同的终止不能免除合同中涉及个人信息主体合法权益有关条款规定的网络运营者和接收者的责任和义务，除非接收者已经销毁了接收到的个人信息或作了匿名化处理。

（六）双方约定的其他内容。

【解读】

本条明确了个人信息出境合同内容的要求。

合同主要内容包括六项，其中五项为必备内容，一项为网络运营者和接收者的自主决定内容。对于五项必备内容，主要规定了个人信息出境的重要内容、个人信息主体权益损害的救济保障、个人信息出境后法律环境变化的应对措施和合同终止后个人信息主体权益的保障。

从个人信息主体权益损害的救济保障看，规定了个人信息主体救济损害的基础、救济方式、索赔责任主体和证明责任划分四个要点。第一个要点，个人信息主体救济损害的基础，个人信息主体是合同中涉及个人信息主体权益条款的受益人，保障个人信息主体有权在合同的相对性之外基于合同的约定提起损害救济的主张。第二个要点，救济方式，自行或者委托代理人，意味着个人信息主体可以自行或委托律师等代理人提起救济主张。第三个要点，索赔责任主体，向网络运营者或者接收者或者双方索赔，意味着个人信息主体的索赔主体由其自行选择，可以根据索赔便利程度、索赔效果等进行选择。对于网络运营者而言，即使是接收者的过错其也可能面临个人信息主体的索赔，督促其更好地通过合同等督促接收者履行个人信息保护义务。第四个要点，证明责任划分，除非证明没有责任。这里采用了过错推定的责任划分，意味着网络运营者或接收者要想免于承担索赔责任，需要提供个人信息出境记录、个人信息安全保护措施、督促对方履行保护义务的证据等充分证明其已按照法律法规和合同约定履行个人信息安全保护义务等职责。

从个人信息出境后法律环境变化的应对措施看，主要在于防止境外法律法规政策等变化导致个人信息出境和个人信息保护的不确定性造成的不利影响。从境内法律环境看，个人信息保护的基本方向在可预见的短期内不会发生变化，但境外的法律环境，存在政党变更、贸易摩擦等诸多不确定性，因此，变化的可能性随时存在。基于此，本条要求在个人信息出境后法律环境发生变化导致合同难以履行的情况下，网络运营者有权选择是否终止合同或者重新进行安全评估，将主动权赋予网络运营者的手中，也能够为网信部门加强监管提供便利条件。

从合同终止后个人信息主体权益的保障看，合同中涉及个人信息主体合法权益有关条款规定的网络运营者和接收者的责任和义务具有独立性，不因合同的终止而终止，能够确保合同终止后个人信息的安全保护，避免在合同终止后已经出境的个人信息失去应有的保护而加大个人信息安全风险。这里也明确了例外要求，即接收者已经销毁了接收到的个人信息或作了匿名化处理，该等情形下，无法再识别到个人信息主体，有效降低了个人信息的安全风险。

第 14 条　合同应当明确网络运营者承担以下责任和义务：

（一）以电子邮件、即时通信、信函、传真等方式告知个人信息主体网络运营者和接收者的基本情况，以及向境外提供个人信息的目的、类型和保存时间。

（二）应个人信息主体的请求，提供本合同的副本。

（三）应请求向接收者转达个人信息主体诉求，包括向接收者索赔；个人信息主体不能从接收者获得赔偿时，先行赔付。

【解读】

本条明确了合同中网络运营者的责任和义务。

网络运营者的责任和义务包括三项：

第一项，对个人信息主体的告知义务。具体包括两个要点：第一个要点，告知的方式，电子邮件、即时通信、信函、传真等方式。这里并未明确将隐私政策列入在内，如果从狭义的角度理解，隐私政策和电子邮件、即时通信、信函、传真并非同类告知途径，至少其时效性和针对性存在区别。第二个要点，从可操作性看，对于用户量大、个人信息出境涉及的用户量大的网络运营者，电子邮件、即时通信似乎更易于操作。这里的“即时通信”，宜理解为群发消息、站内信等。

第二项，应请求提供合同副本的义务。从可执行性角度看，该项义务要求值得进一步探讨。很多企业个人信息主体众多，大量请求提供合同副本的情况会给网络运营者造成繁重的负担。而且，从提供副本的形式看，是提供扫描件还是需要纸质复印件？此外，合同除了必备内容外，会涉及网络运营者的商业合作条款，该等条款一般不宜对外公开，网络运营者提供副本时是否可以对商业条款等非个人信息主体权益保护条款进行脱敏？

第三项，转达个人信息主体诉求和先行赔付的义务。从便利性角度看，网络运营者联系接收者更为便利，个人信息主体的诉求通过网络运营者能够更快速地到达接收者。先行赔付的要求，保障了个人信息主体索赔的有效实施，加重了网络运营者的责任承担。因接收者抗辩、资金紧张、外汇管制等原因，个人信息主体不能从接收者获得赔偿的情形应该会经常发生。当然，为了保护网络运营者的权益，网络运营者应该在合同内明确约定，如果因接收者的责任导致个人信息主体索赔且网络运营者先行赔付，网络运营者有权向接收者索赔。

第 15 条 合同应当明确接收者承担以下责任和义务：

（一）为个人信息主体提供访问其个人信息的途径，个人信息主体要求更正或者删除其个人信息时，应在合理的代价和时限内予以响应、更正或者删除。

（二）按照合同约定的目的使用个人信息，个人信息的境外保存期限不得超出合同约定的时限。

（三）确认签署合同及履行合同义务不会违背接收者所在国家的法律要求，当接收者所在国家和地区法律环境发生变化可能影响合同执行时，应当及时通知网络运营者，并通过网络运营者报告网络运营者所在地省级网信部门。

【解读】

本条明确了合同中接收者的责任和义务。

接收者的责任和义务包括三项：

第一项，个人信息主体权利保障，具体指向访问、变更或删除的权利。《网络安全法》等法律法规和相关规定明确了网络运营者应保障个人信息主体行使访问、变更或删除个人信息的权利。个人信息出境后，为了保障个人信息主体权利的行使不因出境而受到影响，本项提出了该等保障要求。当然，本项也规定了权利行使的限制，即合理的代价和时限，如果响应个人信息主体的权利主张需要花费较大代价，可以不予响应或合理收取费用等。

第二项，个人信息使用和保存期限要求。按照约定的目的使用个人信息，按照约定的期限保存个人信息，能够有效保障个人信息的安全可控，降低发生个人信息安全事件的风险。

第三项，法律环境发生变化的及时通知义务。本项与第13条第4项结合，能够确保网络运营者和网信部门及时掌握接收者所在国家和地区法律环境发生变化的情况，及时评估该等变化对合同履行的影响。

第16条 合同应当明确接收者不得将接收到的个人信息传输给第三方，除非满足以下条件：

（一）网络运营者已经通过电子邮件、即时通信、信函、传真等方式将个人信息传输给第三方的目的、第三方的身份和国别，以及传输的个人信息类型、第三方保留时限等通知个人信息主体。

（二）接收者承诺在个人信息主体请求停止向第三方传输时，停止传输并要求第三方销毁已经接收到的个人信息。

（三）涉及到个人敏感信息时，已征得个人信息主体同意。

（四）因向第三方传输个人信息对个人信息主体合法权益带来损害时，网络运营者同意先行承担赔付责任。

【解读】

本条明确了接收者将接收到的个人信息传输给第三方的限制。

本办法原则上要求接收者不得将接收到的个人信息传输给第三方，但同时设置了可以传输给第三方的四项要求，涉及网络运营者的义务要求、接收者的义务要求和网络运营者的责任承担等。

第一项，网络运营者的告知义务，告知内容为将个人信息传输给第三方的目的、第三方的身份和国别，以及传输的个人信息类型、第三方保留时限等，告知方式为电子邮件、即时通信、信函、传真等方式。

第二项，接收者的义务要求，包括响应个人信息主体请求停止传输请求义务和要求第三方销毁已经接收到的个人信息义务。从操作难度看，后者的难度更高，如何确保第三方销毁也是需要解决的问题。

第三项，个人敏感信息传输给第三方的明确同意要求。个人敏感信息一旦泄露等造成的损失更严重，因此本项对个人敏感信息提出了明确同意的要求。

第四项，网络运营者的责任承担。因向第三方传输个人信息对个人信息主体合法权益带来损害，网络运营者同意先行承担赔付责任，意味着网络运营者对于个人信息出境不仅需要承担接收者可能造成的损失，如果同意向第三方传输还需先行承担第三方可能造成的损失。从实践角度看，网络运营者向第三方追偿损失的难度会比较高，且对第三方的监督控制措施更加有限，导致的结果可能就是出于网络运营者的阻力，向第三方传输会受到限制。

第 17 条　网络运营者关于个人信息出境安全风险及安全保障措施分析报告应当至少包括：

（一）网络运营者和接收者的背景、规模、业务、财务、信誉、网络安全能力等。

（二）个人信息出境计划，包括持续时间、涉及的个人信息主体数量、向境外提供的个人信息规模、个人信息出境后是否会再向第三方传输等。

（三）个人信息出境风险分析和保障个人信息安全和个人信息主体合法权益的措施。

【解读】

本条明确了个人信息出境安全风险及安全保障措施分析报告的内容要

求。

分析报告的内容包括三项：

第一项，网络运营者和接收者的基本情况，重点围绕背景、规模、业务、财务、信誉、网络安全能力，从主体角度评估出境安全风险。

第二项，个人信息出境计划，包括持续时间、涉及的个人信息主体数量、向境外提供的个人信息规模、个人信息出境后是否会再向第三方传输等，主要涉及出境的重点情况。

第三项，风险分析和保障措施，主要在于从事前角度预判可能出现的风险，对于可能出现的风险能够采取的措施，并需审慎判断该等措施能否有效防范可能出现的风险。

第 18 条 网络运营者违反本办法规定向境外提供个人信息的，依照有关法律法规进行处理。

【解读】

本条明确了违规个人信息出境的法律责任。

本条并未直接规定违规个人信息出境的具体法律责任，而是指向了有关法律法规。这里的法律法规，主要指向《网络安全法》《国家安全法》等法律法规。

第 19 条 我国参与的或者与其他国家和地区、国际组织缔结的条约、协议等对个人信息出境有明确规定的，适用其规定，我国声明保留的条款除外。

【解读】

本条明确了本办法与缔结的条约、协议等的适用关系。

我国参与的或者与其他国家和地区、国际组织缔结的条约、协议等对个人信息出境有明确规定的，考虑到对已有规定的信守，适用已有的规定。但我国声明保留的条款除外。

第 20 条 境外机构经营活动中，通过互联网等收集境内用户个人信息，应当在境内通过法定代表人或者机构履行本办法中网络运营者的责任和义务。

【解读】

本条明确了境外网络运营者承担责任和义务的方式。

本条具体包括三个要点。第一个要点，适用对象为通过互联网等收集用户个人信息的境外机构；第二个要点，其收集的个人信息来源于境内用户；第三个要点，其承担责任和义务方式为通过境内法定代表人或者机构履行网络运营者的责任和义务。本条规定通过境外机构的境内法定代表人或境内机构间接实现了监管部门对通过互联网等收集境内个人信息的境外机构的管辖。但本条中所提及的境外机构的境内机构，所指向的对象是其境内主体、子公司还是办事处等其他机构，有待进一步明确。

第 21 条　本办法下列用语的含义：

（一）网络运营者，是指网络的所有者、管理者和网络服务提供者。

（二）个人信息，是指以电子或者其他方式记录的能够单独或者与其他信息结合识别自然人个人身份的各种信息，包括但不限于自然人的姓名、出生日期、身份证件号码、个人生物识别信息、住址、电话号码等。

（三）个人敏感信息，是指一旦被泄露、窃取、篡改、非法使用可能危害个人信息主体人身、财产安全，或导致个人信息主体名誉、身心健康受到损害等的个人信息。

【解读】

本条明确了本办法下“网络运营者”“个人信息”“个人敏感信息”的定义。

从网络运营者的定义看，作为《网络安全法》的配套办法，网络运营者的定义沿用了《网络安全法》《个人信息和重要数据出境办法（征求意见稿）》的有关规定，将几乎涉及网络产品服务的所有主体都纳入了网络运营者的范畴。

从个人信息的定义看，本办法中个人信息的定义亦沿用了《网络安全法》和《数据安全管理办法（征求意见稿）》的有关规定，基本覆盖了实践中网络运营者可能收集的个人信息范畴。

从个人敏感信息的定义看，在《网络安全法》和《个人信息和重要数据出境办法》（征求意见稿）未对个人敏感信息进行定义的情况下，本办法中个人敏感信息的定义则并未完全沿用《信息安全技术个人信息安全规范（草案）》的相关规定。一旦被泄露、窃取、篡改、非法使用可能危害个人信息主体人身、财产安全，或导致个人信息主体名誉、身心健康受到损害等的个人信息都属于本办法所称的“个人敏感信息”。

第22条 本办法自 年 月 日起实施。

【解读】

本条明确了《个人信息出境办法（征求意见稿）》正式生效的具体时间。考虑到目前本规定仅处于征求意见稿阶段，具体实施时间有待正式版出台时进一步明确。

继《网络安全审查办法（征求意见稿）》《数据安全管理办法（征求意见稿）》在凌晨发布之后，国家网信办继续选择在凌晨发布《个人信息出境办法（征求意见稿）》，背后用意值得深思。《个人信息出境办法（征求意见稿）》的发布，对于个人信息出境的评估要求、评估程序、合同内容要求、合同各方责任义务要求、个人信息主体权利保障等具有重要意义。如其加以完善并得以正式出台，将能够有效规范个人信息出境和保障数据跨境流动中的个人信息安全。

七、《儿童个人信息网络保护规定》逐条解读

2019年8月23日下午6点1分，国家互联网信息办公室正式发布《儿童个人信息网络保护规定》（国家互联网信息办公室令第4号），成为国家网信办2019年正式发布的第一个个人信息保护相关规定的正式版。

从2019年5月31日下午6点1分发布《国家互联网信息办公室关于〈儿童个人信息网络保护规定（征求意见稿）〉公开征求意见的通知》到今天发布正式版，时间仅仅间隔84天，可见国家网信办对于儿童个人信息保护的高度重视。

《儿童个人信息网络保护规定》全文共29条，系统地规定了应设置儿童专门用户协议、指定专人负责、征得儿童监护人同意、加密存储和最小授权访问等儿童个人信息保护要求，相较于14周岁以上的未成年人和成年人，其各项要求均更加严格。接下来将先行通过与征求意见稿重点变化对比方便大家快速掌握正式版的变化（文末附逐条对比表格），接着对正式版进行逐条解读，帮助大家快速、全面理解本规定的内容。

七大重点变化

重点变化一：增加法规作为制定和适用依据

《儿童个人信息网络保护规定》第1条新增法规作为制定依据，并在第26条明确将《互联网信息服务管理办法》列举作为处理依据，将相关法律法规纳入处理依据，且不再明确列举适用的处罚条款，意味着儿童个人信息保护方面适用的规定范围得以进一步扩展，违反本规定的后果更加严重，需要企业予以高度重视。

重点变化二：新增不得制作、发布、传播侵害儿童个人信息安全信息要求

在网络环境下，儿童个人信息在受到侵害情况下，如被网络公开发布和传播，特别是被大量转发的情况下，因网络传播速度快、辐射范围广和影响大等特点，可能会对儿童个人信息产生广泛的影响，造成更加严重的侵害后果。因此，《儿童个人信息网络保护规定》第4条新增要求任何组织和个人不得制作、发布、传播侵害儿童个人信息安全的信息，也就意味着任何主体如果制作、发布、传播侵害儿童个人信息安全的信息，都会面临相应的违规后果。

重点变化三：强化监护人对儿童个人信息保护的职责

一般来说，监护人与儿童最亲近，对儿童的影响最大，要想加强对儿童个人信息的保护，监护人认真履行监护职责必不可少。而且，很多监护人是孩子的家长，家长是孩子的第一任老师，儿童自我保护个人信息的意识和能力需要家长的教育和引导。因此，《儿童个人信息网络保护规定》第5条新增要求监护人应当正确履行监护职责，教育引导儿童增强个人信息保护意识

和能力，保护儿童个人信息安全。

重点变化四：收集使用儿童个人信息的要求从“明示同意”调整为“同意”

相较于《儿童个人信息网络保护（征求意见稿)》，《儿童个人信息网络保护规定》在第9条、第10条、第14条都将收集使用儿童个人信息“明示同意”的要求调整为“同意”。这意味着放宽了对于监护人同意的条件要求，不再要求企业必须通过监护人主动勾选或者点击同意等积极主动方式获得监护人的同意。似乎可以认为，企业可以通过网站、App等业务开展渠道设置隐私政策、通过向监护人发送邮件或者与监护人账号绑定等方式告知儿童个人信息收集使用情况并提供便捷的退出同意的选项即能满足“同意”的要求，但具体是否符合规定的要求，还有待主管部门的进一步认定和实践的进一步探索。

重点变化五：删除可不经监护人同意即收集、使用、转移、披露儿童个人信息的三种例外情形

《儿童个人信息网络保护规定》删除了《儿童个人信息网络保护（征求意见稿)》第19条对于可不经监护人同意即收集、使用、转移、披露儿童个人信息的例外情形的规定。这意味着为维护国家安全或者公共利益、为消除儿童人身或者财产上的紧急危险和法律、行政法规规定的其他情形可能都无法成为未取得监护人同意收集、使用、转移、披露儿童个人信息的豁免情形，需要企业予以关注。

重点变化六：将多处“国家网信办”调整为“网信部门”，赋予地方网信部门相应监管权力

相较于《儿童个人信息网络保护（征求意见稿)》，《儿童个人信息网络保护规定》将第22条、第24条、第25条和第26条的监管主体从“国家互联网信息办公室”调整为“网信部门”，意味着除了国家网信办以外，地方网信部门也有权受理举报、采取约谈、行政处罚等监管措施。

重点变化七：新增信息系统自动留存且无法识别属于儿童个人信息的特殊规定

《儿童个人信息网络保护规定》新增第28条关于计算机信息系统自动留存处理信息且无法识别属于儿童个人信息的特殊规定，意味着对于不需要用户主动填写和主动提供，App等业务开展渠道自动收集的用户信息，且企业采取措施进行识别但限于技术发展等原因无法识别属于儿童个人信息的，可以适用其他规定。需要指出的是，虽然该条为企业保留了作为减轻或者豁免儿童个人信息保护责任的余地，但考虑到适用情形和适用规定尚待进一步明确，建议审慎对待该条规定，不要以该条规定作为唯一的“救命符”。

接下来对《儿童个人信息网络保护规定》进行逐条解读。

第1条 为了保护儿童个人信息安全，促进儿童健康成长，根据《中华人民共和国网络安全法》《中华人民共和国未成年人保护法》等法律法规，制定本规定。

【解读】

本条明确了《儿童个人信息网络保护规定》的立法目的和制定依据。

儿童是国家发展的未来和希望，其认知能力、危险识别能力和自我保护能力相对薄弱，在网络空间内容繁杂、违法违规收集使用个人信息问题层出不穷的形势下，更需要加强对儿童个人信息安全的保护。2019年5月28日，国家网信办在前期试点3家小视频平台上线“青少年防沉迷系统”的基础上，统筹指导14家短视频平台和4家网络视频平台统一上线“青少年防沉迷系统”，使该系统得以全面推行。在《网络安全法》和《未成年人保护法》等法律作为制定依据的基础上，《儿童个人信息网络保护规定》新增法规作为制定依据，内容更加完善、细化。本规定的正式施行，结合“青少年防沉迷系统”的全面推行，能够更好地保护儿童的健康成长，维护儿童在网络空间的合法权益。

第2条 本规定所称儿童，是指不满十四周岁的未成年人。

【解读】

本条明确了“儿童”的认定标准。

《联合国儿童权利公约》将儿童界定为18周岁以下的任何人，而本规定中“儿童”的定义参考了《刑法》中“刑事责任年龄”的划分，将无刑事责任的14周岁以下未成年人归于儿童的范围。原因主要有三，一是14周岁以下未成年人在知识、思想、价值观、世界观等均处于一个启蒙阶段，对周围事物缺乏准确的判断能力；二是14－18周岁未成年人虽然认识能力和行为能力上确与成年人存在差距，但是生理、心理已趋于成熟；三是本规定在儿童个人信息保护方面较为严格，对于网络运营者的合规负担较重，完全一刀切式将18周岁以下未成年人全部纳入儿童范围也将进一步增加网络运营者的负担。此次关于儿童定义的设计体现了立法者结合实际情况，较为灵活地平衡了实体权利保护和网络运营者的成本负担。

第3条 在中华人民共和国境内通过网络从事收集、存储、使用、转移、披露儿童个人信息等活动，适用本规定。

【解读】

本条明确了《儿童个人信息网络保护规定》的适用范围。

适用范围，具体包括三个要点：第一个要点，地域限制，中华人民共和国境内；第二个要点，手段限制，通过网络开展儿童个人信息相关活动。根据《网络安全法》第76条第1项规定，网络，是指由计算机或者其他信息终端及相关设备组成的按照一定的规则和程序对信息进行收集、存储、传输、交换、处理的系统；第三个要点，具体适用情形，收集、存储、使用、转移、披露儿童个人信息等活动。也就是说，涉及儿童个人信息全生命周期的保护均适用本规定。

第4条 任何组织和个人不得制作、发布、传播侵害儿童个人信息安全的信息。

【解读】

本条明确了禁止制作、发布、传播侵害儿童个人信息安全信息的要求。

在网络环境下，儿童个人信息在受到侵害情况下，如被网络公开发布和传播，特别是被大量转发的情况下，因网络传播速度快、辐射范围广和影响大等特点，可能会对儿童个人信息产生广泛的影响，造成更加严重的侵害后果。因此，本条新增要求任何组织和个人不得制作、发布、传播侵害儿童个人信息安全的信息，也就意味着任何主体如果制作、发布、传播侵害儿童个人信息安全的信息，都会面临相应的违规后果。

第 5 条　儿童监护人应当正确履行监护职责，教育引导儿童增强个人信息保护意识和能力，保护儿童个人信息安全。

【解读】

本条明确了监护人的正确履职、教育引导和保护儿童个人信息安全的要求。

一般来说，监护人与儿童最亲近，对儿童的影响最大，要想加强对儿童个人信息的保护，监护人认真履行监护职责必不可少。而且，很多监护人是孩子的家长，家长是孩子的第一任老师，儿童自我保护个人信息的意识和能力需要家长的教育和引导。因此，本条新增要求监护人应当正确履行监护职责，教育引导儿童增强个人信息保护意识和能力，保护儿童个人信息安全。

第 6 条　鼓励互联网行业组织指导推动网络运营者制定儿童个人信息保护的行业规范、行为准则等，加强行业自律，履行社会责任。

【解读】

本条明确了加强行业自律的要求。

作为政府监管的有益补充，行业自律的加强，有利于更好地推动行业内网络运营者制定儿童个人信息保护的行业规范、行为准则等。各行业协会可以根据《网络安全法》《未成年人保护法》《互联网信息服务管理办法》等相关法规和本规定，组织制定适用于本行业的儿童个人信息保护规范和行为准则。

第 7 条　网络运营者收集、存储、使用、转移、披露儿童个人信息的，应当遵循正当必要、知情同意、目的明确、安全保障、依法利用的原则。

【解读】

本条明确了儿童信息保护的原则。

在《网络安全法》明确收集使用个人信息应遵循“合法、正当、必要”

原则的基础上，本条进一步提出了“知情同意、目的明确、安全保障、依法利用”的原则要求。根据《网络安全法》第 41 条规定，网络运营者收集、使用个人信息，应当遵循合法、正当、必要的原则。为了突出对儿童个人信息的保护，本规定从遵循的基本原则方面就提出了更高的要求。

第 8 条 网络运营者应当设置专门的儿童个人信息保护规则和用户协议，并指定专人负责儿童个人信息保护。

【解读】

本条明确了网络运营者设置专门的儿童信息保护规则、用户协议和专人负责儿童个人信息保护的要求。

从网络运营者设置专门的儿童信息保护规则、用户协议看，专门的儿童个人信息保护规则在《个人信息安全规范（征求意见稿）》已有相关规定，专门适用于儿童的用户协议则为首次提出。《个人信息安全规范（征求意见稿）》附录 B 指出“通常情况下，14 岁以下（含）儿童的个人信息……属于个人敏感信息”，附录 D 隐私政策模板中要求设置“我们如何处理儿童的个人信息”版块并明确了相关内容要求。目前主流的互联网公司，大多已经在其隐私政策中明确了如何处理儿童个人信息的内容；设置专门的儿童用户协议，则为网络运营者提出了新的要求，在现有用户协议基础上，需要额外设置儿童用户协议。需要注意的是，相较于《儿童个人信息网络保护（征求意见稿）》，本条删除了“适用于儿童的用户协议应当简洁、易懂”的要求，但结合《个人信息安全规范》及其征求意见稿和 App 专项治理相关要求，建议用户协议仍然要保障内容的易读性，不可晦涩难懂。

从专人负责儿童个人信息保护的要求看，主要在于保障更好地推动和落实儿童个人信息保护。相较于《儿童个人信息网络保护（征求意见稿）》，本条删除了要求个人信息保护专员负责儿童个人信息保护的规定，而只保留要求指定专人负责儿童个人信息保护，不再在本规定暗含设置个人信息保护专员的要求。

第 9 条 网络运营者收集、使用、转移、披露儿童个人信息的，应当以显著、清晰的方式告知儿童监护人，并应当征得儿童监护人的同意。

【解读】

本条明确了网络运营者收集使用儿童个人信息应征得儿童监护人同意的要求。

本条沿用了《App 违法违规认定方法（征求意见稿）》第 7 条第 1 款和《数据安全管理办法（征求意见稿）》第 12 条要求收集使用儿童个人信息应征得其监护人同意的要求。《App 违法违规认定方法（征求意见稿）》第 7 条第 1 款将“未经监护人同意，收集使用 14 周岁以下（含）未成年人个人信息”纳入违法违规情形。《数据安全管理办法（征求意见稿）》第 12 条规定，收集 14 周岁以下未成年人个人信息的，应当征得其监护人同意。本条明确了告知监护人的方式必须显著、清晰，保障了监护人的知情权，这意味着不得通过隐蔽、模糊展示等方式影响对监护人的有效告知。此外，相较于《儿童个人信息网络保护征求意见稿》，本条在“收集、使用”之外将“转移、披露”儿童个人信息也纳入告知监护人并征得同意的范围，对儿童个人信息全生命周期的保护得以完善。

特别值得注意的是，相较于《儿童个人信息网络保护（征求意见稿）》，本条、第 10 条、第 14 条都将收集使用儿童个人信息“明示同意”的要求调整为“同意”。这意味着放宽了对于监护人同意的条件要求，不再要求企业必须通过监护人主动勾选或者点击同意等积极主动方式获得监护人的同意。似乎可以认为，企业可以通过网站、App 等业务开展渠道设置隐私政策、通过向监护人发送邮件或者与监护人账号绑定等方式告知儿童个人信息收集使用情况并提供便捷的退出同意的选项即能满足“同意”的要求，但具体是否符合本规定的要求，还有待主管部门的进一步认定和实践的进一步探索。

第 10 条　网络运营者征得同意时，应当同时提供拒绝选项，并明确告知以下事项：

（一）收集、存储、使用、转移、披露儿童个人信息的目的、方式和范围；

（二）儿童个人信息存储的地点、期限和到期后的处理方式；

（三）儿童个人信息的安全保障措施；

（四）拒绝的后果；

（五）投诉、举报的渠道和方式；

（六）更正、删除儿童个人信息的途径和方法；

（七）其他应当告知的事项。

前款规定的告知事项发生实质性变化的，应当再次征得儿童监护人的同意。

【解读】

本条明确了网络运营者征得同意应提供拒绝选项、明确告知收集使用规则和实质变化后再次征得同意的要求。

从网络运营者征得同意应同时提供拒绝选项看，主要在于保障用户自主选择的权利。《APP 自评估指南》评估点第 23 点要求“APP 收集个人信息前应提供由用户主动选择同意或不同意的选项……”本条与前述评估点的思路保持一致。

从明确告知收集使用规则看，在《网络安全法》第 41 条、《App 违法违规认定方法（征求意见稿）》第 2 条和《数据安全管理办法（征求意见稿）》第 8 条的基础上，本条提出了收集使用儿童个人信息应告知的重点内容。值得注意的是，本条第 5 项删除了《儿童个人信息网络保护（征求意见稿）》对个人信息保护专员或者其他联系方式的明确告知要求，代之以“投诉、举报的渠道和方式”，意味着一直为企业所担心的公布个人信息保护专员或者其他个人联系方式会因人员变动、个人联系方式公开可能被骚扰等问题得以解决。此外，新增第 6 项告知要求，即告知“更正、删除儿童个人信息的途径和方法”，强化了对儿童个人信息主体权利的保障，方便儿童监护人根据本规定第 19 条、第 20 条要求更正、删除儿童个人信息。

从告知事项发生实质变化后应再次征得同意的要求看，主要在于强调动态的儿童个人信息保护。随着市场环境、用户需求等的变化，网络运营者的业务发展方向等相关情况可能随之发生变化。在发生实质性变化的情况下，原有的儿童监护人对儿童个人信息的同意已经无法满足现有的需求。本条要求再次征得监护人的同意，有利于在重点告知事项发生实质性变化的情况下动态保护儿童个人信息。

第 11 条　网络运营者不得收集与其提供的服务无关的儿童个人信息，不得违反法律、行政法规的规定和双方的约定收集儿童个人信息。

【解读】

本条明确了网络运营者收集儿童个人信息的合法性和必要性要求。

本条在《网络安全法》第 41 条对收集个人信息要求的基础上，针对儿童个人信息保护提出了细化要求。《网络安全法》第 41 条规定……网络运营者不得收集与其提供的服务无关的个人信息，不得违反法律、行政法规的规定和双方的约定收集、使用个人信息……《App 违法违规认定方法（征求意见稿）》第 3 条第 9 项和第 4 条也明确了收集个人信息的合法性和必要性要求。本条作为针对儿童个人信息保护的细化要求，强调网络运营者实际收集的儿童个人信息应为实现现有业务功能和服务所必需，并严格按照法律、法规和双方的约定收集儿童个人信息。需要指出的是，相较于《儿童个人信息网络保护（征求意见稿）》，本条将“用户协议的约定”调整为“双方的约定”，与《网络安全法》第 41 条的表述保持一致，拓宽了约定的适用范围，意味着用户协议、邮件约定、隐私政策等涉及双方约定的内容均可纳入约束企业收集儿童个人信息的要求。

第 12 条　网络运营者存储儿童个人信息，不得超过实现其收集、使用目的所必需的期限。

【解读】

本条明确了存储儿童个人信息的最小化期限要求。

在《数据安全管理办法（征求意见稿）》第 20 条的基础上，本条主要沿用了《个人信息安全规范（征求意见稿）》第 6.1 条关于个人信息保存时间的规定，对儿童个人信息保护的最小化期限要求进行了明确。《数据安全管理办法（征求意见稿）》第 20 条规定，网络运营者保存个人信息不应超出收集使用规则中的保存期限……而《个人信息安全规范（征求意见稿）》第 6.1 条则明确规定“个人信息保存期限应为实现个人信息主体授权使用的目的所必需的最短时间，法律法规另有规定或者个人信息主体另行同意的除外”。本条采用实现收集、使用目的所必需的期限，与前述《个人信息安全规范（征求意见稿）》第6.1条的思路更相近，且没有留下例外情形，体现出对儿童个人信息存储的更严格的最小化期限要求。对于网络运营者而言，一旦超出收集、使用目的所必需的期限存储儿童个人信息，将很难证明其合法性和必要性。此外，相较于《儿童个人信息网络保护（征求意见稿）》，本条将“必须”改为“必需”，措辞更加严谨。

第13条 网络运营者应当采取加密等措施存储儿童个人信息，确保信息安全。

【解读】

本条明确了存储儿童个人信息的信息安全要求。

在《网络安全法》第21条的基础上，本条主要沿用了《数据安全管理办法（征求意见稿）》第19条和《个人信息安全规范（征求意见稿）》第6.3a）条的思路，强调采取加密等措施存储儿童个人信息。《网络安全法》第21条规定，国家实行网络安全等级保护制度。网络运营者应当按照网络安全等级保护制度的要求，履行下列安全保护义务……（四）采取数据分类、重要数据备份和加密等措施……《数据安全管理办法（征求意见稿）》第19条规定，网络运营者应当参照国家有关标准，采用数据分类、备份、加密等措施加强对个人信息和重要数据的保护。《个人信息安全规范（征求意见稿）》第6.3a）条规定，传输和存储个人敏感信息时，应采用加密等安全措施。

值得注意的是，虽然本条并未明确网络运营者在采取前述措施时应参照的具体国家标准，但结合《网络安全法》第21条要求网络运营者履行安全保护义务应基于网络安全等级保护制度的要求，我们理解，网络运营者实际执行本条过程中，应重点参照最新发布的《网络安全等级保护基本要求》（GB/T 22239－2019）、《信息安全技术　网络安全等级保护测评要求》（GB/T 28448－2019）和《信息安全技术　网络安全等级保护安全设计技术要求》（GB/T 25070－2019）等网络安全等级保护制度系列国家标准，履行对个人信息特别是儿童个人信息的安全保护义务。

第14条 网络运营者使用儿童个人信息，不得违反法律、行政法规的规定和双方约定的目的、范围。因业务需要，确需超出约定的目的、范围使用的，应当再次征得儿童监护人的同意。

【解读】

本条明确了使用儿童个人信息的范围限制和动态限制。

从范围限制看，本条沿用了《网络安全法》第 41 条的思路，参考了《数据安全管理办法（征求意见稿)》第 22 条的规定，明确了使用儿童个人信息的范围限制。《网络安全法》第 41 条规定……网络运营者……不得违反法律、行政法规的规定和双方的约定收集、使用个人信息。《数据安全管理办法（征求意见稿)》第 22 条规定，网络运营者不得违反收集使用规则使用个人信息。本条对使用儿童个人信息保护的范围限制，与前述条款思路基本一致。

从动态限制看，相较于《儿童个人信息网络保护（征求意见稿)》的“明示同意”要求，本条沿用了《数据安全管理办法（征求意见稿)》第 22 条的规定，强调征得儿童监护人的“同意”。《数据安全管理办法（征求意见稿)》第 22 条规定，因业务需要，确需扩大个人信息使用范围的，应当征得个人信息主体同意。此处使用的是“同意”，而非“明示同意”。此外，本条将《儿童个人信息网络保护（征求意见稿)》要求的“约定”调整为“法律、行政法规的规定和双方约定”，措辞更加严谨，适用范围得以更好的明确。

第 15 条 网络运营者对其工作人员应当以最小授权为原则，严格设定信息访问权限，控制儿童个人信息知悉范围。工作人员访问儿童个人信息的，应当经过儿童个人信息保护负责人或者其授权的管理人员审批，记录访问情况，并采取技术措施，避免违法复制、下载儿童个人信息。

【解读】

本条明确了儿童个人信息的访问控制要求。

本条主要沿用了《个人信息安全规范（征求意见稿)》第 7.1 条“个人信息访问控制措施”和第 10.2 条“个人信息处理活动记录”的要求，明确了对于儿童个人信息访问控制的经审批访问、最小授权原则和记录处理活动的要求，主要防止“内鬼”违规窃取、对外提供和泄露儿童个人信息。具体理解本条，需要进一步说明两个问题：

第一个问题，经审批访问。与《个人信息安全规范（征求意见稿）》第7.1c）条要求重要操作设置内部审批流程、d）条要求超权限处理个人信息才需由个人信息保护责任人或个人信息保护工作机构进行审批不同，本条对于儿童个人信息的访问审批要求，未区分是否为重要操作，也未区分是否超权限处理，只要访问儿童个人信息，均需经过儿童个人信息保护负责人或者其授权的管理人员审批。

第二个问题，“最小授权”的理解，参照《个人信息安全规范（征求意见稿）》第7.1a）条，即访问职责所需的最少够用的个人信息，且仅具备完成职责所需的最少的数据操作权限。

第16条　网络运营者委托第三方处理儿童个人信息的，应当对受委托方及委托行为等进行安全评估，签署委托协议，明确双方责任、处理事项、处理期限、处理性质和目的等，委托行为不得超出授权范围。

前款规定的受委托方，应当履行以下义务：

（一）按照法律、行政法规的规定和网络运营者的要求处理儿童个人信息；

（二）协助网络运营者回应儿童监护人提出的申请；

（三）采取措施保障信息安全，并在发生儿童个人信息泄露安全事件时，及时向网络运营者反馈；

（四）委托关系解除时及时删除儿童个人信息；

（五）不得转委托；

（六）其他依法应当履行的儿童个人信息保护义务。

【解读】

本条明确了儿童个人信息的委托处理要求。

本条主要沿用了《个人信息安全规范（征求意见稿）》第8.1条“委托处理”的要求，明确了网络运营者进行安全评估、签署委托协议和受委托方应当履行的义务要求。

从网络运营者的角度，需要进行安全评估和签署委托协议。“安全评估”的评估对象主要是受委托方和委托行为，评估内容主要是是否在儿童监护人授权范围、受委托方是否具备适当的数据安全能力以及发生儿童个人信息泄露、损毁和丢失的风险等。“签署委托协议”，旨在强调通过协议明确双方责任、处理事项、处理期限、处理性质和目的等，构成对受委托方的有效约束，也一定程度上能够作为网络运营者豁免责任或减轻责任的证明。

从受委托方的角度，需要遵循委托协议的约定，并履行本条约定的六项义务要求。其中，需要指出的是，第 4 项要求“委托关系解除时及时删除儿童个人信息”，使用的措辞是“及时删除”，没有留下允许“匿名化处理”的口子，受委托方需要对此予以关注。此外，相较于《儿童个人信息网络保护（征求意见稿）》，本条在“按照网络运营者的要求”之外增加“法律、行政法规的规定”要求，进一步明确了受委托方处理儿童个人信息应遵循的要求，需要予以注意。

第 17 条　网络运营者向第三方转移儿童个人信息的，应当自行或者委托第三方机构进行安全评估。

【解读】

本条明确了转让儿童个人信息需进行安全评估的要求。

本条沿用了《网络安全法》第 42 条“未经被收集者同意，不得向他人提供个人信息”的要求。需要指出的是，相较于《儿童个人信息网络保护（征求意见稿）》，本条删除了“征得儿童监护人的明示同意”要求，但并非不要征得监护人的同意，而是将该要求统一规定至本规定第 9 条。具体理解本条，需要进一步探讨两个问题：

第一个问题，怎么理解“转移儿童个人信息”中的“转移”。《个人信息安全规范（征求意见稿）》第 3. 11 条对“转让”的定义为“将个人信息控制权由一个控制者向另一个控制者转移的过程”。我们理解，本条规定的“转移”与该条规定的“转让”无实质性区别，宜作同义理解。而且，从安全评估和征得同意的规定看，本条与《个人信息安全规范（征求意见稿）》第 8. 2a）条、b）条对个人信息转让要求的思路相近，也能说明将“转移”

与“转让”作同义理解具有合理性。

第二个问题，“安全评估”。安全评估的主体，可以是网络运营者自行评估，也可以委托第三方机构进行评估；安全评估的标准，可以参考《个人信息安全影响评估指南（征求意见稿）》。

第18条 网络运营者不得披露儿童个人信息，但法律、行政法规规定应当披露或者根据与儿童监护人的约定可以披露的除外。

【解读】

本条明确了不得披露儿童个人信息的原则要求和例外情形。

本条主要沿用了《个人信息安全规范（征求意见稿）》第8.4条“个人信息公开披露”的要求。与该条一致的是，儿童个人信息原则上也是不得披露；比该条进一步细化的是，本条明确了例外的具体情形，即从“经法律授权或具备合理事由确需公开披露”细化为“法律、行政法规规定应当披露或者根据与儿童监护人的约定需要披露”。此外，相较于《儿童个人信息网络保护（征求意见稿）》未要求披露儿童个人信息需征得监护人同意，本规定在第9条要求披露儿童个人信息需征得监护人同意，内容得以完善。

第19条 儿童或者其监护人发现网络运营者收集、存储、使用、披露的儿童个人信息有错误的，有权要求网络运营者予以更正。网络运营者应当及时采取措施予以更正。

【解读】

本条明确了更正错误儿童个人信息的权利要求。

本条沿用了《网络安全法》第43条更正错误个人信息的要求。《网络安全法》第43条规定“……发现网络运营者收集、存储的其个人信息有错误的，有权要求网络运营者予以更正。网络运营者应当采取措施予以……更正”。

本条增加了“及时”的要求，并将“使用、披露”儿童个人信息存在错误的情形纳入，强调了对更正儿童个人信息更为紧迫的时间要求，扩展了儿童个人信息更正权的适用范围，有利于有效降低在不同情形下因儿童个人信息错误对儿童产生的负面影响。

第20条　儿童或者其监护人要求网络运营者删除其收集、存储、使用、披露的儿童个人信息的，网络运营者应当及时采取措施予以删除，包括但不限于以下情形：

（一）网络运营者违反法律、行政法规的规定或者双方的约定收集、存储、使用、转移、披露儿童个人信息的；

（二）超出目的范围或者必要期限收集、存储、使用、转移、披露儿童个人信息的；

（三）儿童监护人撤回同意的；

（四）儿童或者其监护人通过注销等方式终止使用产品或者服务的。

【解读】

本条明确了儿童或其监护人在特定情况下享有对其个人信息进行删除的权利。

《网络安全法》第43条赋予用户对其个人信息进行更正、删除的权利。《个人信息安全规范（征求意见稿）》第7.8条关于个人信息删除的规定明确了个人信息主体在个人信息控制者违反法律法规或违反与个人信息主体的约定，收集、使用个人信息的，个人信息主体有权要求个人信息控制者及时删除其个人信息；《个人信息安全规范（征求意见稿）》第7.10条关于个人信息主体注销账户的规定明确了个人信息主体注销账户后，个人信息控制者应及时删除其个人信息或做匿名化处理。

本条第1款和第4款规定的情形与《个人信息安全规范（征求意见稿）》第7.8条和第7.10条规定的情形大体一致。本条新增了第2款和第3款作为儿童或其监护人要求网络运营者删除其个人信息的特定情形，一是超出范围或必要性对儿童个人信息进行处理，二是儿童监护人撤回同意。根据新增的两款内容，特别是第3款"监护人撤回同意的"，实质上赋予了儿童或其监护人对于儿童个人信息享有更广泛的删除权，即当儿童或其监护人认为确有必要时，即可根据本条内容，要求网络运营者删除儿童个人信息，对儿童个人信息给予充分保证。

此外，本条将"披露"儿童个人信息纳入删除权的适用范围，进一步保障了在披露儿童个人信息情形下监护人删除权的行使。

第21条 网络运营者发现儿童个人信息发生或者可能发生泄露、毁损、丢失的，应当立即启动应急预案，采取补救措施；造成或者可能造成严重后果的，应当立即向有关主管部门报告，并将事件相关情况以邮件、信函、电话、推送通知等方式告知受影响的儿童及其监护人，难以逐一告知的，应当采取合理、有效的方式发布相关警示信息。

【解读】

本条明确了网络运营者在发生数据安全事件时的应急处置要求。

本条是对《网络安全法》第25条、第42条第2款的细化并结合《个人信息安全规范（征求意见稿）》第9条的规定，明确了网络运营者发现儿童个人信息发生或可能发生泄露、毁损、丢失的，应当立即启动应急预案，采取补救措施，若造成或可能造成严重后果的，应及时向监管部门报告并将事件情况以邮件、信函、电话、推送通知等方式告知受影响的儿童及其监护人，难以逐一告知的，应当采取合理、有效的方式发布相关警示信息。关于严重后果，可以结合《国家网络安全事件应急预案》等有关规定的判定标准进行判定。

第22条 网络运营者应当对网信部门和其他有关部门依法开展的监督检查予以配合。

【解读】

本条明确了网络运营者配合有关部门开展监督检查的义务。

本条主要是对《网络安全法》第49条内容的呼应，明确网络运营者对网信部门和有关部门依法实施的监督检查，应当予以配合。

值得注意的是，相较于《儿童个人信息网络保护（征求意见稿）》，本条、第24条、第25条和第26条的监管主体从“国家互联网信息办公室”调整为“网信部门”，意味着除了国家网信办外，地方网信部门也有权受理举报、采取约谈、行政处罚等监管措施。

第23条 网络运营者停止运营产品或者服务的，应当立即停止收集儿童个人信息的活动，删除其持有的儿童个人信息，并将停止运营的通知及时告知儿童监护人。

【解读】

本条明确了网络运营者停止运营后的责任。

本条与《个人信息安全规范（征求意见稿）》第6.4条关于个人信息控制者停止运营的规定基本一致，将“个人信息”替换为“儿童个人信息”，但是从部分措辞明显可以看出相关部门对儿童个人信息采取更为严格的保护措施。一是本条强调了网络运营者停止运营其产品或服务时，应“立即停止”收集儿童个人信息的活动，而不是《个人信息安全规范（征求意见稿）》第6.4条规定的“及时停止”；二是网络运营者应删除其持有的儿童个人信息，第6.4条规定的匿名化处理方式被删除。

第24条　任何组织和个人发现有违反本规定行为的，可以向网信部门和其他有关部门举报。

网信部门和其他有关部门收到相关举报的，应当依据职责及时进行处理。

【解读】

本条明确了公众向有关部门举报的渠道及相关部门收到举报的处理。

从公众向有关部门举报的渠道角度看，任何组织和个人发现有违反本规定行为的，可以向网信部门和其他有关部门举报，这里的“其他有关部门”参照《网络安全法》第14条公众对危害网络安全行为的举报渠道，宜理解为包括“电信、公安等部门”。

从相关部门收到举报的处理角度看，有关部门“应当依据职责进行处理”包括两个要点，一是属于本部门职责的，应当依法及时作出处理；二是不属于本部门职责的，应当及时移送有权处理的部门。

值得注意的是，本条并未对举报人的信息保护进行说明，根据《网络安全法》第14条的规定，“有关部门应当对举报人的相关信息予以保密，保护举报人的合法权益”，本规定下亦应按照《网络安全法》的规定，对举报人的信息予以保密保护。

第25条　网络运营者落实儿童个人信息安全管理责任不到位，存在较大安全风险或者发生安全事件的，由网信部门依据职责进行约谈，网络运营者应当及时采取措施进行整改，消除隐患。

【解读】

本条明确了网信部门对网络运营者的主动监管职责。

根据《网络安全法》第56条的规定，“省级以上人民政府有关部门在履行网络安全监督管理职责中，发现网络存在较大安全风险或者发生安全事件的，可以按照规定的权限和程序对该网络的运营者的法定代表人或者主要负责人进行约谈。网络运营者应当按照要求采取措施，进行整改，消除隐患”。本条是对《网络安全法》第56条内容的升级版，与《数据安全管理办法（征求意见稿）》第33条思路更为一致。一方面将监管的主体从“省级以上人民政府有关部门”直接调整至“网信部门”，监管主体范围拓宽，显示出国家对于儿童个人信息安全的重视；另一方面对网络运营者对约谈的反馈更为严格，从“应当按照要求采取措施，进行整改，消除隐患”提升至“应当按照约谈要求及时采取措施，进行整改，消除隐患”，新增了对网络运营者反馈的及时性要求。

第26条 违反本规定的，由网信部门和其他有关部门依据职责，根据《中华人民共和国网络安全法》《互联网信息服务管理办法》等相关法律法规规定处理；构成犯罪的，依法追究刑事责任。

【解读】

本条明确了网络运营者违反本规定的法律责任。

本条明确将《互联网信息服务管理办法》列举作为处理依据，并将相关法律法规纳入处理依据，且不再明确列举适用的处罚条款，意味着儿童个人信息保护方面适用的规定范围得以进一步扩展，违反本规定的后果更加严重，需要企业予以高度重视。

第27条 违反本规定被追究法律责任的，依照有关法律、行政法规的规定记入信用档案，并予以公示。

【解读】

本条明确了网络运营者违反本规定除需要承担法律责任外，还会影响其信用档案。

一般情况下，网络运营者违反个人信息保护的相关规定主要需要承担行政、刑事等法律责任，本规定在运用法律责任调整网络运营者行为的同时，还发挥了“市场”的调节作用，新增了“将网络运营者违反本规定的行为记入信用档案，并予以公示”作为对网络运营者违反本规定的惩罚措施之一。众所周知，信用档案是企业信用状况的真实体现，是普通大众进行消费的指南，也是交易决策和企业获得融资、投资的重要参考，将儿童的个人信息保护与信用档案挂钩，能够从商业角度影响网络运营者的经营管理，增加网络运营者的违规成本，从而能督促网络运营者开展合规运营。

第 28 条　通过计算机信息系统自动留存处理信息且无法识别所留存处理的信息属于儿童个人信息的，依照其他有关规定执行。

【解读】

本条明确了儿童个人信息保护的除外情形。

从具体适用条件看，需要满足两个条件：条件一、通过计算机信息系统自动留存处理信息，也就是说不需要用户主动填写和主动提供，App 等业务开展渠道自动收集用户信息；条件二、无法识别所留存处理的信息属于儿童个人信息，也就是说采取了措施识别但限于现有技术等原因无法识别出儿童个人信息。

从适用规定看，依照其他有关规定执行，保留了弹性的适用空间。具体指向哪些规定，有待主管部门的进一步明确。

综合来看，本条为企业保留了减轻或者豁免儿童个人信息保护责任的余地，但考虑到适用情形和适用规定尚待进一步明确，建议审慎对待本条，不要将本条规定作为唯一的“救命符”。

第 29 条　本规定自 2019 年 10 月 1 日起施行。

【解读】

本条明确了《儿童个人信息网络保护规定》正式生效的具体时间。

意味着在本规定正式生效前企业只有 1 个多月的合规准备时间，时间紧，任务重，需要企业高度重视并按照本规定迅速采取合规措施。

作为国家网信办2019年正式发布的第一个个人信息保护相关规定的正式版，《儿童个人信息网络保护规定》系统地规定了儿童个人信息保护的相关要求。相较于征求意见稿，其正式版变化相对可控，从预留的合规准备时间看，仅保留1个多月的合规准备时间。如果企业未提前参照征求意见稿进行基本的合规安排，面临的局面就是时间紧、任务重，需要高度重视，尽快进行合规调整，避免潜在的监管风险。

八、《数据安全法（草案）》逐条解读

2020年7月3日，中国人大网公布《数据安全法（草案）》全文，并对其公开征求意见。《数据安全法（草案）》于2020年6月28日经第十三届全国人大常委会第二十次会议进行了初次审议。征求意见截止日期为2020年8月16日。

相较于被称之为“小数据安全法”的《数据安全管理办法（征求意见稿）》，《数据安全法（草案）》基本重新构建了数据安全的立法架构。《数据安全法（草案）》全文共七章，合计51条，坚持保障数据安全和促进数据开发利用并重的立法目的，规定了数据安全与发展、数据安全制度、数据安全保护义务、政务数据安全与开放等内容。接下来，将对《数据安全法（草案）》进行逐条解读，以期帮助读者更好地了解《数据安全法（草案）》的内容。同时，也会提出对部分条文的修改建议，希望为《数据安全法（草案）》的完善添砖加瓦。

第一章　总　　则

第1条　为了保障数据安全，促进数据开发利用，保护公民、组织的合法权益，维护国家主权、安全和发展利益，制定本法。

【解读】

本条规定了《数据安全法（草案）》的立法目的。

《数据安全法（草案）》坚持安全与发展并重，旨在实现在安全的基础

上发展数据，在数据发展的过程中持续保障安全。

第2条　在中华人民共和国境内开展数据活动，适用本法。

中华人民共和国境外的组织、个人开展数据活动，损害中华人民共和国国家安全、公共利益或者公民、组织合法权益的，依法追究法律责任。

【解读】

本条规定了《数据安全法（草案）》的适用范围。

从适用范围看，《数据安全法（草案）》不仅适用于在中国境内开展数据活动，也赋予了必要的域外适用效力，彰显了我国维护国家安全和数据主权的信息和决心。具体到适用地域，只要在中国境内开展数据活动，无论是中国境内的组织、个人还是中国境外的组织、个人，均适用本法。而对于未在中国境内开展数据活动的中国境外组织和个人，如果其数据活动损害了中国国家安全、公共利益或者公民、组织的合法权益，我国也会依法追究其法律责任。规定必要的域外适用效力，与世界各国通过立法扩大数据方面管辖权的做法相一致和相对应，有助于我国在激烈的数据竞争中掌握主动权和话语权，维护我国国家主权和数据主权的完整。

第3条　本法所称数据，是指任何以电子或者非电子形式对信息的记录。

数据活动，是指数据的收集、存储、加工、使用、提供、交易、公开等行为。

数据安全，是指通过采取必要措施，保障数据得到有效保护和合法利用，并持续处于安全状态的能力。

【解读】

本条规定了《数据安全法（草案）》适用范围相关的重要定义。

从“数据”的定义看，将所有对信息进行记录的载体认定为数据。非电子形式，将常见的纸质登记表格等形式也纳入到数据安全管理范畴，填补了已有立法无法有效规制纯线下、不借助网络开展数据活动的立法空白。

从“数据活动”的定义看，采取了列举＋兜底的方式，将数据全生命周期的相关活动基本纳入数据活动的范畴。相较于《民法典》第1035条对

“个人信息处理”的定义，二者都列举了“收集、存储、加工、使用、提供、公开”，但本条缺少了对“传输”的列举，并增加了对“交易”的列举。数据的传输在实践中颇为常见，本条未列举“传输”似乎难以理解其目的，有待关注后续修订过程中是否会进行调整。而增加对“交易”的列举，则与《数据安全法（草案）》第 17 条、第 30 条鼓励合法的数据交易相呼应。

从“数据安全”的定义看，《数据安全法（草案）》对数据安全提出了行为要求和效果要求。对于行为要求，这里的“必要措施”一般来说包括技术措施、管理措施等；对于效果要求，本条强化了安全的持续性。与网络安全相类似，数据安全也并非一劳永逸，而是需要持续的投入和关注，以不断应对可能出现的安全问题和漏洞。

最后，需要指出的是，结合本条对“数据活动”的定义和第 49 条规定的“……开展涉及个人信息的数据活动，应当遵守有关法律、行政法规的规定”，《数据安全法（草案）》将如何厘清数据和个人信息关系的问题进行了明确界定，将涉及个人信息的数据活动交由《民法典》《网络安全法》和后续出台的《个人信息保护法》等有关法律和行政法规加以规范，妥善解决了法律之间的适用和协调问题。

第 4 条 维护数据安全，应当坚持总体国家安全观，建立健全数据安全治理体系，提高数据安全保障能力。

【解读】

本条规定了《数据安全法（草案）》的核心观念。

正如《〈数据安全法（草案）〉起草说明》中所述，数据是国家基础性战略资源，没有数据安全就没有国家安全。因此，《数据安全法（草案）》按照总体国家安全观的要求，通过立法加强数据安全保护，有助于更好地规制与中国国家、公民和组织相关的全部数据活动，有助于提升国家数据安全保障能力，有利于有效应对数据这一非传统领域的国家安全风险与挑战，切实维护国家主权、安全和发展利益，维护公共利益和公民、组织的合法权益。

第5条　国家保护公民、组织与数据有关的权益，鼓励数据依法合理有效利用，保障数据依法有序自由流动，促进以数据为关键要素的数字经济发展，增进人民福祉。

【解读】

本条表明了对数据发展的鼓励和保障。

党的十九届四中全会决定明确将数据作为新的生产要素，本条表明了对数据发展的鼓励和保障，当然，数据发展需要做到在法律允许的范围内有序发展，最大程度挖掘数据价值，打破“数据孤岛”，更好地服务我国经济社会发展。

第6条　中央国家安全领导机构负责数据安全工作的决策和统筹协调，研究制定、指导实施国家数据安全战略和有关重大方针政策。

【解读】

本条明确了数据安全管理工作的顶层设计。

中央国家安全领导机构统筹数据安全管理工作，可见数据安全的重要性和影响力。坚持党对数据安全工作的领导，有助于建立集中统一、高效权威的数据安全领导体制。

第7条　各地区、各部门对本地区、本部门工作中产生、汇总、加工的数据及数据安全负主体责任。

工业、电信、自然资源、卫生健康、教育、国防科技工业、金融业等行业主管部门承担本行业、本领域数据安全监管职责。

公安机关、国家安全机关等依照本法和有关法律、行政法规的规定，在各自职责范围内承担数据安全监管职责。

国家网信部门依照本法和有关法律、行政法规的规定，负责统筹协调网络数据安全和相关监管工作。

【解读】

本条明确了数据安全管理工作的具体分工。

从分工看，整体而言是在集中领导的基础上各部门、各地区分工负责的管理模式，具体体现为国家网信部门统筹网络数据监管 + 公安机关、国安机关依职责监管数据安全 + 各地区、各部门承担主体责任 + 各行业主管部门承担本行业监管职责，强调了数据安全管理工作的统一性，也兼顾了各地区、各部门和各行业的差异性。但实践过程中，如何厘清各地区、各部门和各行业主管部门的职责界限，有待进一步探索和明确。

此外，需要指出的是，《数据安全法（草案）》并未对“网络数据”进行定义。可供参考的“网络数据”定义出现在《网络安全法》第 76 条，其将“网络数据”界定为“通过网络收集、存储、传输、处理和产生的各种电子数据”。

最后，我们梳理了现有各行业主管部门和各地区对于数据安全管理的相应规定，以供参考：

1. 各行业主管部门对数据安全管理的相关规定

序号	规定名称	发文单位	发布时间	生效时间
1	《药品记录与数据管理要求（试行）》	国家药品监督管理局	2020 年 6 月 24 日	2020 年 12 月 1 日
2	《交通运输科学数据管理办法（征求意见稿）》	交通运输部	2020 年 6 月 18 日（征求意见）	未正式发布，未生效
3	《国家民用卫星遥感数据管理暂行办法》	国家国防科技工业局、国家发展和改革委员会、财政部	2018 年 12 月 29 日	2018 年 2 月 29 日
4	《风云气象卫星数据管理办法（试行）》	中国气象局	2018 年 7 月 6 日	2018 年 7 月 6 日
5	《科学数据管理办法》	国务院办公厅	2018 年 3 月 17 日	2018 年 3 月 17 日
6	《中国极地考察数据管理办法》	国家海洋局（已撤销）	2018 年 3 月 13 日	2018 年 3 月 13 日
7	《教育部机关及直属事业单位教育数据管理办法》	教育部办公厅	2018 年 1 月 22 日	2018 年 1 月 22 日
8	《药品数据管理规范》（征求意见稿）	国家食品药品监督管理总局（已撤销）	2018 年 1 月 5 日（征求意见）	未正式发布，未生效
9	《月球与深空探测工程科学数据管理办法》	国家国防科技工业局、国家航天局	2016 年 9 月 12 日	2016 年 9 月 12 日

续表

序号	规定名称	发文单位	发布时间	生效时间
10	《国土资源数据管理暂行办法》	国土资源部（已撤销））	2010年9月10日	2010年9月10日

2. 各地区对数据安全管理的相关规定

序号	规定名称	发文单位	发布时间	生效时间
1	《深圳经济特区数据条例（征求意见稿）》	深圳市司法局	2020年7月15日（征求意见）	未正式发布，未生效
2	《贵州省大数据安全保障条例》	贵州省人民代表大会常务委员会	2019年8月1日	2019年10月1日
3	《天津市数据安全管理办法（暂行）》	天津市互联网信息办公室	2019年6月26日	2019年8月1日

第8条　开展数据活动，必须遵守法律、行政法规，尊重社会公德和伦理，遵守商业道德，诚实守信，履行数据安全保护义务，承担社会责任，不得危害国家安全、公共利益，不得损害公民、组织的合法权益。

【解读】

本条明确了开展数据活动的原则性要求。

对于开展数据活动的要求，《数据安全法》第四章对数据安全保护义务进行了具体规定，本条作为宣誓性条款明确了基本原则，在具体规定无法有效、准确覆盖个案时可能会适用本条进行相应认定。

第9条　国家建立健全数据安全协同治理体系，推动有关部门、行业组织、企业、个人等共同参与数据安全保护工作，形成全社会共同维护数据安全和促进发展的良好环境。

【解读】

本条明确了数据安全协同治理体系的建立要求。

数据安全与每一个个人、组织、行业组织、有关部门均息息相关，在集中领导＋分工负责数据安全管理工作的基础之上，全社会协同治理数据安全，有助于群策群力，切实维护数据安全，促进数据依法有序发展。

第10条 国家积极开展数据领域国际交流与合作，参与数据安全相关国际规则和标准的制定，促进数据跨境安全、自由流动。

【解读】

本条明确了数据领域国际合作的机制。

大数据时代和经济全球化浪潮下，数据跨境流动日益频繁。积极参与国际交流与合作，参与国际规则和标准的制定，成为“游戏规则”的制定者，能够在推动国际合作的同时更好地维护我国的国家利益。

第11条 任何组织、个人都有权对违反本法规定的行为向有关主管部门投诉、举报。收到投诉、举报的部门应当及时依法处理。

【解读】

本条明确了数据安全相关的投诉、举报机制。

从举报主体看，任何组织和个人都可以进行举报，意味着用户、非用户、竞争对手、第三方测评机构、自媒体等都可以作为举报主体，有助于实现第9条提出的“数据安全协同治理体系”。

从举报部门看，结合数据安全管理体系的职责分工，“有关主管部门”应当指向公安部门、国安部门、网信部门、各地区、各部门和各行业的主管部门。以举报网络数据违法为例，应向国家及地方网信部门进行举报。

从举报处理看，收到投诉、举报的部门应当及时依法处理。也就是说，如果投诉、举报后出现杳无音讯或怠于处理等不作为、慢作为的情形，该等部门可能需要承担相应的责任。

有待进一步完善的是，参照《网络安全法》第14条，本条缺少了“不属于本部门职责的，应当及时移送有权处理的部门。有关部门应当对举报人的相关信息予以保密，保护举报人的合法权益”的规定。建议增加该等规定，以更好地推动投诉、举报处理流程的有序进行，保护投诉、举报人的合法权益。

第二章 数据安全与发展

第12条 国家坚持维护数据安全和促进数据开发利用并重，以数据开发利用和产业发展促进数据安全，以数据安全保障数据开发利用和产业发展。

【解读】

本条明确了数据安全工作的基本原则。

数据安全和数据发展并重是《数据安全法（草案）》坚持的基本原则。但从立法体例角度看，本条规定的内容为原则性要求，参照《网络安全法》第 3 条，本条放在第一章作为总则部分的一个条文，似乎更加符合立法体例安排。

第 13 条　国家实施大数据战略，推进数据基础设施建设，鼓励和支持数据在各行业、各领域的创新应用，促进数字经济发展。

省级以上人民政府应当制定数字经济发展规划，并纳入本级国民经济和社会发展规划。

【解读】

本条明确了支持数字经济发展的配套要求。

2020 年 7 月 3 日，中国信通院正式发布《中国数字经济发展白皮书（2020 年）》，报告显示，2019 年，我国数字经济增加值规模达到 35．8 万亿元，占 GDP 比重达到 36．2%，占比同比提升 1．4 个百分点，按照可比口径计算，2019 年我国数字经济名义增长 15．6%，高于同期 GDP 名义增速 7．85 个百分点，数字经济在国民经济中的地位进一步凸显。报告指出，数据价值化加速推进。数据已成为数字经济发展的关键生产要素。从产业角度来看，我国已形成较为完整的数据供应链，在数据采集、数据标注、时序数据库管理、数据存储、商业智能处理、数据挖掘和分析、数据安全、数据交换等各环节形成了数据产业体系，数据管理和数据应用能力不断提升。可以看出，数字经济对我国国民经济发展具有重要意义，完善数字经济发展的配套措施有助于更好地促进数字经济发展。

需要指出的是，从立法体例角度看，与第 12 条相似，本条内容也偏基础和原则，本条放在第一章作为总则部分的一个条文，似乎更加符合立法体例安排。

第14条 国家加强数据开发利用技术基础研究，支持数据开发利用和数据安全等领域的技术推广和商业创新，培育、发展数据开发利用和数据安全产品和产业体系。

【解读】

本条体现了促进数据资源开发利用的精神。

大数据时代，数据有价，只有不断完善数据开发利用技术和数据安全技术，培训发展数据开发利用和数据安全产品和产业体系，才能更好、更大程度上挖掘和实现数据的价值。

第15条 国家推进数据开发利用技术和数据安全标准体系建设。国务院标准化行政主管部门和国务院有关部门根据各自的职责，组织制定并适时修订有关数据开发利用技术、产品和数据安全相关标准。国家支持企业、研究机构、高等学校、相关行业组织等参与标准制定。

【解读】

本条明确了数据安全与发展的标准体系建设要求。

从制定主体看，与网络安全标准体系制定主体相类似，国务院标准化行政主管部门和国务院有关部门为数据开发利用技术、产品和数据安全相关标准的制定主体。

从参与主体看，可以预见的是，后续数据安全与发展的相关标准，将会与个人信息相关标准的制定一样，有很多互联网企业、研究机构、高校、行业协会等参与其中。

第16条 国家促进数据安全检测评估、认证等服务的发展，支持数据安全检测评估、认证等专业机构依法开展服务活动。

【解读】

本条体现了国家对数据安全社会化服务体系建设的支持。

对于企事业单位而言，数据安全必将成为企事业单位的一张名牌，数据安全工作做得好，对企事业单位的形象会添光加彩，反之则会影响声誉，降低公众的信任以及好感度。数据安全检测评估、认证等服务构成了数据安全的社会化服务体系，有助于协助企事业单位发现数据安全方面存在的问题并加以改进和完善。

第 17 条　国家建立健全数据交易管理制度，规范数据交易行为，培育数据交易市场。

【解读】

本条明确了国家对合法数据交易的支持。

《数据安全法（草案）》作为数据领域的基本法，首次从法律层面明确了国家对合法数据交易的支持，对于数据交易而言无疑是利好消息。本条未明确数据交易的定义，可供参考的是《信息安全技术 数据交易服务安全要求》（GB/T 37932—2019，以下简称《数据交易服务安全要求》），将“数据交易”定义为“数据供方和需方之间以数据商品作为交易对象，进行的以货币或货币等价物交换数据商品的行为”。就数据交易管理制度而言，本条并未明确其具体内容，包括数据权属、交易标的、定价机制等都有待后续进一步明确。

现有的数据交易一般在大数据交易所和企业自主运营的数据交易平台进行，其中大数据交易所主要有贵阳大数据交易所、东湖大数据交易中心、上海数据交易中心、华东江苏大数据交易中心等，企业自主运营的数据交易平台主要包括京东万象、数据宝、聚合数据、优易数据、发源地、数粮等。

第 18 条　国家支持高等学校、中等职业学校和企业等开展数据开发利用技术和数据安全相关教育和培训，采取多种方式培养数据开发利用技术和数据安全专业人才，促进人才交流。

【解读】

本条体现了国家对数据安全相关人才培养的支持。

数据安全发展离不开数据相关人才的支撑，加强数据开发利用技术和数据安全相关教育和培训，采取多种方式培养数据安全相关人才，有助于数据安全工作的常态化发展。

第三章　数据安全制度

第 19 条　国家根据数据在经济社会发展中的重要程度，以及一旦遭到篡改、破坏、泄露或者非法获取、非法利用，对国家安全、公共利益或者公民、组织合法权益造成的危害程度，对数据实行分级分类保护。

各地区、各部门应当按照国家有关规定，确定本地区、本部门、本行业重要数据保护目录，对列入目录的数据进行重点保护。

【解读】

本条明确了数据分级分类的制度要求。

1、从数据分级分类的基本要求看，《网络安全法》第21条首次从法律层面提出了“数据分类”的要求，本条则首次从法律层面完整地提出了“数据分级分类”的要求。分级分类的标准主要包括两个维度，一个维度是数据的重要程度，另一个维度是数据安全事件发生的危害程度。《大数据安全管理指南》（GB/T 37973—2019）第7．1条和第7．2条明确了数据分类分级的原则和流程，我们也整理了部分行业涉及数据分级分类的文件，以供参考。

序号	文件名称	发文单位	生效时间
1	《电信和互联网服务 用户个人信息保护分级指南》（YD / T 2782－2014）	工业和信息化部	2014年12月24日
2	《证券期货业数据分类分级指引》（JR/T 0158—2018）	证券监督管理委员会	2018年9月27日
3	《个人金融信息保护技术规范》（JR/T 0171－2020）	中国人民银行	2020年2月13日
4	《工业数据分类分级指南（试行）》（工信厅信发〔2020〕6号）	工业和信息化部办公厅	2020年2月27日
5	《大数据安全管理指南》（GB/T 37973—2019）	市场监管总局、国家标准化委员会	2020年3月1日
6	《金融数据安全 数据安全分级指南（送审稿）》	/	2020年4月13日（送审稿时间，未生效）
7	《个人信息安全规范》（GB/T 35273—2020）	市场监管总局、国家标准化委员会	2020年10月1日

2. 从重要数据看，本条并未明确重要数据的定义和识别标准，而是授

权各地区和行业主管部门制定本地区、本行业重要数据保护目录。将重要数据的管理权限下放到各地方和各部门是否合适，需要进一步论证。若合适，有待关注后续出台的各地区和各部门的重要数据保护目录，了解其对重要数据的识别标准和保护要求，而如何解决各地区、各部门之间对重要数据划分的冲突也是需要进一步研究的问题。

现行文件中可供参考的“重要数据”定义主要出现在《数据安全管理办法（征求意见稿）》第38条，其将“重要数据”界定为“一旦泄露可能直接影响国家安全、经济安全、社会稳定、公共健康和安全的数据，如未公开的政府信息，大面积人口、基因健康、地理、矿产资源等。重要数据一般不包括企业生产经营和内部管理信息、个人信息等”。此外，《数据出境安全评估指南（征求意见稿）》第3．5条对“重要数据”也进行了定义，“相关组织、机构和个人在境内收集、产生的不涉及国家秘密，但与国家安全、经济发展以及公共利益密切相关的数据（包括原始数据和衍生数据）”。

第20条 国家建立集中统一、高效权威的数据安全风险评估、报告、信息共享、监测预警机制，加强数据安全风险信息的获取、分析、研判、预警工作。

【解读】

本条明确了数据安全的监测预警机制。

集中统一、高效权威的公权力监测预警机制，有助于及时发现和准确识别数据安全风险并在此基础上有效预测事件发生的可能性、影响范围和危害程度，准确发布避免、减轻危害的措施。

第21条 国家建立数据安全应急处置机制。发生数据安全事件，有关主管部门应当依法启动应急预案，采取相应的应急处置措施，消除安全隐患，防止危害扩大，并及时向社会发布与公众有关的警示信息。

【解读】

本条明确了建立数据安全应急处置机制的要求。

应急处置的好坏，会较大程度地影响数据安全事件所造成的后果。建立数据安全应急机制，在数据安全事件发生后，及时启动应急预案并采取相应的应急处置措施，并及时向公众发布与公众有关的警示信息，能够有效减少事件造成的损失和危害。

第 22 条 国家建立数据安全审查制度，对影响或者可能影响国家安全的数据活动进行国家安全审查。

依法作出的安全审查决定为最终决定。

【解读】

本条明确了建立数据安全审查制度的要求。

数据安全审查制度的审查范围和重点是“影响或者可能影响国家安全的数据活动”，但《数据安全法（草案）》对数据安全审查的审查主体、审查流程、审查期限、审查内容等未进行具体规定，应当会通过后续具体的配套立法加以明确。可供类比的是《网络安全法》第 35 条提出了“网络安全审查”要求，并基于此出台了《网络安全审查办法》。

关于数据安全审查和网络安全审查二者的关系问题，从现有规定看，二者可能是并行的两种审查机制，各有审查范围和审查侧重点，但也可能产生交集。例如，某关键信息基础设施运营者采购了某境外网络产品，为了产品的顺利运营，该运营者需要向境外产品生产方提供某些数据，采购的行为和提供数据的行为都可能影响国家安全，这种情况下，既需要进行网络安全审查，也需要进行数据安全审查。

此外，本条第 2 款规定“依法作出的安全审查决定为最终决定”，若该款规定最终生效，意味着数据安全审查的决定一经作出即宣告生效，不会进入行政复议或行政诉讼程序。

第 23 条 国家对与履行国际义务和维护国家安全相关的属于管制物项的数据依法实施出口管制。

【解读】

本条明确了数据出口管制的要求。

对于出口管制的含义，《数据安全法（草案）》未进行明确，可供参考的是《出口管制法（草案二次审议稿）》第 2 条将“出口管制”定义为“国家对从中华人民共和国境内向境外转移管制物项，以及中华人民共和国公民、法人和非法人组织向外国组织和个人提供管制物项，采取禁止或者限制性措施”。

《数据安全法（草案）》首次提出了数据出口管制的要求，管制的范围为“与履行国际义务和维护国家安全相关的属于管制物项的数据”。但《数据安全法（草案）》并未对具体的管制范围进行明确，有待后续配套立法进一步明确。

此外，《出口管制法（草案二次审议稿）》第 2 条涉及出口管制的适用范围、定义，第 32 条涉及信息的出口管制。后续如何实现《数据安全法（草案）》本条规定与《出口管制法（草案二次审议稿）》前述规定的衔接，以及如何实现数据出口管制与数据安全审查、数据出境安全评估等制度的衔接与协调，都是需要进一步研究和明确的问题。

第 24 条　任何国家或者地区在与数据和数据开发利用技术等有关的投资、贸易方面对中华人民共和国采取歧视性的禁止、限制或者其他类似措施的，中华人民共和国可以根据实际情况对该国家或者地区采取相应的措施。

【解读】

本条明确了数据方面的国际对等反制。

随着我国综合国力的不断发展壮大，部分国家和地区开始不断在政治、经济、外交等方面对我国采取限制、打压、歧视等措施，妄图通过不正当手段延缓我国的发展步伐。对此，我国已经摆脱“落后就要挨打”的艰难处境，对该等国家和地区采取对等的反制措施予以有效反击，积极维护国家利益。就数据方面而言，《数据安全法（草案）》也规定了国际对等反制措施，以有效应对数据方面的限制、打压、歧视等措施，有助于维护我国数据主权和国家利益。

第四章　数据安全保护义务

第 25 条　开展数据活动应当依照法律、行政法规的规定和国家标准的强制性要求，建立健全全流程数据安全管理制度，组织开展数据安全教育培训，采取相应的技术措施和其他必要措施，保障数据安全。

重要数据的处理者应当设立数据安全负责人和管理机构，落实数据安全保护责任。

【解读】

本条明确了数据安全保护义务的基本要求。

对于建立全流程数据安全管理制度，结合第3条对于“数据活动”的定义，系列数据安全管理制度应覆盖数据收集、存储、加工、使用、提供、交易、公开等流程。

对于数据安全教育培训，从培训时间点看，宜在新员工入职培训时，将数据保护作为培训内容之一，在入职阶段就强化数据保护，后续每年定期或不定期进行数据安全培训；从培训内容看，数据保护的相关法律法规规定、内部制度、操作流程等，特别是最新出台的规定和内部制度流程等的重要修订，应当纳入培训的内容；从培训对象看，这里的员工不应限于基层员工，而是指包含高层员工在内的全体员工，领导层高度重视、基层员工严格践行，方能更好地开展数据保护工作。

对于采取相应的技术措施和其他必要措施，这里使用的是“相应”和“必要”，而非统一提出某些技术措施和其他措施要求，有助于企事业单位根据数据重要性、数据安全事件发生后的危害程度等采取相对应的措施。

对于设立数据安全负责人和管理机构，并非对所有企事业单位均提出该项要求，而是对重要数据的处理者提出的要求。后续可能会有配套文件对数据安全负责人的资质、职责等提出要求。此外，还会出现的问题是，《网络安全法》第21条提出了确定网络安全负责人的要求，《个人信息安全规范》第11. b）条提出了任命个人信息保护负责人和个人信息保护工作机构的要求，网络安全负责人、数据安全负责人和个人信息保护负责人的关系如何，是否可以由一人同时担任、是否可以兼职担任，均有待进一步的明确。

第26条 开展数据活动以及研究开发数据新技术，应当有利于促进经济社会发展，增进人民福祉，符合社会公德和伦理。

【解读】

本条要求数据活动和数据技术应符合社会公德和伦理。

新技术发展在推动社会进步的同时，也存在被用于违反社会公德和伦理的实验、商业行为等情况。因此，《数据安全法（草案）》强调数据活动和数据技术应符合社会公德和伦理，虽然更多的意义在于宣誓性，但能写入法律条文，本身已经体现出国家对该问题的重视。

第27条 开展数据活动应当加强风险监测，发现数据安全缺陷、漏洞等风险时，应当立即采取补救措施；发生数据安全事件时，应当按照规定及时告知用户并向有关主管部门报告。

【解读】

本条明确了数据安全风险监测和后续处置要求。

与《网络安全法》第22条第1款对网络安全风险监测和后续处置要求类似，本条对数据安全风险监测和后续处置提出了要求，以便企事业单位及时发现数据安全风险并采取补救措施。如果发生数据安全事件，还应及时通过公告、站内信等方式告知用户，并向有关主管部门报告。

第28条 重要数据的处理者应当按照规定对其数据活动定期开展风险评估，并向有关主管部门报送风险评估报告。

风险评估报告应当包括本组织掌握的重要数据的种类、数量，收集、存储、加工、使用数据的情况，面临的数据安全风险及其应对措施等。

【解读】

本条对重要数据处理者提出了定期开展风险评估和报送评估报告的要求。

从定期开展风险评估看，本条并未明确限定评估主体。结合第16条的规定，似乎可以理解为，重要数据的处理者可以自行评估，也可以委托数据安全检测评估专业机构进行评估。

从风险评估报告的内容看，本条第2款采用“列举+兜底”的方式提出了内容要求。有待进一步探讨的问题是，这里提出了报告应包括“收集、存储、加工、使用数据的情况”，而未将“提供”数据等纳入在内，但实际上，相较于前面四种情况，“提供”数据引起数据安全事件的风险可能更高，将“提供”纳入在内更加合适。

第29条 任何组织、个人收集数据，必须采取合法、正当的方式，不得窃取或者以其他非法方式获取数据。

法律、行政法规对收集、使用数据的目的、范围有规定的，应当在法律、行政法规规定的目的和范围内收集、使用数据，不得超过必要的限度。

【解读】

本条明确了收集数据的合法、正当要求。

相较于收集个人信息的合法、正当、必要要求，对于收集数据，本条未当然强调必要的要求，而是在“法律、行政法规对收集、使用数据的目的、范围有规定的”情况下才强调收集数据不得超过必要的限度，这里也体现出了对于数据和个人信息的差异管理。对于“合法、正当”的理解，我们认为，主要包括不得从非法的渠道收集数据、不得隐秘收集数据、不得以欺诈、诱骗、误导的方式收集数据等。

第30条 从事数据交易中介服务的机构在提供交易中介服务时，应当要求数据提供方说明数据来源，审核交易双方的身份，并留存审核、交易记录。

【解读】

本条明确了数据交易中介服务机构的服务要求。

《数据安全法（草案）》并未对“数据交易中介服务”进行定义，可供参考的是《数据交易服务安全要求》第3．4条将“数据交易服务”定义为“帮助数据供方和需方完成数据交易的活动”。结合本条对数据交易中介服务机构的服务要求，数据交易中介服务机构应当主要指向《数据交易服务安全要求》第3．6条定义的“数据交易服务平台”，即“为数据交易提供各项服务的信息化平台”，实践中主要包括大数据交易所和企业自营的数据交易平台。对此，前面已经进行过介绍，在此不再赘述。

从数据交易中介服务机构的服务要求看，主要包括说明来源＋审核身份＋留存记录三项要求。而三项要求是否妥善履行，将决定数据交易中介服务机构是否依据第43条承担相应的法律责任。但需要指出的是，如果仅仅是

要求说明来源 + 审核身份，而不是要求审核数据来源，数据交易中介服务机构似乎难以有效识别数据来源是否非法，这种情况下如果出现非法来源的数据交易，要求数据交易中介服务机构承担法律责任是否合适，有待进一步论证。而如果要求数据交易中介服务机构审核数据来源，是形式审核还是实质审核，也有待进一步探讨。

第 31 条　专门提供在线数据处理等服务的经营者，应当依法取得经营业务许可或者备案。具体办法由国务院电信主管部门会同有关部门制定。

【解读】

本条提出对专门提供在线数据处理等服务的经营者的许可或备案要求。

理解本条，首先需要解决的问题是“在线数据处理服务”指向的具体内涵，这涉及其与《电信业务分类目录》中 B21 类别“在线数据处理与交易处理业务”服务是否有所区别。对此，暂时没有明确的结论，有待进一步的法律解释或有关部门加以明确。

其次本条使用了“等”，除了“在线数据处理”还包括哪些服务，也有待进一步明确，毕竟如果纳入本条的服务范围，需要取得许可或进行备案，否则需要依据第 44 条承担相应的法律责任。

第 32 条　公安机关、国家安全机关因依法维护国家安全或者侦查犯罪的需要调取数据，应当按照国家有关规定，经过严格的批准手续，依法进行，有关组织、个人应当予以配合。

【解读】

本条明确了组织、个人配合调取数据的要求。

从有权调取数据的机关和调取数据的条件看，限定在公安机关和国家安全机关，在依法维护国家安全或者侦查犯罪需要的情况下，可以调取数据。

从调取数据的程序要求看，相较于《网络安全法》第 28 条的规定，《数据安全法（草案）》增加了“按照国家有关规定，经过严格的批准手续，依法进行”的规定，有助于依法行政的落实，避免有权机关滥用权力。

第 33 条 境外执法机构要求调取存储于中华人民共和国境内的数据的，有关组织、个人应当向有关主管机关报告，获得批准后方可提供。中华人民共和国缔结或者参加的国际条约、协定对外国执法机构调取境内数据有规定的，依照其规定。

【解读】

本条明确了组织及个人向中国境外执法机构提供数据需经报批的原则性要求。

对于向境外机构提供证据材料、文件和资料，《国际刑事司法协助法》第 4 条第 3 款和《证券法》第 177 条第 2 款已经分别从刑事角度和证券监督管理角度，提出了未经境内有关主管部门同意，不得向境外机构提供证据材料、文件和资料等的要求。《数据安全法（草案）》从数据监管的角度，通过本条明确了组织及个人向中国境外执法机构提供数据需经报批的原则性要求，旨在一定程度上封堵境外执法机构的长臂管辖，有助于维护数据主权和国家安全。同时，明确了本条规定的例外情形，即我国缔结或参加的国际条约、协定对此有规定的，依照其规定，妥善解决了法律与国际条约、协定的适用问题。

关于本条中"境外执法机构"的范围问题，按照一般理解，似乎难以将境外司法机关纳入其中，对于境外司法机关调取存储在境内数据的问题，是否也需要加以规制，有待进一步研究。

此外，对于本条规定，《数据安全法（草案）》未规定相应的、明确的罚则，如果面对境外执法机构调查取证的要求，企业以此条为依据进行对抗，但却无法说明不报批的法律后果，可能作出对企业不利的认定，导致企业"出海"面临一定障碍。

第五章 政务数据安全与开放

第 34 条 国家大力推进电子政务建设，提高政务数据的科学性、准确性、时效性，提升运用数据服务经济社会发展的能力。

【解读】

本条明确了国家对于电子政务建设的支持和对政务数据的要求。

电子政务建设的推进，有助于更好地提升行政效率，进一步降低行政成本，更好地发挥社会管理职能。而随着电子政务的推进，政务数据的数量、广度等都会进一步提升，但想要最大程度上发挥政务数据的价值，需要确保政务数据满足科学性、准确性和时效性的要求，否则数据存在遗漏、错误、延迟等问题，会让政务数据的价值大打折扣，甚至出现负面作用。

第 35 条　国家机关为履行法定职责的需要收集、使用数据，应当在其履行法定职责的范围内依照法律、行政法规规定的条件和程序进行。

【解读】

本条对国家机关收集使用数据提出了规范化要求。

从规范化要求看，主要包括以下两点：第一，基于履行法定职责的需要并在履行法定职责的范围内收集、使用数据，避免随意收集、使用数据；第二，依照法律、行政法规规定的条件和程序进行，如未经法定条件和程序，即使在法定职责范围内也不得收集、使用数据。

第 36 条　国家机关应当依照法律、行政法规的规定，建立健全数据安全管理制度，落实数据安全保护责任，保障政务数据安全。

【解读】

本条对国家机关提出了数据安全保护的要求。

政务数据数量庞大，关系国计民生、国家安全和国家主权，如果出现数据安全事件，其后果不堪设想。因此，《数据安全法（草案）》对国家机关提出了数据安全保护的要求，强调保障政务数据安全。

第 37 条　国家机关委托他人存储、加工政务数据，或者向他人提供政务数据，应当经过严格的批准程序，并应当监督接收方履行相应的数据安全保护义务。

【解读】

本条对国家机关委托存储、加工、向他人提供政务数据提出了规范性要求。

实践中，为了对数据进行分析整理或者基于提供公共职能服务需要，国家机关委托存储、加工或向他人提供政务数据的情形并不少见。由于此前规制较少，不乏未经审批程序而直接通过微信对外发送数据等政务数据不规范对外提供的案例。《数据安全法（草案）》通过本条强化了委托存储、加工和向他人提供政务数据的审批要求和监督履行数据安全保护义务的要求，旨在降低政务数据在该等环节出现数据安全事件的概率。

第38条 国家机关应当遵循公正、公平、便民的原则，按照规定及时、准确地公开政务数据。依法不予公开的除外。

【解读】

本条明确了政务数据公开为常态、不公开为例外的要求。

《政府信息公开条例》第5条规定了政府信息公开为常态、不公开为例外的要求，本条明确了政务数据公开为常态、不公开为例外的要求。实践中，部分省市已经开始了政务数据公开的探索，我们整理了现有的地方政务数据公开方面的规定，以供参考：

序号	发文部门	文件名称	发布日期	生效日期
地方政府规章				
1	福建省人民政府	《福建省政务数据管理办法》	2016年10月15日	2016年10月15日
2	宁夏回族自治区人民政府	《宁夏回族自治区政务数据资源共享管理办法》	2018年9月4日	2018年11月1日
3	上海市人民政府	《上海市公共数据和一网通办管理办法》	2018年9月30日	2018年11月1日
4	重庆市人民政府	《重庆市政务数据资源管理暂行办法》	2019年7月31日	2019年7月31日
5	上海市人民政府	《上海市公共数据开放暂行办法》	2019年8月29日	2019年10月1日
6	辽宁省人民政府	《辽宁省政务数据资源共享管理办法》	2019年11月26日	2020年1月1日
7	山西省人民政府	《山西省政务数据资产管理试行办法》	2019年11月28日	2020年1月1日
8	山东省人民政府	《山东省电子政务和政务数据管理办法》	2019年12月25日	2020年2月1日

续表

序号	发文部门	文件名称	发布日期	生效日期
9	浙江省人民政府	《浙江省公共数据开放与安全管理暂行办法》	2020 年 6 月 12 日	2020 年 8 月 1 日
地方规范性文件				
1	上海市人民政府	《上海市政务数据资源共享管理办法》	2016 年 2 月 29 日	2016 年 3 月 1 日
2	贵州省人民政府	《贵州省政务数据资源管理暂行办法》	2016 年 11 月 1 日	2016 年 11 月 1 日
3	广东省人民政府办公厅	《广东省政务数据资源共享管理办法（试行）》	2018 年 11 月 29 日	2019 年 1 月 1 日
4	吉林省人民政府	《吉林省公共数据和一网通办管理办法（试行）》	2019 年 1 月 4 日	2019 年 1 月 4 日
5	广西壮族自治区人民政府	《广西民用遥感卫星数据开放共享管理暂行办法》	2019 年 6 月 13 日	2019 年 6 月 13 日
6	上海市绿化和市容管理局	《上海市绿化和市容管理局加快推进数据治理促进公共数据应用实施方案》	2019 年 10 月 11 日	2019 年 10 月 11 日
7	北京市大数据工作推进小组办公室	《关于通过公共数据开放促进人工智能产业发展的工作方案》	2019 年 10 月 15 日	2019 年 10 月 15 日
8	北京市交通委	《北京市交通出行数据开放管理办法（试行）》	2019 年 11 月 1 日	2019 年 11 月 1 日
9	上海经济和信息化委员会	《上海市公共数据开放分级分类指南（试行）》	2019 年 11 月 1 日	2019 年 11 月 1 日

第 39 条　国家制定政务数据开放目录，构建统一规范、互联互通、安全可控的政务数据开放平台，推动政务数据开放利用。

【解读】

本条明确了政务数据开放平台的构建要求。

通过构建统一规范、互联互通、安全可控的政务数据开放平台，有助于统一规范政务数据的开放与管理，依法有序进行政务数据的开放利用。从实践探索角度看，贵阳市政府数据开放平台（网址：data. guiyang. gov. cn/city/index. htm）于 2017 年 1 月初正式上线运营，根据平台数据显示，截至2020年7月20日，平台已开放14416342条数据，2729个数据集，384个API，涉及44个市级部门、13个区县。

第40条 具有公共事务管理职能的组织为履行公共事务管理职能开展数据活动，适用本章规定。

【解读】

本条明确了对具有公共事务管理职能的组织开展数据活动的要求。

《数据安全法（草案）》第34到第39条规制的主体均为国家机关，本条将具有公共事务管理职能的组织履行公共管理职能开展数据活动的情形也纳入前述规定的适用范围。例如，国家科技管理信息系统公共服务平台由中国科学技术信息研究建设运行并提供相关技术服务，负责对中央财政科技计划（专项、基金等）的需求征集、指南发布、项目申报、立项和预算安排、监督检查、验收结果等进行全过程信息管理，并主动向社会公开非涉密信息。中国科学技术信息研究所为运行该平台开展数据活动，应当适用前述规定。

第六章 法律责任

第41条 有关主管部门在履行数据安全监管职责中，发现数据活动存在较大安全风险的，可以按照规定的权限和程序对有关组织和个人进行约谈。有关组织和个人应当按照要求采取措施，进行整改，消除隐患。

【解读】

本条明确了数据安全监管的约谈制度。

与《网络安全法》第56条规定的网络安全监管的约谈制度相类似，数据安全监管也将约谈制度法定化。但区别于前述《网络安全法》规定约谈主体为“省级以上人民政府有关部门”，本条对约谈主体的规定为“有关主管部门”，未明确主管部门的层级要求，如不加以必要限制可能会造成约谈制度的滥用。

此外，从立法体例的角度看，相较于《网络安全法》将约谈制度规定在第五章“监测预警与应急处置”而不是第六章“法律责任”，《数据安全法（草案）》将约谈制度作为法律责任的一条，是否合适，有待进一步论证。一般理解，约谈是偏柔性、非强制性的监管措施，而法律责任是以强制力为保障的权利救济机制。

第 42 条　开展数据活动的组织、个人不履行本法第二十五条、第二十七条、第二十八条、第二十九条规定的数据安全保护义务或者未采取必要的安全措施的，由有关主管部门责令改正，给予警告，可以并处一万元以上十万元以下罚款，对直接负责的主管人员可以处五千元以上五万元以下罚款；拒不改正或者造成大量数据泄漏等严重后果的，处十万元以上一百万元以下罚款，对直接负责的主管人员和其他直接责任人员处一万元以上十万元以下罚款。

【解读】

本条明确了未履行数据安全保护义务的法律责任。

从法律责任形式看，本条基本借鉴了《网络安全法》第 59 条对于未履行网络安全保护义务的法律责任的规定，主要包括责令改正、警告、对组织罚款和对直接负责的主管人员罚款等，拒不改正或者造成大量数据泄露等严重后果的罚款金额会有较大幅度的上升。

第 43 条　数据交易中介机构未履行本法第三十条规定的义务，导致非法来源数据交易的，由有关主管部门责令改正，没收违法所得，处违法所得一倍以上十倍以下罚款，没有违法所得的，处十万元以上一百万元以下罚款，并可以由有关主管部门吊销相关业务许可证或者吊销营业执照；对直接负责的主管人员和其他直接责任人员处一万元以上十万元以下罚款。

【解读】

本条明确了数据交易中介机构相关的法律责任。

若数据交易中介机构未要求数据提供方说明数据来源，审核交易双方的身份，并留存审核、交易记录，导致非法来源数据交易的，需要根据本条承担责令改正、没收违法所得、罚款、吊销相关业务许可证或者吊销营业执照的法律责任。其中，吊销相关业务许可证或者吊销营业执照的处罚，对于数据交易中介机构而言是最重的处罚，将直接决定数据交易中介机构后续无法继续从事数据交易中介服务。

第44条 未取得许可或者备案，擅自从事本法第三十一条规定业务的，由有关主管部门责令改正或者予以取缔，没收违法所得，处违法所得一倍以上十倍以下罚款；没有违法所得的，处十万元以上一百万元以下罚款；对直接负责的主管人员和其他直接责任人员处一万元以上十万元以下罚款。

【解读】

本条明确了未经许可或备案专门提供在线数据处理等服务的法律责任。

专门提供在线数据处理等服务，需要取得许可或备案方能进行。未经许可或备案，将面临责令改正、没收违法所得、罚款的法律责任，甚至被取缔，责任还是较重的。

第45条 国家机关不履行本法规定的数据安全保护义务的，对直接负责的主管人员和其他直接责任人员依法给予处分。

【解读】

本条明确了国家机关不履行数据安全保护义务的法律责任。

从条文对应上，本条主要规定的是第36条的相应法律责任。但第37条，即委托存储、加工、向他人提供政务数据，也可以纳入本条的法律责任的适用范围。需要指出的是，本条并未限制条件，即未要求造成数据安全事件等严重后果才适用，也就意味着，在日常数据安全检查等过程中发现国家机关不履行本法规定的数据安全保护义务的，就可以触发本条的法律责任。

第46条 履行数据安全监管责任的国家工作人员玩忽职守、滥用职权、徇私舞弊，尚不构成犯罪的，依法给予处分。

【解读】

本条规定了国家工作人员玩忽职守、滥用职权、徇私舞弊的法律责任。

《刑法》397条对滥用职权罪、玩忽职守罪进行了规定，并对徇私舞弊情况下犯前述罪进行了规定。履行数据安全监管责任的国家工作人员，玩忽职守、滥用职权、徇私舞弊触犯刑事犯罪的，依照前述《刑法》规定承担相应责任；尚不构成犯罪的，依法给予处分，旨在督促国家工作人员切实履行数据安全监管责任。

第47条　通过数据活动危害国家安全、公共利益，或者损害公民、组织合法权益的，依照有关法律、行政法规的规定处罚。

【解读】

本条明确了数据活动危害国家安全、公共利益、公民、组织合法权益的法律责任。

本条并未直接规定数据活动在危害国家安全、公共利益、公民、组织合法权益情况下具体的法律责任，而是适用有关法律、行政法规的规定处罚。但本条使用的词语是“处罚”，相对应的应承担行政责任，而民事责任、行政责任都不适用“处罚”的表述。推测来看，似乎是依据《国家安全法》《网络安全法》等相关法律、行政法规进行处罚。但整体来说，本条规定可能造成执行上的困难和法律责任的不明确，而且本条与第48条的衔接问题，也有待进一步论证。

第48条　违反本法规定，给他人造成损害的，依法承担民事责任。

违反本法规定，构成违反治安管理处罚行为的，依法给予治安管理处罚；构成犯罪的，依法追究刑事责任。

【解读】

本条明确了民事、刑事责任及治安管理处罚的衔接性规定。

本条与《网络安全法》第74条“违反本法规定，给他人造成损害的，依法承担民事责任。违反本法规定，构成违反治安管理行为的，依法给予治安管理处罚；构成犯罪的，依法追究刑事责任”。基本一致，明确了民事、刑事责任及治安管理处罚的衔接性规定。

第七章　附　　则

第49条　涉及国家秘密的数据活动，适用《中华人民共和国保守国家秘密法》等法律、行政法规的规定。

开展涉及个人信息的数据活动，应当遵守有关法律、行政法规的规定。

【解读】

本条明确了涉及国家秘密的数据活动和涉及个人信息的数据活动的法律适用。

通过本条的规定，妥善解决了涉及国家秘密的数据活动的和涉及个人信息的数据活动的法律适用，避免了法律之间的交叉和冲突。

第 50 条 军事数据安全保护的办法，由中央军事委员会另行制定。

【解读】

本条明确了军事数据安全保护的适用规定。

同《网络安全法》第 78 条规定“军事网络的安全保护，由中央军事委员会另行规定”相类似，本条规定军事数据安全保护的办法由中央军事委员会另行制定。

第 51 条 本法自 年 月 日起施行。

【解读】

本条规定了法律的施行时间。

鉴于《数据安全法（草案）》尚处于征求意见阶段，正式施行日期有待立法正式通过后确定。

作为数据安全领域的基本法律，《数据安全法（草案）》的制定对于我国数据安全管理具有重要意义。虽然尚处于草案阶段，很多问题仍有待进一步完善和论证，但整体反映出的数据安全要求和立法精神，仍然需要企业予以高度重视，并提前开展相应的数据安全合规安排。

九、《个人信息安全规范（征求意见稿）》十大主要变化解读

2019 年 6 月 25 日，信安标委发布《关于国家标准〈信息安全技术　个人信息安全规范〉征求意见稿征求意见的通知》，对《个人信息安全规范（征求意见稿）》公开征求意见。征求意见截止时间为 2019 年 8 月 8 日。

继 2019 年 2 月 1 日信安标委对《个人信息安全规范（草案）》征求意见之后，信安标委将草案进行完善形成征求意见稿，再次公开征求意见。为了帮助大家快速了解《个人信息安全规范》从草案到征求意见稿的变化，接下来，将通过对比解读的方式，为大家梳理《个人信息安全规范（征求意见稿）》的十大主要变化。

十大主要变化速览

序号	主要变化
1	新增“业务功能”的定义
2	调整收集个人信息的告知内容，并基于一项还是多项业务功能的不同决定是否可以只通过隐私政策进行告知同意
3	对隐私政策的要求进行删减和优化
4	新增履行与个人信息主体的合同所必须作为征得授权同意的例外情形
5	新增用户画像的使用限制
6	新增对信息系统自动决策的安全影响评估要求和涉及申诉的决策结果的人工复核要求
7	不再强调个人信息跨境传输需进行安全评估
8	不再单独强调对个人信息控制者在大量个人信息和重要数据发生泄露、毁损、丢失情况时的报告要求
9	新增关于个人信息安全工程的规定
10	附录 B 个人敏感信息判定中，新增“通讯录、好友列表、群组列表”作为个人敏感信息举例，删除“个人电话号码”“邮箱地址及与前述有关的密码”等内容

十大主要变化具体解读

主要变化一：新增“业务功能”的定义

【条文对比】

《个人信息安全规范（草案）》	《个人信息安全规范（征求意见稿）》
无相关要求	3.17 业务功能 business function 满足个人信息主体的具体使用需求的服务类型。如地图导航、网络约车、即时通讯、社区社交、网络支付、新闻资讯、网上购物、快递配送、交通票务等。

【解读】

业务功能的明确界定，是评估业务功能是否与收集个人信息相对应和是否符合必要性要求的基础。《APP 自评估指南》评估项 2 的第 5 个评估点和《网络安全实践指南——移动互联网应用基本业务功能必要信息规范》（以下简称《移动互联网应用必要信息规范》）第二部分第 2 条，先后对“业务功能”进行了定义。

《个人信息安全规范（征求意见稿）》新增对业务功能的定义，沿用了《移动互联网应用必要信息规范》的定义，界定了业务功能的划分标准，完善了之前未对业务功能进行划分的缺憾，也一定程度上限制了企业为了收集个人信息而强行将所收集信息与某项自主定义的“业务功能”进行对应的行为。

主要变化二：调整收集个人信息的告知内容，并基于一项还是多项业务功能的不同决定是否可以只通过隐私政策进行告知同意

【条文对比】

《个人信息安全规范（草案）》	《个人信息安全规范（征求意见稿）》
5.4 收集个人信息时的授权同意 对个人信息控制者的要求包括： a）收集个人信息前，应向个人信息主体明确告知所提供产品或服务的不同业务功能分别收集的个人信息类型，以及收集、使用个人信息的规则（例如收集和使用个人信息的目的、收集方式和频率、存放地域、存储期限、自身的数据安全 能力、对外共享、转让、公开披露的有关情况等），并获得个人信息主体的授权同意； ……	5.4 收集个人信息时的授权同意 对个人信息控制者的要求包括： a）收集个人信息，应向个人信息主体告知收集、使用个人信息的目的、方式和范围，并获得个人信息主体的授权同意； 注 1：如产品或服务仅提供一项收集、使用个人信息的业务功能时，个人信息控制者可通过隐私政策的形式，实现向个人信息主体的告知；产品或服务提供多项收集、使用个人信息的业务功能的，除隐私政策外，个人信息控制者宜在实际开始收集特定个人信息时，向个人信息主体提供收集、使用该个人信息的目的、方式和范围，以便个人信息主体在作出具体的授权同意前，能充分考虑对其的具体影响。 注 2：符合本标准 5.3 和 5.4a）要求的实现方法，可参考附录 C。

【解读】

从《个人信息安全规范（草案）》详细地规定收集个人信息的告知范围，到《个人信息安全规范（征求意见稿）》规定告知收集、使用个人信息的目的、方式和范围，收集个人信息的告知内容进一步得到调整，赋予了企业更多的主观能动性，一定程度上解决了因详细列示告知内容且部分内容可执行性较困难等给企业造成的困扰。

《个人信息安全规范（征求意见稿）》新增了基于区分一项还是多项业务功能，决定是否可以只通过隐私政策进行告知同意还是需要在实际开始收集特定个人信息时通过交互界面或设计再次进行告知同意。该规定考虑了不同发展阶段和业务特点的企业的不同情况，但实际上重点明确了对大部分拥有多项业务功能的企业而言，仅仅通过隐私政策来获取用户的授权同意不足以满足授权同意的要求，除制定隐私政策外，需要在隐私政策之后实际开始收集个人信息时通过交互界面或设计来再次征得用户的授权同意。

需要探讨的是，《个人信息安全规范（征求意见稿）》的注 2 不仅明确了本条即第 5. 4a）条的实现方法，还明确了第 5. 3 条的实现方法。在第 5. 4 a）条注的部分明确第 5. 3 条的内容是否合适，有待进一步商榷。

主要变化三：对隐私政策的要求进行删减和优化

【条文对比】

《个人信息安全规范（草案）》	《个人信息安全规范（征求意见稿）》
5. 6 隐私政策的要求 对个人信息控制者的要求包括： a）应制定隐私政策，内容应包括但不限于：1）个人信息控制者的基本情况，包括注册名称、注册地址、常用办公地点和相关负责人的联系方式等； …… 4）个人信息收集方式、频率、存放地域、存储期限、涉及数据出境情况等个人信息处理规则和实际收集的个人信息范围； …… c）隐私政策的内容应清晰易懂，符合通用的语言习惯，使用标准化的数字、图示等，避免使用有歧义的语言，并在起始部分提供摘要，简述告知内容的重点。当对隐私政策内容的理解发生分歧时，采用对个人信息主体合法权益最有利的理解； ……	5. 5　隐私政策 对个人信息控制者的要求包括： a）应制定隐私政策，内容应包括但不限于： 1）个人信息控制者的基本情况，包括主体身份、联系方式； …… 3）个人信息收集方式、存储期限、涉及数据出境情况等个人信息处理规则； …… c）隐私政策的内容应清晰易懂，符合通用的语言习惯，使用标准化的数字、图示等，避免使用有歧义的语言； ……

【解读】

第一，限缩了隐私政策中关于个人信息控制者的基本情况的告知内容。从《个人信息安全规范（草案）》详细地规定需告知的个人信息控制者的基本情况，到《个人信息安全规范（征求意见稿）》规定仅告知个人信息控制者的主体身份和联系方式的变化，是对众多企业就该条款提出的完善意见的响应。《个人信息安全规范（草案）》发布后，针对需告知的个人信息控制者的基本情况的内容产生了广泛的关注和讨论，从可执行性角度涉及集团公司隐私政策统筹安排、相关负责人联系方式公开可能造成的困扰、负责人可能频繁变更、多个办公地址等问题。《个人信息安全规范（征求意见稿）》

的调整，提高了本条要求的可执行性，从联系方式角度理解，不再限制是相关负责人的联系方式，意味着可以使用客服电话、个人信息保护专用客服电话、个人信息保护部门联系电话等。

第二，调整了个人信息收集方式等个人信息处理规则要求。《个人信息安全规范（征求意见稿）》删除了隐私政策中告知个人信息收集频率、存放地域和实际收集的个人信息范围的要求，可执行性也得以进一步提高。值得商榷的是，这里不再强调明确存放地域，与《APP 自评估指南》评估项 3 第 10 个评估点要求的明确个人信息存放地域（国内、国外）存在不一致之处，而且从实践的角度看，明确存放地域是国内还是国外似乎不会明显增加企业的合规成本。

第三，删除了起始部分提供摘要简述告知隐私政策内容的重点的要求。《个人信息安全规范（征求意见稿）》不再强制要求起始部分提供摘要，为企业提供了更多的弹性空间，降低了强制要求起始部分提供摘要可能给企业造成的困扰。

第四，删除了隐私政策理解内容采用对个人信息主体合法权益最有利的理解的要求。隐私政策理解内容采用对个人信息主体合法权益最有利的理解，蕴含着将隐私政策作为格式文本理解的意味。在尚无法对隐私政策进行准确定性的情况下，通过国家标准来进行定性存在不尽合理之处，众多企业的反对声音也比较强烈。因此，《个人信息安全规范（征求意见稿）》删除了该项要求，不失为审慎之举。

主要变化四：新增履行与个人信息主体的合同所必须作为征得授权同意的例外情形

【条文对比】

《个人信息安全规范（草案）》	《个人信息安全规范（征求意见稿）》
无相关内容	5.6　征得授权同意的例外 以下情形中，个人信息控制者收集、使用个人信息不必征得个人信息主体的授权同意： …… g）根据个人信息主体要求签订和履行合同所必需的； 注：隐私政策的主要功能为公开个人信息控制者收集、使用个人信息范围和规则，不应将其视为本条中的合同。

【解读】

新增履行与个人信息主体的合同所必须作为征得授权同意的例外情形，实际借鉴了欧盟 GDPR 第 6 条对个人信息处理六项合法事由的要求。欧盟 GDPR 六项处理个人信息合法事由中，第二项即为处理是为向身为合同当事人的数据主体履行合同所必须的，或在缔约前，应数据主体的要求所必须采取的步骤。

从《网络安全法》及相关配套规定看，我国关于个人信息处理的合法事由还是个人同意。履行与个人信息主体的合同所必须作为征得授权同意的例外情形，是否存在突破上位法依据的情况有待进一步讨论。从执行角度看，本条通过注的形式将隐私政策排除在本条规定的“合同”之外，限制开展了多项业务功能的企业将隐私政策解释为合同进而将本条作为需要再次通过交互界面或设计获得用户授权同意的例外情形的解释空间。

值得进一步探讨的是，首先，此处的“合同”应该如何界定，是否需限定在业务有关的合同，如金融理财场景下的用户投资服务协议、快捷支付协议等？其次，就是当合同所必须与用户真实自主意愿发生冲突时，此条的适用前景如何？如用户基于可以记录运动数据的考虑购买了电子手环，但电子手环生产商在合同中明确了需要将该等运动数据传输至境外，而用户不想将数据传输至境外，该等冲突场景是否适合使用本条将用户同意排除在外？

最后，“必需”如何界定，谁来界定？如果企业或者用户自行界定，该条很明显存在滥用的可能性；如果由相关主管部门来界定，界定到什么程度、界定的工作量等，都是需要考虑的问题。

主要变化五：新增用户画像的使用限制

【条文对比】

《个人信息安全规范（草案）》	《个人信息安全规范（征求意见稿）》
无相关内容	7.4　用户画像的使用限制 对个人信息控制者的要求包括： a）用户画像中对个人信息主体的特征描述，不应： 1）包含淫秽、色情、赌博、迷信、恐怖、暴力的内容； 2）表达对民族、种族、宗教、残疾、疾病歧视的内容。 b）在业务运营或对外业务合作中使用用户画像的，不应： 1）侵害保护公民、法人和其他组织的合法权益； 2）危害国家安全、荣誉和利益，煽动颠覆国家政权、推翻社会主义制度，煽动分裂国家、破坏国家统一，宣扬恐怖主义、极端主义，宣扬民族仇恨、民族歧视，传播暴力、淫秽色情信息，编造、传播虚假信息扰乱经济秩序和社会秩序。 c）除为达到个人信息主体授权同意的使用目的所必需外，使用个人信息时应消除明确身份指向性，避免精确定位到特定个人。例如，为准确评价个人信用状况，可使用直接用户画像，而用于推送商业广告目的时，则宜使用间接用户画像。

【解读】

新增用户画像的使用限制，旨在更好地规制使用用户画像过程中可能产生的违反法律法规、公序良俗和意识形态要求等的情形。

值得指出的是，“7.4a）2）表达对民族、种族、宗教、残疾、疾病歧视的内容”，该项要求在内部讨论过程中对规制目的和措辞表述进行了优化，因为民族、种族、宗教、残疾、疾病等个人信息主体的特征本身可能并不会包括歧视的内容，不宜直接禁止使用该等特征对个人信息主体进行标注，但如果使用该等特征对用户进行信用评分差异对待等用户画像时进行歧视，则为该项要求所禁止。

主要变化六：新增对信息系统自动决策的安全影响评估要求和涉及申诉的决策结果的人工复核要求

【条文对比】

《个人信息安全规范（草案）》	《个人信息安全规范（征求意见稿）》
7.12 约束信息系统自动决策 当仅依据信息系统的自动决策而做出显著影响个人信息主体权益的决定时（例如基于用户画像决定个人征信及贷款额度，或将用户画像用于面试筛选），个人信息控制者应向个人信息主体提供申诉方法。	7.7　信息系统自动决策机制的使用 个人信息控制者业务运营所使用的信息系统，具备自动决策机制且能对个人信息主体权益造成显著影响的（例如自动决定个人征信及贷款额度，或用于面试人员的自动化筛选等），应： a）在规划设计阶段或首次使用前开展个人信息安全影响评估，并依评估结果采取有效的保护个人信息主体的措施； b）在使用过程中定期（至少每年一次）开展个人信息安全影响评估，并依评估结果改进保护个人信息主体的措施； c）向个人信息主体提供针对自动决策结果的申诉渠道，支持通过人工方式对个人信息主体投诉情形进行复核。

【解读】

新增对信息系统自动决策的安全影响评估要求，具体包括规划设计阶段或首次使用前开展评估和在使用过程中定期（至少每年一次）开展个人信息安全影响评估。新增此项要求的主要原因在于信息系统自动决策的基础之一是收集与评估大量且多维度的个人信息，通过事前和事中加强安全评估并采取相应安全措施，能够一定程度上降低个人信息的安全风险。

涉及申诉的决策结果增加人工复核的要求，更加强调了对个人信息主体负责的态度。本条主要规制的场景就在于自动决策机制能对个人信息主体权益造成显著影响的应用场景，如影响贷款额度的确定、能否进行面试等，在《个人信息安全规范（草案）》强调提供申诉方法的基础上，《个人信息安全规范（征求意见稿）》进一步对涉及申诉的决策结果增加人工复核的要求，更有利于保护个人信息主体的切身权益，具有一定的必要性。但需要探讨的问题在于，本条未对需要复核的情况进行更多维度的限定，如果每一个个人信息主体对每一条自动决策结果都提出申诉，势必会激增企业的人工复核负担。

主要变化七：不再强调个人信息跨境传输需进行安全评估

【条文对比】

《个人信息安全规范（草案）》	《个人信息安全规范（征求意见稿）》
8.8 个人信息跨境传输要求 在中华人民共和国境内运营中收集和产生的个人信息向境外提供的，个人信息控制者应当按照国家网信部门会同国务院有关部门制定的办法和相关标准进行安全评估，并符合其要求。	8.8 个人信息跨境传输 在中华人民共和国境内运营中收集和产生的个人信息向境外提供的，个人信息控制者应符合国家网信部门会同国务院有关部门制定的办法和相关标准的要求。

【解读】

《个人信息安全规范（征求意见稿）》删除了《个人信息安全规范（草案）》中关于个人信息跨境传输需经安全评估的强制要求，而是强调个人信息跨境传输需符合国家网信部门会同国务院有关部门制定的办法和相关标准的要求，有利于与近期发布的《个人信息出境办法（征求意见稿）》等文件就个人信息跨境传输的规定保持一致。

主要变化八：不再单独强调对个人信息控制者在大量个人信息和重要数据发生泄露、毁损、丢失情况时的报告要求

【条文对比】

《个人信息安全规范（草案）》	《个人信息安全规范（征求意见稿）》
9.1 个人信息安全事件应急处置和报告 对个人信息控制者的要求包括： …… d）发生超过100万人个人信息或者关系国计民生、公共利益的个人敏感信息（例如基因、生物特征信息、疾病等个人敏感信息）泄露、毁损、丢失的安全事件，应按照本条c）的要求将有关情况报网信部门； （其他条款内容无实质变化，此处略）	9.1 个人信息安全事件应急处置和报告 对个人信息控制者的要求包括： …… （其他条款内容无实质变化，此处略）

【解读】

参照《个人信息和重要数据出境办法（征求意见稿）》及《重要数据识

别指南（征求意见稿）》的相关规定，“超过100万人个人信息”属于“大量个人信息”，“关系国计民生、公共利益的个人敏感信息”属于“重要数据”。《个人信息安全规范（征求意见稿）》删除了《个人信息安全规范（草案）》中关于大量个人信息和重要数据发生泄露、毁损、丢失情况时个人信息控制者的报告要求。

需注意的是，此处的删除并不意味着个人信息控制者无需对该等情形承担相关报告责任。《网络安全法》第25条规定“在发生危害网络安全的事件时，立即启动应急预案，采取相应的补救措施，并按照规定向有关主管部门报告”。《数据安全管理办法（征求意见稿）》第35条规定“发生个人信息泄露、毁损、丢失等数据安全事件，或者发生数据安全事件风险明显加大时，网络运营者应当立即采取补救措施，及时以电话、短信、邮件或信函等方式告知个人信息主体，并按要求向行业主管监管部门和网信部门报告”。根据前述规定可以看出，发生网络安全事件，依然需要承担相应报告责任，只是不再单独强调大量个人信息和重要数据发生泄露、毁损、丢失的特殊情形。

主要变化九：新增关于个人信息安全工程的规定

【条文对比】

《个人信息安全规范（草案）》	《个人信息安全规范（征求意见稿）》
无相关要求	10.2　个人信息安全工程 开发具有处理个人信息功能的产品和服务时，个人信息控制者宜根据国家有关标准在需求、设计、开发、测试、发布等系统工程阶段考虑个人信息保护要求，保证在系统建设时对个人信息保护措施同步规划、同步建设和同步使用。

【解读】

《个人信息安全规范（征求意见稿）》新增了关于个人信息安全工程的规定，鼓励个人信息控制者在开发具有处理个人信息功能的产品和服务时，宜考虑个人信息保护要求，从而保证系统建设与个人信息保护措施的同步。此规定也呼应了国家互联网信息办公室于2019年5月28日发布的《数据安全管理办法（征求意见稿）》中关于"网络运营者应当严格遵守收集使用规则，网站、应用程序收集或使用个人信息的功能设计应同隐私政策保持一致，同步调整"的规定。

与《个人信息安全规范（征求意见稿）》同期发布征求意见的《信息安全技术　个人信息安全工程指南（征求意见稿）》，对个人信息安全工程进行了较为细致的规定，可以进行重点参考。

主要变化十：附录 B 个人敏感信息判定中，新增"通讯录、好友列表、群组列表"作为个人敏感信息举例，删除"个人电话号码""邮箱地址及与前述有关的密码"等内容

【条文对比】

《个人信息安全规范（草案）》	《个人信息安全规范（征求意见稿）》
表 B.1 个人敏感信息举例 …… 网络身份标识信息 个人信息主体账号、邮箱地址及与前述有关的密码、口令、口令保护答案、个人信息主体个人数字证书等的组合 …… 其他信息 个人电话号码、性取向、婚史、宗教信仰、未公开的违法犯罪记录、通信记录和内容、行踪轨迹、网页浏览记录、住宿信息、精准定位信息等	表 B.1 个人敏感信息举例 …… 网络身份标识信息 个人信息主体账号、口令、口令保护答案、用户个人数字证书等的组合 …… 其他信息 性取向、婚史、宗教信仰、未公开的违法犯罪记录、通信记录和内容、通讯录、好友列表、群组列表、行踪轨迹、网页浏览记录、住宿信息、精准定位信息等

【解读】

《个人信息安全规范（征求意见稿）》新增"通讯录、好友列表、群组列表"作为个人敏感信息举例，删除《个人信息安全规范（草案）》中"个人电话号码""邮箱地址及与前述有关的密码"等内容的举例。值得探讨的是，通讯录是否是个人隐私，在近期开庭的"今日头条被指侵犯个人隐私案"中成为争论的焦点之一。《个人信息安全规范（征求意见稿）》将通讯录作为个人敏感信息举例，会产生怎么样的影响，值得关注和研究。

短短4个月的时间内，从草案到征求意见稿，《个人信息安全规范》的修订工作正在紧张有序地进行。结合近期发布的多部个人信息保护相关规定的征求意见稿可以看出，个人信息保护工作刻不容缓，企业需要提前做好相应合规准备。

十、《个人信息安全规范》正式版九大主要变化解读

2020年3月7日消息，根据2020年3月6日国家市场监督管理总局、国家标准化管理委员会发布的中华人民共和国国家标准公告（2020年第1号），信安标委归口的GB/T 35273－2020《个人信息安全规范》等8项国家标准正式发布，将于2020年10月1日正式实施。

作为个人信息安全领域最基础、最重要和影响最为广泛的国家标准，《个人信息安全规范》的发布和实施，对后续个人信息保护工作的开展将会产生深远影响。接下来，首先，将通过与《个人信息安全规范（征求意见稿）》（2019.10.22版）对比的方式，为大家梳理解读《个人信息安全规范》的九大主要变化，方便大家快速了解掌握重点内容。其次，对于大家最关心的《个人信息安全规范》的修订历程和效力问题，我们也进行了整理。最后，本书附录附上了《个人信息安全规范》正式版与《个人信息安全规范（征求意见稿）》（2019.10.22版）全文比对，供大家参考。

第一部分　九大主要变化具体解析

九大主要变化速览

序号	主要变化
1	删减收集个人信息合法性的部分要求
2	新增及强化个人生物识别信息的收集、存储和共享转让的要求
3	新增采用密码技术宜遵循密码管理相关国家标准的要求
4	将“隐私政策”调整为“个人信息保护政策”

续表

序号	主要变化
5	将个人信息主体的权利作为专门的条款要求
6	优化个人信息主体注销账户的相关规定
7	放宽第三方接入管理的部分要求
8	放宽任命专职个人信息保护负责人和个人信息保护工作机构的部分条件
9	新增建立自动化审计系统的要求

主要变化一：删减收集个人信息合法性的部分要求

【条文对比】

《个人信息安全规范（征求意见稿）》 （2019.10.22 版）	《个人信息安全规范》
5.1 收集个人信息的合法性 对个人信息控制者的要求包括： a）不应以欺诈、诱骗、误导的方式收集个人信息； b）不应隐瞒产品或服务所具有的收集个人信息的业务功能； c）不应从非法渠道获取个人信息； d）不应收集法律法规明令禁止收集的个人信息； e）不应大规模收集我国公民的种族、民族、政治观点、宗教信仰等个人敏感信息。	5.1 收集个人信息的合法性 对个人信息控制者的要求包括： a）不应以欺诈、诱骗、误导的方式收集个人信息； b）不应隐瞒产品或服务所具有的收集个人信息的功能； c）不应从非法渠道获取个人信息。

【解读】

根据条文对比，可以看出，对于收集个人信息的合法性要求，《个人信息安全规范》删除了原有的“不应收集法律法规明令禁止收集的个人信息”和“不应大规模收集我国公民的种族、民族、政治观点、宗教信仰等个人敏感信息”的要求。

1. 删除“不应收集法律法规明令禁止收集的个人信息”的要求

对于删除“不应收集法律法规明令禁止收集的个人信息”的要求，如法律法规已经明令禁止收集某类个人信息，个人信息控制者本就应该遵循相应法律法规的规定。以征信业务为例，《征信业管理条例》第 14 条明确规定，禁止征信机构采集个人的宗教信仰、基因、指纹、血型、疾病和病史信息以及法律、行政法规规定禁止采集的其他个人信息。也就是说，行政法规明确禁止征信机构在征信业务中收集前述个人信息。

2. 删除“不应大规模收集我国公民的种族、民族、政治观点、宗教信仰等个人信息”的要求

对于删除“不应大规模收集我国公民的种族、民族、政治观点、宗教信仰等个人信息”的要求，意味着，从字面意思理解，个人信息控制者可以大规模收集我国公民的种族、民族、政治观点、宗教信仰等个人信息。但需要指出的是，Facebook 数据泄露事件为全世界敲响了警钟，大规模收集我国公民的前述信息，一旦泄露或被不法分子加以非法利用，很容易给我国国家安全、社会稳定和民族团结造成严重威胁。建议企业从实际业务需求出发，在确为业务开展所必需的情况下，方可大规模收集我国公民的种族、民族、政治观点、宗教信仰等个人信息。如收集该等信息，应加强对该等个人信息的安全保护，尽可能防止其被窃取、泄露或其他个人信息安全事件的发生，以减少对我国国家安全、社会稳定和民族团结的潜在威胁。

此外，需要指出的是，《个人信息安全规范》保留了不应公开披露前述信息分析结果的要求，即第 9.4g）条要求“不应公开披露我国公民的种族、民族、政治观点、宗教信仰等个人敏感数据的分析结果”。这就意味着，企业可以收集我国公民的种族、民族、政治观点、宗教信仰等个人信息，但不应将该等信息的分析结果进行公开披露，其目的主要也是在于减少对我国国家安全、社会稳定和民族团结的潜在威胁。

主要变化二：新增及强化个人生物识别信息的收集、存储和共享转让的要求

【条文对比一】

《个人信息安全规范（征求意见稿）》（2019.10.22版）	《个人信息安全规范》
无	5.4 收集个人信息时的授权同意 …… c）收集个人生物识别信息前，应单独向个人信息主体告知收集、使用个人生物识别信息的目的、方式和范围，以及存储时间等规则，并征得个人信息主体的明示同意。 注3：个人生物识别信息包括个人基因、指纹、声纹、掌纹、耳廓、虹膜、面部识别特征等。

【解读】

《个人信息安全规范》新增了对收集个人生物识别信息的要求。

在探讨对收集个人生物识别信息的要求前，我们需要先来探讨一个问题，为什么要新增对个人生物识别信息的强化保护？《信息技术　安全技术　生物特征识别信息的保护要求（征求意见稿）》在其引言部分指出了个人生物识别信息需要加以保护的原因。简单来说，一方面，个人生物识别信息用于身份鉴别有其独特优势，比如手机指纹解锁、人脸解锁、人脸支付、声音锁等。因为一般来说个人生物识别信息难以或不可能发生变化、与个人密切绑定且不同人的信息不一致；但另一方面，也正因为个人生物识别信息难以或不可能发生变化、与个人密切绑定，其一旦出现被泄露、被窃取等安全事件，通常的更改密码、发新令牌等身份鉴别更新措施都难以奏效，也很容易给个人信息主体造成财产损失、名誉损失等严重后果。之前出现的小学生用照片刷开了某智能快递柜、换脸软件“ZAO”引发的对刷脸支付安全性的担忧，都与个人生物识别信息的应用直接相关。基于此，需要对个人生物识别信息进行强化保护。

从收集个人生物识别信息的要求看，包括告知方式、告知内容和同意方式三个要点：（1）告知方式，单独告知；（2）告知内容，收集、使用个人生物识

别信息的目的、方式和范围，以及存储时间等规则；(3) 同意方式，明示同意。

从理解适用角度看，只将个人生物识别信息的相关规则放置在个人信息保护政策中，可能已经无法满足《个人信息安全规范》的要求。可供参考的模式为，企业对个人生物识别信息制定单独的个人生物识别信息保护政策或个人生物识别信息保护说明，在实际开始采集个人生物信息前弹窗告知个人生物识别信息保护的简要规则并放置完整版个人生物识别信息保护政策或个人生物识别信息保护说明的链接，通过用户手动点击确认弹窗内容来获得用户的明示同意。但是否确切能够满足《个人信息安全规范》的要求，还有待实践的进一步探索和监管部门的进一步意见。

【条文对比二】

《个人信息安全规范（征求意见稿）》（2019.10.22 版）	《个人信息安全规范》
6.3 个人敏感信息的传输和存储 b）存储个人生物识别信息时，应采用技术措施确保信息安全后再进行存储，例如将个人生物识别信息的原始信息和摘要分开存储，或仅收集、存储、使用摘要信息。	6.3 个人敏感信息的传输和存储 b）个人生物识别信息应与个人身份信息分开存储； c）原则上不应存储原始个人生物识别信息（如样本、图像等），可采取的措施包括但不限于： 1）仅存储个人生物识别信息的摘要信息； 2）在采集终端中直接使用个人生物识别信息实现身份识别、认证等功能； 3）在使用面部识别特征、指纹、掌纹、虹膜等实现识别身份、认证等功能后删除可提取个人生物识别信息的原始图像。 注 2：摘要信息通常具有不可逆特点，无法回溯到原始信息。 注 3：个人信息控制者履行法律法规规定的义务相关的情形除外。

【解读】

《个人信息安全规范》对存储个人生物识别信息，提出了较《个人信息安全规范（征求意见稿）》（2019.10.22 版）更为严格的要求。

《个人信息安全规范》明确了原则上不应存储原始个人生物识别信息（如样本、图像等）的要求。这意味着，不存储原始个人生物识别信息是原则要求，一般来说不得突破该要求。如果想要存储原始个人生物识别信息，需要有特别充分的依据。什么能够算是特别充分的依据？注 3 给出了一种依据，个人信息控制者履行法律法规规定的义务相关的情形除外，也就是说为了履行法律法规规定的义务可以存储原始个人生物识别信息，这个适用条件可以说已经很严苛了。

《个人信息安全规范》对存储个人生物识别信息提供了更多的路径参考。第一条可选路径，在采集终端中直接使用个人生物识别信息实现身份识别、认证等功能，意味着个人生物识别信息存储在用户的手机等采集终端，身份识别、认证等动作在用户的手机等终端上完成，而不需要将个人生物识别信息传送至企业，企业接收的只是该等信息验证的结果。比如，支付宝在其《隐私政策》（2019. 12. 11 生效版本）中列明“您需在您的设备上录入您的指纹信息或面容 ID 信息，在您进行指纹支付或面容 ID 支付时，您需在您的设备上完成信息验证。我们仅接收验证结果，并不收集您的指纹信息或面容 ID 信息”。第二条可选路径，在使用面部识别特征、指纹、掌纹、虹膜等实现识别身份、认证等功能后删除可提取个人生物识别信息的原始图像。意味着采集了个人生物识别信息的原始图像用于识别身份、认证等，但用完就删除原始图像，简单来说就是采集以后用了，用完就删除了。从删除时间来说，宜在用完个人信息后立即删除。

《个人信息安全规范》强调了个人生物识别信息摘要信息的不可逆性，即要求无法自摘要信息回溯到原始信息。如果摘要信息能够回溯到个人生物识别信息的原始信息，摘要的意义将不复存在，也是对不应存储原始个人生物识别信息（如样本、图像等）的原则要求的规避。

【条文对比三】

《个人信息安全规范（征求意见稿）》（2019. 10. 22 版）	《个人信息安全规范》
无	9. 2 个人信息共享、转让 i）个人生物识别信息原则上不应共享、转让。因业务需要，确需共享、转让的，应单独向个人信息主体告知目的、涉及的个人生物识别信息类型、数据接收方的具体身份和数据安全能力等，并征得个人信息主体的明示同意。

【解读】

《个人信息安全规范》新增了对个人生物识别信息共享、转让的要求。

从要求看，不共享、转让个人生物识别信息为原则，确需共享、转让需符合以下四个条件要求：（1）必要性，确因业务需要。也就意味着，共享、转让个人生物识别信息需要经得起必要性的检验，在面临监管检查和公众质疑时需要有足够的业务需要作为支撑；（2）告知方式，单独告知；（3）告知内容，告知目的、涉及的个人生物识别信息类型、数据接收方的具体身份和数据安全能力等；（4）同意方式，明示同意。

从理解适用角度看，可供参考的模式为，如确需对外共享、转让个人生物识别信息的，在个人生物识别信息保护规则或说明中告知用户前述需要告知的内容，并通过征得用户对个人生物识别信息规则的明示同意的方式，来满足这里对于共享、转让个人生物识别信息的明示同意要求。但是否确切能够满足《个人信息安全规范》的要求，还有待实践的进一步探索和监管部门的进一步意见。

主要变化三：新增采用密码技术宜遵循密码管理相关国家标准的要求

【条文对比】

《个人信息安全规范（征求意见稿）》（2019.10.22 版）	《个人信息安全规范》
6.3 个人敏感信息的传输和存储 对个人信息控制者的要求包括： a）传输和存储个人敏感信息时，应采用加密等安全措施； ……	6.3 个人敏感信息的传输和存储 对个人信息控制者的要求包括： a）传输和存储个人敏感信息时，应采用加密等安全措施； 注 1：采用密码技术时宜遵循密码管理相关国家标准。 ……

【解读】

《个人信息安全规范》新增采用密码技术宜遵循密码管理相关国家标准的要求，按照该等国家标准执行有助于规范密码技术的使用、提高密码的防护能力，更好地保障个人敏感信息的安全。《密码法》已于 2020 年 1 月 1 日生效，其第 22 条强调了建立和完善商用密码标准体系的要求。第 24 条直接指出了“商用密码从业单位开展商用密码活动，应当符合有关法律、行政法规、商用密码强制性国家标准以及该从业单位公开标准的技术要求。国家鼓励商用密码从业单位采用商用密码推荐性国家标准、行业标准，提升商用密码的防护能力，维护用户的合法权益”。可以看出，密码管理相关国家标准的重要性。企业应予以学习、研究和应用。

主要变化四：将“隐私政策”调整为“个人信息保护政策”

【条文对比】

《个人信息安全规范（征求意见稿）》（2019. 10. 22 版）	《个人信息安全规范》
5. 5 隐私政策 ……	5. 5 个人信息保护政策 …… 注 1：组织会习惯性将个人信息保护政策命名为“隐私政策”或其他名称，其内容宜与个人信息保护政策内容保持一致。

【解读】

《个人信息安全规范》将过去版本使用的“隐私政策”和实践中习惯使用的“隐私政策”调整为“个人信息保护政策”。

从“隐私政策”调整为“个人信息保护政策”，原因有二：

一、个人信息与隐私的范围不一致，对此基本达成了共识。《民法典》（草案）第四编人格权第六章的名称为“隐私权和个人信息保护”，将隐私权和个人信息保护进行了明确区分，其中第 1032 条第 2 款规定“隐私是自然人的私人生活安宁和不愿为他人知晓的私密空间、私密活动、私密信息”，第 1034 条第 2 款规定“个人信息是以电子或者其他方式记录的能够单独或者与其他信息结合识别特定自然人的各种信息，包括自然人的姓名、出生日期、身份证件号码、生物识别信息、住址、电话号码、电子邮箱地址、行踪信息等。”而对第 1034 条第 3 款则更加直接地说明了隐私和个人信息的关系，“个人信息中的私密信息，同时适用隐私权保护的有关规定。”也就是说，个人信息中的私密信息属于隐私信息，除私密信息外的个人信息不属于隐私信息。

二、实践中惯用的“隐私政策”，规定的内容实际是对个人信息的保护政策，而非专门针对隐私的保护政策。翻阅各个网站、App 的隐私政策，其内容基本围绕对全部个人信息的收集、使用、存储、对外提供、个人信息主体权利保护等个人信息的相关保护内容，而非仅针对隐私信息。

因此，从“隐私政策”调整为“个人信息保护政策”，表面上是对政策文本名称的简单变化，但实际上确实将政策文本的适用范围界定得更加严谨、准确。

主要变化五：将个人信息主体的权利作为专门的条款要求

【条文对比】

《个人信息安全规范（征求意见稿）》（2019. 10. 22 版）	《个人信息安全规范》
7 个人信息的使用 …… 7. 8 个人信息查询 7. 9 个人信息更正 7. 10 个人信息删除 7. 11 个人信息主体撤回授权同意 7. 12 个人信息主体注销账户 7. 13 个人信息主体获取个人信息副本 7. 14 响应个人信息主体的请求 7. 15 投诉管理	8 个人信息主体的权利 8. 1 个人信息查询 8. 2 个人信息更正 8. 3 个人信息删除 8. 4 个人信息主体撤回授权同意 8. 5 个人信息主体注销账户 8. 6 个人信息主体获取个人信息副本 8. 7 响应个人信息主体的请求 8. 8 投诉管理

【解读】

《个人信息安全规范》将个人信息主体的权利相关内容，从原来的放置在“个人信息的使用”版块下调整作为单独条款，结构更加严谨，个人信息主体权利相关内容更加突出。这样的行文安排，与《网络安全法》分别将个人信息使用相关要求规定在第 41 条、将个人信息主体权利相关要求规定在第 43 条，《App 违法违规认定方法》分别将个人信息使用相关要求规定在第 3 条、将个人信息主体权利相关要求规定在第 6 条的立法思路保持一致。

主要变化六：优化个人信息主体注销账户的相关规定

【条文对比】

《个人信息安全规范（征求意见稿）》（2019.10.22 版）	《个人信息安全规范》
7.12 个人信息主体注销账户 对个人信息控制者的要求包括： …… c）受理注销账号请求后，需要人工处理的，应在承诺时限内（原则上不超过十五天）完成核查和处理； …… e）注销过程不应设置不合理的条件或提出额外要求增加个人信息主体义务，如注销单个账户视同注销多个产品或服务，要求个人信息主体填写精确的历史操作记录作为必要注销条件等； ……	8.5 个人信息主体注销账户 对个人信息控制者的要求包括： …… b）受理注销账户请求后，需要人工处理的，应在承诺时限内（不超过 15 个工作日）完成核查和处理； …… d）注销过程不应设置不合理的条件或提出额外要求增加个人信息主体义务，如注销单个账户视同注销多个产品或服务，要求个人信息主体填写精确的历史操作记录作为注销的必要条件等； 注 1：多个产品或服务之间存在必要业务关联关系的，例如，一旦注销某个产品或服务的账户，将会导致其他产品或服务的必要业务功能无法实现或者服务质量明显下降的，需向个人信息主体进行详细说明。 注 2：产品或服务没有独立的账户体系的，可采取对该产品或服务账号以外其他个人信息进行删除，并切断账户体系与产品或服务的关联等措施实现注销。

【解读】

《个人信息安全规范》放宽了人工处理注销账号的时间要求，提高了“不应注销单个账户视同注销多个产品或服务”的可执行性。

从人工处理注销账号的时间要求看，《个人信息安全规范》将时限从 15 天放宽至 15 个工作日，与《App 违法违规收集使用个人信息行为认定方法》第 6.3 条保持基本一致，有利于企业更好地处理用户注销过程中遇到的复杂问题。

对于提高“不应注销单个账户视同注销多个产品或服务”的可执行性，有助于更好地缓解实践中集团使用一个通用账号下，在现有账号体系下如果注销一个账号确实可能导致的注销多个产品或服务的矛盾。实践中，有部分企业，为了方便用户登录、提高用户使用集团内部不同产品或服务的便利，费了周折后打通了账号体系，使用通用账号可以登录集团内部所有的产品或服务。该等通用账号其出发点是好的，但其确实与用户注销账号时注销一个通用账号可能导致该集团所有产品或服务都无法使用产生了矛盾，而用户注销账号的本意可能也只是不想使用某一个产品或服务。

从用户体验角度看，注销一个账号导致所有产品或服务都无法使用，用户可能会产生“被逼迫”或者“店大欺客”的想法。对此，《个人信息安全规范》增加了两个注的内容，提供了可行性的执行建议。

主要变化七：放宽第三方接入管理的部分要求

【条文对比】

《个人信息安全规范（征求意见稿）》（2019.10.22 版）	《个人信息安全规范》
8.7 第三方接入管理 …… e）应要求第三方根据本标准相关要求向个人信息主体征得收集个人信息的授权同意，核验其实现的方式； f）应要求第三方产品或服务建立响应个人信息主体请求和投诉等的机制，并妥善留存、及时更新，以供个人信息主体查询、使用； ……	9.7 第三方接入管理 …… e）应要求第三方根据本标准相关要求向个人信息主体征得收集个人信息的授权同意，必要时核验其实现的方式； f）应要求第三方产品或服务建立响应个人信息主体请求和投诉等的机制，以供个人信息主体查询、使用； ……

【解读】

《个人信息安全规范》放宽了第三方接入管理中对于核验第三方征得个人信息主体同意的方式的要求，删除了“妥善留存、及时更新第三方产品或服务建立响应个人信息主体请求和投诉等的机制”的要求。

从放宽了第三方接入管理中对于核验第三方征得个人信息主体同意的方式的要求看，只有在必要时企业才需要进行核验，而不再要求必须核验，一定程度上减轻了企业的负担。对于“必要”的理解，宜理解为收到用户对于第三方未经同意收集使用个人信息的投诉、第三方被曝出违法违规收集使用的相关新闻或者监管通报第三方存在违法违规收集使用个人信息等情形。

从删除“妥善留存、及时更新第三方产品或服务建立响应个人信息主体请求和投诉等的机制”的要求看，减少了可能产生的歧义理解和操作中的困难，将确保个人信息主体能够表达权利请求和投诉等的要求，强化在了第三方这一主体身上。

主要变化八：放宽任命专职个人信息保护负责人和个人信息保护工作机构的部分条件

【条文对比】

《个人信息安全规范（征求意见稿）》（2019.10.22 版）	《个人信息安全规范》
10.1 明确责任部门或人员 …… c）满足以下条件之一的组织，应设立专职的个人信息保护负责人和个人信息保护工作机构，负责个人信息安全工作： 1）主要业务涉及个人信息处理，且从业人员规模大于 200 人； 2）处理超过 100 万人的个人信息，或预计在 12 个月内处理超过 100 万人的个人信息； 3）处理个人敏感信息的。 ……	11.1 明确责任部门或人员 …… c）满足以下条件之一的组织，应设立专职的个人信息保护负责人和个人信息保护工作机构，负责个人信息安全工作： 1）主要业务涉及个人信息处理，且从业人员规模大于 200 人； 2）处理超过 100 万人的个人信息，或预计在 12 个月内处理超过 100 万人的个人信息； 3）处理超过 10 万人的个人敏感信息的。 ……

【解读】

《个人信息安全规范》将处理个人敏感信息即需要设立专职的个人信息保护负责人和个人信息保护工作机构，放宽至处理超过 10 万人的个人敏感信息。实践中，并非多数企业都能触发列举的前两个从业人员规模、处理个人信息数量要求，但一般来说，涉及收集使用个人信息的企业，大多数都会涉及处理个人敏感信息。如果按照处理个人敏感信息即需要设立专职的要求，可以说，多数企业均需要设置个人信息保护专职负责人和工作机构。而放宽至处理超过 10 万人的个人敏感信息，能够将一部分企业筛除在外，提高了该等要求的可执行性和科学性。

主要变化九：新增建立自动化审计系统的要求

【条文对比】

《个人信息安全规范（征求意见稿）》（2019. 10. 22 版）	《个人信息安全规范》
10. 7 安全审计 …… b）应采取建立自动化审计系统等方式，监测记录个人信息处理活动； ……	11. 7 安全审计 …… b）应建立自动化审计系统，监测记录个人信息处理活动； ……

【解读】

《个人信息安全规范》在第 11. 3 条沿用了此前对于个人信息处理活动记录的要求，在第 11. 7 条新增建立自动化审计系统的要求，旨在为监测记录个人信息处理活动提供技术保障。对于自动化审计系统的理解，以个人信息存储在云上为例，部分云服务商提供了数据库审计的服务，可以考虑作为这里的自动化审计系统使用。但是否确切符合《个人信息安全规范》规定的自动化审计系统要求，有待监管部门的进一步意见。

第二部分　企业最关心的两大问题

问题一：《个人信息安全规范》的修订历程

序号	版本	时间
1	《个人信息安全规范》GB/T 35273 - 2017	2018. 05. 01 生效
2	《个人信息安全规范》（草案）	2019. 02. 01 征求意见
3	《个人信息安全规范》（征求意见稿）	2019. 06. 25 征求意见
4	《个人信息安全规范》（征求意见稿）	2019. 10. 24 公开（2019. 10. 22 版）
5	《个人信息安全规范》GB/T 35273 - 2020	2020. 10. 01 生效

问题二：《个人信息安全规范》的效力

与《个人信息安全规范》（2017）一样，《个人信息安全规范》仍然为推荐性国家标准，不具有强制执行力。但相信随着《个人信息安全规范》（2017）的发布和实施，大家已经充分认识到《个人信息安全规范》的实际影响力。

正如《个人信息安全规范》第 1 条范围中指出的“本标准适用于规范各类组织的个人信息处理活动，也适用于主管监管部门、第三方评估机构等组织对个人信息处理活动进行监督、管理和评估”，《个人信息安全规范》的作用和影响包括但不限于：

第一，《个人信息安全规范》是监管部门开展 App 相关执法工作的重要依据。2019 年 3 月 15 日，市场监管总局、中央网信办公告决定开展 App 安全认证工作。在监管部门公开的《移动互联网应用程序（App）安全认证实施规则》中，《个人信息安全规范》及相关标准、规范被确定为 App 安全认证的认证依据，明确将被用于 App 安全认证工作之中，充分体现了监管部门对《个人信息安全规范》等相关标准的认可态度。

第二，《个人信息安全规范》也是个人信息保护相关立法文件的重要参考。2019 年出台的《App 自评估指南》《儿童个人信息网络保护规定》《App 违法违规认定方法》等正式文件和《数据安全管理办法（征求意见稿）》等相关规定的征求意见稿，均在一定程度上沿用了《个人信息安全规范》对个人信息控制者的相关要求及背后的立法精神。

《个人信息安全规范》正式版的发布，一定程度上反映了个人信息保护相关问题的最新监管态度，同时对最新形势下个人信息保护面临的问题，直接进行了响应并提出了有益的合规参考。可以说，继《个人信息安全规范》（2017）之后，《个人信息安全规范》将开启我国个人信息保护工作的新篇章。建议各企业高度重视《个人信息安全规范》的相关规定，系统对照和梳理个人信息保护工作的开展现状，尽快开展查漏补缺，切实提高个人信息保护的能力，更好地满足个人信息保护的合规要求。

第四部分

数据保护相关执法、刑事案例和热点事件解析

在数据相关整治活动开展的过程中，执法部门会定期公示、通报其执法情况和行政处罚情况，这不仅是对违法行为的训诫，亦可以对其他企业起到警示作用。同时，由于数据治理同社会公众生活密切相关，治理过程中也出现了一些引起广泛关注的热点事件，引发热议的同时，对于企业的合规经营也能够起到一定的启发作用。

一、数据保护相关执法案例解析

（一）数据保护相关执法案例概述

如本书第一部分所述，各部门在执法行动分别开展了不同的监管活动，对数据违法行为进行惩治，概述如下：

1. 行政处罚

《网络安全法》和《消费者权益保护法》均针对侵犯公民个人信息的行为规定了相应的行政责任。近年来，根据该等规定对侵犯公民个人信息的行为作出行政处罚的情况呈现出逐渐增多的趋势，具体如下：

<table>
<tr><th colspan="3">行政处罚情况盘点
资料来源：威科先行</th></tr>
<tr><td>处罚机构</td><td colspan="2">主要为公安部门、市场监督管理部门</td></tr>
<tr><td rowspan="3">数量</td><td>2019 年</td><td>258 例</td></tr>
<tr><td>2018 年</td><td>195 例</td></tr>
<tr><td>2017 年</td><td>79 例</td></tr>
<tr><td rowspan="3">典型违法行为</td><td colspan="2">违法收集消费者个人信息</td></tr>
<tr><td colspan="2">非法获取、出售、向他人提供个人信息</td></tr>
<tr><td colspan="2">不履行个人信息保护义务</td></tr>
</table>

续表

<table>
<tr><th colspan="2">行政处罚情况盘点
资料来源：威科先行</th></tr>
<tr><td rowspan="3">行政处罚措施</td><td>责令改正</td></tr>
<tr><td>警告</td></tr>
<tr><td>罚款</td></tr>
<tr><td rowspan="2">主要处罚依据</td><td>1.《消费者权益保护法》
第 29 条　经营者收集、使用消费者个人信息，应当遵循合法、正当、必要的原则，明示收集、使用信息的目的、方式和范围，并经消费者同意。经营者收集、使用消费者个人信息，应当公开其收集、使用规则，不得违反法律、法规的规定和双方的约定收集、使用信息。
经营者及其工作人员对收集的消费者个人信息必须严格保密，不得泄露、出售或者非法向他人提供。经营者应当采取技术措施和其他必要措施，确保信息安全，防止消费者个人信息泄露、丢失。在发生或者可能发生信息泄露、丢失的情况时，应当立即采取补救措施。
经营者未经消费者同意或者请求，或者消费者明确表示拒绝的，不得向其发送商业性信息
第 56 条　经营者有下列情形之一，除承担相应的民事责任外，其他有关法律、法规对处罚机关和处罚方式有规定的，依照法律、法规的规定执行；法律、法规未作规定的，由工商行政管理部门或者其他有关行政部门责令改正，可以根据情节单处或者并处警告、没收违法所得、处以违法所得一倍以上十倍以下的罚款，没有违法所得的，处以五十万元以下的罚款；情节严重的，责令停业整顿、吊销营业执照……（九）侵害消费者人格尊严、侵犯消费者人身自由或者侵害消费者个人信息依法得到保护的权利的……</td></tr>
<tr><td>2.《网络安全法》
第 41 条　网络运营者收集、使用个人信息，应当遵循合法、正当、必要的原则，公开收集、使用规则，明示收集、使用信息的目的、方式和范围，并经被收集者同意。
网络运营者不得收集与其提供的服务无关的个人信息，不得违反法律、行政法规的规定和双方的约定收集、使用个人信息，并应当依照法律、行政法规的规定和与用户的约定，处理其保存的个人信息
第 44 条　任何个人和组织不得窃取或者以其他非法方式获取个人信息，不得非法出售或者非法向他人提供个人信息。
第 64 条　网络运营者、网络产品或者服务的提供者违反本法第二十二条第三款、第四十一条至第四十三条规定，侵害个人信息依法得到保护的权利的，由有关主管部门责令改正，可以根据情节单处或者并处警告、没收违法所得、处违法所得一倍以上十倍以下罚款，没有违法所得的，处一百万元以下罚款，对直接负责的主管人员和其他直接责任人员处一万元以上十万元以下罚款；情节严重的，并可以责令暂停相关业务、停业整顿、关闭网站、吊</td></tr>
</table>

续表

行政处罚情况盘点 资料来源：威科先行	
	销相关业务许可证或者吊销营业执照。 违反本法第四十四条规定，窃取或者以其他非法方式获取、非法出售或者非法向他人提供个人信息，尚不构成犯罪的，由公安机关没收违法所得，并处违法所得一倍以上十倍以下罚款，没有违法所得的，处一百万元以下罚款。

2. 工信部通报

工信部作为互联网领域主要的监管部门，其自 2014 年起便通过其每季度公布的电信服务质量通告公告其检测或信息保护检查中发现问题的应用软件清单，其中自 2017 年 6 月《网络安全法》施行以来，截至 2019 年第 2 季度，具体通报情况汇总如下：

应用软件通报情况盘点 资料来源：工信部官网（截至 2019 年第 2 季度）		
通报机构	工信部	
数量	2019 年	55 例
	2018 年	32 例
	2017 年	6 例
典型违法行为	未经用户同意，收集、使用用户个人信息	
	未提供账号注销服务	
	未公示个人信息使用规则	
	未告知查询更新信息的渠道	

2019 年 11 月，工信部发布《关于开展 APP 侵害用户权益专项整治工作的通知》，开展 App 侵害用户权益专项整治工作。截至 2020 年 3 月 25 日，工信部一共通报了两批存在侵害用户权益行为的 App，其中不乏头部互联网企业的知名 App，具体如下：

<table>
<tr><th colspan="3">关于侵害用户权益行为的 APP 通报情况盘点
资料来源：工信部官网（截至 2020 年 3 月 25 日）</th></tr>
<tr><td>通报机构</td><td colspan="2">工信部</td></tr>
<tr><td rowspan="2">数量</td><td>第一批</td><td>41 款</td></tr>
<tr><td>第二批</td><td>15 款</td></tr>
<tr><td rowspan="9">具体情况</td><td>针对的典型违法行为</td><td>数量</td></tr>
<tr><td>私自收集个人信息</td><td>30 款</td></tr>
<tr><td>超范围收集个人信息</td><td>3 款</td></tr>
<tr><td>私自共享给第三方</td><td>19 款</td></tr>
<tr><td>强制用户使用定向推送功能</td><td>8 款</td></tr>
<tr><td>不给权限不让用</td><td>17 款</td></tr>
<tr><td>频繁申请权限</td><td>1 款</td></tr>
<tr><td>过度索取权限</td><td>22 款</td></tr>
<tr><td>账号注销难</td><td>18 款</td></tr>
</table>

（二）数据保护执法趋势

1. 执法行动常态化

随着数据相关法律法规的不断出台以及专项整治行动的开展，数据执法行动亦呈现出“常态化”的趋势，惩治个人信息违法已经成为各部门日常监管活动的重要一环。例如，各地公安部门会不定期公布“净网行动”的最新进展，工信部亦不定期在网站上公布侵害用户权益行为的 App 名单。常态化的数据执法行动应引起企业足够的重视。自《网络安全法》实施以来，社会公众层面对数据保护的认识明显加强，对数据相关权利的意识亦明显提高。在这种情形下，数据执法行动的常态化是回应社会公众对数据安全问题的忧虑的最佳方式。面对常态化的数据执法，企业更应当加强内部数据合规体系的建设，在日常运营中按照相关法律、法规的要求，参照国家标准的规定约束数据处理活动，确保合法合规经营。

2. 监管部门联动性加强

由于数据治理涉及网信、公安、工信、工商等多个监管部门的监管领域，故在专项治理活动开展之前，难免存在各部门各自为战的情况。专项治理活动开启后，四部门牵头指导成立了 App 专项治理工作组，联合出击，作为联合执法的有益尝试，加强了各部门间的联动。在部门联动性加强的情形下，企业应更审慎、全面地处理数据合规问题，应对不同部门的监管动作。

3. 数据治理逐渐进入深水区

《网络安全法》施行以来，数据领域各监管部门均先后积累了一定的监管经验。在《网络安全法》相关执法开展的初始阶段，监管部门打击的重点主要在于非法买卖个人信息、数据泄露等传统意义上的数据安全问题。但随着执法行动的不断深入，监管部门在监管活动中发现了诸如强制捆绑授权、算法歧视、爬虫滥用、滥用定向推送等新问题。针对这些新问题，在立法层面，相关细化规定不断出台，力图确立相对统一的违法违规行为认定规则。同时，执法行动也开始相应触及这些领域，如 2019 年年中开展的爬虫治理活动，便是数据治理逐渐进入深水区的重要体现。面对这一监管趋势，企业应当摆正心态，建立全面的数据合规体系，梳理业务开展过程中可能产生的数据安全问题并及时进行整改，以更好地应对深度化的监管动作。

二、数据保护相关刑事案例解析

（一）数据保护相关刑事案件解析

随着数据的商业利用日渐被重视，同数据相关的犯罪活动也逐渐呈上升趋势。实践中，数据保护相关问题可能涉及的刑事罪名主要包括侵犯公民个人信息罪、非法获取计算机信息系统数据罪、拒不履行信息网络安全管理义务罪等。

1. 侵犯公民个人信息罪

立法层面，《刑法修正案（七）》将“出售、非法提供公民个人信息罪”“非法获取公民个人信息罪”等相关罪名纳入刑事立法规制的范畴，

《刑法修正案（九）》则将“出售、非法提供公民个人信息罪”与“非法获取公民个人信息罪”合并为“侵犯公民个人信息罪”。总的来说，刑事领域对数据相关活动的规制日趋严格。经检索中国裁判文书网，截至 2020 年 3 月 25 日，涉及侵犯公民个人信息罪的案件情况如下：

侵犯公民个人信息罪相关案件盘点 （资料来源：中国裁判文书网）	
年份	判决书数量（例）
2016	289
2017	1234
2018	2300
2019	2528
典型违法行为	非法出售公民个人信息
	利用“暗网”倒卖公民个人信息
	为“套路贷”提供技术、数据服务
主要判决依据	《刑法》 **第 253 条之一【侵犯公民个人信息罪】** 违反国家有关规定，向他人出售或者提供公民个人信息，情节严重的，处三年以下有期徒刑或者拘役，并处或者单处罚金；情节特别严重的，处三年以上七年以下有期徒刑，并处罚金。 违反国家有关规定，将在履行职责或者提供服务过程中获得的公民个人信息，出售或者提供给他人的，依照前款的规定从重处罚。 窃取或者以其他方法非法获取公民个人信息的，依照第一款的规定处罚。 单位犯前三款罪的，对单位判处罚金，并对其直接负责的主管人员和其他直接责任人员，依照各该款的规定处罚

2. 非法获取计算机信息系统数据、非法控制计算机信息系统罪

《刑法》第 285 条对此罪名进行了明确规定，非法获取计算机信息系统数据罪，是指违反国家规定，侵入国家事务、国防建设、尖端科学技术领域以外的计算机信息系统或者采用其他技术手段，获取该计算机信息系统中存储、处理或者传输的数据，或者对该计算机信息系统实施非法控制，情节严重的行为。经检索中国裁判文书网，截至 2020 年 3 月 25 日，涉及非法获取计算机信息系统数据、非法控制计算机信息系统罪的案件情况如下：

<table>
<tr><th colspan="2">非法获取计算机信息系统数据、非法控制计算机信息系统罪相关案件盘点
（资料来源：中国裁判文书网）</th></tr>
<tr><td>年份</td><td>判决书数量（例）</td></tr>
<tr><td>2016</td><td>101</td></tr>
<tr><td>2017</td><td>237</td></tr>
<tr><td>2018</td><td>256</td></tr>
<tr><td>2019</td><td>208</td></tr>
<tr><td rowspan="2">典型违法行为</td><td>利用木马等技术抓取游戏数据并倒卖游戏装备</td></tr>
<tr><td>盗取代码数据</td></tr>
<tr><td>主要判决依据</td><td>《刑法》
第 285 条　【非法获取计算机信息系统数据、非法控制计算机信息系统罪】违反国家规定，侵入前款规定以外的计算机信息系统或者采用其他技术手段，获取该计算机信息系统中存储、处理或者传输的数据，或者对该计算机信息系统实施非法控制，情节严重的，处三年以下有期徒刑或者拘役，并处或者单处罚金；情节特别严重的，处三年以上七年以下有期徒刑，并处罚金。</td></tr>
</table>

3. 拒不履行信息网络安全管理义务罪

拒不履行信息网络安全管理义务罪系《刑法修正案（九）》新增设的罪名，但其在实践中适用情形较少。经检索中国裁判文书网，截至 2020 年 3 月 25 日，涉及拒不履行信息网络安全管理义务罪的判决书仅有 3 例。行为类型主要包括不履行法律、行政法规规定的信息网络安全管理义务，经监管部门责令采取改正措施而拒不改正并非法提供国际联网代理服务或为犯罪行为提供帮助等。

值得一提的是，2019 年 10 月 25 日出台了《网络犯罪解释》，明确了拒不履行信息网络安全管理义务罪的入罪标准，包括致使违法信息大量传播、致使用户信息泄露造成严重后果、致使刑事案件证据灭失等。可以预见的是，随着该司法解释的施行，拒不履行信息网络安全管理义务罪的认定标准将更为明晰，更有利于惩治相关违法行为。

（二）数据保护刑事司法实践的趋势

结合刑事司法实践情况，我国目前数据保护在刑事领域呈现出以下趋势：

1. 数据相关犯罪数量呈上升趋势

从上述数据来看，无论是侵犯公民个人信息罪还是非法获取计算机信息系统数据、非法控制计算机信息系统罪，自 2016 年以来，其案件数量都明显呈上升趋势并在近两年逐渐趋于稳定。一方面，其系近年来包括“净网行动”在内的大规模执法行动的成果；另一方面，这也是相关裁判规则在实践中逐渐确立，审判实践趋于成熟和稳定的体现。

2. 犯罪行为具体表现形式越发多样化

数据相关技术的发展丰富了数据运用手段的同时使得数据犯罪行为的具体表现形式不断增加，日渐趋严的监管执法也促使部分不法分子采用更为隐蔽的方式实施数据相关犯罪。除了传统的黑色产业链上的非法获取、出售、提供他人个人信息等行为，近年来，为“套路贷”等犯罪提供服务的数据犯罪也开始出现，企业应对此提起足够的重视。

3. 涉个人信息刑事附带民事公益诉讼开始出现

2018 年 3 月 2 日，最高人民法院、最高人民检察院联合发布《关于检察公益诉讼案件适用法律若干问题的解释》，明确了检察机关“公益诉讼起诉人”的身份，同时增加了刑事附带民事公益诉讼类型。自此，检察机关提起刑事附带民事公益诉讼有了明确的法律依据。刑事附带民事公益诉讼聚焦于造成特定多数主体权利受侵害的刑事案件，涉个人信息相关案件是刑事附带民事公益诉讼适用的一个重要场景。

例如，2019 年 12 月 25 日，徐汇法院宣判该院首起个人信息保护领域刑事附带民事公益诉讼案。[①] 男子徐某因仿冒上海知名官方招考网站等行为套取公民个人信息，最终获刑 3 年，并处罚金 30 万元。同时，法院判令徐某在判决生效后 30 日内，就侵犯公民个人信息的行为，在省级媒体上向社会公众赔礼道歉。该案中，检察机关指出，公民个人信息安全问题已不再停留在个人层面，针对个人信息的违法犯罪活动导致公民的人身、财产、隐私以及正常的工作活动都受到严重威胁，已经上升到整体网络信息安全的重大

① 《徐汇区院“庭审直击”本市首例公民个人信息保护领域刑事附带民事公益诉讼》，http://www.sh.jcy.gov.cn/xwdt/jcdt/56040.jhtml，最后访问时间：2020 年 3 月 25 日。

层面，应当是带有公共利益性质的抽象法益。实践中，对于个人信息保护领域的刑事附带民事诉讼，包括上海、江苏、安徽等多地检察机关均进行了有益尝试。①

三、数据保护相关热点事件解析

随着数据保护领域相关法律法规的出台及执法行动的开展，社会公众层面对数据保护的关注度也逐渐提高，在这一过程中，出现了一系列受到社会公众广泛关注的热点事件，督促企业在数据合规方面下更多功夫。

（一）工信部约谈“ZAO”App

当前，随着生物识别技术的发展，包括人脸识别在内的相关技术已经被广泛应用于身份认证、监控安防、流量统计等不同场景。由于面部、虹膜、指纹等生物识别信息具备相当的敏感性，个人信息主体对其应用往往也高度敏感。

1. 事件回顾

作为陌陌推出的一款换脸产品，“ZAO”因其涉嫌过度收集用户生物识别信息，用户协议中存在不合理条款被媒体曝光并引发用户的广泛质疑。ZAO 系一款换脸软件，用户通过上传自拍照片，就可以把多部经典影视剧主角的脸替换成用户自己的脸。该等 App 一经推出迅速“爆红”，但“爆红”的背后，其用户协议中的部分不合理条款和霸王条款也引起了用户的大量不满。

就其协议文本而言，ZAO 的《用户协议》中主要包含以下不合理条款：

（1）在您上传及/或发布用户内容之前，您同意或者确保实际权利人同意授予“ZAO”及其关联公司以及“ZAO”用户全球范围内完全免费、不

① 《江苏省首例多人参与侵犯个人信息刑事附带民事公益诉讼案》，https：//xw. qq. com/cmsid/20200109A0CS6600，最后访问时间：2020 年 3 月 25 日；《亳州首例！侵犯公民个人信息，利辛县检察院提起刑事附带民事公益诉讼》，http：//www. ahlixin. jcy. gov. cn/jcyw/202003/t20200313_2791495. shtml，最后访问时间：2020 年 3 月 25 日。

可撤销、永久、可转授权和可再许可的权利；

（2）如果您把用户内容中的人脸换成您或其他人的脸，您同意或确保肖像权利人同意授予“ZAO”及其关联公司全球范围内完全免费、不可撤销、永久、可转授权和可再许可的权利；

（3）“ZAO”及其关联公司可自行选择是否使用以及使用方式，包括但不限于将前述信息在“ZAO”及其关联公司旗下的服务平台上使用与传播，将上述信息再次编辑后使用，以及由“ZAO”及其关联公司授权给合作方使用、编辑与传播等。

此外，据报道，ZAO 还存在用户账户无法实现注销的情况。用户尝试点击“开始注销账户”后，弹出了“注销账号须知”，提示用户“注销账号30 天后才可重新注册”，等等。随后 ZAO 提醒用户需要先“手动解除好友关系”（删除好友即解除面孔授权），然后需要进行“账号安全验证”。用户按照提示，立即输入刚收到的手机验证码，但却被提示“验证码错误或已过期”。用户多次尝试，都是出现同样的提示语，无法跳转到注销成功的界面。①

2019 年 9 月 4 日，工信部针对媒体公开报道和用户曝光的“ZAO” App 用户隐私协议不规范、存在数据泄露风险等网络数据安全问题，对陌陌相关负责人进行问询约谈，要求其严格按照国家法律法规以及相关主管部门要求，组织开展自查整改，依法依规收集使用用户个人信息，规范协议条款，强化网络数据和用户个人信息安全保护。此外，工信部还要求公司进一步加强新技术新业务安全评估，切实采取有效措施，积极防范自有业务平台被利用实施电信网络诈骗等风险隐患。②

2. 事件分析

结合事件背景及相关报道，就个人信息保护方面，ZAO 主要存在以下侵犯用户合法权益的行为：

---

① 《注销入口隐蔽，验证码频出错！ZAO 注销难被指侵犯用户合法权益》，https：//xw. qq. com/cmsid/20190901A00J3D00/20190901A00J3D00，最后访问时间：2020 年 3 月 24 日。

② 《网络安全管理局就“ZAO” App 网络数据安全问题开展问询约谈》，http：//www. miit. gov. cn/n1146290/n1146402/n1146440/c7392862/content. html，最后访问时间：2020 年 3 月 24 日。

（1）用户无法删除其上传的面部信息[①]

《网络安全法》第 43 条明确保障用户对个人信息的删除权，[②]《个人信息安全规范》第 4 条规定的主体参与原则中亦包含对网络运营者向个人信息主体提供删除其个人信息方法的要求，并在第 8.3 条对个人信息删除作出了详细的规定。《App 违法违规认定方法》第 6 条第 1 款规定，“未提供有效的更正、删除个人信息及注销用户账号功能”可以被认定为“未按法律规定提供删除或更正个人信息功能”。ZAO 在《用户协议》中明确用户同意授予“ZAO”及其关联公司以及“ZAO”用户全球范围内不可撤销使用其面部信息的权利，实质上意味着在 ZAO 违反法律、行政法规的规定或者双方的约定收集、使用其个人信息的情形下，ZAO 用户也可能无法删除其面部信息，未能充分保障用户个人信息权利，不符合相关法律法规及国家标准的要求。

（2）用户协议存在免除自身责任、加重用户责任、排除用户主要权利的不合理条款

《App 自评估指南》评估项 4 评估点 19 明确要求 App 不得在隐私政策等文件中设置免除自身责任、加重用户责任、排除用户主要权利的不合理条款。ZAO 在《用户协议》中要求用户在“换脸”的场景下，同意或确保肖像权利人授予 ZAO 及其关联公司全球范围内完全免费、不可撤销、永久、可转授权和可再许可的权利，明显加重了用户责任，免除了自身获取肖像权人授权的责任。若依照该条款的思路，一旦用户实施了将大话西游片段中周星驰的脸换成自己的脸，即意味着用户不仅不可撤销地永久授权 ZAO 使用自己的面部信息，还需要保证周星驰不可撤销地永久授权 ZAO 使用其面部

---

① 亦有部分报道指出，用户不仅不能删除其面部信息，且仅能根据平台要求上传新的脸部照片用于替代。参见《陌陌旗下“ZAO”刷屏朋友圈 用户协议被指侵犯隐私》，http：//finance.sina.com.cn/roll/2019－09－03/doc－iicezzrq3023805.shtml？cre＝tianyi&mod＝pcpager_ news&loc＝24&r＝9&rfunc＝76&tj＝none&tr＝9，最后访问时间：2020 年 3 月 24 日。

② 《网络安全法》第 43 条规定：“个人发现网络运营者违反法律、行政法规的规定或者双方的约定收集、使用其个人信息的，有权要求网络运营者删除其个人信息；发现网络运营者收集、存储的其个人信息有错误的，有权要求网络运营者予以更正。网络运营者应当采取措施予以删除或者更正。”

信息。该等条款为用户赋予了过重的责任要求，却将 ZAO 自身从面部信息的授权链条中“择”了出来，在实践中并不具备相应的合理性和可操作性。

（3）未保障用户注销账户的权利

《App 违法违规认定方法》第 6 条第 1 款明确要求 App 应提供注销账号的途径，并在用户注销账号后，及时删除其个人信息或进行匿名化处理。《个人信息安全规范》第 8. 5a）条项亦要求通过注册账户提供产品或服务的个人信息控制者，应向个人信息主体提供注销账户的方法，且方法简便易操作。ZAO 尽管在 App 中设置了相应的注销路径，但该等路径最终并无法实现账户的注销。ZAO 事实上并未为用户提供合理的注销账户的方式，未能保障用户注销账户的权利。

3. 合规启示

ZAO 引起的轩然大波，不仅是社会公众个人信息保护意识觉醒的体现，也意味着对于个人敏感信息，尤其是面部信息等生物识别信息，公众的关注度相对更高，对违法违规行为的容忍度相对更低。对于企业而言，在涉及个人敏感信息收集、使用的场景下布置隐私保护策略时，切不可抱侥幸心理，而应当更加审慎地按照《网络安全法》《个人信息安全规范》及相关规范性文件的要求进行配置，充分保障用户的各项权利。

（二）墨迹科技 IPO 被否

当前，数据已成为现代企业商业运作中的重要环节。随着网络安全和数据保护领域风险事件的增加和监管活动的日常化，对于拟上市的科技类企业和互联网企业来说，只要业务运作过程中涉及数据处理活动，其数据活动全周期的合规性便也成为上市审核中绕不开的重要话题，这已然受到证券监管机构的重视。若企业在数据合规方面存在瑕疵，可能会对其能否成功上市产生一定影响。

1. 事件回顾

2019 年 10 月 11 日，证监会第十八届发行审核委员会第 142 次发审委会议召开，审核包括墨迹科技、天迈科技、斯迪克、电声营销 4 家公司的发行事宜。根据发审委审核结果公告显示，墨迹科技的首发未获得通过。公告中发审委会议针对墨迹科技提出的五点质询问题中的第二点涉及了墨迹科技的数据安全问题，将上市审核中的数据合规问题再度推到了台面。

根据公告，发审委要求，墨迹科技的发行人代表说明的数据相关问题主要包括：①

（1）发行人获取用户数据及标签的过程及方法，是否对用户有明示提示，用户授权在法律上是否完备，是否明确告知收集信息的范围及使用用途，发行人获取用户数据的手段及方式是否合法合规；

（2）发行人使用用户数据是否合法合规，尤其是商业化变现的合规性，结合相关媒体报道的墨迹天气上传用户隐私等情况，对照《网络安全法》《侵犯公民个人信息刑事案件解释》等法规和司法解释，说明报告期发行人是否存在侵犯用户隐私或数据的情况，是否存在法律风险或潜在法律风险；

（3）数据获取、使用、处理等过程的内部控制制度及执行情况，对数据安全和个人隐私的保护措施与手段，是否出现过个人信息、隐私泄露事件，是否存在纠纷或潜在纠纷；

（4）日益加强的数据行业监管及个人隐私保护政策对发行人业务的影响及相关应对措施；

（5）发行人针对 App 专项治理工作组通知指出问题的整改情况及整改效果，是否获得主管部门的认可，是否面临被处罚的风险。

2. 事件分析

根据墨迹天气招股书中披露的信息，其已经收集并建立的用户档案包含了大量的用户行为和偏好信息，细化维度达到上百个，可以用于指导指向性更强的市场推广活动，以及提供垂直合作的平台，例如基于气象灾害和定位信息的保险行业应用，基于精细化预报的农业行业应用，基于用户群体、定位信息的物流仓储行业应用，基于天气和用户行为的行程推荐应用等。用户画像作为数据团队的战略项目发展，将成为支持公司实现“天气+”战略

① 中国证券监督管理委员会《第十八届发审委2019年第142次会议审核结果公告》。

的有力基石。[①] 换言之，公司在为用户提供天气服务的过程中，涉及了大量的数据收集、处理和应用，因而其数据合规问题自然也成为绕不开的话题。证监会发审委的上述提问涉及了墨迹科技数据活动中的多个环节和问题，具体如下：

（1）数据收集

作为数据活动全生命周期的起点，数据收集是执法部门在数据执法活动中关注的重点问题，也自然成为证券监管部门在监管中关注的重点。《网络安全法》第 41 条明确了数据收集必须遵循合法、正当、必要原则，并经被收集者同意。《个人信息安全规范》第 5.4a）条要求收集个人信息，应向个人信息主体告知收集、使用个人信息的目的、方式和范围等规则，并获得个人信息主体的授权同意。应该说，对于收集行为，无论是法律法规，还是相应的国家标准，都已经建立了相对较为明确的实践规则。在墨迹科技 IPO 过程中，证监会关注的重点是其用户数据及标签获取的合法合规性问题。事实上，证券监管机构和交易所在监管过程中始终关注数据收集的合规性问题，例如在慧辰资道公司首次公开发行股票并于科创板上市第二轮审核中，上交所亦关注了拟上市企业的数据来源问题[②]；在浙每日互动公司首次公开发行股票并在科创板上市过程中，证监会亦要求拟上市企业说明其取得终端用户数据信息的来源。[③]

（2）数据使用

数据使用是数据活动全生命周期的核心环节，企业数据使用行为是否合法合规也是监管部门关注的重点。《网络安全法》第 41 条对数据使用提出了必须遵循合法、正当、必要原则，并经被收集者同意的要求，《个人信息安全规范》除要求企业在使用用户个人信息时获得用户同意外，亦要求企业在使用个人信息时，不应超出与收集个人信息时所声称的目的具有直接或合理关联的范围。在墨迹科技 IPO 过程中，就数据使用问题，证监会关注的重点在于其商业化变现的合规性。数据使用一直亦是证监会在 IPO 审核中关

---

① 《墨迹科技创业板首次公开发行股票招股说明书（申报稿 2016 年 12 月 16 日报送）》。

② 《关于慧辰资道公司首次公开发行股票并在科创板上市申请文件的第二轮审核问询函》。

③ 中国证券监督管理委员会第 171886 号《中国证监会行政许可项目审查一次反馈意见通知书》。

注的重要问题，例如在拉卡拉公司上市审核中，证监会亦要求拉卡拉说明其是否存在利用相关商户或个人信息进行牟利等违法违规行为。①

（3）数据内控制度及相应措施的完善程度与执行情况

如前所述，墨迹科技收集了大量的用户个人信息，并在其招股书中明确其存在大量的数据使用行为，故而其公司的数据内控制度及相应措施的完善程度与执行情况将很大程度上影响其控制的个人信息的安全程度。《个人信息安全规范》第5.5a）7）条要求个人信息控制者应在个人信息保护政策中明确遵循的个人信息安全基本原则，具备的数据安全能力，以及采取的个人信息安全保护措施，必要时可公开数据安全和个人信息保护相关的合规证明，第7.1条要求个人信息控制者应采取相应的个人信息访问控制措施，均是针对企业数据内控制度提出的相关要求。证监会监管实践中亦曾要求企业说明其数据内控相关制度的建立和实施情况，例如在值得买公司首次公开发行并于创业板上市的过程中，证监会便要求值得买说明对用户个人信息采取的保护措施，并就对用户个人信息保护不到位可能引致的风险作风险提示。②

（4）监管趋严对业务的影响

数据相关领域的监管近年来有趋严的倾向，不断出台的监管法规和不断收紧的监管口径无疑会对数据的收集和使用产生相应的影响，影响企业的业务开展，导致企业盈利能力的变化。因此，新监管趋势对企业的业务影响也是证券监管机构在上市审核中关注的重要问题之一。例如，在浙每日互动公司首次公开发行股票并在科创板上市过程中，证监会亦要求每日互动说明主管部门对数据隐私保护的标准是否会持续升级，未来的趋势对业务的影响及相关应对措施。③

（5）通报整改情况

自四部委专项整治行动开展以来，App专项治理工作组通过其微信公众号多次通报了App收集、使用个人信息的违法违规情况。实践中，App专

① 中国证券监督管理委员会第170261号《中国证监会行政许可项目审查一次反馈意见通知书》。
② 中国证券监督管理委员会第170577号《中国证监会行政许可项目审查反馈意见书》。
③ 中国证监会第171886号《中国证监会行政许可项目审查二次反馈意见通知书》。

项治理工作组会通过向企业下发通知的方式指出 App 的相关问题并要求其根据通知进行整改。这是证券监管部门首次在监管过程中关注对 App 专项治理工作组的整改要求的回应，App 专项治理工作的影响力进一步提升，未及时完成整改将对企业产生不利影响。

3. 合规启示

网络安全和数据合规问题始终是证券监管部门在企业上市审核中关注的重要问题之一。尽管墨迹科技 IPO 被否不能仅仅归因于数据合规问题，其在运营资质、商业变现、关联交易等方面都存在一定的瑕疵，但该问题无疑是导致墨迹科技未能过会的重要原因之一。考虑到数据合规工作是一项长久的系统性工程，结合监管趋势，对于拟上市企业而言，一旦涉及数据活动，务必应对其数据活动开展全生命周期的相关治理。一方面，应建立完善内部的数据治理体系，严格按照《网络安全法》相关法律法规、规范性文件并参照《个人信息安全规范》等国家标准的要求进行数据处理活动；另一方面，要密切关注网络安全和数据安全领域的监管趋势，紧跟监管步伐。对于监管工作中发现的企业相关问题，应及时整改，保障合规安全运营。

（三）中国人脸识别第一案

当前，人脸识别技术应用于身份认证的场景已越发广泛，除传统的银行身份认证，刷脸支付等金融场景外，其也更多被推向一般的身份认证场景之中。但越来越多需要提供面部识别信息用于身份认证的场景也引发了公众的反感和担忧，在某些场景下，强制以人脸识别的方式进行身份认证是否符合《网络安全法》最小必要原则的要求亦值得商榷。为此，我们选取了“中国人脸识别第一案”进行探讨，具体如下：

1. 案情回顾

2019 年 4 月 27 日，浙江理工大学特聘副教授郭某购买了杭州野生动物世界年卡，支付了年卡卡费 1360 元。办理该年卡时，杭州野生动物世界明确承诺在该卡有效期一年内（自 2019 年 4 月 27 日至 2020 年 4 月 26 日）可通过同时验证年卡及指纹入园，并在该年度不限次数畅游。2019 年 7 月，动物园方面将人脸识别检票系统引入，拆除了原来的指纹检票闸门。10 月 17 日，动物园方面在未经协商的情形下向年卡用户发送了一条信息，称：园区年卡系统已经升级为人脸识别入园，原指纹识别已取消；即日起，未注册人脸识别的用户将无法正常入园。

为了确认该短信的内容是否属实，郭某于 2019 年 10 月 26 日专门驱车前往杭州野生动物世界进行核实。工作人员明确告知他，短信所提及的内容属实，并向他明确表示如果不进行人脸识别注册将无法入园。他想要退卡，但动物园方面表示，只能把他已经进园次数的相应费用扣除，将剩下的钱退还。郭某认为，园区升级后的年卡系统进行人脸识别将收集他的面部特征等个人生物识别信息，该类信息属于个人敏感信息，一旦泄露、非法提供或者滥用，将极易危害包括原告在内的消费者人身和财产安全。杭州野生动物世界在未经其同意的情况下，通过升级年卡系统强制收集原告个人生物识别信息，违反了《消费者权益保护法》的相关规定，损害了其合法权益。基于此，郭某于 2019 年 10 月 28 日向杭州市富阳区人民法院提起了诉讼，杭州市富阳区人民法院正式受理了该案。[①]

2. 案件分析

据报道，该案系已知的国内首例人脸识别之诉。[②] 就目前公开的事实来看，该案涉及两方面的争议焦点，其一在于杭州野生动物世界可否未经协商变更其年卡的入园方式，其二在于杭州野生动物世界收集年卡用户面部识别信息是否违反了信息收集的最小必要原则。

就第一个争议焦点而言，双方在缔结年卡相关合同时已经明确对入园方式进行了约定，杭州野生动物世界在未同郭某协商的情况下擅自变更入园方式，存在被认定为违约的可能。

就第二个争议焦点而言，则涉及是否符合信息收集的最小必要原则要求。《消费者权益保护法》第 29 条规定，经营者收集、使用消费者个人信

① 参见杭州市富阳区人民法院（2019）浙 0111 民初 6971 号民事判决书。

② 《“中国人脸识别第一案”，用法律为技术运用厘定边界》，http：//www.bjnews.com.cn/opinion/2019/11/02/644854.html，最后访问时间：2020 年 3 月 27 日。

息，应当遵循合法、正当、必要的原则。依据该规定，杭州野生动物世界作为经营者，其信息收集应当遵循最小必要原则，其收集年卡用户面部识别信息用于身份认证是否符合最小必要原则存在一定讨论的空间。事实上，在郭某同杭州野生动物世界协商的过程中，杭州野生动物世界曾同意允许郭某凭借年卡和身份证双重验证入园。换言之，在本案中，人脸识别并非进行身份认证的唯一途径，杭州野生动物世界完全可以通过其他方式实现年卡用户的身份认证，年卡用户的面部识别信息可能并非其所能收集的必要信息。若面部识别信息并非该等场景下的必要信息，则年卡用户有权拒绝野生动物世界采集其面部识别信息，野生动物世界不应因此拒绝为年卡用户提供服务。

3. 合规启示

毋庸置疑的是，生物识别技术的发展确实能够便利生活，提高效率，这也是商业实体在实践中大力推广生物识别技术的重要原因。但实践中，社会公众容易对其过度运用起排斥态度。究其原因，对于用户/消费者而言，其忧虑并非主要源于对生物识别技术的不信任，而更多源于对使用生物识别技术的商业实体的不信任。在当前许多生物识别技术的应用场景下，是否符合信息收集的最小必要要求均有待商榷。故而，对于企业而言，在配置生物识别技术的应用场景时，应当保持审慎的态度，并考虑为用户/消费者提供相应的替代方案。

（四）腾讯诉抖音、多闪数据不正当纠纷案

Facebook 隐私泄露事件除了引发公众对个人信息安全的担忧外，也使得开放平台场景下的数据安全问题被摆上台面。开放平台场景下，开放平台和其接入的第三方应用对用户个人信息享有何等权利，负有何等责任均引发了行业内的广泛思考。国内司法层面，2017 年的“微博诉脉脉”案中，[①] 法院曾针对开放平台场景下用户个人信息的共享问题作出判决，而在 2019 年初腾讯同抖音、多闪的不正当竞争纠纷案中，开放平台场景下用户数据的归属和共享问题再度引发了对该等问题的新一轮思考。

---

① 参见北京知识产权法院（2016）京 73 民终 588 号民事判决书。

1. 案情回顾

2016年9月9日、12月11日，抖音平台先后与QQ开放平台、微信开放平台通过Open API进行合作，2019年1月22日，腾讯停止对未使用微信/QQ方式登录过抖音的新增用户提供登录授权，至此，已经使用微信账号登录过抖音的微信用户有2.8亿，使用QQ账号登录过抖音的用户有5250万。

2019年3月，腾讯向天津市滨海新区人民法院起诉抖音、多闪违反开放平台协议共享微信/QQ用户头像，涉嫌不正当竞争。腾讯诉称抖音、多闪存在以下不正当竞争行为：

（1）将腾讯用户数据用于拓展自身用户关系链条，即在抖音中向抖音用户推荐好友时使用来源于微信/QQ开放平台的用户头像和昵称等微信/QQ数据并在多闪中设置了邀请QQ好友、邀请微信好友、一键邀请群好友功能，诱导用户邀请微信/QQ好友使用多闪、注册抖音以及迁移微信/QQ群关系及好友关系；

（2）未经同意对外提供用户数据，即将微信/QQ开放平台为抖音提供的已授权微信/QQ账号的登录服务提供给多闪使用；

（3）未经同意使用数据，即在多闪产品中使用来源于微信/QQ开放平台的用户头像、昵称等用户信息。

就抖音同多闪之间的共享行为，天津市滨海新区人民法院于2019年3月18日通过裁定要求抖音立即停止将微信/QQ开放平台授权登录服务提供给多闪使用的行为，同时多闪此前通过抖音擅自获得的微信/QQ用户头像、昵称也被勒令停用。[①] 截至2020年3月27日，该案实体部分尚在审理之中。

2. 案件分析

本案中，双方争议的主要内容实质上在于，抖音是否以违反《微信开放平台开发者服务协议》的方式向多闪提供用户个人信息，且是否以违反《微信开放平台开发者服务协议》的方式获取微信用户的头像、昵称用于补

① 参见天津市滨海新区人民法院（2019）津0116民初2091号民事裁定书。

充用户关系链条，复制微信用户好友关系。

本案中，腾讯与抖音主要通过开放平台的开发者服务协议对双方在开放平台合作过程中的权利义务进行约定。其中，《微信开放平台开发者服务协议》第2.6.4条约定，第三方应用开发者不得在未经过用户同意的情况下，向任何其他用户及他方显示或以其他任何方式提供该用户的任何信息。第2.7.2条约定，未经腾讯同意，第三方应用开发者不得通过本服务收集、存储、抓取、获得或要求用户提供包括但不限于微信或其服务平台的信息内容、用户数据等腾讯认为属于敏感信息范畴的数据（包括但不限于微信账号、微信密码、QQ号码、QQ密码、用户关系链、好友列表数据、银行账号和密码等），也不得将所合法获得的前述数据自行或提供给其用户、客户用于创建、补充或维护自身关系链。第2.7.6条约定，微信开放平台运营数据、用户数据等数据的全部权利，均归属腾讯，且是腾讯的商业秘密，依法属于用户享有的相关权利除外。未经腾讯事先书面同意，不得为本协议约定之外的目的使用前述数据，亦不得以任何形式将前述数据提供给他人。

新浪微博诉脉脉案中，北京知识产权法院确立了Open API模式下获取用户个人信息时应遵循的“三重授权规则”，即“用户授权”+“平台授权”+“用户授权”。Open API模式下，第三方应用开发者通过开放平台获取用户个人信息的前提是开放平台取得用户授权，第三方应用开发者取得平台授权，同时第三方平台在使用用户信息时还应当明确告知用户其使用的目的、方式和范围，再次取得用户的授权。仅取得用户或平台中任何一方的授权即获取用户个人信息的行为均不符合上述判决确立的精神。若抖音未经同意向多闪提供用户头像、昵称等个人信息的行为，其可能涉嫌违反《微信开放平台开发者服务协议》第2.6.4条的约定，一定程度上也不符合司法实践中对于Open API模式下获取用户个人信息合法性的认定标准。

而针对抖音获取微信用户的头像、昵称用于补充用户关系链条，复制微信用户好友关系的行为，若一旦坐实，则其可能涉嫌违反《微信开放平台开发者服务协议》第2.7.2条中“不得将所合法获得的前述数据自行或提供给其用户、客户用于创建、补充或维护自身关系链”的约定。而判断该等行为是否坐实，则取决于抖音复制微信好友关系的方式。

微信好友关系由用户头像、昵称和用户之间关系链条共同构成。在开放平台模式下，抖音可以通过 Open API 模式获取微信用户头像、昵称，但无法直接获取用户之间的关系链条。鉴于该案件尚在审理中，目前尚无法得知抖音通过何种方式获取微信用户之间的关系链条。若抖音获取微信用户之间的关系链条的方式依赖于开放平台，则无法排除抖音获取微信用户关系链条的行为被认定为违反《微信开放平台开发者服务协议》的可能性。同时，即使抖音并非依赖于开放平台获取微信用户关系链条，但一旦其将获取的用户关系链条同其通过开放平台获取的用户头像、昵称相关联，其行为仍然可能被认定为将获取的数据用于补充自身用户关系链条，无法排除被法院认为违反《微信开放平台开发者服务协议》的可能性。

3. 合规启示

当前，开放平台作为一种经营模式已经成为越来越多互联网公司发展战略中的重要一部分。对于开放平台运营者而言，吸引更多第三方应用的入驻可以获取更多垂直资源，为用户提供更为丰富多样的服务，提高用户体验；对于第三方应用开发者而言，其可以依托开放平台的流量优势不断壮大自身。区别于封闭式平台，开放平台向应用开发者提供开放接口和相关技术服务。接口的开放往往意味着平台上用户个人信息的开放，平台上的第三方应用开发者可以通过 OAuth2.0 等技术协议标准获得授权登录服务，接触到包括头像、昵称等开放平台自有的用户数据。[①] 一方面，开放平台需要通过共享用户个人信息的方式来吸引更多第三方应用开发者的入驻，进一步扩大平台规模；另一方面，第三方应用开发者亦需要开放平台所拥有的丰富的用户资源。可以说，在开放平台模式下，用户个人信息的开放与共享是平台运转的核心，但这也意味着用户提供给开放平台的信息相较于提供给其他个人信息控制者的信息面临着更高风险。

对于接入的第三方应用开发者而言，严格遵守开发者服务协议等文本，按照三重授权规则的要求获取用户授权收集、使用用户个人信息，是减少或

---

① 牟萍：《开放平台的竞争利益与用户个人信息利益之耦合性分析》，https://mp.weixin.qq.com/s/hYGBI4VsVDu0eaF8J4GLdQ，最后访问时间：2020 年 3 月 25 日。

避免相关诉争的重要保障。

而对于开放平台的运营者而言，若用户提供给开放平台的信息被泄露、被窃取等，未尽到妥当保护义务的开放平台应当承担相应的责任亦是实践中达成的普遍共识。作为第三方开放平台领域的先驱，Facebook 自 2018 年 3 月曝出用户个人数据泄露事件之后便一直处于舆论漩涡之中。其数据泄露亦源于第三方应用将获得授权的用户信息出售给了剑桥分析，被后者用于商业和政治定向广告。在事件中，Facebook 由于对第三方应用程序的监管力度不足和未及时披露数据泄露事件遭受了大量批评。据报道，其将支付创纪录的 50 亿美元与美国联邦贸易委员会达成和解。[①] 在新浪微博诉脉脉案中，尽管新浪微博胜诉，但判决书中法院认定作为开放平台的新浪微博亦在用户信息安全监控等方面存在过错，应承担相应的责任，故没有全额支持其关于损害赔偿金的诉讼请求。这实质上是司法层面对开放平台责任的重申。[②] 作为开放平台的运营者，不仅应该通过开放平台服务协议等文本对第三方应用开发者进行约束，并对接入的第三方应用进行适当的管理，还应当在发现相关应用开发者存在违法违规行为时及时采取有效措施，保护用户的合法权益。

---

① See "FTC's $5 billion Facebook settlement: Record - breaking and history - making", available at https://www.ftc.gov/news-events/blogs/business-blog/2019/07/ftcs-5-billion-facebook-settlement-record-breaking-history, last visit on March 27th, 2020.

② 参见北京知识产权法院（2016）京73民终588号民事判决书。

第五部分

数据保护合规指引

从立法规范角度，相关法律、法规、规定和国家标准对个人信息收集、存储、访问、使用、委托处理、共享、对外转让、公开披露、个人信息主体权利保障等进行了全方面的规范，也就是说对于个人信息的全生命周期进行了规范要求。从执法监管角度，对于数据保护，虽然不同部门的执法和监管行动在不同时期的侧重点有所不同，但尚未重点监管不代表不监管，个人信息全生命周期的执法监管正在逐步深入和不断完善。从司法实践角度，新型个人信息保护纠纷案件的不断出现，是个人信息主体对个人信息保护和维权意识不断加强的体现，也是从用户角度直接对个人信息全生命周期进行直接监督的体现。因此，数据保护应当遵循“四个全覆盖”的要求：覆盖数据的全生命周期；覆盖业务经营、风险管理和内部控制流程中的全部数据；覆盖内部数据和外部数据；覆盖所有分支机构和附属机构。

具体来说，为确保数据相关运作合法合规，企业应将数据保护体系贯彻数据的全生命周期，配合建立网络安全相关法律法规要求的各项制度，符合法律法规对于个人信息保护的各项规定要求，参照相关国家标准的细化要求，进行个人信息全生命周期的合规安排。以下我们将结合多年数据保护合规经验，从个人信息的收集，储存，访问与使用，委托处理、共享转让、公开披露，个人信息主体权利保护，跨境传输，以及数据危机应对共计七个方面，为企业数据保护提供全生命周期的合规指引。

一、个人信息收集

根据《个人信息安全规范》第 3.5 条，个人信息收集系指获得个人信息的控制权的行为，包括直接收集个人信息和间接收集个人信息两种方式，其中直接收集个人信息系指由个人信息主体主动提供、通过与个人信息主体交互或记录个人信息主体行为等自动采集行为；间接收集个人信息系指通过共享、转让、搜集公开信息等间接获取个人信息等行为。对不属于收集个人信息的行为，该条在其注的部分也进行了界定，即如果产品或服务的提供者提供工具供个人信息主体使用，提供者不对个人信息进行访问的，则不属于个人信息收集，例如，离线导航软件在终端获取个人信息主体位置信息后，如果不回传至软件提供者，则不属于个人信息主体位置信息的收集。

根据《个人信息告知同意指南（征求意见稿）》第5.1条，收集个人信息包括但不限于以下情形：a）个人信息主体主动填写、选择、上传等主动提供个人信息的；b）网络运营者通过智能终端、API、SDK、IoT设备、浏览器、传感器等自动采集个人信息的；c）网络运营者通过与用户交互记录个人信息主体行为的；d）网络运营者从第三方间接接受、查询等方式间接获取的；e）网络运营者从非完全公开渠道搜集个人信息的；f）网络运营者从个人信息主体关联身份或账号收集个人信息的；g）网络运营者使用大数据、AI等技术分析、关联和生成个人信息的。

收集个人信息是个人信息处理活动的基础，也是个人信息全生命周期保护的开端。《网络安全法》第41条对收集个人信息进行了基础性规定，该条要求，网络运营者收集、使用个人信息，应当遵循合法、正当、必要的原则，公开收集、使用规则，明示收集、使用信息的目的、方式和范围，并经被收集者同意。网络运营者不得收集与其提供的服务无关的个人信息，不得违反法律、行政法规的规定和双方的约定收集、使用个人信息，并应当依照法律、行政法规的规定和与用户的约定，处理其保存的个人信息。接下来，将具体探讨个人信息收集的合规要求。

（一）合法性

根据《个人信息安全规范》第5.1条，收集个人信息的合法性要求具体包括：

1. 不应以欺诈、诱骗、误导的方式收集个人信息

《App违法违规认定方法》第3.7条对不应以欺诈、诱骗、误导的方式收集个人信息进行了明确的规定，该条强调不得“以欺诈、诱骗等不正当方式误导用户同意收集个人信息或打开可收集个人信息的权限，如故意欺瞒、掩饰收集使用个人信息的真实目的”。因此，网络运营者收集用户个人

信息，应依法如实、全面告知收集个人信息的真实目的，不得为了追求形式上的合规宣称收集信息用于A目的而实际却用于B目的，该等被隐瞒和被掩饰的B目的往往难以解释其合法性。

2. 不应隐瞒产品或服务所具有的收集个人信息的功能

《App自评估指南》评估点5对于“业务功能”进行了界定：“业务功能是指App面向个人用户所提供的一类完整的服务，如地图导航、网络约车、即时通讯、社区社交、网络支付、新闻资讯、网上购物、短视频、快递配送、餐饮外卖、交通票务等。”《网络安全实践指南　移动互联网应用基本业务功能必要信息规范（V1.0）》对“业务功能”也进行了定义，指出业务功能系指“满足个人信息主体的具体使用需求的业务或功能”。

《App自评估指南》评估点5要求评估“是否明示收集个人信息的业务功能”，评估标准为“个人信息保护政策中应当将收集个人信息的业务功能逐项列举，不应使用‘等、例如’字样”。不应隐瞒产品或服务所具有的收集个人信息的业务功能，需要做到逐项列举收集个人信息的业务功能，不能懒于全面梳理业务功能，更不能因为想要隐瞒某些实际在收集个人信息的业务功能，而使用“等、例如”的字样，或者列举了A、B、C业务功能收集个人信息，但实际收集个人信息的功能是A、B、C、D。

3. 不应从非法渠道获取个人信息

不应从非法渠道获取个人信息，主要规范的是间接获取个人信息时不应通过黑市等渠道获取来源不明的个人信息。因黑客窃取、“内鬼”出卖个人信息等导致的个人信息泄露事件频繁发生，大量个人信息流入黑市等非法渠道。大数据时代，数据有价，导致黑市等非法渠道的非法个人信息交易不断，对个人信息安全造成极大困扰，严重侵犯公民个人信息。对网络运营者来说，间接获取用户个人信息时，不应从黑市等非法渠道获取个人信息。而且，对于数据提供方，应对其数据来源、是否获得用户授权以及授权的范围进行必要的尽调，以防止从非法渠道获取个人信息。

（二）必要性

根据《个人信息安全规范》第4.d）条，必要性即只处理满足个人信息主体授权同意的目的所需的最少个人信息类型和数量。根据《App违法违规认定方法》第4条和《App自评估指南》评估项7，必要性的要求具体包括：

1. 收集的个人信息类型或打开的可收集个人信息权限应为现有业务功能所必需或有合理应用场景

收集的个人信息类型或打开的可收集个人信息权限不得与现有业务功能或合理的应用场景无关，不得过度收集和过度索权。实践中典型的问题包括，过度收集用户通讯录、短信、通话记录等，或将收集身份证号、人脸、指纹等作为应用开启使用的前提条件，或通过积分、奖励等方式诱导用户，收集身份证号、人脸、指纹等个人信息。典型问题还包括，App在用户未使用相关功能或服务时，提前申请开启通讯录、定位、短信、录音、相机等权限，或超出其业务功能或服务外，申请通讯录、定位、短信、录音、相机等权限。

此外，需要强调的是，“现有业务功能”将适用范围限定于业务功能，并且是现有的而非过去或者准备开发的新的业务功能。

网络运营者实际收集的个人信息类型及索取的权限与现有业务功能逐项对应，并且与现有业务功能直接相关，缺少该信息则现有业务功能无法实现。为了明确移动互联网应用程序（App）收集个人信息时应满足的基本要求，《App收集信息基本规范（征求意见稿）》明确了地图导航、网络约车、即时通讯、网络社区、网络支付、新闻资讯、网上购物、金融借贷等30种常用服务类型可收集的最小必要信息，网络运营者可以参照所述服务类型最小必要信息的要求，进行调整和优化。

2. 不得因用户不同意收集非必要个人信息或打开非必要权限，拒绝提供业务功能

实践中大量存在通过拒绝提供业务功能，变相强迫用户同意收集非必要个人信息或打开非必要权限的行为。常见的典型问题为App运行时向用户索取与当前服务场景无关的权限，用户拒绝授权后，应用退出或关闭。

结合《个人信息安全规范》附录C.4c）的规定，在用户不同意收集扩

展业务功能所必要收集的个人信息的，不得因此拒绝向用户提供基本业务功能或降低基本业务功能的服务质量。

3. 新增业务功能申请收集的个人信息超出用户原有同意范围，若用户不同意，不得拒绝提供原有业务功能，但新增业务功能取代原有业务功能的除外

实践中，随着公司战略、市场行情、消费需求等的变化，新增业务功能的情况非常普遍。

对此，超出原有个人信息同意范围收集个人信息的，如用户不同意，仅应影响新增业务功能的使用，不得拒绝提供原有业务功能。但新增业务取代原有业务功能导致业务功能发生变更的除外。

4. 收集个人信息的频度等，不得超出业务功能实际需要

收集个人信息的频率应限于实现该业务功能的需要。实践中存在典型的问题包括按照一定频次收集位置信息、IMEI 或频繁读取通讯录、短信、图片等。

根据《个人信息安全规范》第 5.2b）条要求“自动采集个人信息的频率应是实现产品或服务的业务功能所必需的最低频率”，网络运营者在收集个人信息时，应当按照实现产品或服务的业务功能所必需的最低频率收集个人信息。

5. 不得仅以改善服务质量、提升用户体验、定向推送信息、研发新产品等为由，强制要求用户同意收集个人信息

实践中，相当数量的 App 在个人信息保护政策中将改善服务质量、提高用户体验、定向推送信息、研发新产品单独表述为业务功能和收集使用目的，并将其作为“利器”而肆意收集使用与业务功能无关的用户个人信息。

对此，网络运营者可以将改善服务质量、提高用户体验、定向推送信息、研发新产品等目的与其他业务功能相结合，确保收集使用个人信息的类型与具体业务功能相对应。

6. 不得要求用户一次性同意打开多个可收集个人信息的权限，用户不同意则无法使用

实践中大量存在强制捆绑授权问题，特别是在安卓系统下，所声明的TargetSdkVersion值小于23的App大量存在“用户安装时就声明索要所有权限，一旦安装，这些权限就默认打开”的情形。（TargetSdkVersion值对应着App开发时设置的API等级，App对应的API等级越高，通常在权限管理和安全设计机制方面越完善）。常见的典型问题为，App首次启动时，向用户索取电话、通讯录、定位、短信、录音、相机、存储、日历等权限，用户拒绝授权后，应用退出或关闭。

网络运营者不得通过捆绑多项业务功能的方式要求用户一次性接受并授权同意多项业务功能收集个人信息的请求。用户不同意应仅影响与所拒绝提供个人信息相关的业务功能，不得影响其他业务功能的正常使用，不得以不同意一揽子授权为理由不提供任何单一服务。

7. 不得在用户明确拒绝后继续频繁索要权限、打扰用户

实践中大量存在用户明确拒绝权限申请后，仍向用户频繁弹窗申请开启与当前服务场景无关的通讯录、定位、短信、录音、相机等权限的问题，给用户造成很大困扰，严重影响用户体验。

网络运营者在用户明确拒绝权限申请后，不得频繁申请开启与当前服务场景无关的权限，不得骚扰用户。

（三）被收集者同意

《网络安全法》第41条明确将被收集者同意作为个人信息收集的合法性基础。根据《App违法违规认定方法》第3条，参照《个人信息告知同意指南（征求意见稿）》，对于获得被收集者同意，网络运营者应做到：

1. 不得在征得用户同意前就开始收集个人信息或打开可收集个人信息的权限

用户同意作为《网络安全法》规定的收集用户信息的法定基础，也是在我国现行网络安全生态下收集用户信息的合法来源。实践中常见问题包括

App 运行时，缺乏向用户明示且征求用户同意的环节，收集 IMEI、设备 MAC 地址、软件安装列表、通讯录、短信等个人信息，或 App 运行时，虽然有向用户明示并经用户同意环节，但个人信息收集发生在用户同意前。

用户同意是收集使用个人信息的起始点，运营者要合法合规收集使用个人信息，就需要能够证明已经获得用户同意，且能够证明用户同意的时间点先于收集使用行为。以现行 App 运行的生态为例，根据《App 违法违规认定方法》第 1.2 条，在 App 首次运行时应通过弹窗等明显方式提示用户阅读个人信息保护政策等收集使用规则。从展示方式上，宜采取弹窗方式，在弹窗内展示内容摘要并放置《个人信息保护政策》全文链接。在提示用户阅读后，可以征求用户的同意。

从证明已征得用户同意角度出发，参照《个人信息告知同意指南（征求意见稿）》第 9.4d）条，网络运营者可以根据自身情况灵活选择用户同意的证据留存的方式。例如，在网络环境中，个人信息控制者可以留存当时个人信息主体授权同意的页面、告知同意的工作流程、个人信息主体同意行为的记录（如日志）以及提供给个人信息主体的告知内容。

2. 用户明确表示不同意后，不得收集个人信息或打开可收集个人信息的权限

实践中经常出现用户明确表示不同意后，仍收集个人信息或打开可收集个人信息的权限的情况。网络运营者应尊重用户意愿，在用户明确拒绝收集个人信息或打开可收集个人信息权限的请求后，不得收集个人信息或打开可收集个人信息的权限。

此外，需要强调的是，用户明确拒绝收集个人信息或打开可收集个人信息权限的请求，应仅影响与拒绝提供个人信息或可收集个人信息权限相关的业务功能，不得影响用户正常使用其他业务功能。

3. 实际收集的个人信息或打开的可收集个人信息权限，应与声明并经用户同意的收集规则保持一致

个人信息保护政策、个人信息查询授权书等授权文本均构成声明的收集规则，其作用不仅仅在于告知用户获得用户的同意，还在于对网络运营者自

身遵循该等规则收集个人信息的约束。用户知悉并同意该等收集规则后，对网络运营者按照个人信息保护政策等用户授权文本收集其个人信息会形成合理期待。

网络运营者不应利用个人信息保护政策等用户授权文本宣示合法合规收集个人信息，但实际中超出用户授权范围收集个人信息或实际收集的个人信息与授权范围不一致。当面一套，背后一套，主观恶意明显，不可取。

4. 以默认选择同意个人信息保护政策等非明示方式征求用户同意

随着我国互联网生态的发展，公民个人信息保护意识逐渐觉醒，原有的默示同意方式已经无法当然满足现行个人信息保护需求。对此，《个人信息告知同意指南（征求意见稿）》第 5.1 条规定，收集个人信息时，需向个人信息主体告知收集、使用个人信息的类型、目的、方式和范围，并征得个人信息主体的明示同意……

实践中常见的非明示方式包括默认勾选同意、注册即表示同意等。根据《个人信息告知同意指南（征求意见稿）》第 3.7 条，明示同意系指个人信息主体通过书面、口头等方式主动作出纸质或电子形式的声明，或者自主作出肯定性动作，对其个人信息进行特定处理作出明确授权的行为。肯定性动作包括个人信息主体主动勾选、主动点击“同意”“注册”“发送”“拨打”、主动填写或提供等。根据《个人信息告知同意指南（征求意见稿）》第 9.1 条，网络运营者可结合产品或服务的特点以及个人信息主体造成影响的程度等因素，选择以下一种或几种明示同意的模式：

a）设置交互式界面，由个人信息主体做出主动勾选、主动点击“同意”“下一步”“继续”、滑动滑块、主动发送等动作表示意愿；

b）由个人信息主体主动填写、输入个人信息表示意愿；

c）由个人信息主体开启可收集个人信息的 API、权限表示意愿；

d）个人信息主体通过纸质或电子的书面声明、签字确认表示意愿；

e）个人信息主体通过电子签名方式表示意愿；

f）个人信息主体通过电话录音、视频录像等方式表示意愿。

5. 不得未经用户同意更改其设置的可收集个人信息权限状态，如App更新时自动将用户设置的权限恢复到默认状态

未经用户同意更改其设置的可收集个人信息权限状态，即用户拒绝打开可收集个人信息权限，网络运营者利用App更新等方式在未经用户同意的情况下，隐秘修改用户设置的可收集个人信息权限状态，此过程用户全程处于无感状态。如果没有专门去查看权限状态，很难发现该等修改，而网络运营者则借助该等个人信息权限的打开，违规收集相应的个人信息。

网络运营者申请调用可收集个人信息权限均应获得用户的同意，不得未经用户同意私自更改用户权限设置，不得利用系统更新升级去更改原有的系统权限设置。

6. 收集个人生物识别信息的特殊要求

根据《个人信息安全规范》第5.4c）条，收集个人生物识别信息前，应单独向个人信息主体告知收集、使用个人生物识别信息的目的、方式和范围，以及存储时间等规则，并征得个人信息主体的明示同意。注3：个人生物识别信息包括个人基因、指纹、声纹、掌纹、耳廓、虹膜、面部识别特征等。

相较于征求意见稿，对收集个人生物识别信息的特殊要求系《个人信息安全规范》新增内容。在探讨对收集个人生物识别信息的特殊要求前，我们需要先来探讨一个问题，为什么要新增对个人生物识别信息的强化保护？《信息技术　安全技术　生物特征识别信息的保护要求（征求意见稿）》在其引言部分指出了个人生物识别信息需要加以保护的原因。简单来说，一方面，个人生物识别信息用于身份鉴别有其独特优势，比如手机指纹解锁、人脸解锁、人脸支付、声音锁等。因为一般来说，个人生物识别信息难以或不可能发生变化、与个人密切绑定且不同人的信息不一致；但另一方面，也正因为个人生物识别信息难以或不可能发生变化、与个人密切绑定，其一旦出现被泄露、被窃取等安全事件，通常的更改密码、发新令牌等身份鉴别更新措施都难以奏效，也很容易给个人信息主体造成财产损失、名誉损失等严重后果。之前出现的小学生用照片刷开了某智能快递柜、换脸软件“ZAO”

引发的对刷脸支付安全性的担忧，都与个人生物识别信息的应用直接相关。基于此，需要对个人生物识别信息进行强化保护。

对于收集个人生物识别信息的要求看，包括告知方式、告知内容和同意方式三个要点：（1）告知方式，单独告知；（2）告知内容，收集、使用个人生物识别信息的目的、方式和范围，以及存储时间等规则；（3）同意方式，明示同意。

从理解适用角度，只将个人生物识别信息的相关规则放置在个人信息保护政策中，可能已经无法满足《个人信息安全规范》的要求。可供参考的模式为，企业制定单独的个人生物识别信息保护政策或个人生物识别信息保护说明，在实际开始采集个人生物识别信息前弹窗告知个人生物识别信息保护的简要规则并放置完整版个人生物识别信息保护政策或个人生物识别信息保护说明的链接，通过用户手动点击确认弹窗内容来获得用户的明示同意。但是否确切能够满足《个人信息安全规范》的要求，还有待实践的进一步探索和监管部门的进一步意见。

（四）征得被收集者同意的例外

对于征集被收集者同意的例外情形，《个人信息安全规范》和《个人信息告知同意指南（征求意见稿）》均进行了规定，网络运营者可以进行参考，具体如下：

1.《个人信息安全规范》规定的例外情形

对于征得被收集者同意的例外，《个人信息安全规范》第5.6条作出了如下规定，可以供网络运营者参考：

a）与个人信息控制者履行法律法规规定的义务相关的；

b）与国家安全、国防安全直接相关的；

c）与公共安全、公共卫生、重大公共利益直接相关的；

d）与刑事侦查、起诉、审判和判决执行等直接相关的；

e）出于维护个人信息主体或其他个人的生命、财产等重大合法权益但又很难得到本人授权同意的；

f）所涉及的个人信息是个人信息主体自行向社会公众公开的；

g）根据个人信息主体要求签订和履行合同所必需的；

注：个人信息保护政策的主要功能为公开个人信息控制者收集、使用个人信息范围和规则，不应将其视为合同。

h）从合法公开披露的信息中收集个人信息的，如合法的新闻报道、政府信息公开等渠道；

i）维护所提供产品或服务的安全稳定运行所必需的，例如发现、处置产品或服务的故障；

j）个人信息控制者为新闻单位，且其开展合法的新闻报道所必需的；

k）个人信息控制者为学术研究机构，出于公共利益开展统计或学术研究所必要，且其对外提供学术研究或描述的结果时，对结果中所包含的个人信息进行去标识化处理的。

2. 《个人信息告知同意指南（征求意见稿）》规定的例外情形

在《个人信息安全规范》第5.6条的基础上，对于征得被收集者同意的例外情形，《个人信息告知同意指南（征求意见稿）》第6.1条进行了进一步的细化、扩充和完善，具体规定如下，同样也可以供网络运营者参考：

a）与个人信息控制者履行法律法规规定的强制性义务相关的，例如为履行相关法律法规规定的反洗钱监管要求，收集实名身份信息及相关交易记录。

b）与国家安全、国防安全直接相关的。

c）与公共安全、公共卫生、公共网络安全、网络环境治理、重大公共利益直接相关的，例如为加强口岸防控人感染特定流感疫情，对疑似病例人员采样进行病原体监测，详细登记其个人信息、联系方式等。

d）与犯罪侦查直接相关的，例如为侦查刑事案件，收集、使用犯罪嫌疑人的指纹、DNA等生物信息、通话记录、上网记录等。

e）出于维护个人信息主体或其他个人的生命、财产等重大合法权益但又很难得到本人同意的，例如因患者陷入严重昏迷无法取得本人同意，医生为救助患者必须检测其血型以向其输血。

f）所涉及的个人信息是个人信息主体自行向不特定社会公众公开的，例如收集、使用用户在开放式社交平台上自行向所有平台用户公开的本人学历背景、就职单位等个人信息。

g）与商业或职务行为直接相关的个人信息，例如企业依法注册登记、备案的法定代表人、股东、监事、高管的个人信息，个体工商户依法登记、备案的个人信息等。

h）为履行或签订个人信息主体与个体信息控制者之间的合同所必需的，如，购物网站为实现其基本功能寄送用户网购的商品而收集、使用用户的姓名、住址和联系电话，网络租房平台为实现其基本功能与用户签订租房合同，收集用户的实名信息、手机号码等个人信息。

i）用于维护所提供的产品或服务安全、质量和稳定运行以及防范危害运营安全行为所必需的。例如某软件为确保产品或服务的安全稳定运行，收集用户的设备类型、网络运行日志、崩溃报告等日志信息用于分析和改善软件运行情况；或者防止恶意注册、批量点击等危害运营安全活动，收集用户设备信息、日志信息、网络接入情况等信息。

j）个人信息控制者为学术研究机构，出于公共利益开展统计或学术研究所科研机构必要，且其对外提供学术研究或描述的结果时，对结果中所包含的个人信息进行去标识化处理的，例如某学术研究机构为调查研究某公共政策对不同性别、不同年龄、不同地区的人群的影响情况，收集、使用被调查人员的性别、年龄、地区等个人信息，但在提供研究成果时对所包含的个人信息进行去标识化处理。

k）个人信息控制者为新闻单位且其在开展合法的新闻报道所必需的，例如某报社为报道某大学志愿者在贫困山区支教的情况，收集、使用了志愿者的姓名、在读学校等个人信息等。

l）从合法公开披露的信息中收集个人信息的，如合法的新闻报道、政府信息公开等渠道，例如国家审计署网站公告的移送违纪违法问题线索的查处情况等。

m）与个人信息主体求职、就业直接相关的，例如用人单位收集个人信息主体投递的包含姓名、联系电话、学历背景、工作经验等个人信息的简历。

n）法律法规规定的其他情形，例如酒店、航空公司等按照相关法律法规规定收集旅客的实名身份信息等。

o）专为未成年人提供服务的产品或应用，为保障未成年人的合法权益（例如：教育应用为保障教学过程中教师不侵犯儿童合法权益而对教学视频进行抽检），在充分告知监护人的前提下，可以豁免征求同意。

p）收集已进行匿名化处理的个人信息，该个人信息无法单独识别到个人身份（不具有可识别性的信息）。

q）个人信息控制者因被收购、兼并、重组、分拆等主体变更导致向继受者提供或者转移个人信息的情形。

r）法律法规规定的其他情形。

注：个人信息控制者在以上情形中收集使用个人信息的，应该告知信息主体收集使用其个人信息的情形。

（五）个人信息保护政策（惯称隐私政策）优化

个人信息保护政策、个人信息查询授权书等个人信息授权文本，其作用在于，一方面，向个人信息主体说明网络运营者收集处理个人信息的相关规则，保证个人信息主体知情权的有效实现，同时构成对网络运营者自身行为的约束；另一方面，其也是网络运营者获得个人信息主体授权的重要依据，个人信息主体同意后，其可以作为网络运营者配合监督管理的重要机制，用以证明获得授权以减轻或豁免责任的重要凭证。

作为 App 和网页端最常使用的个人信息授权文本，这里我们选取个人信息保护政策进行深入研究。从现状来看，相当一部分网络运营者的个人信息保护政策仍然不够规范，存在文本雷同、内容陈旧、条款简略、语言不够清晰易懂、存在强制性霸王条款、缺少对使用的技术的解释、未告知用户享有的权利、未告知对外共享信息的第三方、未告知接入的第三方 SDK 等问题。

为了规范个人信息保护政策等个人信息授权文本的内容和设置，《个人信息安全规范》第 5.5 条、《App 自评估指南》评估项 1 - 4 和《App 违法违规认定方法》第 1 - 2 条均提出了相关要求，《个人信息安全规范》在其附录 D 放置了个人信息保护政策模板，也可以供网络运营者进行有益参考。

需要指出的是，相较于征求意见稿、过往相关规定和文件以及实践中普遍使用的“隐私政策”，《个人信息安全规范》将其名称变更为“个人信息保护政策”。原因有二：

一、个人信息与隐私的范围不一致，对此基本达成了共识。《民法典（草案）》第四编人格权第六章的名称为“隐私权和个人信息保护”，将隐私权和个人信息保护进行了明确区分，其中第1032条第2款规定“隐私是自然人的私人生活安宁和不愿为他人知晓的私密空间、私密活动、私密信息”，第1034条第2款规定“个人信息是以电子或者其他方式记录的能够单独或者与其他信息结合识别特定自然人的各种信息，包括自然人的姓名、出生日期、身份证件号码、生物识别信息、住址、电话号码、电子邮箱、健康信息、行踪信息等”。而第1034条第3款则更加直接地说明了隐私和个人信息的关系，“个人信息中的私密信息，同时适用隐私权保护的有关规定”。也就是说，个人信息中的私密信息属于隐私信息，除私密信息外的个人信息不属于隐私信息。

二、实践中惯用的“隐私政策”，规定的内容实际是对个人信息的保护政策，而非专门针对隐私的保护政策。翻阅各个网站、App的隐私政策，其内容基本围绕对全部个人信息的收集、使用、存储、对外提供、个人信息主体权利保护等个人信息的相关保护内容，而非仅针对隐私信息。

因此，从“隐私政策”调整为“个人信息保护政策”，表面上是对政策文本名称的简单变化，但实际上将政策文本的适用范围界定得更加严谨、准确。

个人信息保护政策应清晰、准确、完整地描述网络运营者的个人信息处理行为，具体要求如下：

1. 个人信息保护政策应符合独立性、易读性要求

（1）有单独成文的个人信息保护政策

涉及收集个人信息的网络运营者应有个人信息保护政策，且个人信息保护政策应以单独成文的形式发布，而不是作为用户协议、用户说明等文件中的一部分存在。

（2）易于访问

个人信息保护政策应易于访问，以App个人信息保护政策访问为例，

进入 App 主功能界面后，通过四次以内的点击，应能够访问到个人信息保护政策，且个人信息保护政策链接位置突出、无遮挡，不得出现个人信息保护政策链接无效、文本无法正常显示等情形。从个人信息保护政策放置位置看，一般放置在“我的—设置”或“我的—关于”的子栏目，在该等位置相对方便用户查找。

（3）易于阅读

个人信息保护政策应易于阅读，不得在文本文字显示方式（字号、颜色、行间距等）上“动手脚”从而造成阅读困难，不得出现文字过小过密、颜色过淡、模糊不清、晦涩难懂、冗长烦琐的问题，或未提供简体中文版、使用大量专业术语等影响正常阅读的情形。个人信息保护政策内容应清晰易懂，符合通用的语言习惯，使用标准化的数字、图示等，避免使用有歧义的语言。

2. 个人信息保护政策应清晰说明各项业务功能及所收集个人信息类型

（1）明示收集个人信息的业务功能

个人信息保护政策中应当将收集个人信息的业务功能逐项列举，不应使用“等、例如”字样。对此，本书前面已经进行阐述，此处不再赘述。

（2）明示各项业务功能所收集的个人信息类型

每个业务功能在说明其所收集的个人信息类型时，应在个人信息保护政策中逐项列举，不应使用“等、例如”等方式概括说明。该问题在实践中颇为常见，不论是因为怠于梳理具体收集的全部信息，还是因为有些收集的信息不便公开告知，抑或是想要为额外收集个人信息留有余地，都是不可取的。

（3）显著标识个人敏感信息类型

个人信息保护政策应对个人敏感信息类型进行显著标识（如字体加粗、标星号、下划线、斜体、颜色等）。对此，需要注意避免进入一个误区，即既然要求显著标识个人敏感信息类型，那干脆就把所收集的个人信息全部进行显著标识。所收集的个人信息全部均进行显著标识，反而会导致收集的个人敏感信息没有得到额外的显著标识。

3. 个人信息保护政策应清晰说明个人信息处理规则及用户权益保障

（1）应说明网络运营者的基本情况

个人信息保护政策应对网络运营者的基本情况进行描述，至少包括：主体身份、联系方式。这里的联系方式，为了避免造成不必要的骚扰，不再强调放置个人信息保护相关负责人的联系方式。对此，如有数据保护专门的邮箱或者客户电话等，可以进行放置；如无，至少应放置公司的客户电话或客服邮箱作为联系方式。

（2）应说明个人信息存储和超期处理方式

个人信息保护政策应明确说明个人信息的如下情况：1）存放地域，如果存储在境外，宜说明境外的哪个国家或地区；2）存储期限，有明确的存储期限最好说明，如无，至少说明法律规定范围内最短期限；3）超期处理方式，如删除或匿名化等。

（3）应说明个人信息的使用规则

个人信息保护政策应明确说明收集使用个人信息的目的、方式、范围等。如果将个人信息用于用户画像、个性化展示等，应说明其应用场景和可能对用户产生的影响。

（4）应说明个人信息出境情况

如果存在个人信息出境情况，个人信息保护政策中应将出境个人信息类型逐项列出并显著标识，显著标识方式如字体加粗、标星号、下划线、斜体、颜色等。

（5）应说明个人信息安全保护措施和能力

个人信息保护政策中应对网络运营者在个人信息保护方面采取的措施和具备的能力进行说明，如身份鉴别、数据加密、访问控制、恶意代码防范、安全审计等。

（6）应说明对外共享、转让、公开披露个人信息规则

如果存在个人信息对外共享、转让、公开披露等情况，个人信息保护政策应明确以下内容：1）对外共享、转让、公开披露个人信息的目的；2）涉及的个人信息类型；3）接收方类型或身份；4）各自的安全和法律责任。

对于这里的接收方类型或身份，能够列明具体的接收方名称更好，如考

虑到业务合作方动态变化，则至少应说明接收方的机构类型，如银行、物流公司、行业协会等，避免直接使用“提供给第三方”等类似过于宽泛的表述。

（7）应说明用户权利保障机制

个人信息保护政策中应对以下用户操作方法提供明确说明：1）个人信息查询；2）个人信息更正；3）个人信息删除；4）用户账户注销；5）撤回已同意的授权。这里需要强调的是，该等方法应该方便用户操作且能切实保障用户该等权利的有效实现，避免故意设置操作障碍，无法保障用户该等个人信息权利的实现。

（8）应说明用户申诉渠道和反馈机制

个人信息保护政策中至少提供以下一种投诉渠道：1）电子邮件；2）电话；3）传真；4）在线客服；5）在线表格。

（9）应具备时效性

应明确标识个人信息保护政策发布、生效或更新日期。按照一般实践，该等标识一般在个人信息保护政策文首或末尾部分。

（10）个人信息保护政策更新

作为个人信息保护政策，其最核心的是真实地反映当前网络运营者的信息保护实践。一旦网络运营者的行为被发现与其个人信息保护政策宣示的内容不一致，则难以轻易地再次获得监管部门和社会公众的信任。有些网络运营者的个人信息保护政策制定后，长时间未经修改，致使最初的个人信息保护政策不再符合当前的实践。因此，网络运营者应当定期审查个人信息保护政策并进行及时的更新。

需要更新个人信息保护政策的情形，包括发生业务功能变更、个人信息出境情况变更、使用目的变更、联系方式变更等。个人信息保护政策更新后，应通过电子邮件、信函、电话、推送通知等方式及时告知用户。从建议的角度，对于个人信息保护政策的重要更新，使用弹窗方式提醒用户阅读，并通过用户手动点击确认、手动勾选等方式获得用户的再次授权。

4. 不应在个人信息保护政策中设置免责等不合理条款

网络运营者不应在个人信息保护政策等文件中出现免除自身责任、加重用户责任、排除用户主要权利条款，如某 App 个人信息保护政策列明“您须对您本人在使用本网站所提供的服务时的一切行为、行动（不论是否故意）负全部责任”。

这里的免除自身责任，系指网络运营者免除其依照法律规定应当负有的强制性法定义务；这里的加重用户责任，系指网络运营者要求用户在法律规定的义务范围之外承担责任或损失；排除用户主要权利，系指网络运营者排除用户依照法律规定或者依照合同的性质通常应当享有的主要权利。

（六）间接获取个人信息的要求

大数据时代，数据流通成为趋势，网络运营者限于自身掌握的数据相对有限，很多情况下需要寻求合作伙伴、大数据公司、征信机构等第三方来间接获取个人信息。单从商业价值角度考虑，第三方提供的满足网络运营者需求的数据越多，网络运营者能够挖掘的价值越多。但从我国数据保护现状出发，不同网络运营者的数据保护合规程度有所区别，商业利益驱使下从事非法数据获取、买卖和交易的事件屡屡见诸报端。在直接收集个人信息时，网络运营者可以自行进行相应的合规安排，来确保合法合规收集个人信息；但在间接获取个人信息时，网络运营者无法直接掌握个人信息的收集和提供是否合法合规。因此，在间接获取个人信息时，网络运营者需要进行如下合规安排：

1. 有限尽调

根据《个人信息安全规范》第5.4e）条，间接获取个人信息时：1）应要求个人信息提供方说明个人信息来源，并对其个人信息来源的合法性进行确认；2）应了解个人信息提供方已获得的个人信息处理的授权同意范围，包括使用目的，个人信息主体是否授权同意转让、共享、公开披露、删除等；3）如开展业务所需进行的个人信息处理活动超出已获得的授权同意范围的，应在获取个人信息后的合理期限内或处理个人信息前，征得个人信息主体的明示同意，或通过个人信息提供方征得个人信息主体的明示同意。

从实操角度，建议：1）要求个人信息提供方书面说明个人信息来源和已获得的个人信息处理的授权同意范围，并提供其个人信息保护政策、个人信息查询授权书等个人信息授权文本；2）要求个人信息提供方签署承诺函或在合作协议中设置专门条款，要求其承诺合法合规且获得用户同意获取并有权对外提供个人信息；3）对个人信息提供方进行必要的网络检索，检索内容包括个人信息方面的涉诉情况、行政处罚情况、通报情况、新闻报道情况和用户投诉情况；4）持续关注个人信息提供方的数据合规情况，如可行建议定期抽查其个人信息授权文本等用户授权情况。一旦发现个人信息提供方存在前述个人信息方面的涉诉情况等，及时与个人信息保护提供方进行核实。如属实，应视违法违规程度要求其限期改正或终止相关合作。

2. 关注立法动态

根据《数据安全管理办法（征求意见稿）》第 14 条，网络运营者从其他途径获得个人信息，与直接收集个人信息负有同等的保护责任和义务。该要求系通过该条首次提出。

相较于以往对间接获取个人信息的有限尽调要求，本条对间接获取个人信息的要求可能过于严格，限于无法准确核查个人信息来源、个人信息数量过大等因素，实际执行起来可能面临较大困难。建议网络运营者高度关注该条的立法动态，并及时根据后续立法动态采取相应的合规安排。

二、个人信息存储

数据泄露的形势日渐严峻。从泄露数据量看，2019 年国内外多起数据泄露事件泄露的数据量达到了上亿级别，少量事件泄露的数据量甚至达到了十亿以上级别。进入 2020 年，雅诗兰黛又被曝出泄露 4.4 亿用户的邮件地址和网络数据。从泄露数据类型看，涵盖了个人基本信息、账号密码、生物识别信息、收入信息和医疗信息等。从泄露数据维度看，部分数据泄露事件的数据维度甚至达到了十余种，基本涵盖了个人的主要信息。而究其泄露原因，黑客入侵、公开数据库、非授权访问、数据库配置错误、“内鬼”、网站漏洞等成为主要因素。①

---

① 万佳：《2019 年数据泄露全年盘点，让人“触目惊心”》，https：//tech. sina. com. cn/csj/2019 - 12 - 27/doc - iihnzahk0293730. shtml，最后访问时间：2020 年 2 月 14 日。

从处罚力度看，2019 年，英国数据保护机构 ICO 分别对英国航空公司数据泄露事件和万豪集团数据泄露事件，开出 1.83 亿英镑（约合 15.94 亿元人民币）和 9900 万英镑（约合 8.57 亿元人民币）的巨额罚单，处罚力度空前，威慑力和影响力大幅提升，数据与个人信息存储安全的重要性不言而喻。

我国《网络安全法》第 42 条对个人信息存储提出了原则性要求，其规定……网络运营者应当采取技术措施和其他必要措施，确保其收集的个人信息安全，防止信息泄露、毁损、丢失……《数据安全管理办法（征求意见稿)》第 19 条对个人信息存储应参照的标准和采取的措施进行了细化，其规定，网络运营者应当参照国家有关标准，采用数据分类、备份、加密等措施加强对个人信息和重要数据保护。《网络安全法》第 64 条明确了违反个人信息存储要求的责任后果，包括责令改正、警告、没收违法所得、处违法所得一倍以上十倍以下罚款，情节严重的，可以责令暂停相关业务、停业整顿、关闭网站、吊销相关业务许可证或者吊销营业执照。

接下来，我们将从个人信息分类分级、存储期限最小化、存储方式安全化和数据去标识化处理四个方面，探讨个人信息存储的安全要求。

（一）个人信息分类分级

大数据时代，个人信息具有更高的价值，保护个人信息已经成为共识。但需要指出的是，保护也需要区分程度，不同类型的个人信息对于个人信息主体的重要性不同，被泄露、非法提供或滥用造成的损害和后果也不同。如果统一采取过度保护的策略，反而会造成不必要的资源浪费，也可能会影响个人信息的正常流动和价值实现。因此，需要对个人信息分类分级，根据个人信息所属的类型和对应的级别，给予相适应的保护，这样方能更好地实现个人信息保护和利用的平衡。

一般来说，个人信息分类分级，系指依据各类各级信息的价值和安全风险，对用户个人信息按照内容进行分类，再根据各类信息的价值和安全风险进行分级，给予不同程度的保护，对网络运营者提出不同的行为要求。

1. 数据分类分级原则

《大数据安全管理指南》第 7.1 条明确了数据分类分级的原则，具体如下：

（1）科学性

按照数据的多维特征及其相互间逻辑关联进行科学和系统的分类，按照大数据安全需求确定数据的安全等级。

（2）稳定性

应以数据最稳定的特征和属性为依据制定分类和分级方案。

（3）实用性

数据分类要确保每个类下有数据，不设没有意义的类目，数据类目划分要符合对数据分类的普遍认识。数据分级要确保分级结果能够为数据保护提供有效信息，应提出分级安全要求。

（4）扩展性

数据分类和分级方案在总体上应具有概括性和包容性，能够针对组织各种类型数据开展分类和分级，并满足将来可能出现的数据的分类和分级要求。

2. 数据分类分级流程

《大数据安全管理指南》第 7.2 条明确了数据分类分级流程，具体如下：

网络运营者应结合自身业务特点，针对采集、存储和处理的数据，制定数据分类分级规范，规范应包含但不限于以下内容：a）数据分类方法及指南；b）数据分级详细清单，包含每类数据的初始安全级别；c）数据分级保护的安全要求。

网络运营者可以参考下图的流程对数据进行分类分级。应根据数据分类分级规范对数据进行分类；为分类的数据设定初始安全级别；综合分析业务、安全风险、安全措施等因素后，评估初始安全级别是否满足大数据安全需求，对不恰当的数据分级进行调整，并确定数据的最终安全级别。

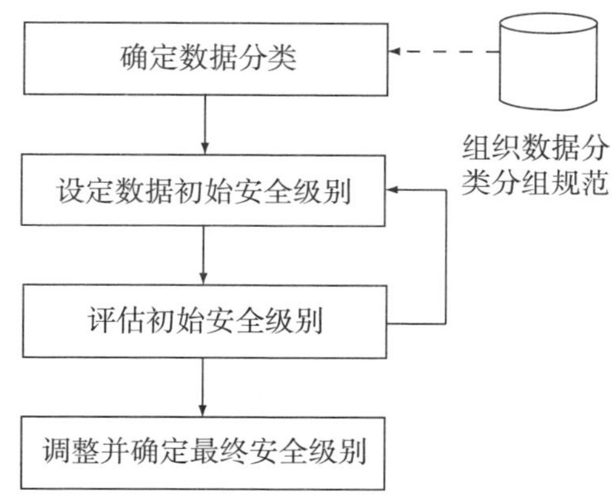

3. 依据内容进行个人信息分类

（1）《个人信息安全规范》分类参考

《个人信息安全规范》划分了个人信息和个人敏感信息两大信息类型，并在附录 A 和附录 B 对个人信息和个人敏感信息进行了更加细化的分类，具体如下：

1）个人信息

《个人信息安全规范》附录 A 规定，个人信息是指以电子或者其他方式记录的能够单独或者与其他信息结合识别特定自然人身份或者反映特定自然人活动情况的各种信息，如姓名、出生日期、身份证件号码、个人生物识别信息、住址、通信通讯联系方式、通信记录和内容、账号密码、财产信息、征信信息、行踪轨迹、住宿信息、健康生理信息、交易信息等。

判定某项信息是否属于个人信息，应考虑以下两条路径：一是识别，即从信息到个人，由信息本身的特殊性识别出特定自然人，个人信息应有助于识别出特定个人。二是关联，即从个人到信息，如已知特定自然人，由该特定自然人在其活动中产生的信息（如个人位置信息、个人通话记录、个人浏览记录等）即为个人信息。符合上述两种情形之一的信息，均应判定为个人信息。

在该附录 A 中，进行了个人信息的分类举例：

信息类型	具体信息
个人基本资料	个人姓名、生日、性别、民族、国籍、家庭关系、住址、个人电话号码、电子邮箱等
个人身份信息	身份证、军官证、护照、驾驶证、工作证、出入证、社保卡、居住证等
个人生物识别信息	个人基因、指纹、声纹、掌纹、耳廓、虹膜、面部识别特征等
网络身份识别信息	个人信息主体账号、IP 地址、个人数字证书等
个人健康生理信息	个人因生病医治等产生的相关记录，如病症、住院志、医嘱单、检验报告、手术及麻醉记录、护理记录、用药记录、药物食物过敏信息、生育信息、以往病史、诊治情况、家族病史、现病史、传染病史等，以及与个人身体健康状况相关的信息，即体重、身高、肺活量等
个人教育工作信息	个人职业、职位、工作单位、学历、学位、教育经历、工作经历、培训记录、成绩单等
个人财产信息	银行账号、鉴别信息（口令）、存款信息（包括资金数量、支付收款记录等）、房产信息、信贷记录、征信信息、交易和消费记录、流水记录等，以及虚拟货币、虚拟交易、游戏类兑换码等虚拟财产信息
个人通信信息	通信记录和内容、短信、彩信、电子邮件，以及描述个人通信的数据（通常称为元数据）等
联系人信息	通讯录、好友列表、群列表、电子邮件地址列表等
个人上网记录	指通过日志储存的个人信息主体操作记录，包括网站浏览记录、软件使用记录、点击记录、收藏列表等
个人常用设备信息	指包括硬件序列号、设备 MAC 地址、软件列表、唯一设备识别码（如 IMEI/Android ID/IDFA/OpenUDID/GUID/SIM 卡 IMSI 信息等）等在内的描述个人常用设备基本情况的信息
个人位置信息	包括行踪轨迹、精准定位信息、住宿信息、经纬度等
其他信息	婚史、宗教信仰、性取向、未公开的违法犯罪记录等

2）个人敏感信息

《个人信息安全规范》附录 B 规定，个人敏感信息是指一旦泄露、非法提供或滥用可能危害人身和财产安全，极易导致个人名誉、身心健康受到损害或歧视性待遇等的个人信息。通常情况下，14 岁以下（含）儿童的个人信息和自然人的隐私信息属于个人敏感信息。

对于是否属于个人敏感信息，可从以下角度判定：

泄露：个人信息一旦泄露，将导致个人信息主体及收集、使用个人信息的组织和机构丧失对个人信息的控制能力，造成个人信息扩散范围和用途的不可控。某些个人信息在泄露后，被以违背个人信息主体意愿的方式直接使用或与其他信息进行关联分析，可能对个人信息主体权益带来重大风险，应判定为个人敏感信息。例如，个人信息主体的身份证复印件被他人用于手机号卡实名登记、银行账户开户办卡等。

非法提供：某些个人信息仅因在个人信息主体授权同意范围外扩散，即可对个人信息主体权益带来重大风险，应判定为个人敏感信息。例如，性取向、存款信息、传染病史等。

滥用：某些个人信息在被超出授权合理界限时使用（如变更处理目的、扩大处理范围等），可能对个人信息主体权益带来重大风险，应判定为个人敏感信息。例如，在未取得个人信息主体授权时，将健康信息用于保险公司营销和确定个体保费高低。

在该附录 B 中，进行了个人敏感信息的分类举例：

信息类型	具体信息
个人财产信息	银行账号、鉴别信息（口令）、存款信息（包括资金数量、支付收款记录等）、房产信息、信贷记录、征信信息、交易和消费记录、流水记录等，以及虚拟货币、虚拟交易、游戏类兑换码等虚拟财产信息
个人健康生理信息	个人因生病医治等产生的相关记录，如病症、住院志、医嘱单、检验报告、手术及麻醉记录、护理记录、用药记录、药物食物过敏信息、生育信息、以往病史、诊治情况、家族病史、现病史、传染病史等
个人生物识别信息	个人基因、指纹、声纹、掌纹、耳廓、虹膜、面部识别特征等
个人身份信息	身份证、军官证、护照、驾驶证、工作证、出入证、社保卡、居住证等
其他信息	性取向、婚史、宗教信仰、未公开的违法犯罪记录、通信记录和内容、通讯录、好友列表、群组列表、行踪轨迹、网页浏览记录、住宿信息、精准定位信息等

（2）《大数据安全管理指南》分类参考

《大数据安全管理指南》在第 7 条明确了数据分类分级的要求，并在其附录 A，依据支撑电信业务的业务支撑域系统（B 域）、网络支撑域系统（O 域）、管理信息域系统（M 域）、信令/DPI 数据系统、业务管理平台五大领域的数据，对电信行业数据分类进行了示例，具体如下：

类别	子类及范围
（A类）用户身份相关数据	（A1）用户身份和标识信息：（A1－1）自然人身份标识、（A1－2）网络身份标识、（A1－3）用户基本资料、（A1－4）实体身份证明、（A1－5）用户私密资料 （A2）用户网络身份鉴权信息：（A2－1）密码及关联信息
（B类）用户服务内容数据	（B1）服务内容和资料数据：（B1－1）服务内容数据、（B1－2）联系人信息
（C类）用户服务衍生数据	（C1）用户服务使用数据：（C1－1）业务订购关系、（C1－2）服务记录和日志、（C1－3）消费信息和账单、（C1－4）位置数据、（C1－5）违规记录数据 （C2）设备信息：（C2－1）设备标识、（C2－2）设备资料
（D类）企业运营管理数据（企业运营管理数据依据其商业价值，分为“核心”“重要”“一般”“公开”四类）	（D1）企业管理数据：（D1－1）企业内部核心管理数据、（D1－2）企业内部重要管理数据、（D1－3）企业内部一般管理数据、（D1－4）市场核心经营类数据、（D1－5）市场重要经营类数据、（D1－6）市场一般经营类数据、（D1－7）企业公开披露信息、（D1－8）企业上报信息 （D2）业务运营数据：（D2－1）重要业务运营服务数据、（D2－2）一般业务运营服务数据、（D2－3）业务运营服务数据、（D2－4）数字内容业务运营数据 （D3）网络运维数据：（D3－1）网络设备及IT系统密码及关联信息、（D3－2）核心网络设备及IT系统资源数据、（D3－3）重要网络设备及IT系统资源数据、（D3－4）一般网络设备及IT系统资源数据、（D3－5）公开网络设备及IT系统资源数据、（D3－6）公开网络设备及IT系统支撑数据 （D4）合作伙伴数据：（D4－1）渠道基础数据、（D4－2）CP/SP基础数据

（3）《个人金融信息保护技术规范》分类参考

《个人金融信息保护技术规范》在第4.1条对个人金融信息进行了分类，具体如下：

信息类型	具体信息
账户信息	指账户及账户相关信息，包括但不限于支付账号、银行卡磁道数据（或芯片等效信息）、银行卡有效期、证券账户、保险账户、账户开立时间、开户机构、账户余额以及基于上述信息产生的支付标记信息等

续表

信息类型		具体信息
鉴别信息		指用于验证主体是否具有访问或使用权限的信息，包括但不限于银行卡密码、预付卡支付密码；个人金融信息主体登录密码、账户查询密码、交易密码；卡片验证码（CVN 和 CVN2）、动态口令、短信验证码、密码提示问题答案等
金融交易信息		个人金融信息主体在交易过程中产生的各类信息，包括但不限于交易金额、支付记录、透支记录、交易日志、交易凭证；证券委托、成交、持仓信息；保单信息、理赔信息等
个人身份信息	个人基本信息	包括但不限于客户法定名称、性别、国籍、民族、职业、婚姻状况、家庭状况、收入情况、身份证和护照等证件类信息、手机号码、固定电话号码、电子邮箱、工作及家庭地址，以及在提供产品和服务过程中收集的照片、音视频等信息
	个人生物识别信息	包括但不限于指纹、人脸、虹膜、耳纹、掌纹、静脉、声纹、眼纹、步态、笔迹等生物特征样本数据、特征值与模板
财产信息		指金融业机构在提供金融产品和服务过程中，收集或生成的个人金融信息主体财产信息，包括但不限于个人收入状况、拥有的不动产状况、拥有的车辆状况、纳税额、公积金存缴金额等
借贷信息		指个人金融信息主体在金融业机构发生借贷业务时产生的信息，包括但不限于授信、信用卡和贷款的发放及还款、担保情况等
其他信息		对原始数据进行处理、分析形成的，能够反映特定个人某些情况的信息，包括但不限于特定个人金融信息主体的消费意愿、支付习惯和其他衍生信息
		在提供金融产品与服务过程中获取、保存的其他个人信息

4. 依据保护需求对个人信息进行分级

在个人信息分类的基础上，依据保护需求对个人信息进行分级，不同等级对应不同的保护措施。《个人信息安全规范》区分个人信息和个人敏感信息，在进行个人信息分类的同时，也实际根据保护需求进行了分级，个人敏感信息的保护需求要明显高于个人信息。

当然，分级的方式不限于一种，不同的分级也需要对应具体的保护要求，这里提供《电信和互联网服务 用户个人信息保护分级指南》《大数据安全管理指南》和《个人金融信息保护技术规范》的三种分级要求，为大家提供分级的级别和级别对应保护要求的参考：

（1）《电信和互联网服务 用户个人信息保护分级指南》分级参考

级别	分级要素	基本保护要求
第 1 级	业务订购关系	应实施基本的技术和管理措施确保用户个人信息访问控制安全。例如，应对用户个人信息采取必要的访问控制措施
第 2 级	消费信息及账单	应实施基本的技术和管理措施，保护用户知情权和选择权，确保用户个人信息访问控制安全。例如，在转移用户个人信息时应征得用户的同意，应对信息采取必要的访问控制措施
第 3 级	普通服务身份标识和鉴权信息	应实施基本的技术和管理措施，保护用户的知情权和选择权，确保用户个人信息访问控制安全，建立用户个人信息安全管理规范。例如，在收集和转移用户个人信息时应征得用户同意，应对信息采取必要的访问控制措施，应定义用户个人信息各生命周期（包括信息收集、生成、存储、使用、传输和销毁等各个环节）安全管理规范
	服务内容信息	
	用户私有资料数据	
	秘密社交内容	
	服务记录和日志	
	设备信息	
第 4 级	用户基本资料	应实施必要的技术和管理措施，保护用户的知情权和选择权，保护用户个人信息的机密性和完整性，确保用户个人信息访问控制安全，建立用户个人信息安全管理规范以及数据准实时监控机制。例如：在收集和转移用户个人信息时应征得用户同意，在信息的收集和转移的传输过程应采取必要的加密措施，保障数据的机密性和完整性，应对信息采取严格的访问控制措施，应定义严格的用户个人信息各生命周期（包括信息收集、生成、存储、使用、传输和销毁等各个环节）安全管理规范，应设置内部的数据审批流程及制度，并对用户个人信息的使用进行准实时监控及预警
	联系人信息	
	位置信息	
第 5 级	身份证明	应实施严格的技术和管理措施，保护用户的知情权和选择权，保护用户个人信息的机密性和完整性，确保用户个人信息访问控制安全，建立严格的用户个人信息安全管理规范以及数据实时监控机制。例如：在收集、转移和使用用户个人信息时，应征得用户同意，在信息的存储以及收集和转移的传输过程应使用高强度的加密措施，保障数据的机密性和完整性，应对信息采取严格的访问控制措施，应定义严格的用户个人信息各生命周期（包括信息收集、生成、存储、使用、传输和销毁等各个环节）安全管理规范，应设置内部的数据审批流程及制度，并对用户个人信息的使用进行实时监控及预警
	生理标识	
	交易类服务身份标识和鉴权信息	

(2)《大数据安全管理指南》分级参考

《大数据安全管理指南》在第 7 条明确了数据分类分级的要求，并在其附录 A 依据个人信息保护需求和电信业务运行需要，对电信行业数据分级进行了示例，具体如下：

类别	定位	子类及范围
第 4 级	极敏感级	(A1－4) 实体身份证明、(A1－5) 用户私密资料、(A2－1) 用户密码及关联信息、(D1－1) 企业内部核心管理数据、(D1－4) 市场核心经营类数据、(D3－1) 网络设备及 IT 系统密码及关联信息、(D3－2) 核心网络设备及 IT 系统资源类数据
第 3 级	敏感级	(A1－1) 自然人身份标识、(A1－2) 网络身份标识、(A1－3) 用户基本资料、(B1－1) 服务内容数据、(B1－2) 联系人信息、(C1－2) 服务记录和日志、(C1－4) 位置数据、(D1－2) 企业内部重要管理数据、(D1－5) 市场重要经营类数据、(D1－8) 企业上报信息、(D2－1) 重要业务运营服务数据、(D3－2) 重要网络设备及 IT 系统资源类数据、(D4－1) 渠道基础数据、(D4－2) CP/SP 基础数据
第 2 级	较敏感级	(C1－3) 消费信息和账单、(C2－1) 终端设备标识、(C2－2) 终端设备资料、(D1－3) 企业内部一般管理数据、(D1－6) 市场一般经营类数据、(D2－2) 一般业务运营服务数据、(D3－3) 一般网络设备及 IT 系统资源类数据、(D3－6) 网络设备及 IT 支撑数据
第 1 级	低敏感级	(C1－1) 业务订购关系、(C1－5) 违规记录数据、(D1－7) 企业公开披露信息、(D2－3) 业务运营服务数据、(D2－4) 数字内容业务运营数据、(D3－5) 公开网络设备及 IT 系统资源类数据

(3)《个人金融信息保护技术规范》分级参考

《个人金融信息保护技术规范》在第 4.2 条，根据信息遭到未经授权的查看或未经授权的变更后所产生的影响和危害，将个人金融信息按敏感程度从高到低分为 C3、C2、Cl 三个类别，具体如下：

类别	信息类型	危害程度	具体范围
C3 类别	主要为用户鉴别信息	一旦遭到未经授权的查看或未经授权的变更，会对个人金融信息主体的信息安全与财产安全造成严重危害	银行卡磁道数据（或芯片等效信息）、卡片验证码（CVN 和 CVN2）、卡片有效期、银行卡密码、网络支付交易密码
			账户（包括但不限于支付账号、证券账户、保险账户）登录密码、交易密码、查询密码
			用于用户鉴别的个人生物识别信息
C2 类别	主要为可识别特定个人金融信息主体身份与金融状况的个人金融信息，以及用于金融产品与服务的关键信息	一旦遭到未经授权的查看或未经授权的变更，会对个人金融信息主体的信息安全与财产安全造成一定危害	支付账号及其等效信息，如支付账号、证件类识别标识与证件信息（身份证、护照等）、手机号码
			账户（包括但不限于支付账号、证券账户、保险账户）登录的用户名
			用户鉴别辅助信息，如动态口令、短信验证码、密码提示问题答案、动态声纹密码 若用户鉴别辅助信息与账号结合使用可直接完成用户鉴别，则属于 C3 类别信息
			直接反映个人金融信息主体金融状况的信息，如个人财产信息（包括网络支付账号余额）、借贷信息
			用于金融产品与服务的关键信息，如交易信息（如交易指令、交易流水、证券委托、保险理赔）等
			出于履行了解你的客户（KYC）要求，以及按行业主管部门存证、保全等需要，在提供产品和服务过程中收集的个人金融信息主体照片、音视频等影像信息
			其他能够识别出特定主体的信息，如家庭地址等
C1 类别	主要为机构内部的信息资产，主要指供金融业机构内部使用的个人金融信息	一旦遭到未经授权的查看或未经授权的变更，会对个人金融信息主体的信息安全与财产安全造成一定影响	账户开立时间、开户机构
			基于账户信息产生的支付标记信息
			C2 和 C3 类别信息中未包含的其他个人金融信息

（二）存储期限最小化

对于个人信息的存储时间，相当一部分网络运营者存在认识误区，觉得数据是资产，积累的数据越多在大数据时代越有话语权，所以希望将个人信息存储的时间拉长，甚至希望永久保存。之所以说是认识误区，我们可以结合存储期限最小化的要求来进行分析。

根据《个人信息安全规范》第 6.1 条规定，存储期限最小化具体包括如下两项要求：

1. 个人信息存储期限应为实现个人信息主体授权使用目的所必需的最短时间，法律法规另有规定或者个人信息主体另行授权同意的除外

个人信息主体授权网络运营者处理个人信息，是为了实现个人信息主体的授权目的。在实现个人信息主体授权目的后继续存储个人信息，失去了合法性基础和合理的依据。

当然，法律法规另有规定或者个人信息主体另行授权同意的除外。例如，《征信业管理条例》第 16 规定，征信机构对个人不良信息的保存期限，自不良行为或者事件终止之日起为 5 年；超过 5 年的，应当予以删除……根据该条规定，征信机构对于个人不良信息的保存期限为自不良行为或者事件终止之日起为 5 年，而非实现个人信息主体授权使用目的所必需的最短时间。

2. 超出个人信息的存储期限后，网络运营者应当对个人信息进行删除或匿名化处理

该条实际上是对超期处理方式的要求，《数据安全管理办法（征求意见稿）》第 20 条也作出了类似的规定，“网络运营者保存个人信息不应超出收集使用规则中的保存期限，用户注销账号后应当及时删除其个人信息，经过处理无法关联到特定个人且不能复原（以下称匿名化处理）的除外”。删除或匿名化处理的目的都在于，避免该等个人信息再次识别到特定的个人。从程度上说，删除是最彻底的方式，但匿名化的方式既能满足个人信息保护的要求，也一定程度上能够满足大数据发展的需求，因此这里提出了二者均可

的要求。

当然，法律法规对于超期处理方式有特定规定的，需要遵循其要求。以前述《征信业管理条例》第16规定为例，个人不良信息超期后应该予以删除，匿名化处理是不符合该条要求的。

（三）存储方式安全化

《网络安全法》第42条和《数据安全管理办法（征求意见稿）》第19条强调的保护目的一致，即网络运营者应确保数据安全。安全是对网络运营者最基本也是最重要的要求之一，数据安全才能获得个人信息主体和监管部门的认可，方能更好地利用数据。

从《个人信息安全规范》的名称和范围就可以看出该规范对个人信息安全的重视程度，从名称看，直接强调安全规范，其核心就在于安全；从范围看，其第1条明确列明，本标准规范了开展收集、存储、使用、共享、转让、公开披露、删除等个人信息处理活动应遵循的原则和安全要求，同样在强调安全的要求。

1. 安全需求

《个人信息安全规范》第4条明确了个人信息安全基本原则，其中f）即为确保安全原则，具体要求为具备与所面临的安全风险相匹配的安全能力，并采取足够的管理措施和技术手段，保护个人信息的保密性、完整性、可用性。根据《大数据安全管理指南》第6条，安全需求具体应考虑如下方面：

（1）保密性

大数据环境下的保密性需求应考虑以下几个方面：

a）数据传输的保密性，使用不同的安全协议保障数据采集、分发等操作中的传输保密要求；

b）数据存储的保密性，例如使用访问控制、加密机制等；

c）加密数据的运算，例如使用同态加密等算法；

d）数据汇聚时敏感性保护，例如通过数据隔离等机制确保汇聚大量数据时不暴露敏感信息；

e）个人信息的保护，例如通过数据匿名化使得个人信息主体无法被识别；

f）密钥的安全，应建立适合大数据环境的密钥管理系统。

（2）完整性

大数据环境下的完整性需求应考虑以下方面：

a）数据来源验证，应确保数据来自于已认证的数据源；

b）数据传输完整性，应确保大数据活动中的数据传输安全；

c）数据计算可靠性，应确保只对数据执行了期望的计算；

d）数据存储完整性，应确保分布式存储的数据及其副本的完整性；

e）数据可审计，应建立数据的细粒度审计机制。

（3）可用性

大数据环境下的可用性需求应考虑以下方面：

a）大数据平台抗攻击能力；

b）基于大数据的安全分析能力，如安全情报分析、数据驱动的误用检测、安全事件检测等；

c）大数据平台的容灾能力。

（4）其他需求

大数据安全除了考虑信息系统的保密性、完整性和可用性，还应该针对大数据的特点，从大数据活动的其他方面分析安全需求，包括但不限于：

a）与法律法规、国家战略、标准等的合规性；

b）可能产生的社会和公共安全影响，与文化的包容性；

c）跨组织之间数据共享；

d）跨境数据流动；

e）知识产权保护及数据价值保护。

2. 具体措施

从具体要求看，《个人信息安全规范》在附录D个人信息保护政策模板中要求详细说明对个人信息进行安全保护的措施，包括但不限于个人信息完整性保护措施，个人信息传输、存储和备份过程的加密措施，个人信息访问、使用的授权和审计机制，个人信息的保留和删除机制等。

此外，还要求说明目前遵循的个人信息安全协议和取得的认证，包含目前主动遵循的国际或国内的个人信息安全法律、法规、标准、协议等，以及目前已取得的个人信息安全相关的权威独立机构认证。这里的个人信息安全相关的权威独立机构认证，常见的包括ISO27001信息安全管理体系认证、网络安全等级保护备案等。开展该等认证，在专业权威机构的测评和指导下，有助于发现在网络安全和个人信息安全上存在的问题，结合专业机构的指导意见进行整改和完善。整改合格取得认证后，一定程度上能够代表网络运营者的网络安全和个人信息安全能力，有助于增强公众和合作伙伴对自身网络安全和个人信息安全能力的认可。

对于数据处理各环节的要求，可以参考《大数据安全管理指南》第8条的规定，其规定了数据采集、数据存储、数据处理、数据分发以及数据删除环节的具体要求。其中，数据存储方面的安全要求为：

（1）将不同类别和级别的数据分开存储，并采取物理或逻辑隔离机制；

（2）遵守确保安全原则，主要考虑以下几个方面：1）存储架构安全；2）逻辑存储安全；3）存储访问控制；4）数据副本安全；5）数据归档安全；6）数据时效性管理。

（3）建立数据存储冗余策略和管理制度，及数据备份与恢复操作过程规范。

3. 个人生物识别信息的特殊要求

（1）相关规定

根据《个人信息安全规范》第6.3 b）条，个人生物识别信息应与个人身份信息分开存储。根据《个人信息安全规范》第6.3 c）条，原则上不应存储原始个人生物识别信息（如样本、图像等），可采取的措施包括但不限于：1）仅存储个人生物识别信息的摘要信息；2）在采集终端中直接使用个人生物识别信息实现身份识别、认证等功能；3）在使用面部识别特征、指纹、掌纹、虹膜等实现识别身份、认证等功能后删除可提取个人生物识别信息的原始图像。

注2：摘要信息通常具有不可逆特点，无法回溯到原始信息。注3：个人信息控制者履行法律法规规定的义务相关的情形除外。

（2）理解适用

相较于征求意见稿，《个人信息安全规范》明确了原则上不应存储原始个人生物识别信息（如样本、图像等）的要求。这意味着，不存储原始个人生物识别信息是原则要求，一般来说不得突破。如果想要存储原始个人生物识别信息，需要有特别充分的依据。什么能够算是特别充分的依据？注 3 给出了一种依据，个人信息控制者履行法律法规规定的义务相关的情形除外，也就是说为了履行法律法规规定的义务可以存储原始个人生物识别信息，这个适用条件可以说已经很严苛了。

相较于征求意见稿，《个人信息安全规范》对存储个人生物识别信息提供了更多的路径参考。第一条可选路径，在采集终端中直接使用个人生物识别信息实现身份识别、认证等功能，意味着个人生物识别信息存储在用户的手机等采集终端，身份识别、认证等动作在用户的手机等终端上完成，而不需要将个人生物识别信息传送至企业，企业接收的只是该等信息验证的结果。比如，支付宝在其《隐私政策》（2019. 12. 11 生效版本）中列明："您需在您的设备上录入您的指纹信息或面容 ID 信息，在您进行指纹支付或面容 ID 支付时，您需在您的设备上完成信息验证。我们仅接收验证结果，并不收集您的指纹信息或面容 ID 信息。"第二条可选路径，在使用面部识别特征、指纹、掌纹、虹膜等实现识别身份、认证等功能后删除可提取个人生物识别信息的原始图像。意味着采集了个人生物识别信息的原始图像用于识别身份、认证等，但用完就删除原始图像，简单来说就是采集以后用了，用完就删除了。从删除时间来说，宜在用完个人信息后立即删除。

相较于征求意见稿，《个人信息安全规范》强调了个人生物识别信息摘要信息的不可逆性，即要求无法自摘要信息回溯到原始信息。如果摘要信息能够回溯到个人生物识别信息的原始信息，摘要的意义将不复存在，也是对不应存储原始个人生物识别信息（如样本、图像等）的原则要求的规避。

（四）数据去标识化处理

在大数据、云计算、万物互联的时代，基于数据的应用日益广泛，同时也带来了巨大的个人信息安全问题。保护个人信息安全和促进数据的共享使用二者需要平衡，而数据去标识化能够一定程度上实现二者的平衡，保护个人信息安全的同时维护数据的应用价值。

根据《个人信息去标识化指南》第3.3条规定，去标识化系指通过对个人信息的技术处理，使其在不借助额外信息的情况下，无法识别个人信息主体的过程。该条在注的部分明确，去标识化旨在去除标识符与个人信息主体之间的关联性。

1. 去标识化原则要求

根据《个人信息去标识化指南》第4.2条，去标识化应遵循如下原则：

（1）合规

应满足我国法律法规和标准规范对个人信息安全保护的有关规定，并持续跟进有关法律法规和标准规范。

（2）个人信息安全保护优先

应根据业务目标和安全保护要求，对个人信息进行恰当的去标识化处理，在保护个人信息安全的前提下确保去标识化后的数据具有应用价值。

（3）技术和管理相结合

根据工作目标制定适当的策略，选择适当的模型和技术，综合利用技术和管理两方面措施实现最佳效果。包括设定具体的岗位，明确相应职责；对去标识化过程中形成的辅助信息（比如密钥、映射表等）采取有效的安全防护措施等。

（4）充分应用软件工具

针对大规模数据集的去标识化工作，应考虑使用软件工具提高去标识化效率，保证有效性。

（5）持续改进

在完成去标识化工作后须进行评估和定期重评估，对照工作目标，评估工作效果（包括重标识风险和有用性）与效率，持续改进方法、技术和工具。并就相关工作进行文档记录。

2. 去标识化过程

根据《个人信息去标识化指南》第5条，去标识化过程通常可分为确定目标、识别标识、处理标识以及验证审批等步骤，并在上述各步骤的实施过程中和完成后进行有效的监控和审查。具体流程如下图所示，具体步骤的详细要求请参考该指南第5.2条到第5.6条规定：

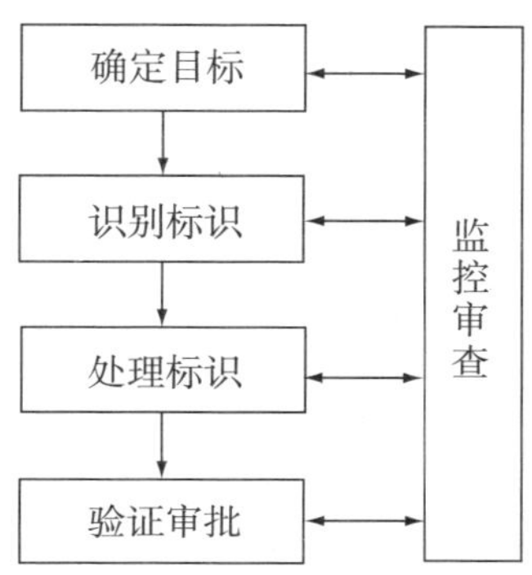

3. 常用去标识化技术

根据《个人信息去标识化指南》附录A，去标识化技术包括：

（1）统计技术

统计技术是一种对数据集进行去标识化或提升去标识化技术有效性的常用方法，主要包含数据抽样和数据聚合两种技术。

（2）密码技术

去标识化使用的密码技术应遵循国家密码管理相关规定，具体包括确定性加密、保序加密、保留格式加密、同态加密、同态秘密共享。

（3）抑制技术

抑制技术即对不满足隐私保护的数据项删除，不进行发布。包括对从所有记录中选定的属性（如屏蔽）、所选定的属性值（例如，局部抑制）或是从数据集中选定的记录（例如，记录抑制）进行的删除操作。抑制技术主要适用于分类数据。

（4）假名化技术

假名化技术是一种使用假名替换直接标识（或其他准标识符）的去标识化技术。假名化技术为每一个人信息主体创建唯一的标识符，以取代原来的直接标识或准标识符。不同数据集中的相关记录在进行假名化处理后依然可以进行关联，并且不会泄露个人信息主体的身份。假名创建技术主要包括独立于标识符的假名创建技术和基于密码技术的标识符派生假名创建技术。

（5）泛化技术

泛化技术是指一种降低数据集中所选属性粒度的去标识化技术，对数据进行更概括、抽象的描述。泛化技术实现简单，能保护记录级数据的真实性。泛化技术具体包括取证和顶层与底层编码技术。

（6）随机化技术

随机化技术作为一种去标识化技术类别，指通过随机化修改属性的值，使得随机化处理后的值区别于原来的真实值。该过程降低了攻击者从同一数据记录中根据其他属性值推导出某一属性值的能力。随机化技术包括噪声添加、置换、微聚集技术。

（7）数据合成技术

数据合成是一种以人工方式产生微数据的方法，用以表示预定义的统计数据模型。

上述去标识化技术的具体内容，请参见《个人信息去标识化指南》附录 A 的 A1－A7。

4. 其他

（1）常用去标识化模型

常用去标识化模型包括 K－匿名模型、差分隐私模型，具体内容请参见《个人信息去标识化指南》附录 B。

（2）常用标识符的去标识化参考

常用标识符包括姓名、身份证号码、银行卡号、地址、电话号码、数值型标识符、日期、地理位置，该等标识符的去标识化参考，请参见《个人信息去标识化指南》附录 C 的第 C. 2 条。

三、个人信息访问与使用

收集个人信息的目的在于使用，通过使用实现收集个人信息的目的，挖掘和实现数据的价值。而要使用个人信息，访问个人信息必不可少，通过访问个人信息，方能实现对个人信息进行相关使用。

《网络安全法》第 41 条对个人信息使用进行了原则性的规定，网络运营者收集、使用个人信息，应当遵循合法、正当、必要的原则……不得违反法律、行政法规的规定和双方的约定收集、使用个人信息，并应当依照法律、行政法规的规定和与用户的约定，处理其保存的个人信息。《数据安全管理办法（征求意见稿）》第 22 条也作出了相关规定，要求网络运营者不得违反收集使用规则使用个人信息。因业务需要，确需扩大个人信息使用范围的，应当征得个人信息主体同意。在前述规定的基础上，结合《个人信息安全规范》第 7 条的要求，具体探讨个人信息访问与使用的合规要求。

（一）个人信息的访问限制

据统计，2019 年数据泄露事件中，12% 的数据泄露系因非授权访问导致，9% 的数据泄露系因“内鬼”导致，也就是未经授权访问和内部员工违法违规对外提供数据导致了 21% 的数据泄露事件。[①] 由此可见，需要加强个人信息的访问限制。

根据《个人信息安全规范》第 7.1 条，并结合实践中常见问题，个人信息访问控制措施的具体要求如下：

1. 最小授权

最小授权，即对被授权访问个人信息的人员，应建立最小授权的访问控制策略，使其只能访问职责所需的最小必要的个人信息，且仅具备完成职责所需的最少的数据操作权限。

实践中，有的公司数据管理不规范，几乎所有员工甚至实习生，只要和数据库负责人打个招呼，就能访问到公司的全部原始数据，数据泄露的风险极高，这是非常不可取的。网络运营者需要在数据分类分级的基础上，根据不同员工的不同岗位职责，分配能够满足其职责所需的最小权限，并且在最

---

① 万佳：《2019 年数据泄露全年盘点，让人“触目惊心”》，https：//tech. sina. com. cn/csj/2019 - 12 - 27/doc - iihnzahk0293730. shtml，最后访问时间：2020 年 2 月 14 日。

小权限范围内也仅能访问到最小必要的个人信息。

2. 重要操作内部审批

重要操作内部审批，即对个人信息的重要操作设置内部审批流程，如进行批量修改、拷贝、下载等重要操作。

少量个人信息的在线查看和处理，造成个人信息安全事件的风险相对较小。但对个人信息的重要操作，即使在遵循最小授权要求下，如批量修改、拷贝、下载等，仍然最容易导致大规模数据泄露、数据被篡改等数据安全事件。因此，对于重要操作，需要建立内部审批机制，审批操作的必要性，评估操作的安全风险，降低随意进行重要操作的道德风险。

3. 岗位角色分离设置

岗位角色分离设置，即对安全管理人员、数据操作人员、审计人员的角色进行分离设置。

安全管理人员、数据操作人员和审计人员，角色定位不同，分别负责数据安全的管理、数据的实际操作和数据相关审计工作。如果岗位角色混同，自己使用数据，自己管理自己，自己审计自己，人员的道德风险明显增加。因此，需要确保岗位角色分离设置，安全管理人员持续管理数据安全，数据操作人员践行数据安全管理要求，数据审计人员审计数据操作的合法合规性和安全，这样才能更好地实现数据安全的管理、执行和监督。

4. 超权限处理个人信息需经审批并记录在册

超权限处理个人信息需经审批并记录在册，即确因工作需要，需授权特定人员超权限处理个人信息的，应经个人信息保护责任人或个人信息保护工作机构进行审批，并记录在册。

在最小授权的基础上，因业务拓展、紧急状况、人员紧张等原因，不可避免地会出现确实因为工作需要，特定人员需要暂时超越既有权限处理个人信息。为了避免未经授权的访问，并且确保有迹可循，需要对超权限处理个人信息的行为进行审批，审批其超权限处理的必要性和安全风险，并应详细记录操作人姓名、操作目的或必要性、超权限处理信息范围、操作时间等内容。对于个人信息保护责任人或个人信息保护工作机构的设立，本书会在后面专门探讨数据安全的组织管理，此处不再展开。

5. 个人敏感信息操作行为的额外要求

个人敏感信息操作行为的额外要求，即对个人敏感信息的访问、修改等操作行为，宜在对角色权限控制的基础上，按照业务流程的需求触发操作授权。例如，当收到客户投诉，投诉处理人员才可访问该个人信息主体的相关信息。

个人敏感信息因为其泄露等对个人信息主体会造成较为严重的损害，需要对其操作行为进行更加严格的要求。角色权限控制能够一定程度上降低操作风险，再结合真实业务需求，能够更好地把控个人敏感信息的安全风险。对于上述举例，投诉处理人员为了处理客户投诉，需要分配给其查看客户订单交易记录等个人敏感信息的权限，否则将导致真实投诉发生时无法及时有效地处理客户的投诉。但有该等权限，并不代表投诉处理人员可以随时随地随意查看某个客户的该等信息，而需要在真实客户投诉产生后，凭借真实客户投诉的相关凭证，去使用权限访问个人信息主体的相关信息。

6. 离岗员工权限回收

离岗员工权限回收，即对于离岗员工应及时回收其基于原岗位职责所分配的权限。

金融机构等因未及时收回离岗员工数据操作权限导致数据泄露的事件，实践中已经多次出现。离岗员工一般包括两种情形，离开原来的岗位调动去新的岗位和离职。不管是哪种情形，不及时回收原有的数据访问权限，都会增加数据泄露的风险。调动新的岗位分配新的权限，可能导致两个数据权限打通，获得更高的数据操作权限；离职后，不管是出于报复还是谋取利益，未及时收回权限，都可能导致员工再次使用原有数据操作权限，进行相应数据操作。因此，需要及时回收离岗员工的数据操作权限，回收方式包括修改用户名密码等。

7. 外部人员访问限制

外部人员访问限制，即应采取技术措施和安全措施，有效限制外部人员访问数据的范围、途径和操作权限。

实践中，因委托技术开发、数据共享等原因，外部人员需要访问内部数据的情形并不少见。在做好“内鬼”防范的同时，也要注意管控外部人员的数据安全风险。

根据《互联网个人信息安全保护指南》第4.4.5a）条要求，应建立关于物理环境的外部人员访问的安全措施：1）制定外部人员允许访问的设备、区域和信息的规定；2）外部人员访问前需要提出书面申请并获得批准；3）外部人员访问被批准后应有专人全程陪同或监督，并进行全程监控录像；4）外部人员访问情况应登记备案。

根据《互联网个人信息安全保护指南》第4.4.5b）条要求，应建立关于网络通道的外部人员访问的安全措施：1）制定外部人员允许接入受控网络访问系统的规定；2）外部人员访问前需要提出书面申请并获得批准；3）外部人员访问时应进行身份认证；4）应根据外部访问人员的身份划分不同的访问权限和访问内容；5）应对外部访问人员的访问时间进行限制；6）对外部访问人员对个人信息的操作进行记录。

此外，应该限制外部人员数据访问范围，使其仅能访问满足合作需求所必需的数据，而非全部数据。而且，对于外部人员数据访问的权限，应以访问查看为主，审慎赋予批量修改、下载、拷贝等操作权限。

（二）个人信息的使用规范

根据《个人信息安全规范》第7.2条－7.6条的要求，个人信息的使用规范包括展示限制、使用目的限制、用户画像的使用限制、个性化展示的使用规范和基于不同业务目的所收集个人信息的汇聚融合规范，其中最主要的是对使用目的的限制。接下来，我们将结合相关要求，具体探讨个人信息的合规使用方式。

1. 使用目的限制

根据《个人信息安全规范》第7.3a）条，使用个人信息时，不应超出与收集个人信息时所声称的目的具有直接或合理关联的范围。因业务需要，确需超出上述范围使用个人信息的，应再次征得个人信息主体明示同意。前述《数据安全管理办法（征求意见稿）》第22条的规定与该条内容相近似。

使用目的限制，主要在于要求网络运营者言行一致，不能说一套做一套。这里的“合理关联”不能滥用，需要是基于真实业务关系、能够合理解释的关联，强行关联难以被认可。与其强行关联承担合规风险，不如遵照后半句的要求，即再次征得个人信息主体的明示同意，这里的“明示同意”宜理解为通过更新个人信息保护政策、弹窗说明超范围情况等明示方式获得个人信息主体的同意。

2. 展示限制

根据《个人信息安全规范》第 7.2 条，涉及通过界面展示个人信息的（如显示屏幕、纸面），网络运营者宜对需展示的个人信息采取去标识化处理等措施，降低个人信息在展示环节的泄露风险。例如，在个人信息展示时，防止内部非授权人员及个人信息主体之外的其他人员未经授权获取个人信息。

其实展示限制，在实践中已经在很多地方得到运用。比如，在医院看病时，叫号屏幕显示的患者姓名，两个字的名字会抹去最后一个字，三个字的名字会抹去中间的字，目的就在于防止在显示环节泄露患者的姓名。再比如，很多 App 个人信息的显示页面，姓名、银行卡号等信息一般会抹去部分信息，也是在于防止在 App 页面环节，被他人窥屏或以其他方式违规获取用户的个人信息。

3. 用户画像的使用限制

根据《个人信息安全规范》第 3.8 条，用户画像系指通过收集、汇聚、分析个人信息，对某特定自然人个人特征，如职业、经济、健康、教育、个人喜好、信用、行为等方面作出分析或预测，形成其个人特征模型的过程。用户画像包括直接用户画像和间接用户画像，其中直接用户画像系指直接使用特定自然人的个人信息，形成该自然人的特征模型；间接用户画像系指使用来源于特定自然人以外的个人信息，如其所在群体的数据，形成该自然人的特征模型。

根据《个人信息安全规范》第 7.4 条和《App 自评估指南》评估点 11，用户画像的使用限制主要包括：

（1）特征描述的限制

用户画像中对个人信息主体的特征描述，不应：1）包含淫秽、色情、赌博、迷信、恐怖、暴力的内容；2）表达对民族、种族、宗教、残疾、疾病歧视的内容。

进行用户画像，必须对用户进行特征描述，由不同的特征组合成完整的用户画像。对特征描述的限制主要在于强调不得包含违法违规的内容和不得进行歧视。这里不应表达歧视内容的要求，并非不得使用该等特征描述，而是不得通过该等特征的划分，依据某一个特征对某一类个人信息主体进行歧视，如依据某一个特征对信用风险评级进行明显调低。

（2）使用用户画像的限制

在业务运营或对外业务合作中使用用户画像的，不应：1）侵害公民、法人和其他组织的合法权益；2）危害国家安全、荣誉和利益，煽动颠覆国家政权、推翻社会主义制度，煽动分裂国家、破坏国家统一，宣扬恐怖主义、极端主义，宣扬民族仇恨、民族歧视，传播暴力、淫秽色情信息，编造、传播虚假信息扰乱经济秩序和社会秩序。

使用用户画像的限制，主要在于强调使用用户画像过程中应遵纪守法，符合社会主义法治要求。对于该要求，容易出现的是侵犯个人信息主体合法权益的情况，因此在进行用户画像时应尽可能全面、客观、准确，特别是用户画像的结果对个人信息主体可能产生某些负面评价时，要有足够的依据并且经得起考量。

（3）直接用户画像与间接用户画像的区分适用

除为实现个人信息主体授权同意的使用目的所必需外，使用个人信息时应消除明确身份指向性，避免精确定位到特定个人。例如，为准确评价个人信用状况，可使用直接用户画像，而用于推送商业广告目的时，则宜使用间接用户画像。

直接用户画像与间接用户画像的区分使用，主要在于强调非必要不得使用直接用户画像，尽量降低直接用户画像对用户可能产生的负面影响。

（4）说明应用场景和可能产生的影响

对于 App 运营者来说，如果 App 运营者将个人信息用于用户画像，应在个人信息保护政策中说明其应用场景和可能对用户产生的影响。

以金融借贷场景为例，App 运营者将个人信息用于用户画像，应在个人信息保护政策中说明用户画像用于信用风险评估，可能对用户的风险定价产生影响。

4. 个性化展示的使用规范

根据《个人信息安全规范》第 3.16 条，个性化展示系指基于特定个人信息主体的网络浏览历史、兴趣爱好、消费记录和习惯等个人信息，向该个人信息主体展示信息内容、提供商品或服务的搜索结果等活动。

根据《个人信息安全规范》第 7.5 条，个性化展示的使用规范主要包括：

（1）显著区分个性化展示和非个性化展示内容

在向个人信息主体提供业务功能的过程中使用个性化展示的，应显著区分个性化展示的内容和非个性化展示的内容。显著区分的方式包括但不限于：标明“定推”等字样，或通过不同的栏目、版块、页面分别展示等。

《数据安全管理办法（征求意见稿）》第 23 条对定向推送进行了近似的规定，要求“网络运营者利用用户数据和算法推送新闻信息、商业广告等（以下简称“定向推送”），应当以明显方式标明‘定推’字样，为用户提供停止接收定向推送信息的功能……”。相比之下，《个人信息安全规范》对显著区分方式的要求更加具有弹性和可操作性，这也是在征集网络运营者意见后作出的有益调整。实践中常见的标注方式有“猜你喜欢”“为你推荐”等。

（2）个性化展示的同时提供非定向推送的选项

1）电子商务中个性化展示的同时应提供不针对个人特征的选项

根据《个人信息安全规范》第 7.5b）条，在向个人信息主体提供电子商务服务的过程中，根据消费者的兴趣爱好、消费习惯等特征向其提供商品或者服务搜索结果的个性化展示的，应当同时向该消费者提供不针对其个人特征的选项。但如果基于个人信息主体所选择的特定地理位置进行展示、搜索结果排序，且不因个人信息主体身份不同展示不一样的内容和搜索结果排序，则属于不针对其个人特征的选项。

该要求的出处在于《电子商务法》第 18 条，该条要求“电子商务经营者根据消费者的兴趣爱好、消费习惯等特征向其提供商品或者服务的搜索结果的，应当同时向该消费者提供不针对其个人特征的选项”，主要目的在于避免电子商务经营者利用消费者个人特征仅向其推送筛选后的商品或服务，而非展示全部的商品或服务，影响和限制消费者的选择，旨在强调尊重和平等保护消费者合法权益。对于规定的例外情形，如 A 和 B 两个消费者，个人特征不一致，但位置都处于某一栋写字楼，搜索某一商品时，两人的展示内容和搜索结果排序是一样的，这就属于不针对其个人特征的选项。

2） App 推送通用要求

根据《App 违法违规认定方法》第 3. 6 条，利用用户个人信息和算法定向推送信息，应提供非定向推送信息的选项。

不同于《个人信息安全规范》第 7. 5b） 条针对电子商务的个性化推送作出的要求，本条系针对所有利用个人信息和算法定向推送信息的 App 运营者作出的要求，即提供非定向推送信息的选项。此外，《工业和信息化部关于开展 App 侵害用户权益专项整治工作的通知》中，将“‘强制用户使用定向推送功能’，即 App 未向用户告知，或未以显著方式标示，将收集到的用户搜索、浏览记录、使用习惯等个人信息，用于定向推送或精准营销，且未提供关闭该功能的选项”作为违规使用个人信息的典型问题之一。因此，宜通过设置关闭定向推送按钮和同时提供不针对个人特征的推送信息两种方式相结合，来实现非定向推送信息。

（3） 个性化推送新闻信息的特殊要求

在向个人信息主体推送新闻信息服务的过程中使用个性化展示的，应：1） 为个人信息主体提供简单直观的退出或关闭个性化展示模式的选项；2） 当个人信息主体选择退出或关闭个性化展示模式时，向个人信息主体提供删除或匿名化定向推送活动所基于的个人信息的选项。

简单直观的退出或关闭个性化展示模式的选项，常见的设置为一键关闭定向推送按钮。当然，这里关闭个性化推送不代表不再推送，只是不再基于个性化的信息进行推送，推送的数量可以继续保持。此外，个人信息主体选择退出的，此处要求提供的是删除或匿名化定向推送活动所基于的个人信息的选项，而非删除或匿名化该用户的全部个人信息，如可以删除或匿名化用户选择的感兴趣的新闻类型标签。

（4）个人信息主体自主控制机制

在向个人信息主体提供业务功能的过程中使用个性化展示的，宜建立个人信息主体对个性化展示所依赖的个人信息（如标签、画像维度等）的自主控制机制，保障个人信息主体调控个性化展示相关性程度的能力。

实践中部分 App 会在用户首次运营时由用户选择感兴趣的内容标签，据此来初步判断用户的兴趣方向。但随着时间的推移，用户的兴趣方向可能会发生变化，为用户设置调整兴趣标签的机会就会显得更加人性化，有助于提升用户体验。

5. 基于不同业务目的所收集个人信息的汇聚融合规范

集团公司模式下，容易产生不同业务目的所收集个人信息想要汇聚融合的情况，甚至在同一家公司内部，不同产品线收集的个人信息也经常想要汇聚融合，通过汇聚融合打通数据从而丰富数据的维度。但汇聚融合并非随心所欲，需要遵循前面所述的使用目的限制的要求，具有直接或合理关联的目的范围内方可进行汇聚融合。此外，应根据汇聚融合后个人信息所用于的目的，开展个人信息安全影响评估，采取有效的个人信息保护措施。

举个例子，某集团旗下有某某商城提供电商服务以及某某金融提供消费金融服务。当用户在某某商城消费之后，就会生成消费记录。某某金融如果向某某商城索要用户的消费记录，说这个客户的交易记录很有用，可以根据客户的交易状况、消费记录，了解该客户的消费能力、信用状况，以此决定客户的信用等级和可以授予该用户的信用消费额度。但如果用户根本没有使用消费金融的需求和意愿，某某商城未获取用户同意，就将用户的消费记录提供给某某金融，那用户永远不会想到，在电商平台购物却导致集团企业对其开始风险定价，这对于用户体验来说是非常糟糕的，也是脱离了直接或必要的关联目的范围而进行的信息汇聚融合。

四、个人信息委托处理、共享、转让和公开披露

个人信息委托处理、共享、转让和公开披露，均属于个人信息的对外提供。为了满足合作业务开展的需求，个人信息的对外提供时常发生。与此同时，对外提供个人信息，相较于网络运营者内部处理个人信息，网络运营者的直接掌控能力明显较弱，这也导致了在对外提供环节，个人信息泄露、个人信息违规使用等个人信息安全事件屡屡发生，造成重大损失。因此需要对个人信息对外提供环节加以规范，尽可能地降低个人信息安全事件发生的风险。

（一）个人信息主体同意及例外情形

1. 个人信息主体同意

《网络安全法》第 42 条对个人信息对外提供进行了原则性的规定：“……未经被收集者同意，不得向他人提供个人信息。但是，经过处理无法识别特定个人且不能复原的除外……”该条明确了对外提供个人信息的合法性基础，即经个人信息主体同意。

《App 违法违规认定方法》第 5 条也规定了不得未经同意向他人提供个人信息的要求，其中第 5.1 条规定不得“既未经用户同意，也未做匿名化处理，App 客户端直接向第三方提供个人信息，包括通过客户端嵌入的第三方代码、插件等方式向第三方提供个人信息”，第 5.2 条规定不得“既未经用户同意，也未做匿名化处理，数据传输至 App 后台服务器后，向第三方提供其收集的个人信息”，第 5.3 条规定不得“App 接入第三方应用，未经用户同意，向第三方应用提供个人信息”。

对于用户同意的方式和内容，这里宜理解为明示同意，具体操作方式为通过个人信息保护政策、个人信息查询使用授权书等授权文本告知用户对外共享、转让、公开披露个人信息的目的，涉及的个人信息类型，接收方类型或身份，各自的安全和法律责任，并通过用户手动点击确认个人信息授权文

本等主动的意思表示来获得用户的明示同意。对于这里的接收方类型或身份，能够列明具体的接收方名称更好，如考虑到业务合作方动态变化，则至少应说明接收方的机构类型，如银行、物流公司、行业协会等，避免直接使用“提供给第三方”等类似过于宽泛的表述。

需要指出的是，相较于征求意见稿，《个人信息安全规范》新增了对个人生物识别信息共享、转让的要求。《个人信息安全规范》第9.2i）条规定，个人生物识别信息原则上不应共享、转让。因业务需要，确需共享、转让的，应单独向个人信息主体告知目的、涉及的个人生物识别信息类型、数据接收方的具体身份和数据安全能力等，并征得个人信息主体的明示同意。从要求看，不共享、转让个人生物识别信息为原则，确需共享、转让需符合以下四个条件要求：（1）必要性，确因业务需要。也就意味着，共享转让个人生物识别信息需要经得起必要性的检验，在面临监管检查和公众质疑时需要有足够的业务需要作为支撑。（2）告知方式，单独告知。（3）告知内容，告知目的、涉及的个人生物识别信息类型、数据接收方的具体身份和数据安全能力等。（4）同意方式，明示同意。从理解适用角度，可供参考的模式为，如确需对外共享、转让个人生物识别信息的，在个人生物识别信息保护规则或说明中告知用户前述需要告知的内容，并通过征得用户对个人生物识别信息规则的明示同意的方式，来满足这里对于共享、转让个人生物识别信息的明示同意要求。但是否确切能够满足《个人信息安全规范》的要求，还有待实践的进一步探索和监管部门的进一步意见。

此外，《个人信息安全规范》第9.3条对收购、兼并、重组、破产时的个人信息转让进行了特殊规定，要求网络运营者发生收购、兼并、重组、破产等变更时，网络运营者应：a）向个人信息主体告知有关情况；b）变更后的网络运营者应继续履行原网络运营者的责任和义务，如变更个人信息使用目的时，应重新取得个人信息主体的明示同意；c）如破产且无承接方的，对数据做删除处理。根据该条，在收购、兼并、重组、破产等情形下，并非当然要求个人信息主体明示同意，而是要求告知有关情况，只有后续网络运营者变更个人信息使用目的，才需要重新取得个人信息主体的明示同意。

2. 征得个人信息主体同意的例外

前述《网络安全法》第 42 条，在明确要求个人信息主体同意的基础上，为了推动大数据的发展，设置了俗称的“大数据条款”，即经过处理无法识别特定个人且不能复原的除外，也就是说该等信息的对外提供无需征得个人信息主体的同意。

《个人信息安全规范》第 9. 5 条明确了共享、转让、公开披露个人信息时事先获得同意的例外情形，具体包括：a）与网络运营者履行法律法规规定的义务相关的；b）与国家安全、国防安全直接相关的；c）与公共安全、公共卫生、重大公共利益直接相关的；d）与刑事侦查、起诉、审判和判决执行等直接相关的；e）出于维护个人信息主体或其他个人的生命、财产等重大合法权益但又很难得到本人授权同意的；f）个人信息主体自行向社会公众公开的个人信息；g）从合法公开披露的信息中收集个人信息的，如合法的新闻报道、政府信息公开等渠道。

《数据安全管理办法（征求意见稿）》第 27 条也规定了对外提供个人信息征得同意的例外，“网络运营者向他人提供个人信息前，应当评估可能带来的安全风险，并征得个人信息主体同意。下列情况除外：（一）从合法公开渠道收集且不明显违背个人信息主体意愿；（二）个人信息主体主动公开；（三）经过匿名化处理；（四）执法机关依法履行职责所必需；（五）维护国家安全、社会公共利益、个人信息主体生命安全所必需”。相较于《个人信息安全规范》的规定，该条删减了很多情形。具体适用，建议关注后续正式版的相关规定。

（二）数据接收方的尽调和约束

在数据对外提供前，对数据接收方的尽调是必不可少的环节，也是网络运营者有效防范风险和减轻责任承担的有利举措。通过尽调，评估数据接收方的身份、数据接收方的数据安全能力和可能产生的个人信息安全风险。在尽调的基础上，根据尽调结果采取有效的约束措施，能够更好地规范数据接收方的数据处理行为，降低潜在的安全风险。

1. 数据接收方的尽调

对数据接收方的尽调，可以通过以下方式进行：

（1）对数据接收方进行必要的网络检索，检索内容包括个人信息方面的涉诉情况、行政处罚情况、通报情况、新闻报道情况和用户投诉情况；

（2）要求数据接收方提供数据安全能力相关方面的证明，提供数据安全相关制度并说明执行情况，说明个人信息保护方面的技术措施和安全措施，说明是否出现过数据安全风险事件以及处理情况。

2. 数据接收方的约束

对数据接收方的约束，主要包括约束方式和约束内容：

（1）约束方式

从约束方式看，《个人信息安全规范》第9.1d）条和第9.2d）条分别规定了委托处理和共享、转让个人信息情形下对数据接收方的约束要求，其约束方式均为通过合同等方式规定数据接收方的责任和义务。实践中常见方式为合同条款约定和签署单独的承诺函，前者适用于后续新增签署的合同，后者适用于合作合同已经签署但未约定该等内容或者想要强化个人信息保护的情形。

（2）约束内容

前述《个人信息安全规范》第9.1d）条和第9.2d）条强调约束的内容为数据接收方的责任和义务，具体来说，建议明确约定：1）数据接收方应采取的安全措施和技术措施；2）应合法合规、根据双方的约定和个人信息主体的授权范围处理个人信息；3）违法违规或违约处理个人信息应采取的补救措施；4）在个人信息面临安全风险或威胁时应采取的补救措施；5）网络运营者享有的约束和监督的权利以及有权采取的具体措施；6）发生个人信息安全事件时数据接收方应向个人信息主体和网络运营者承担的赔偿责任等。

（三）对外提供的安全措施

《个人信息安全规范》第6.3a）条规定，传输和存储个人敏感信息时，应采用加密等安全措施。注：采用密码技术时宜遵循密码管理相关国家标准。

对外提供个人信息，在传输过程中的安全措施必不可少，以防止在传输过程中被攻击、被窃取等安全事件的发生。相较于征求意见稿，《个人信息安全规范》新增了“采用密码技术时宜遵循密码管理相关国家标准”的注的要求。按照该等国家标准执行有助于规范密码技术的使用、提高密码的防护能力，更好地保障个人敏感信息的安全。《密码法》已于2020年1月1日生效，其第22条强调了建立和完善商用密码标准体系的要求、第24条直接指出了：“商用密码从业单位开展商用密码活动，应当符合有关法律、行政法规、商用密码强制性国家标准以及该从业单位公开标准的技术要求。国家鼓励商用密码从业单位采用商用密码推荐性国家标准、行业标准，提升商用密码的防护能力，维护用户的合法权益。”可以看出，密码管理相关国家标准的重要性。企业应予以学习、研究和应用。

（四）对外提供的记录

准确记录个人信息对外提供情况，有助于内部核查的顺利开展，也有助于应对监管核查。同时，若不幸发生安全事件，能够快速回溯对外提供情况，有助于进行情况核实和责任划分。

《个人信息安全规范》第9.1e）条规定了委托处理个人信息情形下的记录要求，“应准确记录和储存委托处理个人信息的情况”。第9.2e）条规定了个人信息共享、转让情形下的记录要求，该要求更加细化，“准确记录和存储个人信息的共享、转让情况，包括共享、转让的日期、规模、目的，以及数据接收方基本情况等”。第9.4d）条规定了个人信息公开披露情形下的记录要求，“准确记录和存储个人信息的公开披露的情况，包括公开披露的日期、规模、目的、公开范围等”。

对于这里的数据接收方基本情况，建议将对数据接收方的尽调结果以书面形式呈现并作为存档。此外，建议准确记录对外提供个人信息的操作人员，方便后续的管理和追踪。

（五）数据接收方的持续监督

数据接收方的约束并非一蹴而就，需要持续监督，方能及时掌握数据接收方处理个人信息和个人信息安全保护相关方面的动态，并及时根据不同的动态采取相应的措施。

根据《个人信息安全规范》第 9.1f）条和第 9.2f）条，在委托处理和共享、转让个人信息情形下，网络运营者应对数据接收方采取如下持续监督措施：网络运营者得知或发现数据接收方未按照委托要求或违反法律法规要求或双方约定处理个人信息的，应立即要求数据接收方停止相关行为，且采取或要求数据接收方采取有效补救措施（例如更改口令、回收权限、断开网络链接等）控制或消除个人信息面临的安全风险；必要时网络运营者应解除与数据接收方的委托或业务关系，并要求数据接收方及时删除从网络运营者获得的个人信息。

从上述要求，可以再次看出在对数据接收方进行约束时，通过合同条款、承诺函等方式，约定数据接收方违法违规或违约处理个人信息应采取的补救措施，在个人信息面临安全风险或威胁时应采取的补救措施和网络运营者享有的约束和监督的权利以及有权采取的具体措施的重要性。

从具体执行角度，建议定期对数据接收方进行必要的网络检索，检索内容包括个人信息方面的涉诉情况、行政处罚情况、通报情况、新闻报道情况和用户投诉情况。同时，可行条件下不定期进行现场考察，实地了解数据接收方最新的数据安全能力状况和个人信息处理活动的实际开展情况。

（六）第三方接入管理

第三方接入管理，主要指对接入具备收集个人信息功能的第三方产品或服务的管理，如接入小程序、软件开发工具包（SDK）等。其中，随着 App 违法违规专项治理行动的开展，SDK 的使用和安全问题浮出水面，成为监管和公众关注的重点。

1. SDK 概述及存在的安全问题

(1) SDK 概述

根据《软件开发包（SDK）安全与合规白皮书》，SDK 是 Software Development Kit 的缩写，即软件开发工具包。简单来看，它是辅助开发某一类应用软件的相关文档、范例和工具的集合。对 App 来说，为了提高开发效率，可以将某项功能交给第三方来开发，第三方服务提供商将服务封装为工具包（即 SDK）供开发者使用。目前，SDK 类型主要包括：第三方登录分享类、支付类、推送类、广告类、数据统计分析类、地图类、风控插件以及一些基础库等。常见的 SDK 有高德地图、微信支付、支付宝支付、小米推送、友盟、TalkingData 等。

根据南都个人信息保护研究中心发布的《常用第三方 SDK 收集使用个人信息测评报告》，受测的 60 款 App 平均每款使用 19.3 个 SDK，足以看出 App 使用 SDK 的普遍性。而究其原因，《软件开发包（SDK）安全与合规白皮书》指出主要包括三方面：一是接入第三方 SDK 可以大幅度提升使用者的开发效率，明显降低开发成本；二是 SDK 的易用性和灵活性较强，为 App 提供流畅及定制化的用户体验；三是 SDK 能够帮助提高 App 的兼容性，扩大用户使用范围。

(2) SDK 存在的安全问题

SDK 的广泛应用，带来便利的同时也带来了很多安全问题。《软件开发包（SDK）安全与合规白皮书》指出，SDK 主要存在如下安全问题：

一是 SDK 自身安全性不容乐观。已经发现的 SDK 安全漏洞包括 http 误用、SSL/TLS 不正确配置、敏感权限滥用、身份识别、本地服务、通过日志造成信息泄露、开发人员失误等。①

二是 SDK 成为病毒传播的新途径。不法分子通过制作、发布、吸引 App 嵌入含有恶意代码的第三方 SDK，造成短时间、大范围的病毒传播和感染；并且使用代码分离、动态代码加载等技术，能够实现远程控制恶意代码

---

① 马凯、郭山清：《面向 Android 生态系统中的第三方 SDK 安全性分析》，载《软件学报》2018 年第 5 期。

的执行，具有很强的隐蔽性和对抗杀毒软件的能力，如此前曝光的“寄生推”SDK。

三是第三方 SDK 隐蔽收集个人信息问题逐步显现。SDK 收集了哪些个人信息，用户往往难以感知，App 开发者也未必完全知悉。该问题最为常见，也是当前整治的重点问题。2019 年 12 月 20 日，App 专项治理工作组曾发布《关于 61 款 App 存在收集使用个人信息问题的通告》，其中涉及 44 款 App 在既未经用户同意，也未做匿名化处理的情况下，通过客户端嵌入的 SDK 向第三方提供用户设备 IMEI 号、地理位置等个人信息的违规问题。

2. 第三方接入管理的要求及实操建议

（1） 相关规定

《个人信息安全规范》第 9.7 条明确了第三方接入管理的要求，具体包括：

a） 建立第三方产品或服务接入管理机制和工作流程，必要时应建立安全评估等机制设置接入条件；

b） 应与第三方产品或服务提供者通过合同等形式明确双方的安全责任及应实施的个人信息安全措施；

c） 应向个人信息主体明确标识产品或服务由第三方提供；

d） 应妥善留存平台第三方接入有关合同和管理记录，确保可供相关方查阅；

e） 应要求第三方根据本标准相关要求向个人信息主体征得收集个人信息的授权同意，必要时核验其实现的方式；

f） 应要求第三方产品或服务建立响应个人信息主体请求和投诉等的机制，以供个人信息主体查询、使用；

g） 应督促第三方产品或服务提供者加强个人信息安全管理，发现第三方产品或服务没有落实安全管理要求和责任的，应及时督促整改，必要时停止接入；

h） 产品或服务嵌入或接入第三方自动化工具（如代码、脚本、接口、算法模型、软件开发工具包、小程序等）的，宜采取以下措施：1） 开展技术检测确保其个人信息收集、使用行为符合约定要求；2） 对第三方嵌入或接入的自动化工具收集个人信息的行为进行审计，发现超出约定的行为，及时切断接入。

（2）实操建议

对于第三方接入，建议参照前述《个人信息安全规范》第 9.7 条采取相应举措。需要指出的是，相较于征求意见稿，《个人信息安全规范》删去了“妥善留存、及时更新第三方产品或服务建立响应个人信息主体请求和投诉等的机制”的要求。从放宽了第三方接入管理中对于核验第三方征得个人信息主体同意的方式的要求看，只有在必要时企业才需要进行核验，而不再要求必须核验，一定程度上减轻了企业的负担。对于“必要”的理解，宜理解为收到用户对于第三方未经同意收集使用个人信息的投诉、第三方被曝出违法违规收集使用的相关新闻或者监管通报第三方存在违法违规收集使用个人信息等情形。从删去“妥善留存、及时更新第三方产品或服务建立响应个人信息主体请求和投诉等的机制”的要求看，减少了可能产生的歧义理解和操作中的困难，将确保个人信息主体能够表达权利请求和投诉等的要求，强化在了第三方这一主体身上。

此外，对于 SDK 接入，除前述举措外，建议在个人信息保护政策中，列明接入的 SDK 名称、该等 SDK 收集使用的个人信息类型以及收集使用目的。要做到该点，需要全面梳理已经接入的全部 SDK，并与 SDK 服务商充分沟通或通过 SDK 服务商公示的服务条款、个人信息保护政策等相关文本获取该等信息。此外，可供借鉴的做法为，部分 App 已经将接入的 SDK 的服务条款、个人信息保护政策等相关文本的链接放置在 App 个人信息保护政策的最后，方便用户快速查看和了解接入的 SDK 的具体情况。

（七）公开披露个人信息的特殊要求

公开披露个人信息，受众面广，无法有效掌握公开后的个人信息面临什么样的处理活动，因此，在公开披露场景下，个人信息面临的安全风险较高。这就需要赋予公开披露个人信息特殊的要求。

《个人信息安全规范》第 9.4f）条要求，不应公开披露个人生物识别信息。第 9.4g）条要求“不应公开披露我国公民的种族、民族、政治观点、宗教信仰等个人敏感数据的分析结果”。随着人脸识别、指纹支付、指纹解锁等技术的广泛应用，个人生物识别信息的泄露可能对个人财产安全、手机使用、家庭门锁使用等造成较大的安全威胁。而第 9.4g）条要求，主要在于防止该等个人敏感数据分析结果的公开披露，可能给国家安全、行政管理和社会稳定等造成安全威胁。需要指出的是，实践中最常见的公开披露部分个人信息主体的民族信息，如市管干部的任前公示会公示干部的民族、籍贯、出生年月、学历、现任职务和拟任职务等信息，属于民族信息的直接披露，不属于该条规制的民族信息的分析结果。

除前述要求外，公开披露个人信息时，宜对个人信息采取部分脱敏措施。以金融机构公布借款人逾期信息为例，在借款协议等相关协议文本中经常可见约定“借款人明确知悉并同意，在借款人逾期的情况下有权以任何方式公布借款人的逾期信息”或相类似的条款。对于该等情形，即使获得借款人的授权，也无法当然豁免公开披露个人信息原始信息的责任，宜采取身份证号隐去出生日期、住址公布到街道或村等部分脱敏的方式。

（八）对外提供个人信息的责任承担

对外提供个人信息，一旦发生个人信息安全事件，势必涉及责任承担的问题。对于不同情形下的责任承担，主要根据网络运营者的过错承担相应的责任，具体的规定如下：

1. 个人信息共享、转让情形下的责任承担

根据《个人信息安全规范》第 9.2g）条，因共享、转让个人信息发生安全事件而对个人信息主体合法权益造成损害的，网络运营者应承担相应的责任。

这里相应的责任取决于网络运营者的过错程度。如果网络运营者已经采取有效的约束措施，准确记录共享、转让情况，并且对数据接收方进行了持续监督，最重要的是能够出示充分的证据证明采取了前述措施，能够一定程度上为网络运营者减责。

2. 个人信息公开披露情形下的责任承担

根据《个人信息安全规范》第 9.4e）条，网络运营者应承担因公开披

露个人信息对个人信息主体合法权益造成损害的相应责任。

在公开披露情形下，数据接收方为全体公众，不存在特定的数据接收方，因此如果侵犯个人信息主体合法权益，根据过错程度，由网络运营者承担相应责任。具体合规要求和建议之前已经进行说明，此处不再赘述。

3. 第三方接入情形下的责任承担

根据《数据安全管理办法（征求意见稿）》第 30 条，网络运营者对接入其平台的第三方应用，应明确数据安全要求和责任，督促监督第三方应用运营者加强数据安全管理。第三方应用发生数据安全事件对用户造成损失的，网络运营者应当承担部分或全部责任，除非网络运营者能够证明无过错。

关于第三方应用发生的数据安全事件，该条对网络运营者采用过错推定原则，除非网络运营者能够证明其无过错，否则网络运营者应当向用户承担部分或全部责任。而要想证明无过错或者减轻过错，是否参照《个人信息安全规范》第 9. 7 条和本书前述对于第三方接入的实操建议采取了相应举措，就显得尤为重要。

五、个人信息主体权利保护

虽然个人信息主体对于个人信息是否享有财产权争议较大，但个人信息主体对个人信息享有特定权利已经成为共识，尚存争议之处仅在于个人信息主体权利的具体范围。《网络安全法》第 43 条规定了个人信息主体享有删除权和更正权："个人发现网络运营者违反法律、行政法规的规定或者双方的约定收集、使用其个人信息的，有权要求网络运营者删除其个人信息；发现网络运营者收集、存储的其个人信息有错误的，有权要求网络运营者予以更正。网络运营者应当采取措施予以删除或者更正。"

在《网络安全法》规定的基础上，《数据安全管理办法（征求意见稿）》第 21 条增加了用户查询、注销账号的权利，网络运营者收到有关个人信息查询、更正、删除以及用户注销账号请求时，应当在合理时间和代价范围内予以查询、更正、删除或注销账号。

《App 自评估指南》评估点 15 要求说明用户权利保障机制，实际增加了赋予用户撤回已同意的授权的权利，其评估标准为："隐私政策中应对以下用户操作方法提供明确说明：1. 个人信息查询；2. 个人信息更正；3. 个人信息删除；4. 用户账户注销；5. 撤回已同意的授权。"根据该评估标准，实际要求赋予个人信息主体享有该等权利。

《个人信息安全规范》在前述权利规定之外，还规定了个人信息主体享有获得个人信息副本的权利。需要指出的是，相较于征求意见稿，《个人信息安全规范》将个人信息主体的权利相关内容，从原来的放置在"个人信息的使用"版块下调整为作为单独条款，结构更加严谨、个人信息主体权利相关内容更加突出。这样的行文安排，与《网络安全法》分别将个人信息使用相关要求规定在第 41 条、将个人信息主体权利相关要求规定在第 43 条，《App 违法违规认定方法》分别将个人信息使用相关要求规定在第 3 条、将个人信息主体权利相关要求规定在第 6 条的立法思路保持一致。

《民法典》第 1037 条规定"自然人可以依法向信息处理者查阅或者复制其个人信息……"，赋予了自然人查阅和复制个人信息的权利。

接下来，将结合前述规定，围绕《个人信息安全规范》规定的个人信息主体享有的权利，进行具体探讨。

（一）个人信息查询

1. 相关规定

根据《个人信息安全规范》第 8.1 条，网络运营者应向个人信息主体提供查询下列信息的方法：a）其所持有的关于该主体的个人信息或个人信息的类型；b）上述个人信息的来源、所用于的目的；c）已经获得上述个人信息的第三方身份或类型。注：个人信息主体提出查询非其主动提供的个人信息时，个人信息控制者可在综合考虑不响应请求可能对个人信息主体合法权益带来的风险和损害，以及技术可行性、实现请求的成本等因素后，作出是否响应的决定，并给出解释说明。

2. 理解适用

该条要求规定了个人信息主体查询其主动提供和非主动提供个人信息的查询权利保障，但在其注的部分，为非主动提供的个人信息的查询进行了特别规定，赋予了网络运营者是否响应个人信息主体权利的自主权。

但需要指出的是，《民法典》第 1037 条规定自然人可以依法向信息处理者查阅其个人信息，且未规定例外情形。这就意味着，在《民法典》生效后，如果信息处理者拒绝查询个人信息的请求，可能构成对该条规定的违反，但具体适用还有待立法机构的进一步明确和司法实践的进一步探索。

根据《App 自评估指南》评估点 15，网络运营者应为个人信息主体提供查询个人信息的路径和方法。从实践看，相当一部分网站、App 遵守了该要求，但查询个人信息一般限于应网络运营者的要求、由用户主动提供的个人信息。用户一般需要在“我的”页面里面查询个人信息，如用户名、昵称、脱敏手机号码、身份证号码和银行卡号、账单信息、收货地址等。对于脱敏展示的内容，如用户确需查询，可供参考的方式为通过指纹、面部 ID 或手势等解锁方式验证后再行展示原始内容，降低在展示环节泄露个人信息的风险。

（二）个人信息更正

1. 相关规定

根据《个人信息安全规范》第 8.2 条，个人信息主体发现网络运营者所持有的该主体的个人信息有错误或不完整的，网络运营者应为其提供请求更正或补充信息的方法。

2. 理解适用

根据《App 自评估指南》评估点 15，网络运营者应为个人信息主体提供更正个人信息的路径和方法。个人信息更正的权利主要在于保护更正错误或不完整个人信息的权利，而非随意更改个人信息的权利。为了防止用户随意更改个人信息或他人恶意更改用户个人信息，网络运营者可以设置验证措施，如验证已认证的姓名、手机号码等，核验安全性和进行身份识别。

对于验证通过的用户，网络运营者应当根据个人信息主体的要求，及时采取措施进行更正，避免拖延和不更正，否则涉嫌违反前述《网络安全法》第 43 条的规定，可能需要承担相应的行政责任。

（三）个人信息删除

1. 相关规定

根据《个人信息安全规范》第 8. 3 条，对网络运营者的要求包括：

a）符合以下情形，个人信息主体要求删除的，应及时删除个人信息：1）网络运营者违反法律法规规定，收集、使用个人信息的；2）网络运营者违反与个人信息主体的约定，收集、使用个人信息的。

b）网络运营者违反法律法规规定或违反与个人信息主体的约定向第三方共享、转让个人信息，且个人信息主体要求删除的，网络运营者应立即停止共享、转让的行为，并通知第三方及时删除。

c）网络运营者违反法律法规规定或违反与个人信息主体的约定，公开披露个人信息，且个人信息主体要求删除的，网络运营者应立即停止公开披露的行为，并发布通知要求相关接收方删除相应的信息。

2. 理解适用

根据《App 自评估指南》评估点 15，网络运营者应为个人信息主体提供删除个人信息的路径和方法。前述《个人信息安全规范》的规定，将《网络安全法》规定的删除权的适用情形，从收集、使用扩大至收集、使用及向第三方共享、转让和公开披露个人信息的情形，并针对前述对外提供个人信息情形，对网络运营者提出了额外的要求。

违反与个人信息主体的约定处理个人信息，个人信息主体有权要求删除，这可以看出，个人信息保护政策等个人信息授权文本，实质上构成了对网络运营者的约束。

需要探讨的是，个人信息主体如果没有任何依据提出删除个人信息的权利主张，网络运营者一般不会响应个人信息主体的请求。但个人信息主体如何发现网络运营者违法违规处理个人信息成为实践中的问题。从自主感知角度，如果存在修改系统权限或者类似用户有可能感知到的行为，用户存在发现的可能性。但对于隐藏比较深的比如隐秘收集 App 内应用安装列表和隐瞒 SDK 收集个人信息等行为，用户没有明显感知，难以自主发现。对此，可能需要通过网信部门、工信部门、App 个人信息专项治理工作组等监管部门的通报、处罚或者专业机构公布的测评结果，个人信息主体才能获知到网络运营者违法违规处理其个人信息，才能有所依据主张删除违法违规处理的个人信息，这在一定程度上影响了个人信息主体删除权利的行使。当然，如果查询个人信息的权利能够有效行使，个人信息主体能够查询到网络运营者持有的其个人信息，能够一定程度上判断网络运营者是否依法依规和依约处理其个人信息，有助于解决前述问题。

（四）个人信息主体撤回同意

1. 相关规定

根据《个人信息安全规范》第 8.4 条，对网络运营者的要求包括：a）应向个人信息主体提供撤回收集、使用其个人信息的授权同意的方法。撤回授权同意后，网络运营者后续不应再处理相应的个人信息。b）应保障个人信息主体拒绝接收基于其个人信息推送商业广告的权利。对外共享、转让、公开披露个人信息，应向个人信息主体提供撤回授权同意的方法。注：撤回授权同意不影响撤回前基于授权同意的个人信息处理。

根据《App 违法违规认定方法》第 3.8 条，应向用户提供撤回同意收集个人信息的途径、方式。

根据《App 自评估指南》评估点 15，网络运营者应为个人信息主体提供撤回已同意授权的路径和方法。

2. 理解适用

赋予个人信息主体撤回同意的权利，主要在于防止一次授权终身使用等情形，给予个人信息主体“后悔”的机会。当然，参照前述《个人信息安全规范》的规定，个人信息主体撤回授权同意后，网络运营者后续不应再处理相应的个人信息，但不影响撤回前基于授权同意的个人信息处理。从建议角度，应确保提供的途径和方式切实可用，避免流于形式和在用户撤回同意时故意设置多种障碍。

（五）个人信息主体注销账户

1. 相关规定

根据《个人信息安全规范》第 8.5 条，对网络运营者的要求包括：a）通过注册账户提供产品或服务的个人信息控制者，应向个人信息主体提供注销账户的方法，且方法简便易操作。b）受理注销账户请求后，需要人工处理的，应在承诺时限内（不超过 15 个工作日）完成核查和处理。c）注销过程如需进行身份核验，要求个人信息主体再次提供的个人信息类型不应多于注册、使用等服务环节收集的个人信息类型。d）注销过程不应设置不合理的条件或提出额外要求增加个人信息主体义务，如注销单个账户视同注销多个产品或服务，要求个人信息主体填写精确的历史操作记录作为注销的必要条件等。注 1：多个产品或服务之间存在必要业务关联关系的，例如，一旦注销某个产品或服务的账户，将会导致其他产品或服务的必要业务功能无法实现或者服务质量明显下降的，需向个人信息主体进行详细说明。注 2：产品或服务没有独立的账户体系的，可采取对该产品或服务账号以外其他个人信息进行删除，并切断账户体系与产品或服务的关联等措施实现注销。e）注销账户的过程需收集个人敏感信息核验身份时，应明确对收集个人敏感信息后的处理措施，如达成目的后立即删除或匿名化处理等。f）个人信息主体注销账户后，应及时删除其个人信息或匿名化处理。因法律法规规定需要留存个人信息的，不能再次将其用于日常业务活动中。

根据《App 违法违规认定方法》第 6 条，以下行为可被认定为“未按法律规定提供删除或更正个人信息功能”……1. 未提供有效的更正、删除个人信息及注销用户账号功能；2. 为更正、删除个人信息或注销用户账号设置不必要或不合理条件；3. 虽提供了更正、删除个人信息及注销用户账号功能，但未及时响应用户相应操作，需人工处理的，未在承诺时限内（承诺时限不得超过 15 个工作日，无承诺时限的，以 15 个工作日为限）完成核查和处理；4. 更正、删除个人信息或注销用户账号等用户操作已执行完毕，但App后台并未完成的……

根据《App自评估指南》评估点30，评估标准为App应提供注销账号的途径（如在线功能界面、服务电话等），并在用户注销账号后，及时删除其个人信息或进行匿名化处理。

2. 理解适用

个人信息主体无法注销账户或难以注销账户，已经成为实践中常见和监管部门重点关注、多次通报的突出问题。App治理工作组曾在其官方公众号“App个人信息举报”发布《注销难，难于上青天，使人听此凋朱颜!》，文中指出，经过长年累月的使用，用户账户已经有了积分、资金、会员等级等，一直在增值。并不是所有的注销手续都不合理，在注销时慎重对待，进行适度的核验、把关，防止账户被非本人恶意注销的风险，也是对用户负责的体现。但切不可滥用，文章同时列出了账户注销的五道难关：第一道难关，“表里不一”，注销功能实现难；第二道难关，“心有不甘”，注销入口发现难；第三道难关，“互相推诿”，注销渠道分辨难；第四道难关，“过度索要”，注销证明提供难；第五道难关，“盘根错节”，注销条件满足难。①五道难关，道出了账户注销存在的问题与病症。

从实务操作角度，对于账户注销，建议做到：

（1）便于用户操作，不应通过隐蔽入口、操作烦琐等方式影响用户权利的实现；

（2）用户行使该等权利时，如需核验身份信息，重新提供的个人信息不应多于注册、使用等服务环节收集的个人信息，如不得要求用户上传手持身份证拍摄的照片；

（3）对于注销单个账户视同注销多个产品或服务，相较于征求意见稿，《个人信息安全规范》提高了其可执行性，应参照其注的内容进行适用；

（4）不应要求用户填写精准的历史操作记录作为必要注销条件，常见的多选一的选择式历史操作记录即可满足验证需求；

---

① App治理工作组：《注销难，难于上青天，使人听此凋朱颜!》，https：//mp. weixin. qq. com/s/jGhnZM8G6Uub65uJVb－CGA，最后访问时间：2020年2月24日。

（5）不应于客服之间来回推诿，集团公司之间来回推诿。需要人工处理的，应在承诺时限内（原则上不超过15个工作日）完成核查和处理；

（6）不应仅提示存在积分、参与活动、授权登录解绑等影响权利行使的问题，而不提供解决具体问题的通道；

（7）用户注销账户的前端操作完成后，App端和网络运营者后台应同步实现账户注销的操作，不得表面上用户前端注销账号完成实际上后台并未实现账号的注销；

（8）用户注销账户后，应及时删除其个人信息或做匿名化处理，对于因反洗钱、配合犯罪调查等法律法规规定需要留存的个人信息应妥善保管，应专门用于该等法律法规规定的目的，实现信息的有效隔离，不能将其再次应用于业务场景。

对于前述第3点提到的注销单个账户视同注销多个产品或服务，《个人信息安全规范》新增注的内容，有助于更好地缓解实践中集团使用一个通用账号，在现有账号体系下如果注销一个账号确实可能导致的注销多个产品或服务的矛盾。实践中，有部分企业，为了方便用户登录、提高用户使用集团内部不同产品或服务的便利，费了周折后打通了账号体系，使用通用账号可以登录集团内部所有的产品或服务。该等通用账号其设立出发点是好的，但其确实与用户注销一个通用账号时可能导致该集团所有产品或服务都无法使用产生了矛盾，而用户注销账号的本意可能也只是不想使用某一个产品或服务。从用户体验角度看，注销一个账号导致所有产品或服务都无法使用，用户可能会产生“被逼迫”或者“店大欺客”的想法。对此，《个人信息安全规范》增加了两个注的内容，提供了可行性的执行建议。

（六）复制个人信息、获取个人信息副本

1. 相关规定

根据《民法典》第1037条，自然人可以依法向信息处理者查阅或者复制其个人信息……

根据《个人信息安全规范》第8.6条，根据个人信息主体的请求，网络运营者宜为个人信息主体提供获取以下类型个人信息副本的方法，或在技

术可行的前提下直接将以下类型个人信息的副本传输给个人信息主体指定的第三方：a）本人的基本资料、身份信息；b）本人的健康生理信息、教育工作信息。

2. 理解适用

前述《民法典》规定了自然人可以向信息处理者复制其个人信息，且未对复制方式、复制个人信息的范围等进行限制，实际落地过程中可能面临相应的问题，有待立法机构的进一步明确和司法实践的进一步探索。

前述《个人信息安全规范》对获取个人信息副本要求的动词表述为“宜”，也就是倡导，代表着能够获取个人信息副本更好。对网络运营者来说，如果因技术不便或其他原因导致无法实现或实现难度较大，建议暂时不在个人信息保护政策等个人信息授权文本中体现该项内容。如易于实现，建议体现该项内容，能够一定程度上提升用户的好感度，有助于个人信息主体权利的全面保障。

从个人信息副本的类型上看，并非全部个人信息均需提供副本，而是限于本人的基本资料、身份信息、本人的健康生理信息和教育工作信息四种类型的个人信息。从特征上看，这四类信息，基本属于个人信息主体主动提供的个人信息，获取该等个人信息的副本，自行获取有助于个人信息主体了解本人已经提供、网络运营者掌握的该等信息情况，直接向第三方传输则个人信息主体无需重复填写该等信息。如果在个人信息保护政策等个人信息授权文本中体现获取个人信息副本的内容，需要做好相应准备，在个人信息主体提出权利主张时，应及时响应并确保真的可以提供该等个人信息副本，否则可能被认定为对双方约定的违反。

（七）响应个人信息主体请求

1. 响应时间

根据《个人信息安全规范》第8.7a）条，在验证个人信息主体身份后，应及时响应个人信息主体提出的查询、更正、删除、撤回授权同意、注销账户和获取个人信息副本的请求，应在30天内或法律法规规定的期限内作出答复及合理解释，并告知个人信息主体外部纠纷解决途径。

根据前述规定，若法律法规规定了及时响应的明确期限，应遵守其规定；如无规定，一般应及时响应并在30天内作出答复及合理解释。对于网络运营者来说，30天的时间周期要求，已经足够网络运营者开展相应的工作，如果逾期仍未给出答复的，难以解释其合理性。

2. 响应费用

根据《个人信息安全规范》第8.7c）条，对合理的请求原则上不收取费用，但对一定时期内多次重复的请求，可视情况收取一定成本费用。

该条规定，在保护个人信息主体合理行使权利请求的同时，也一定程度上防止了个人信息主体滥用权利给网络运营者造成的额外成本支出。但要想适用该条，需要满足“一定时期内多次重复请求”的条件，如何把握一定时期的时间长短，还有待进一步明确。

3. 可不响应请求的情形

根据《个人信息安全规范》第8.7e）条，以下情形可不响应个人信息主体提出的权利请求，包括：1）与网络运营者履行法律法规规定的义务相关的；2）与国家安全、国防安全直接相关的；3）与公共安全、公共卫生、重大公共利益直接相关的；4）与刑事侦查、起诉、审判和执行判决等直接相关的；5）网络运营者有充分证据表明个人信息主体存在主观恶意或滥用权利的；6）出于维护个人信息主体或其他个人的生命、财产等重大合法权益但又很难得到本人授权同意的；7）响应个人信息主体的请求将导致个人信息主体或其他个人、组织的合法权益受到严重损害的；8）涉及商业秘密的。

前述可不响应权利请求的情形，从适用上来说，其条件都是比较苛刻的，整体来说，目的出于维护国家利益、社会利益、其他组织利益、商业秘密和个人信息主体的合法权益。要想适用该等情形，需要有充分的依据，且是经得起考验的依据，不得盲目适用。

（八）个人信息主体投诉举报

1. 相关规定

根据《个人信息安全规范》第 8. 8 条，网络运营者应建立投诉管理机制和投诉跟踪流程，并在合理的时间内对投诉进行响应。

根据《App 自评估指南》评估点 16. 用户申诉渠道和反馈机制，评估标准为个人信息保护政策中至少提供以下一种投诉渠道：（1）电子邮件；（2）电话；（3）传真；（4）在线客服；（5）在线表格。评估点 32. 是否及时反馈用户申诉，评估标准为 App 运营者应妥善受理并及时反馈用户申诉，原则上在 15 天内回复处理意见或结果。

根据《App 违法违规认定方法》第 6. 5 条，App 运营者应建立并公布个人信息安全投诉、举报渠道，应在承诺时限内（承诺时限不得超过 15 个工作日，无承诺时限的，以 15 个工作日为限）受理并处理的。

2. 理解适用

及时受理并有效回应个人信息主体的投诉举报，是对用户负责的表现，能够在一定程度上解决用户遇到的问题，降低用户向监管部门投诉的概率。结合前述规定，网络运营者宜通过个人信息保护政策等公布电子邮件、电话、在线客服等用户投诉举报的渠道，并在受理用户投诉后，在不超过 15 个工作日的时间内予以回复。在经过内部核查认定用户投诉举报不成立的情况下，建议充分向用户解释认定举报不成立的原因，以安抚用户。

六、个人信息出境

个人信息出境，从行为认定角度，属于对外提供个人信息。根据《网络安全法》第 42 条规定……未经被收集者同意，不得向他人提供个人信息。但是，经过处理无法识别特定个人且不能复原的除外。一般意义上的跨境传输，出境的个人信息均为可识别特定个人的信息，因此其基本原则仍在于经被收集者同意。

此外，鉴于个人信息出境场景下，个人信息的后续处理活动可能无法有效控制，对国家安全、社会公共利益和个人信息主体合法权益及信息安全的威胁可能性相对较高，因此需要对个人信息跨境传输行为，在个人信息对外提供的规制要求基础上，进行额外的规制和要求。

接下来，将结合《个人信息出境办法（征求意见稿）》和《数据出境安全评估指南（征求意见稿）》，具体探讨个人信息出境下的合规要求。

（一）个人信息出境行为界定

根据《个人信息出境办法（征求意见稿）》第2条，个人信息出境系指网络运营者向境外提供在中华人民共和国境内运营中收集的个人信息。对于个人信息出境行为的界定，具体探讨如下：

1. 境内运营的认定

根据《数据出境安全评估指南（征求意见稿）》第3.2条，境内运营的认定方法、具体参考要素和不视为境内运营的情形如下：

（1）认定方法

境内运营系指网络运营者在中华人民共和国境内开展业务，提供产品或服务的活动。未在中华人民共和国境内注册的网络运营者，但在中华人民共和国境内开展业务，或向中华人民共和境内提供产品或服务的，属于境内运营。

（2）具体参考因素

判断网络运营者是否在中华人民共和国境内开展业务，或向中华人民共和境内提供产品或服务的参考因素包括但不限于：使用中文；以人民币作为结算货币；向中国境内配送物流等。

（3）不视为境内运营的情形

中华人民共和国境内的网络运营者仅向境外机构、组织或个人开展业务、提供商品或服务，且不涉及境内公民个人信息和重要数据的，不视为境内运营。

2. 特定情形认定

根据《数据出境安全评估指南（征求意见稿）》第3.7条，以下情形属于数据出境：

（1）向本国境内，但不属于本国司法管辖或未在境内注册的主体提供个人信息和重要数据的；

（2）数据未转移存储至本国以外的地方，但被境外的机构、组织、个人访问查看的（公开信息、网页访问除外）；

（3）网络运营者集团内部数据由境内转移至境外，涉及其在境内运营中收集和产生的个人信息和重要数据的。

3. 不属于个人信息出境的情形

根据《数据出境安全评估指南（征求意见稿）》第3.7条的注2和注3，以下情形不属于数据出境：

（1）非在境内运营中收集和产生的个人信息和重要数据经由本国出境，未经任何变动或加工处理的，不属于数据出境。

（2）非在境内运营中收集和产生的个人信息和重要数据在境内存储、加工处理后出境，不涉及境内运营中收集和产生的个人信息和重要数据的，不属于数据出境。

（二）个人信息主体告知+同意

1. 相关规定

根据《个人信息告知同意指南（征求意见稿）》第5.4a）条，以下情形，需要对个人信息主体告知原因、目的、处理方式、可能产生的影响等：a）涉及个人信息出境的情形……根据《App违法违规收集使用个人信息自评估指南》评估点12个人信息出境情况，评估标准为如果存在个人信息出境情况，个人信息保护政策中应将出境个人信息类型逐项列出并显著标识（如字体加粗、标星号、下划线、斜体、颜色等）。

2. 理解适用

根据前述规定，个人信息出境，应向个人信息主体说明个人信息出境的目的、涉及的个人信息类型、处理方式、可能产生的影响等，并经个人信息主体同意。

需要注意的是，此处所指“同意”，应为个人信息主体通过书面声明或主动做出肯定性动作，对其个人信息出境做出明确授权的行为，重点在于“肯定性”和“明确”，而非暗示或默认。

（三）安全评估和对数据接收方的约束

1. 相关规定

根据《个人信息出境办法（征求意见稿）》第3条第1款，个人信息出境前，网络运营者应当向所在地省级网信部门申报个人信息出境安全评估。

根据《个人信息出境办法（征求意见稿）》第6条，个人信息出境安全评估重点评估以下内容：（一）是否符合国家有关法律法规和政策规定；（二）合同条款是否能够充分保障个人信息主体合法权益；（三）合同能否得到有效执行；（四）网络运营者或接收者是否有损害个人信息主体合法权益的历史、是否发生过重大网络安全事件；（五）网络运营者获得个人信息是否合法、正当；（六）其他应当评估的内容。

根据《个人信息出境办法（征求意见稿）》第13条，网络运营者与个人信息接收者签订的合同或者其他有法律效力的文件（统称合同），应当明确：“（一）个人信息出境的目的、类型、保存时限……”第15条规定，合同应当明确接收者承担以下责任和义务：（一）为个人信息主体提供访问其个人信息的途径，个人信息主体要求更正或者删除其个人信息时，应在合理的代价和时限内予以响应、更正或者删除；（二）按照合同约定的目的使用个人信息，个人信息的境外保存期限不得超出合同约定的时限；（三）确认签署合同及履行合同义务不会违背接收者所在国家的法律要求，当接收者所在国家和地区法律环境发生变化可能影响合同执行时，应当及时通知网络运营者，并通过网络运营者报告网络运营者所在地省级网信部门。

2. 理解适用

《个人信息出境办法（征求意见稿）》尚处于征求意见阶段，因此前述第3条第1款规定的申报个人信息出境安全评估暂无需开展。但从实务操作角度，建议自行参照前述第6条的规定，进行安全评估，并对数据接收方进行约束。

关于安全评估，评估的重点内容在于境外的数据接收方是否有损害个人信息主体合法权益的历史、是否发生过重大网络安全事件，数据接收方的数据安全保护能力，个人信息出境后是否会再向第三方传输，发生个人信息安全事件的风险等。

关于对数据接收方的约束，参照前述规定，建议通过合同约定个人信息出境的目的、类型、保存时限，要求数据接收方按照合同约定的目的使用个人信息，并明确约定个人信息方面的违约责任，确保能够通过合同条款和违约责任的约定来限制数据接收方的行为。

（四）个人信息出境记录

1. 相关规定

根据《个人信息出境办法（征求意见稿）》第 8 条，网络运营者应当建立个人信息出境记录并且至少保存 5 年，记录包括：（一）向境外提供个人信息的日期时间；（二）接收者的身份，包括但不限于接收者的名称、地址、联系方式等；（三）向境外提供的个人信息的类型及数量、敏感程度；（四）国家网信部门规定的其他内容。

2. 理解适用

在前面探讨对外提供个人信息的合规指引时，本书对对外提供的记录要求进行了探讨。对于个人信息出境记录，除参照前述个人信息出境内容和时间的记录要求外，建议按照对外提供的要求，记录出境的相关负责人，以便实现个人信息出境的可管、可控及全程留痕，做到可查询、可追溯，对任何违规出境个人信息的安全事件可快速追溯到相关责任人。

（五）特定类型个人信息的出境限制

我国暂未通过统一的立法明确对特定类型个人信息的出境限制，而是通过单行的立法在具体行业的规定中明确了相应的限制要求。具体个人信息类型和对应的限制要求如下：

1. 个人金融信息

（1）相关规定

《中国人民银行金融消费者权益保护实施办法（征求意见稿）》（2019年版）第34条规定，在中国境内收集的消费者金融信息的存储、处理和分析应当在中国境内进行。因业务需要，确需向境外提供消费者金融信息的，应当同时符合以下条件：（一）为处理跨境业务所必需；（二）经金融消费者书面授权；（三）信息接收方为完成该业务所必需的关联机构（含总公司、母公司或者分公司、子公司等）；（四）通过签订协议、现场核查等有效措施，要求境外机构为所获得的消费者金融信息保密；（五）符合法律法规和其他相关监管部门的规定。

该办法第27条规定，本办法所称消费者金融信息，是指金融机构通过开展业务或者其他合法渠道获取、加工和存储的消费者信息，包括个人身份信息、财产信息、账户信息、信用信息、金融交易信息及其他与特定消费者购买、使用金融产品或服务相关的信息。

（2）理解适用

对于个人金融信息，应以境内处理为原则。限制出境一直是规制的主方向。早在2011年，《中国人民银行关于银行业金融机构做好个人金融信息保护工作的通知》中第6条就明确规定："在中国境内收集的个人金融信息的储存、处理和分析应当在中国境内进行。除法律法规及中国人民银行另有规定外，银行业金融机构不得向境外提供境内个人金融信息。"

在2016年发布的《中国人民银行金融消费者权益保护实施办法》第33条第2款对于向境外提供个人金融信息提出了明确的适用限制："境内金融机构为处理跨境业务且经当事人授权，向境外机构（含总公司、母公司或者分公司、子公司及其他为完成该业务所必需的关联机构）传输境内收集的相关个人金融信息的，应当符合法律、行政法规和相关监管部门的规定，并通过签订协议、现场核查等有效措施，要求境外机构为所获得的个人金融信息保密。"

在上述规定的基础上，前述《中国人民银行金融消费者权益保护实施办法（征求意见稿）》对向境外提供个人金融信息的明确适用限制进行了进一步的强化。也就是说，要想向境外提供个人金融信息，需要同时满足规定的全部条件，这就需要能够充分论证出境的必要性、证明已经获得消费者书面授权、证明存在为完成该业务所必需的关联机构、证明已经采取了签订协议及现场核查等有效措施。如果无法充分论证或证明其中的某一项，建议审慎将个人金融信息向境外传输。

2. 人类遗传资源信息

（1）相关规定

《人类遗传资源管理条例》第 28 条规定，将人类遗传资源信息向外国组织、个人及其设立或者实际控制的机构提供或者开放使用，不得危害我国公众健康、国家安全和社会公共利益；可能影响我国公众健康、国家安全和社会公共利益的，应当通过国务院科学技术行政部门组织的安全审查。

将人类遗传资源信息向外国组织、个人及其设立或者实际控制的机构提供或者开放使用的，应当向国务院科学技术行政部门备案并提交信息备份。

利用我国人类遗传资源开展国际合作科学研究产生的人类遗传资源信息，合作双方可以使用。

该条例第 2 条规定，本条例所称人类遗传资源包括人类遗传资源材料和人类遗传资源信息。

人类遗传资源材料是指含有人体基因组、基因等遗传物质的器官、组织、细胞等遗传材料。

人类遗传资源信息是指利用人类遗传资源材料产生的数据等信息资料。

（2）理解适用

根据前述规定，对于含有人体基因组、基因等遗传物质的器官、组织、细胞等遗传材料产生的数据等信息资料，如需出境则应当向国务院科学技术行政部门备案并提交信息备份。可能影响我国公众健康、国家安全和社会公共利益的，还应当通过国务院科学技术行政部门组织的安全审查。

3. 健康医疗信息

（1）相关规定

《国家健康医疗大数据标准、安全和服务管理办法（试行）》第 30 条规定，责任单位应当具备符合国家有关规定要求的数据存储、容灾备份和安全管理条件，加强对健康医疗大数据的存储管理。健康医疗大数据应当存储在境内安全可信的服务器上，因业务需要确需向境外提供的，应当按照相关法律法规及有关要求进行安全评估审核。

该办法第6条第2款规定，各级各类医疗卫生机构和相关企事业单位是健康医疗大数据安全和应用管理的责任单位。

该办法第4条规定，本办法所称健康医疗大数据，是指在人们疾病防治、健康管理等过程中产生的与健康医疗相关的数据。

（2）理解适用

根据前述规定，对于健康医疗信息，向境外提供的，需要论证必要性，还需要按照相关法律法规及有关要求进行安全评估审核。但这里的安全评估审核，评估主体、审核主体、评估和审核的标准，都有待进一步明确。

4. 网约车采集的个人信息和生成的业务数据

（1）相关规定

《网络预约出租汽车经营服务管理暂行办法》第27条第1款规定，网约车平台公司应当遵守国家网络和信息安全有关规定，所采集的个人信息和生成的业务数据，应当在中国内地存储和使用，保存期限不少于2年，除法律法规另有规定外，上述信息和数据不得外流。

（2）理解适用

前述规定对于网约车采集的个人信息和生成的业务数据，明确了中国内地存储和使用的原则要求。也就是说，该等个人信息和业务数据，原则上不得向境外提供。当然，这里保留了除外情形，即“法律法规另有规定”，但目前尚无相关的另有规定，更多的是留下立法的弹性空间，为未来可能出现的情况和相关立法留下余地。

七、数据危机应对

网络安全和数据安全，再强调其重要性也不为过，很难说哪个网络运营者的网络安全工作万无一失。决定个人信息安全事件发生的要素很多，就威胁源而言，有内部威胁源，也有外部威胁源；有恶意人员导致的数据被窃取等事件，也有非恶意人员无意中导致的数据泄露等事件，还有物理环境影响导致的数据毁损等事件；有技术因素导致的数据泄露、篡改、丢失等事件，也有管理不当引起的滥用等事件。

而在出现网络安全风险和网络安全事件等数据危机时，数据危机的应对效果，则能够有效地反映出网络运营者数据安全能力和风险处置能力。在出现数据危机时，应对得充分、完善，能够有效防止网络安全风险向网络安全事件发展，能够及时防止损失进一步扩大；应对得不充分、不完善，网络安全风险向网络安全事件发展的概率将会明显上升，造成的损失也会扩大。

《网络安全法》第25条规定，网络运营者应当制定网络安全事件应急预案，及时处置系统漏洞、计算机病毒、网络攻击、网络侵入等安全风险；在发生危害网络安全的事件时，立即启动应急预案，采取相应的补救措施，并按照规定向有关主管部门报告。接下来，将结合该规定，具体探讨如何应对数据危机。

（一）建立健全内部安全管理制度

《网络安全法》第21条规定，国家实行网络安全等级保护制度。网络运营者应当按照网络安全等级保护制度的要求，履行下列安全保护义务，保障网络免受干扰、破坏或者未经授权的访问，防止网络数据泄露或者被窃取、篡改：（一）制定内部安全管理制度和操作规程，确定网络安全负责人，落实网络安全保护责任；（二）采取防范计算机病毒和网络攻击、网络侵入等危害网络安全行为的技术措施；（三）采取监测、记录网络运行状态、网络安全事件的技术措施，并按照规定留存相关的网络日志不少于六个月；（四）采取数据分类、重要数据备份和加密等措施；（五）法律、行政法规规定的其他义务。根据该条规定，为了最大限度地降低数据危机的发生风险，网络运营者应当建立健全安全管理制度。对此，建议网络运营者：

1. 确定网络安全负责人

网络运营者需要设置专门安全管理机构和安全管理负责人，并对该负责人和关键岗位的人员进行安全背景审查，定期对从业人员进行网络安全教育、技术培训和技能考核。对于数据管理负责人，本书将在后文专章探讨，此处不再展开。

2. 建立健全内部控制制度

网络运营者应制定内部控制制度，明确对于数据安全的管理办法，并通过向员工宣教增强员工的安全保护意识。

网络运营者应当对易发生个人信息泄露的环节进行充分排查，明确规定各部门、岗位和人员的管理责任，加强个人信息管理的权限设置，形成相互监督、相互制约的管理机制，切实有效地防止信息泄露或滥用事件的发生。并加强对从业人员的培训，强化从业人员个人信息安全意识，防止从业人员非法使用、泄露、出售个人信息。接触个人信息岗位的从业人员在上岗前，应当书面做出保密承诺。

3. 完善日常操作规程

网络运营者应当完善日常操作规程，采取监测、记录网络运行状态、网络安全事件的技术措施，并按照规定留存相关的网络日志不少于六个月。

4. 制定并定期完善应急预案

根据《个人信息安全规范》第10.1a）条和第10.1b）条，网络运营者应制定个人信息安全事件应急预案。应定期（至少每年一次）组织内部相关人员进行应急响应培训和应急演练，使其掌握岗位职责和应急处置策略和规程。根据《个人信息安全规范》第10.1d）条，根据相关法律法规变化情况，以及事件处置情况，及时更新应急预案。

根据《互联网个人信息安全保护指南》第7.1条，应急机制和预案……b）应制定个人信息安全事件应急预案，包括应急处理流程、事件上报流程等内容；c）应定期（至少每半年一次）组织内部相关人员进行应急响应培训和应急演练，使其掌握岗位职责和应急处置策略和规程，留存应急培训和应急演练记录；d）应定期对原有的应急预案重新评估，修订完善。

据此，网络运营者应当建立数据应急预案，应急预案应包括应急处理流程、事件上报流程等内容。根据业务影响分析，组织开展应急演练（至少每年一次），完善处置流程，及时处置系统漏洞、计算机病毒、网络攻击、网络侵入等安全风险，保证在系统服务异常以及危机等情景下数据的完整、准确和连续。此外，应留存应急培训和应急演练记录，作为潜在的应对监管核查的证明材料。最后，应急预案并非一劳永逸，而应该定期对原有的应急预案进行重新评估，根据网络安全最新的动态和应急演练发现的问题，修订完善应急预案。

5. 建立有效的数据治理架构

网络运营者应当通过完善相关内控制度，强化各部门、岗位和人员在用户个人信息保护方面的责任，以此完善内部监督和责任追究机制。对于数据保护组织管理要求，本书后面将进行专章探讨，此处不再展开。

（二）完善应急处置

1. 关注网络安全最新动态

网络运营者应保持关注，并通过了解新近执法检查动向和网络安全事件，及时掌握可能出现的数据危机。通过对各项法律法规的及时了解和充分合规，降低因违法违规被处罚的风险；通过对网络环境等的日常评估和针对性检测，降低出现数据泄露、被盗等网络安全事件的可能性。

2. 准确判断事件性质

准确判断是及时响应的前提，尤其是对于网络病毒、黑客攻击等网络安全事件而言。一旦网络安全事件爆发，网络运营者需要迅速并准确地判断事件性质，以避免因粗心大意或盲目自信导致对真实事态的误判。在判断事件性质以后，应当确定事件领导小组，评估可能造成的损失和优先保护的部分，迅速对应事先制定的应急预案，确定内部分工和具体操作流程。

3. 及时响应采取处置措施

根据《个人信息安全规范》第10.1c）2）条，网络运营者应根据应急响应预案评估事件可能造成的影响，并采取必要措施控制事态，消除隐患。

确定执行方案和人员以后，网络运营者应当对安全事件迅速作出响应，及时执行应急预案，采取补救措施，防止事态进一步扩大。对于监管部门的处罚，应迅速做出整改，明确积极承认错误的谦逊姿态，防止社会信誉进一步降低。

4. 准确记录事件内容

根据《个人信息安全规范》第 10.1c）1）条，网络运营者应记录事件内容，包括但不限于：发现事件的人员、时间、地点，涉及的个人信息及人数，发生事件的系统名称，对其他互联系统的影响，是否已联系执法机关或有关部门。

准确记录事件内容，是按规定上报和后续准确复盘的基础，有利于监管部门快速了解事件的详细情况，也有助于后续经验教训总结的顺利开展。

5. 及时上报主管部门

根据《个人信息安全规范》第 10.1c）3）条，网络运营者应按照《国家网络安全事件应急预案》等有关规定及时上报，报告内容包括但不限于：涉及个人信息主体的类型、数量、内容、性质等总体情况，事件可能造成的影响，已采取或将要采取的处置措施，事件处置相关人员的联系方式。

对此，网络运营者应该上报的主管部门主要是所在地的省（区、市）网信部门，方便网信部门快速了解网络安全事件的情况，判断事件等级，并采取相应的监管措施。

6. 安全事件告知

（1）需要告知的情形

根据《个人信息安全规范》第 10.1c）4）条，个人信息泄露事件可能会给个人信息主体的合法权益造成严重危害的，如个人敏感信息的泄露，网络运营者需要实施安全事件的告知。

从实践看，如果出现网络安全事件，造成个人信息泄露，包含个人敏感信息或其他对个人信息主体产生重大影响的信息的可能性相对较高，如果个人信息主体自主采取相应措施能够有效防止潜在损失的发生或防止损失的进一步扩大，建议及时进行安全事件告知。

（2）告知方式

根据《个人信息安全规范》第 10.2a）条，网络运营者应及时将事件相关情况以邮件、信函、电话、推送通知等方式告知受影响的个人信息主体。难以逐一告知个人信息主体时，应采取合理、有效的方式发布与公众有关的警示信息。

从实践看，能够逐一送达受影响的个人信息主体更好，个人信息主体众多或逐一送达可能时间较长或存在其他影响因素，可以通过发布网站公告等方式送达。为保证送达效果，在受影响个人信息主体众多的情况下，也可以采取公告＋逐一送达相结合的方式，最大限度地确保事件相关情况能够送达受影响的个人信息主体。

（3）告知内容

根据《个人信息安全规范》第10.2b）条，网络运营者对安全事件的告知内容应包括但不限于：1）安全事件的内容和影响；2）已采取或将要采取的处置措施；3）个人信息主体自主防范和降低风险的建议；4）针对个人信息主体提供的补救措施；5）个人信息保护负责人和个人信息保护工作机构的联系方式。

对于该等告知内容要求，主要在于确保用户对网络安全事件的知情。告知用户应及时，并且及时解答用户的相关疑问。告知的内容应真实、准确、完整，避免因担心用户恐慌而刻意隐藏或告知虚假内容，否则会引起用户的质疑和不必要的恐慌，给安全事件的处置添加不必要的额外情况。对于个人信息主体自主防范和降低风险的建议，宜提供简单、易懂、便捷的操作方式，如及时修改账号密码等，不应过于烦琐、晦涩难懂。

（三）经验教训总结

在数据安全事件结束之后，网络运营者应当尽快进入经验教训总结阶段，厘清事件始末，并对相关责任人进行处理问责。建议网络运营者从以下几个方面进行经验教训总结：

1. 发生原因

网络运营者应当查找事件发生源头、确定事件产生原因，从而发现自身管理和安全措施的薄弱环节，进而在以后加以改进升级，避免事件再次发生。

2. 进展过程

根据对于事件进展过程的记录，复盘事件始末，厘清其中的关键环节和重要时间节点，以便加深网络运营者相关人员对于安全事件的理解和体会。

3. 解决措施

对于自身所采取的应对措施，应当重新审视，评估其中作用最大、最小的环节，总结预案在执行过程中存在的障碍，从而学习如何更好地解决问题，并按照总结结果及时更新升级应急预案。

4. 总结过程

最后，对于经验总结过程本身，网络运营者也应当再次审视，发现经验总结过程中的疏漏与不足，以利于下一次事件发生时更加高效准确地对事件始末进行记录和总结。

第六部分

儿童个人信息保护的额外要求

儿童是国家发展的未来和希望，其认知能力、危险识别能力和自我保护能力相对薄弱，在网络空间内容繁杂、违法违规收集使用个人信息问题层出不穷的形势下，更需要加强对儿童个人信息安全的保护。

2019 年 8 月 23 日下午 6 时 1 分，国家互联网信息办公室正式发布《儿童个人信息网络保护规定》（国家互联网信息办公室令第 4 号），该规定已于 2019 年 10 月 1 日起正式施行。从 2019 年 5 月 31 日下午 6 时 1 分发布《国家互联网信息办公室关于〈儿童个人信息网络保护规定（征求意见稿）〉公开征求意见的通知》到发布正式版，时间间隔仅仅 84 天，可见国家网信办对于儿童个人信息保护的高度重视。

《儿童个人信息网络保护规定》全文共 29 条，系统地规定了应设置儿童专门用户协议、指定专人负责、征得儿童监护人同意等儿童个人信息保护要求，相较于 14 周岁以上的未成年人和成年人，其各项要求均更加严格。接下来，本书将结合《儿童个人信息网络保护规定》的具体内容，在前面探讨数据保护合规指引的基础上，对儿童个人信息保护的额外要求进行探讨。

一、儿童的认定标准

1. 相关规定

根据《儿童个人信息网络保护规定》第 2 条，本规定所称儿童，是指不满十四周岁的未成年人。

2. 理解适用

《联合国儿童权利公约》将儿童界定为 18 周岁以下的任何人，而前述规定中“儿童”的定义参考了《刑法》中“刑事责任年龄”的划分，将无刑事责任的 14 周岁以下未成年人归于儿童的范围。

原因主要有三：一是不满 14 周岁的未成年人在知识、思想、价值观、世界观等均处于启蒙阶段，对周围事物缺乏准确的判断能力；二是 14 – 18 周岁未成年人虽然认识能力和行为能力上确与成年人存在差距，但是生理和心理上已趋于成熟；三是前述规定在儿童个人信息保护方面较为严格，对于网络运营者的合规负担较重，完全一刀切式将 18 周岁以下未成年人全部纳入儿童范围也将进一步增加网络运营者的负担。前述规定关于儿童定义的设计体现了立法者结合实际情况，较为灵活地平衡了实体权利保护和网络运营者的成本负担。

从识别儿童身份的角度，建议网络运营者建立完善年龄筛选机制，进行儿童身份识别的基础动作，如身份证号码的年龄识别。同时，通过网站页面、相关服务协议和个人信息保护政策等显著提示，儿童用户使用产品或服务需要获得父母同意。

二、专门文本与专人负责

1. 相关规定

根据《儿童个人信息网络保护规定》第 8 条，网络运营者应当设置专门的儿童个人信息保护规则和用户协议，并指定专人负责儿童个人信息保护。

2. 理解适用

从网络运营者设置专门的儿童信息保护规则、用户协议看，专门的儿童个人信息保护规则在《个人信息安全规范》中已有相关规定，专门适用于儿童的用户协议则为首次提出。

《个人信息安全规范》附录 B 指出“通常情况下，14 岁以下（含）儿童的个人信息……属于个人敏感信息”，附录 D 个人信息保护政策模板中要求设置“我们如何处理儿童的个人信息”版块并明确了相关内容要求。

目前主流的互联网公司，大多已经在其个人信息保护政策中明确了如何处理儿童个人信息的内容；设置专门的儿童用户协议，则为网络运营者提出了新的要求，在现有用户协议基础上，需要额外设置儿童用户协议。

需要注意的是，相较于征求意见稿，前述规定删除了“适用于儿童的用户协议应当简洁、易懂”的要求，但结合《个人信息安全规范》及其征求意见稿和 App 专项治理相关要求，建议用户协议仍然要保障内容的易读性，不可晦涩难懂。

从专人负责儿童个人信息保护看，《儿童个人信息网络保护规定》设置该要求主要着眼于更好地推动和落实儿童个人信息保护。相较于征求意见稿，前述规定删除了要求个人信息保护专员负责儿童个人信息保护的规定，而只保留要求指定专人负责儿童个人信息保护，不再暗含设置个人信息保护专员的要求。

三、监护人同意

1. 相关规定

根据《儿童个人信息网络保护规定》第 9 条，网络运营者收集、使用、转移、披露儿童个人信息的，应当以显著、清晰的方式告知儿童监护人，并应当征得儿童监护人的同意。

2. 理解适用

前述规定沿用了《数据安全管理办法（征求意见稿）》第 12 条收集使用儿童个人信息应征得其监护人同意的要求。前述规定明确了告知监护人的方式必须显著、清晰，保障了监护人的知情权。这意味着网络运营者不得通过隐蔽、模糊展示等方式影响对监护人的有效告知。

此外，相较于征求意见稿，前述规定在“收集、使用”之外将“转移、披露”儿童个人信息也纳入告知监护人并征得其同意的范围，对儿童个人信息全生命周期的保护得以完善。

值得特别注意的是，相较于征求意见稿，前述规定将收集使用儿童个人信息“明示同意”调整为“同意”。这似乎意味着放宽了对于监护人同意的条件，不再要求网络运营者必须通过监护人主动勾选或者点击同意等积极主动方式获得监护人的同意。似乎可以认为，网络运营者可以通过网站、App等业务开展渠道设置个人信息保护政策、通过向监护人发送邮件或者与监护人账号绑定等方式告知儿童个人信息收集使用情况并提供便捷的退出同意的选项即能满足“同意”的要求，但具体是否符合《儿童个人信息网络保护规定》的要求，还有待监管部门的进一步认定和实践的进一步探索。

最后，也是最容易引起网络运营者困惑的问题，是如何获得可验证的监护人的同意？对此，《儿童个人信息网络保护规定》并未给出详细的、可供执行的方案。参考境外的立法执法经验，要证明获得可验证的监护人的同意，关键点包括三个：(1) 基于现有技术尽合理努力以获得可验证的监护人同意。(2) 确保提供同意的人为儿童的监护人。(3) 权利的行使不会对监护人造成不适当的负担。从具体操作角度，主要包括六种方式：(1) 让监护人提供身份证明，供运营商对照该等身份证明的数据库。运营商需在完成验证过程后从记录中删除该身份信息；(2) 让监护人回答一系列知识型挑战问题，这些问题对于监护人之外的人来说很难回答；(3) 通过面部识别等相关技术比较、识别监护人所提交的照片（驾照照片或其他照片）；(4) 由监护人签署由运营商提供的同意表格，并通过传真、邮件或电子扫描发给运营商；(5) 由监护人拨打专门人员负责的免费电话号码；(6) 由监护人通过视频会议联系专门人员。前述方式具有一定的借鉴意义，但也会面临实践难题，如：(1) 如何识别儿童的身份？特别是儿童使用假的身份信息登录的情况？(2) 如何应对复杂的监护人身份？父母离婚情况？父母死亡情况？民政部门、居民委员会、村民委员会担任监护人情况？这些问题都有待实践的探索和监管部门的进一步意见。

四、对外提供儿童个人信息的安全评估要求

（一）委托处理儿童个人信息的安全评估要求

1. 相关规定

根据《儿童个人信息网络保护规定》第16条，网络运营者委托第三方

处理儿童个人信息的，应当对受委托方及委托行为等进行安全评估，签署委托协议，明确双方责任、处理事项、处理期限、处理性质和目的等，委托行为不得超出授权范围。

前款规定的受委托方，应当履行以下义务：（一）按照法律、行政法规的规定和网络运营者的要求处理儿童个人信息；（二）协助网络运营者回应儿童监护人提出的申请；（三）采取措施保障信息安全，并在发生儿童个人信息泄露安全事件时，及时向网络运营者反馈；（四）委托关系解除时及时删除儿童个人信息；（五）不得转委托；（六）其他依法应当履行的儿童个人信息保护义务。

2. 理解适用

前述规定主要沿用了《个人信息安全规范》第 9.1 条“委托处理”的要求，明确了网络运营者进行安全评估、签署委托协议和受委托方应当履行的义务要求。

从网络运营者的角度，其需要进行安全评估并与受托方签署委托协议。“安全评估”的对象主要是受委托方和委托行为，评估内容主要是是否在儿童监护人授权范围、受委托方是否具备适当的数据安全能力以及发生儿童个人信息泄露、损毁和丢失的风险等。“签署委托协议”，旨在强调通过协议明确双方责任、处理事项、处理期限、处理性质和目的等，构成对受委托方的有效约束，也一定程度上能够作为网络运营者豁免责任或减轻责任的证明。

从受委托方的角度，其需要遵循委托协议的约定，并履行本条约定的 6 项义务要求。其中，需要指出的是，第 4 项要求“委托关系解除时及时删除儿童个人信息”，使用的措辞是“及时删除”，没有留下允许“匿名化处理”的口子，受委托方需要对此予以关注。此外，相较于征求意见稿，本条在“按照网络运营者的要求”之外增加“法律、行政法规的规定”，进一步明确了受委托方处理儿童个人信息应遵循的要求，需要予以注意。

（二）向第三方转移儿童个人信息的安全评估要求

1. 相关规定

根据《儿童个人信息网络保护规定》第 17 条，网络运营者向第三方转移儿童个人信息的，应当自行或者委托第三方机构进行安全评估。

2. 理解适用

前述规定沿用了《网络安全法》第42条“……未经被收集者同意，不得向他人提供个人信息……”的要求。需要指出的是，相较于征求意见稿，前述规定删除了“征得儿童监护人的明示同意”要求，但并非不要征得监护人的同意，而是将该要求统一规定至该规定的第9条。具体理解前述规定，需要进一步探讨两个问题：

第一个问题，怎么理解“转移儿童个人信息”中的“转移”。《个人信息安全规范》第3.12条对“转让”的定义为“将个人信息控制权由一个控制者向另一个控制者转移的过程”。前述规定的“转移”与该条规定的“转让”无实质性区别，宜作同义理解。而且，从安全评估和征得同意的规定看，前述规定与《个人信息安全规范》第9.2a）、b）条对个人信息转让要求的思路相近，也能说明将“转移”与“转让”作同义理解具有合理性。

第二个问题，“安全评估”。安全评估可以由网络运营者自行开展，也可以委托第三方机构进行。

此外，境外实践中，如美国，一般将是否向第三方披露作为处罚违反儿童个人信息保护规定的主要考虑因素之一。参照该等要求，建议网络运营者审慎向第三方转移儿童个人信息。如确为业务所必需而进行转移，应开展安全评估并根据安全评估结果采取相应的安全保障措施，在确保风险可控的情况下再行转移。

五、儿童个人信息保护的除外情形

1. 相关规定

根据《儿童个人信息网络保护规定》第28条，通过计算机信息系统自动留存处理信息且无法识别所留存处理的信息属于儿童个人信息的，依照其他有关规定执行。

2. 理解适用

前述规定明确了儿童个人信息保护的除外情形。从具体适用条件看，需要满足两个条件：条件一，通过计算机信息系统自动留存处理信息，也就是说不需要用户主动填写和主动提供，App 等业务开展渠道自动收集的用户信息；条件二，无法识别所留存处理的信息属于儿童个人信息，也就是说采取了措施识别但限于现有技术等原因无法识别出属于儿童个人信息。

从适用规定看，依照其他有关规定执行，保留了弹性的适用空间。具体指向哪些规定，有待主管部门的进一步明确。

综合来看，前述规定为网络运营者保留了减轻或者豁免儿童个人信息保护责任的余地，但考虑到适用情形和适用规定尚待进一步明确，建议审慎对待前述规定，不宜将前述规定作为唯一的“救命符”。

六、不得制作、发布、传播侵害儿童个人信息安全的信息

1. 相关规定

根据《儿童个人信息网络保护规定》第 4 条，任何组织和个人不得制作、发布、传播侵害儿童个人信息安全的信息。

2. 理解适用

在网络环境中，儿童个人信息受到侵害的情况下，如被网络公开发布和传播，特别是被大量转发的情况下，因网络传播速度快、辐射范围广和影响大等特点，可能会对儿童个人信息主体产生广泛的影响，造成更加严重的侵害后果。因此，《儿童个人信息网络保护规定》新增了“任何组织和个人不得制作、发布、传播侵害儿童个人信息安全的信息”的要求，也就意味着任何主体如果制作、发布、传播侵害儿童个人信息安全的信息，都会面临相应的违规后果。

第七部分

个人信息保护组织管理要求

《网络安全法》第21条规定，网络运营者应……制定内部安全管理制度和操作规程，确定网络安全负责人，落实网络安全保护责任。《数据安全管理办法（征求意见稿）》第6条规定，网络运营者应当按照有关法律、行政法规的规定，参照国家网络安全标准，履行数据安全保护义务，建立数据安全管理责任和评价考核制度，制定数据安全计划，实施数据安全技术防护，开展数据安全风险评估，制定网络安全事件应急预案，及时处置安全事件，组织数据安全教育、培训。

前述《网络安全法》和《数据安全管理办法（征求意见稿）》的规定，对于网络安全和数据安全的组织管理提出了明确的要求。具体到个人信息保护，要想有序开展个人信息保护工作，对个人信息保护的组织管理必不可少。接下来，将具体探讨个人信息保护组织管理的具体要求。

一、个人信息保护责任部门与人员

1. 应明确法定代表人或主要负责人负全面领导责任

(1) 相关规定

根据《个人信息安全规范》第11.1a）条，网络运营者应明确其法定代表人或主要负责人对个人信息安全负全面领导责任，包括为个人信息安全工作提供人力、财力、物力保障等。

(2) 理解适用

明确法定代表人或主要负责人对个人信息安全负全面领导责任，目的在于引起网络运营者的足够重视，特别是最高层管理人员的重视，只有这样，才能更好地提升个人信息安全在整个组织运营中的重视程度。而为个人信息安全工作提供人力、财力、物力保障等，也是个人信息安全工作能够顺利、有效开展的基础条件之一。

2. 应任命个人信息保护负责人和个人信息保护工作机构

（1）相关规定

根据《个人信息安全规范》第 11.1b）条，网络运营者应任命个人信息保护负责人和个人信息保护工作机构，个人信息保护负责人应由具有相关管理工作经历和个人信息保护专业知识的人员担任，参与有关个人信息处理活动的重要决策直接向组织主要负责人报告工作。

根据《个人信息安全规范》第 11.1c）条，满足以下条件之一的组织，网络运营者应设立专职的个人信息保护负责人和个人信息保护工作机构，负责个人信息安全工作：1）主要业务涉及个人信息处理，且从业人员规模大于 200 人；2）处理超过 100 万人的个人信息，或预计在 12 个月内处理超过 100 万人的个人信息；3）处理超过 10 万人的个人敏感信息的。

（2）理解适用

《个人信息安全规范》第 11.1b）条明确了三个要点：第一，应任命个人信息保护负责人和个人信息保护工作机构，专职或者兼职均可，对于需要专职的情况在第 11.1c）条规定中进行了明确。第二，个人信息保护负责人的任职要求，即具有相关管理工作经历和个人信息保护专业知识。这也就意味着，有着个人信息保护相关工作经验的人才将会成为紧缺人才。第三，工作汇报对象，参与有关个人信息处理活动的重要决策直接向组织主要负责人报告工作。直接向组织主要负责人报告工作，意味着个人信息保护负责人在参与有关个人信息处理活动的重要决策时，其地位和影响力得以显著上升。

《个人信息安全规范》第 11.1c）条明确了设立专职的个人信息保护负责人和个人信息保护工作机构的条件，其中前两个条件主要从业务、从业人数和处理个人信息数量的角度出发，第三个条件则从处理个人信息的类型出发。对于第三个条件的具体要求，相较于征求意见稿，《个人信息安全规范》将“处理个人敏感信息”调整为“处理超过 10 万人的个人敏感信息”，实际上放宽了要求，否则按照征求意见稿的要求，多数网络运营者很容易触发该条件而需要设置专职负责人和工作机构。

对于个人信息保护负责人，实践中未决的问题主要集中于其是否可以重复任职方面，具体包括：（1）网络安全负责人、个人信息保护负责人是否可以为同一人担任；（2）集团公司模式下，是否可以统一任命一位个人信息保护负责人。前述问题，在现有规定的基础上似乎可以理解为均可，但确切意见有待监管部门的进一步明确。

3. 个人信息保护负责人和个人信息保护工作机构的职责

（1）相关规定

根据《个人信息安全规范》第11.1d）条，个人信息保护负责人和个人信息保护工作机构的职责应包括但不限于：1）全面统筹实施组织内部的个人信息安全工作，对个人信息安全负直接责任；2）组织制定个人信息保护工作计划并督促落实；3）制定、签发、实施、定期更新个人信息保护政策和相关规程；4）建立、维护和更新组织所持有的个人信息清单（包括个人信息的类型、数量、来源、接收方等）和授权访问策略；5）开展个人信息安全影响评估，提出个人信息保护的对策建议，督促整改安全隐患；6）组织开展个人信息安全培训；7）在产品或服务上线发布前进行检测，避免未知的个人信息收集、使用、共享等处理行为；8）公布投诉、举报方式等信息并及时受理投诉举报；9）进行安全审计；10）与监督、管理部门保持沟通，通报或报告个人信息保护和事件处置等情况。

（2）理解适用

前述规定详细地列举了个人信息保护负责人和个人信息保护工作机构的职责，基本涵盖了个人信息保护工作开展的方方面面。由此可以看出，除具备个人信息保护专业知识外，个人信息保护负责人也需要具备良好的沟通能力和协调能力：对内统筹，个人信息保护负责人应牵头制定数据安全方案、负责培训等；对外对接，个人信息保护负责人应负责与监管部门、媒体和客户的对接，通报或报告个人信息保护和事件处置等情况，受理客户的投诉举报。

4. 应为个人信息保护负责人和个人信息保护工作机构提供履职保障

（1）相关规定

根据《个人信息安全规范》第11.1e）条，应为个人信息保护负责人和个人信息保护工作机构提供必要的资源，保障其独立履行职责。

（2）理解适用

前述规定旨在要求为个人信息保护负责人和个人信息保护工作机构提供履职保障。其中，必要的资源可以理解为人力、财力、物力保障等。通过必要的资源支持，确保个人信息保护负责人有能力、有动力独立履行职责。

二、个人信息保护处理活动记录

1. 相关规定

根据《个人信息安全规范》第 11.3 条，宜建立、维护和更新所收集、使用的个人信息处理活动记录，记录的内容可包括：a）所涉及个人信息的类型、数量、来源（例如从个人信息主体直接收集或通过间接获取方式获得）；b）根据业务功能和授权情况区分个人信息的处理目的、使用场景，以及委托处理、共享、转让、公开披露、是否涉及出境等情况；c）与个人信息处理活动各环节相关的信息系统、组织或人员。

2. 理解适用

对于数据处理活动记录，本书在探讨对外提供个人信息的合规指引时已经有所涉及，这里的数据处理活动记录，强调的是个人信息全生命周期的活动记录，确保个人信息全生命周期的活动均可有效追溯，有助于内部核查的有效开展，有助于在出现数据危机时快速追溯源头、精准问责。

三、员工个人信息保护管理和培训

1. 员工个人信息保护管理

（1）保密协议与背景审查

根据《个人信息安全规范》第 11.6a）条，网络运营者应与从事个人信息处理岗位上的相关人员签署保密协议，对大量接触个人敏感信息的人员进行背景审查，以了解其犯罪记录、诚信状况等。

《网络安全法》第 40 条规定，网络运营者应当对其收集的用户信息严格保密，并建立健全用户信息保护制度。从落实该规定角度，需要与从事个人信息处理岗位上的相关人员签署保密协议。对于大量接触个人敏感信息的人员，其道德风险相对更高，需要对其进行更加详细的背景审查，了解其是否出现过侵犯个人信息方面的犯罪记录、是否因个人信息方面的违规操作受过行政处罚或者原任职单位的内部处罚等。

(2) 明确安全职责与安全事件处罚机制

根据《个人信息安全规范》第 11.6b）条，网络运营者应明确内部涉及个人信息处理不同岗位的安全职责，建立发生安全事件的处罚机制。

对于不同岗位的安全职责，应进行细化，越具体越好，这样有助于每个员工清晰地了解自己应该做什么，也有助于在出现安全事件时准确地归责。建立安全事件的处罚机制，有助于加强对员工的警示和教育作用，也能够在安全事件发生后更好地进行总结、追责和处罚。

(3) 离岗保密义务的继续履行

根据《个人信息安全规范》第 11.6c）条，网络运营者应要求个人信息处理岗位上的相关人员在调离岗位或终止劳动合同时，继续履行保密义务。

本书在前面探讨个人信息访问的合规指引时对离岗员工权限回收进行了展开论述。离岗保密业务的继续履行，也是旨在加强对员工道德风险的防范，避免员工因出于报复或者谋取利益或其他原因而泄露任职时所掌握的个人信息，降低因员工离岗造成个人信息泄露等安全事件发生的可能性。

(4) 建立员工个人信息保护指引和要求

根据《个人信息安全规范》第 11.6e）条，网络运营者应建立相应的内部制度和政策对员工提出个人信息保护的指引和要求。

孟子曰："不以规矩，不能成方圆。"个人信息保护工作要想顺利开展，离不开规矩，也就是离不开制度。安全管理，制度先行。网络运营者应建立《个人信息保护管理体系》《个人信息分级分类管理制度》以及《员工访问客户个人信息控制管理制度》等个人信息保护相关制度，为员工个人信息保护提供具体的指引和详细的要求。

2. 员工个人信息保护培训

（1）相关规定

根据《个人信息安全规范》第 11. 6f）条，网络运营者应定期（至少每年一次）或在个人信息保护政策发生重大变化时，对个人信息处理岗位上的相关人员开展个人信息安全专业化培训和考核，确保相关人员熟练掌握个人信息保护政策和相关规程。

（2）理解适用

员工个人信息保护培训，是加强员工个人信息保护意识、熟练了解个人信息保护职责和在工作开展中更好地践行个人信息保护的必备动作。从培训时间看，这里提到了两个时间，定期（至少每年一次）或在个人信息保护政策发生重大变化时。除此之外，在进行新员工入职培训时，宜将个人信息保护作为培训内容之一，在入职阶段就强化个人信息保护；从培训内容看，个人信息保护的相关法律法规规定、内部制度、操作流程等，特别是最新出台的规定和内部制度流程等的重要修订，应该纳入培训的内容；从培训对象看，这里的员工不应限于基层员工，而应包含高层员工在内的全体员工，领导层高度重视、基层员工严格践行，方能更好地开展个人信息保护工作。

四、个人信息安全影响评估

1. 个人信息安全影响评估的必要性

根据《〈个人信息安全影响评估指南〉（征求意见稿）编制说明》，个人信息安全影响评估是个人信息控制者实施风险管理的重要组成部分，旨在发现、处置和持续监控个人信息处理过程中的安全风险。

一般情况下，个人信息控制者必须在收集和处理个人信息前开展个人信息安全影响评估，明确个人信息保护边界，根据评估结果实施适当的安全控制措施，降低收集和处理个人信息的过程对个人信息主体权益造成的影响；另外，个人信息控制者还需按照要求定期开展个人信息安全影响评估，根据业务现状、威胁环境、法律法规、标准要求等情况持续修正个人信息保护边界，调整安全控制措施，使个人信息处理过程处于风险可控的状态。

2. 建立个人信息安全影响评估制度

根据《个人信息安全规范》第11.4a）条，网络运营者应建立个人信息安全影响评估制度，评估并处置个人信息处理活动存在的安全风险。

建立个人信息安全影响评估制度，明确个人信息安全影响评估责任主体、评估启动条件、评估依据、评估对象、评估范围、评估流程、评估后续动作等内容，是个人信息安全影响评估工作得以有序开展的基础。网络运营者可以参考《个人信息安全影响评估指南（征求意见稿）》的内容，制定个人信息安全影响评估制度。

3. 个人信息安全评估内容

根据《个人信息安全规范》第11.4b）条，个人信息安全影响评估应主要评估处理活动遵循个人信息安全基本原则的情况，以及个人信息处理活动对个人信息主体合法权益的影响，内容包括但不限于：1）个人信息收集环节是否遵循目的明确、选择同意、最小必要等原则；2）个人信息处理是否可能对个人信息主体合法权益造成不利影响，包括是否会危害人身和财产安全、损害个人名誉和身心健康、导致差别性待遇等；3）个人信息安全措施的有效性；4）匿名化或去标识化处理后的数据集重新识别出个人信息主体或与其他数据集汇聚后重新识别出个人信息主体的风险；5）共享、转让、公开披露个人信息对个人信息主体合法权益可能产生的不利影响；6）发生安全事件时，对个人信息主体合法权益可能产生的不利影响。

前述规定，明确了个人信息安全影响评估的内容。其中，对于个人权益影响分析、安全事件可能性分析和风险分析，《个人信息安全影响评估指南（征求意见稿）》进行了更加具体的规定。

（1）个人权益影响分析

根据《个人信息安全影响评估指南（征求意见稿）》第5.4条，个人权益影响分析一般指根据不同的个人信息处理活动，分析其是否存在对个人信息主体权益产生影响。个人权益影响概括可分为“影响个人自主决定权”“引发差别性待遇”“个人名誉受损或遭受精神压力”“个人财产受损”四个维度：

a）影响个人自主决定权。如，被强迫执行不愿执行的操作、缺乏相关知识或缺少相关渠道更正个人信息、无法选择推送广告的种类、被蓄意推送影响个人价值观判断的资讯、个人人身自由受限、可能引发人身伤害等。

b）引发差别性待遇。如，因疾病、婚史等信息泄露造成的针对个人权利的歧视；因个人消费习惯等信息的滥用而对个人公平交易权造成损害等。

c）个人名誉受损或遭受精神压力。如，被他人冒用身份、公开不愿为人所知的事实（生活习惯、以往经历等），被频繁骚扰、监视追踪等。

d）个人财产受损。如，账户被盗、遭受诈骗、勒索等。

（2）安全事件可能性分析

根据《个人信息安全影响评估指南（征求意见稿）》第5.5条，为简化安全事件可能性的分析过程，将与安全事件可能性相关的要素归纳为以下四个方面：

a）网络环境和技术措施。如，所处网络环境、与其他系统的交互方式及采取的加密、授权、访问控制、审计、备份等技术措施。

b）处理流程规范性。如，个人信息收集的规范性、个人信息保存的周期、个人信息使用的限制、个人信息对外提供的授权、个人信息保护机构设置合理性、收到的个人信息处理相关的投诉等。

c）参与人员与第三方。如，人员资格审核情况及具备的技能、涉及处理个人信息人员的安全意识、人员职责有效履行的情况、第三方处理个人信息过程的可控性等。

d）安全态势及处理规模。如，近期内遭受网络攻击或发生安全事件的情况、近期内收到过的安全相关的警示信息、当前或预计处理个人信息的规模、频率等。

（3）风险分析

根据《个人信息安全影响评估指南（征求意见稿）》第5.6条，进行风险分析时，首先，应根据个人信息处理活动的目的、状态、相关个人信息的敏感程度，同时考虑个人信息主体数量、群体特征等要求，评价对个人权益影响的程度等级。其次，应根据个人信息处理活动涉及的特点、已实施的安全措施、相关方、处理规模等要素，同时考虑具备的事件处置经验、用户习惯及预防性措施等，评价安全事件发生的可能性等级。最后，综合分析个人权益影响程度和安全事件可能性两个要素，得出风险等级。

4. 需要进行安全评估的情形

根据《个人信息安全规范》第 11.4c）条和第 11.4d）条，网络运营者 1）在产品或服务发布前，或功能发生重大变化时，应进行个人信息安全影响评估；2）在法律法规有新的要求时，或在业务模式、信息系统、运行环境发生重大变更时，或发生重大个人信息安全事件时，应进行个人信息安全影响评估。

对于需要进行安全评估的情形，《个人信息安全影响评估指南（征求意见稿）》第 6.2.1 条列举了典型评估场景，通常情况下，涉及以下针对个人信息的处理活动时，应实施个人信息安全影响评估：a）个人信息出境前评估；b）个人信息处理目的变更前评估；c）个人信息委托处理、转让、共享或公开披露前或范围发生变化时评估；d）个人信息匿名化和去标识化效果评估；e）其他情形，包括但不限于：1）需要对去标识化后的数据重标识使用时；2）通过购买、从合作伙伴获得方式收集、使用个人信息时；3）使用“征得同意例外”条款收集、使用个人信息时；4）使用“默许同意”方式收集个人信息时；5）对政府、监管部门、司法部门提供个人信息前；6）出现用户申诉且纠纷未解决时。

5. 安全评估的后续动作

（1）形成个人信息安全影响评估报告

根据《个人信息安全规范》第 11.4e）条，网络运营者应形成个人信息安全影响评估报告……

对于评估报告的内容，《个人信息安全影响评估指南（征求意见稿）》第 5.7 条进行了细化。根据该条规定，评估报告的内容通常包括：个人信息保护专员的审批页面，评估报告适用范围，实施评估及撰写报告的人员信息，参考的法律、法规和标准，个人信息影响评估对象（应明确涉及的个人敏感信息），评估内容，涉及的相关方等，以及个人权益影响分析结果、安全保护措施分析结果、安全事件发生的可能性分析结果、风险判定的准则、合规性分析结果、风险分析过程及结果，风险处置建议等。

（2）风险处置和持续改进

根据《个人信息安全规范》第11.4e）条，网络运营者应根据个人信息安全影响评估报告，采取保护个人信息主体的措施，使风险降低到可接受的水平。

对于风险处置和持续改进，《个人信息安全影响评估指南（征求意见稿）》第5.8条进行了细化。根据该条规定，网络运营者应根据评估结果，选取并实施相应的安全控制措施进行风险处置。通常情况下，严重风险应立即处置，高风险应限期内处置，中风险应在权衡影响和成本后处置，低风险可选择接受。网络运营者应持续跟踪风险处置的落实情况，评估剩余风险，将风险控制在可接受的范围内。此外，应将评估结果用于下一次个人信息安全影响评估工作。

（3）评估报告留存与发布

根据《个人信息安全规范》第11.4f）条，网络运营者应妥善留存个人信息安全影响评估报告，确保可供相关方查阅，并以适宜的形式对外公开。

妥善留存个人信息安全影响评估报告，是网络运营者开展个人信息安全影响评估的有利证明，也能为后续个人信息安全影响评估提供有益参考。对于对外公开个人信息安全影响评估报告，《个人信息安全影响评估指南（征求意见稿）》第5.9条提供了具体的指引："公开发布个人信息安全影响评估报告是促进自合规、配合监管、增加客户信任的重要方式，公开发布的个人信息安全影响评估报告可以在已有评估报告基础上予以简化，但其内容通常应不少于以下方面：收集和处理个人信息的必要性和给个人带来的益处、收集和处理的个人信息类型（个人敏感信息需单独强调）、个人信息处理的例外情况（法律法规规定）、合规性分析的概况、评估过程和结果概况、已实施和将要实施的风险处置措施概况、对个人信息主体的建议、实施评估责任部门或人员的联系方式和解答疑问的渠道等。"

五、个人信息安全审计

1. 安全审计的意义

个人信息安全审计，是揭示信息安全风险的最佳手段，亦是改进信息安全现状的有效途径。可以说，个人信息安全审计，是网络运营者满足个人信息安全合规要求的有力武器。

2. 安全审计的内容

根据《个人信息安全规范》第11.7 a）条，网络运营者应对个人信息保护政策、相关规程和安全措施的有效性进行审计。

从审计内容看，基本涵盖了个人信息安全保护的方方面面，从制度文本到执行情况，从法律合规到技术安全，全面检验个人信息保护的有效性。

3. 建立自动化审计系统

根据《个人信息安全规范》第11.7 b）条，网络运营者应建立自动化审计系统，监测记录个人信息处理活动。

相较于征求意见稿，《个人信息安全规范》新增建立自动化审计系统的要求，旨在为监测记录个人信息处理活动提供技术保障。对于自动化审计系统的理解，以个人信息存储在云上为例，部分云服务商提供了数据库审计的服务，可以考虑作为这里的自动化审计系统使用。但是否确切符合前述规定的自动化审计系统要求，有待监管部门的进一步意见。

4. 安全审计应达到的效果和后续处置要求

根据《个人信息安全规范》第11.7 c）条，审计过程形成的记录应能对安全事件的处置、应急响应和事后调查提供支撑。根据《个人信息安全规范》第11.7 e）条的规定，应及时处理审计过程中发现的个人信息违规使用、滥用等情况。

安全审计的目的在于全程记录，及时发现问题，能够为后续出现问题时提供核查依据。就像飞机上的“黑匣子”，如果飞机不幸失事，寻找“黑匣子”并读取分析里面记录的内容就成为调查飞机失事原因的重要手段之一。

对于审计过程中发现的违法违规使用个人信息的情况，网络运营者应及时处理，避免继续进行违规操作。而如果知道存在问题仍然继续违规操作，在出现安全事件时，网络运营者将很难经受起主观是否存在恶意的质问。

5. 审计记录的内容、安全防护和留存期限

根据《个人信息安全规范》第 11. 7 d）条，网络运营者应防止非授权访问、篡改或删除审计记录。根据《个人信息安全规范》第 11. 7f）条，审计记录和留存时间应符合法律法规的要求。

前述要求，主要在于强调应按要求记录审计记录，保护审计记录的真实、完整和按要求留存审计记录。对于这里的“法律法规的要求”，暂未发现现行法律法规中对此进行明确的规定，有待进一步关注。

第八部分

爬虫使用合规指引

本部分内容旨在探讨爬虫使用的合规指引，在此之前，我们有必要对爬虫的相关概念做简要介绍，明确我们在本书中所要探讨的爬虫技术的应用场景以及由此可能引发的相关问题，并尝试提出相应对策。

一、爬虫相关概念及其应用场景

网络爬虫（Web Crawler）（以下简称爬虫）也称为网络蜘蛛、蜘蛛爬虫、网络机器人（Web Robot），本质上是一套实现高效下载的程序，可通过遍历网络内容，按照指定规则提取所需的网页数据，并下载到本地形成互联网网页镜像备份。[①] 爬虫的本质是程序、工具。我们在收集特定信息时，如果需要访问大量互联网页，单靠人工操作工作量大、效率低。而网络爬虫就类似于一个小机器人，可以代替人工操作，按照我们制定的规则自动化浏览网络中的信息，并进行信息收集、存储甚至整理等行为，这些规则也就是网络爬虫算法。

在互联网时代，网络爬虫最大的意义在于高效地获取数据，完善的爬虫技术能够实现自动化地抓取网页数据，并进行网页数据的解析、存储等操作。基于此特性，爬虫最常见的应用场景为搜索引擎，包括百度、谷歌等。相当于搜索引擎先是通过爬虫在互联网中抓取大量的信息，并进行收录整理。当用户搜索相关信息时，搜索引擎就会对用户输入的关键词进行分析，再将通过爬虫收集整理的信息展现给用户。

随着大数据时代的发展，数据的价值越发凸显，然而当前大多数企业并不具备生产有效数据的能力，或者其掌握的数据远不足以支撑企业的商业化利用需要。因此，通过网络爬虫从其他数据来源处获取数据，并进一步进行数据挖掘、分析、利用等操作就成了许多企业弥补自身数据不足的有效方

① 李慧敏、孙佳亮：《论爬虫抓取数据行为的法律边界》，载《电子知识产权》2018 年第 12 期。

式。这也促使网络爬虫在更加广阔的场景下得到了运用。比如，在金融借贷领域，金融机构可通过爬虫获取借款人的信用信息、社交信息、电商信息、涉诉信息等，用于风控环节，防范借款人的信用风险。再如，互联网门户网站可以通过爬虫抓取信息，进行新闻内容的生成和展现等。对于企查查、天眼查等企业信息查询平台，其可通过爬虫在海量的互联网信息中抓取企业的基本信息、涉诉信息、风险信息等，并向用户提供针对特定企业的信息查询服务。这些都是网络爬虫应用的体现，网络爬虫早已在不知不觉中渗透进我们生活的方方面面。

与爬虫相关的常见概念还包括 Robots 协议，又称为机器人协议或爬虫规则。Robots 协议是指互联网站所有者使用 robots. txt 文件，向网络机器人（Web robots）给出网站指令的协议。[①] Robots 协议作为一种常见的防爬虫措施，其通过约定抓取网站内容的范围，告知爬虫程序网站中的哪些内容可以抓取，哪些内容不可以抓取。通常对于善意的爬虫程序，在抓取特定网站数据前，会先读取网站的 Robots 协议，再确定数据爬取的界限。[②] 我国法律对于 Robots 协议的性质及效力并没有作出规定。普遍认为，Robots 协议更多是一种网络世界的道德规范/技术规范，其执行只能靠网络用户的自觉遵守，而没有强制性的适用效力。因此，也有人把 Robots 协议称为君子协议。对于恶意的爬虫程序而言，其往往绕过 Robots 协议爬取网站数据，给网站及其用户造成严重危害。

二、爬虫治理盘点

网络爬虫在 2019 年引发社会的广泛关注，起因在于包括摩蝎科技、新颜科技等在内的多家大数据公司被公安机关查处，而根据媒体报道，这些公

① 《互联网搜索引擎服务自律公约》，http：//www. isc. org. cn/hyzl/hyzl/listinfo－25501. html，最后访问时间：2020 年 3 月 9 日。

② 张嘉琳：《由 Robots 协议引发的不正当竞争问题思考——以 3 百大战为视角》，载《法治与社会》2013 年第 8 期。

司接受调查的原因或多或少都涉及爬虫合规相关问题。① 此外，包括同盾科技、聚信立、白骑士等在内的多家公司也已经主动或被动地停止了与爬虫相关的业务。②

此番网络爬虫整治与监管部门针对“套路贷”及暴力催收的整治行动密切相关。基于爬虫的技术特性，部分套路贷机构、催收机构等利用其爬取借款人的通讯录等个人信息，实施暴力催收等违法行为，严重侵害了借款人的合法权益。在此前公安部通报的“净网 2019”专项行动工作情况及典型案例中介绍了黑龙江公安机关网安部门侦破的“7·30”网络“套路贷”专案情况。公安机关在该起案件发生后，侦获一条集实施“套路贷”犯罪团伙、催收团伙以及帮助“套路贷”犯罪的技术服务商、数据支撑服务商、支付服务商的完整犯罪链条。而根据媒体报道，涉及该案的部分数据服务商利用爬虫技术非法获取用户个人信息，为套路贷催收等提供协助。③

对于大数据公司频频因爬虫业务遭受查处，有关监管部门在 2019 年也采取了一系列措施来把控爬虫业务风险。根据媒体报道，2019 年 10 月，央行发文紧急调研商业银行与第三方数据公司合作情况。其中，要求银行填报是否与第三方数据公司开展合作，内容主要涉及数据采集、信用欺诈、信用评分、风控建模等方面。央行要求银行上报第三方公司的名称、股东背景、是否涉及爬虫等。而对于企业征信机构，央行也要求相关机构梳理是否与同盾科技、魔蝎科技、新颜科技等被调查的公司存在业务或股权关联。同时，要求各企业征信机构排查自身业务中是否存在违规爬虫行为，如果存在的，要立即整改。④

2019 年 11 月，中国互联网金融协会下发了《关于增强个人信息保护意

① 《“爬虫服务”犯众怒？魔蝎科技、新颜科技、公信宝或因涉嫌侵犯隐私相继被查》，https：//www.sohu.com/a/340516306_118792，最后访问时间：2020 年 3 月 9 日。

② 《大数据风控行业“地震”：多家公司被调查，同盾科技否认实控人“跑路”》，http：//news.caijingmobile.com/article/detail/404093？source_id=40，最后访问时间：2020 年 3 月 9 日。

③ 《公安部通报捣毁爬虫公司称被套路贷利用》，https：//new.qq.com/omn/20191116/20191116A0KA8Q00.html，最后访问时间：2020 年 3 月 9 日。

④ 《央行排查银行与第三方数据公司合作情况 要求上报是否涉及爬虫等》，https：//www.wdzj.com/news/hydongtai/5186439.html，最后访问时间：2020 年 3 月 9 日。

识依法开展业务的通知》，其中提到，近期国家监管部门发现，社会上有一些互联网机构以“大数据”为名，通过“爬虫”业务涉嫌违法违规收集个人信息，或窃取、滥用、买卖、泄露个人信息，侵害消费者的个人信息，造成不良的社会影响。中国互联网金融协会在通知中要求其会员机构开展个人信息保护自查工作，并对数据合作方进行排查。不得未经消费者授权同意，收集、处理、使用和对外提供消费者个人信息，要求建立健全个人信息保护制度，不与违规收集和使用个人信息的第三方开展数据合作。

此外，根据媒体报道，北京金融局也通过窗口指导要求摸排区内所有大数据企业是否存在违规爬虫业务，如果没有则要求企业出具承诺函；如果存在违规爬虫业务，要求如实上报并尽快整改。[①]

爬虫业务接连遭受监管调查，这与爬虫的技术特性密不可分。从上述爬虫的应用场景可以看出，合法使用爬虫技术能够大大提高数据收集的效率，促进互联网经济的发展。但恶意使用爬虫则可能带来诸多危害。对于被爬取的网站而言，恶意的网络爬虫攻击可能导致网站信息系统受损，甚至出现网站无法正常访问等。同时，恶意爬虫掠夺了被爬取网站运营者对于网站内容的控制。通常情形下，爬虫可以将一个网站的内容爬取发布到另一个网站，窃取被爬网站的用户流量，影响其正常的业务开展。恶意爬虫还会造成侵犯个人信息等后果，比如在上述金融借贷场景下，部分大数据公司通过爬虫获取用户的个人信息再提供给催收机构，催收机构利用这些信息进行暴力催收等活动，侵害借款人用户的合法权益，造成了严重的危害。

三、爬虫相关法律责任梳理

恶意爬虫不当访问、干扰网站正常运营、非法获取数据等行为，理应受到法律的规制，行为人应当对其使用爬虫造成的危害后果承担相应的法律责任。当前，我国法律对于爬虫相关法律责任的规定集中于《刑法》《反不正

① 《北京窗口指导摸排区内大数据企业爬虫业务　近期多家被查》，https：//www. wdzj. com/zhuanlan/guancha/17 – 13086 – 1. html，最后访问时间：2020 年 3 月 9 日。

当竞争法》以及《网络安全法》当中，笔者结合该等规定针对爬虫相关法律责任梳理如下：

（一）刑事责任

从《刑法》所追求的法益来看，刑法规范的是对目标网站造成严重影响并具有社会危害性的数据抓取行为。[①]《刑法》对于爬虫危害后果的规制集中于对计算机信息系统、公民个人信息、著作权等保护的相关条文上。比如，行为人如果违反《刑法》规定，通过爬虫非法获取被爬网站存储的数据，则可能构成非法获取计算机信息系统数据罪。如果非法获取的数据属于公民个人信息，还可能构成侵犯公民个人信息罪等。笔者将结合司法实践中的典型案例对部分爬虫可能构成的重点罪名及其刑事法律责任进行分析阐述。

1. 非法获取计算机信息系统数据罪

我国《刑法》第285条第2款规定了“非法获取计算机信息系统数据罪”,[②] 行为人违反国家规定，侵入除国家事务、国防建设、尖端科学技术领域以外的计算机信息系统或者采用其他技术手段，获取该计算机信息系统中存储、处理或者传输的数据，达到情节严重标准的，构成“非法获取计算机信息系统数据罪”。本罪保护的法益为计算机信息系统安全和数据安全。[③] 具体到爬虫应用上，行为人如果通过爬虫技术，绕开网站设置的身份验证、访问频率限制等防爬取措施，接入被爬网站的计算机信息系统，抓取被爬网站服务器中存储的非公开数据，即可能构成本罪。至于本罪入罪的“情节严重”标准，《最高人民法院最高人民检察院关于办理危害计算机信

---

① 《网络爬虫的法律规制》，http://www.cac.gov.cn/2019-06/16/c_1124630015.htm?from=singlemessage&isappinstalled=0，最后访问时间：2020年3月9日。

② 《刑法》第285条第2款，违反国家规定，侵入前款规定以外的计算机信息系统或者采用其他技术手段，获取该计算机信息系统中存储、处理或者传输的数据，或者对该计算机信息系统实施非法控制，情节严重的，处三年以下有期徒刑或者拘役，并处或者单处罚金；情节特别严重的，处三年以上七年以下有期徒刑，并处罚金。

③ 游涛、计莉卉：《使用网络爬虫获取数据行为的刑事责任认定——以“晟品公司”非法获取计算机信息系统数据罪为视角》，载《法律适用·司法案例》2019年第10期。

息系统安全刑事案件应用法律若干问题的解释》第 1 条规定，“情节严重”的情形包括：（1）获取支付结算、证券交易、期货交易等网络金融服务的身份认证信息十组以上的；（2）获取第 1 项以外的身份认证信息五百组以上的；（3）非法控制计算机信息系统二十台以上的；（4）违法所得五千元以上或者造成经济损失一万元以上的；以及（5）其他情节严重的情形。

典型案例：晟品公司、侯某强等非法获取计算机信息系统数据案①

本案中，被告人张某禹、宋某、侯某强经共谋，采用技术手段抓取被害单位字节跳动服务器中存储的视频数据，并由侯某强指使被告人郭某破解字节跳动的防抓取措施，使用“tt_ spider”文件实施视频数据抓取行为，在数据抓取的过程中使用伪造 device_ id 绕过服务器的身份校验，使用伪造 UA 及 IP 的访问频率限制。造成被害单位字节跳动损失技术服务费人民币 2 万元。法院认为，被告采用技术手段获取计算机信息系统中存储的数据，情节严重，已构成非法获取计算机信息系统数据罪。

2. 非法侵入计算机信息系统罪

我国《刑法》第 285 条第 1 款规定，非法侵入国家事务、国防建设、尖端科学技术领域的计算机信息系统的，构成“非法侵入计算机信息系统罪”。② 在实践中，行为人通过爬虫技术获取诸如“中国裁判文书网”“国家企业信用信息公示系统”以及各地政府部门网站的数据信息十分常见。需要注意的是，该等网站在一定程度上均属于“国家事务”类网站，如果使用爬虫侵入该等网站获取了并非网站公开的信息或授权的信息，又或者对于该等网站的正常运行造成了不利影响，均可能构成本罪。

典型案例：李某环、王某、卢某燕等非法侵入计算机信息系统案③

本案中，被告人李某环等使用“爬虫”软件，大量爬取全国各地及凉山州公安局交警支队车管所公告的车牌放号信息，之后使用软件采用多线程

---

① （2017）京 0108 刑初 2384 号。

② 《刑法》第 285 条第 1 款，违反国家规定，侵入国家事务、国防建设、尖端科学技术领域的计算机信息系统的，处三年以下有期徒刑或者拘役。

③ （2018）川 3424 刑初 169 号。

提交、批量刷单、验证码自动识别等方式，突破系统安全保护措施，将爬取的车牌号提交至“交通安全服务管理平台”车辆报废查询系统，进行对比，并根据反馈情况自动记录未注册车牌号，建立全国未注册车牌号数据库。之后，李某环编写客户端查询软件，由李某环通过QQ、淘宝、微信等方式，以300－3000元每月的价格，分省、市贩卖该数据库查阅权限。法院认为，被告人违反国家规定，侵入国家事务领域的计算机信息系统，被告人的行为均已构成非法侵入计算机信息系统罪。

3. 提供侵入、非法控制计算机信息系统的程序、工具罪

《刑法》第285条第3款规定了“提供侵入、非法控制计算机信息系统的程序、工具罪”。[①] 关于何为“侵入、非法控制计算机系统的程序、工具”，《最高人民法院最高人民检察院关于办理危害计算机信息系统安全刑事案件应用法律若干问题的解释》中列举了“具有避开或者突破计算机信息系统安全保护措施，未经授权或者超越授权获取计算机信息系统数据的功能”等类型的程序、工具。[②] 结合爬虫的功能及其应用场景，在实践中，行为人往往通过爬虫恶意绕开被爬网站设置的身份验证、频率限制等保护措施，非法获取被爬网站的数据信息。基于此，除直接使用爬虫的行为人外，其他特定行为人如果提供该等用来侵入计算机信息系统的爬虫程序，造成相应危害后果的，即可构成本罪。

典型案例：王甲、王乙提供侵入、非法控制计算机信息系统程序、工具案[③]

本案中，被告人王甲为谋取利益，利用计算机编程先后制作了“ANYR”

---

① 《刑法》第285条第3款，提供专门用于侵入、非法控制计算机信息系统的程序、工具，或者明知他人实施侵入、非法控制计算机信息系统的违法犯罪行为而为其提供程序、工具，情节严重的，处三年以下有期徒刑或者拘役，并处或者单处罚金；情节特别严重的，依照前款的规定处罚。

② 《最高人民法院最高人民检察院关于办理危害计算机信息系统安全刑事案件应用法律若干问题的解释》第2条，具有下列情形之一的程序、工具，应当认定为《刑法》第285条第3款规定的“专门用于侵入、非法控制计算机信息系统的程序、工具”：（一）具有避开或者突破计算机信息系统安全保护措施，未经授权或者超越授权获取计算机信息系统数据的功能的；（二）具有避开或者突破计算机信息系统安全保护措施，未经授权或者超越授权对计算机信息系统实施控制的功能的；（三）其他专门设计用于侵入、非法控制计算机信息系统、非法获取计算机信息系统数据的程序、工具。

③ （2018）赣1021刑初13号。

“蓝鲸”等非法软件，该等非法软件专门针对 58 同城网页漏洞进行攻击，盗取 58 同城网站上的公民个人简历信息。王甲与王乙两人分工合作，由被告人王甲负责软件的运营和维护，由被告人王乙负责软件的推广与销售。法院认为，被告人王甲、王乙以非法牟利为目的，向他人提供专门用于侵入、非法控制计算机信息系统的程序、工具，情节严重，其行为均已构成提供侵入、非法控制计算机信息系统程序、工具罪。

4. 侵犯公民个人信息罪

《刑法》第 253 条之一规定了“侵犯公民个人信息罪”,① 本罪规制的行为包括向他人出售或者提供公民个人信息、窃取或者以其他方法非法获取公民个人信息，入罪需达到“情节严重”标准。在《侵犯公民个人信息刑事案件解释》中对如何认定情节严重进行了进一步的规定，具体包括“非法获取、出售或者提供行踪轨迹信息、通信内容、征信信息、财产信息五十条以上”“非法获取、出售或者提供住宿信息、通信记录、健康生理信息、交易信息等其他可能影响人身、财产安全的公民个人信息五百条以上”等情形。②

爬虫于本罪而言，最相近的行为是“窃取或者以其他方法非法获取公

---

① 《刑法》第 253 条之一，违反国家有关规定，向他人出售或者提供公民个人信息，情节严重的，处三年以下有期徒刑或者拘役，并处或者单处罚金；情节特别严重的，处三年以上七年以下有期徒刑，并处罚金。违反国家有关规定，将在履行职责或者提供服务过程中获得的公民个人信息，出售或者提供给他人的，依照前款的规定从重处罚。窃取或者以其他方法非法获取公民个人信息的，依照第 1 款的规定处罚。单位犯前 3 款罪的，对单位判处罚金，并对其直接负责的主管人员和其他直接责任人员，依照各该款的规定处罚。

② 《侵犯公民个人信息刑事案件解释》第 5 条第 1 款，非法获取、出售或者提供公民个人信息，具有下列情形之一的，应当认定为《刑法》第 253 条之一规定的“情节严重”：（一）出售或者提供行踪轨迹信息，被他人用于犯罪的；（二）知道或者应当知道他人利用公民个人信息实施犯罪，向其出售或者提供的；（三）非法获取、出售或者提供行踪轨迹信息、通信内容、征信信息、财产信息五十条以上的；（四）非法获取、出售或者提供住宿信息、通信记录、健康生理信息、交易信息等其他可能影响人身、财产安全的公民个人信息五百条以上的；（五）非法获取、出售或者提供第 3 项、第 4 项规定以外的公民个人信息五千条以上的；（六）数量未达到第 3 项至第 5 项规定标准，但是按相应比例合计达到有关数量标准的；（七）违法所得五千元以上的；（八）将在履行职责或者提供服务过程中获得的公民个人信息出售或者提供给他人，数量或者数额达到第 3 项至第 7 项规定标准一半以上的；（九）曾因侵犯公民个人信息受过刑事处罚或者二年内受过行政处罚，又非法获取、出售或者提供公民个人信息的；（十）其他情节严重的情形。

民个人信息”。对于爬虫行为是否构成侵犯公民个人信息罪，一则强调“非法性”的判断，如果行为人在授权范围内通过爬虫获取个人信息的，一般情况下，不宜以“侵犯公民个人信息罪”论处。二则需注意本罪从侵害对象或者法益看，行为对象必须是公民个人信息。如果行为人采取爬虫获取的并非个人信息，即使爬虫行为性质上非法，也不构成本罪。[①]

典型案例：马某侵犯公民个人信息案[②]

本案中，被告人马某为牟利，使用自己编写的爬虫程序窃取 App 及网站的用户信息，后使用微信聊天的方式出售给苏某某包括姓名、联系方式等内容的公民个人信息约 20 万条，非法获利共计人民币 2.4 万元。法院认为，被告人马某违反国家相关规定，窃取公民个人信息后向他人出售，情节特别严重，其行为已构成侵犯公民个人信息罪。

5. 侵犯著作权罪

根据《刑法》第 217 条的规定，[③] 如果行为人通过爬虫非法获取他人享有著作权的文字作品、音乐、电影、电视、录像作品、计算机软件及其他作品，并实施了通过信息网络向公众传播该等作品等行为，则可能构成侵犯著作权罪。

典型案例：金某某、潘某侵犯著作权案[④]

本案中，被告人金某某、潘某合伙成立冰豆公司，雇用员工开发“免费小说书城”手机 APP 软件，在该 APP 软件上提供各类网络小说的在线阅读服务。被告人潘某负责编写爬虫软件从互联网上抓取小说数据储存至其租

---

① 刘艳红：《网络爬虫行为的刑事规制研究——以侵犯公民个人信息犯罪为视角》，载《政治与法律》2019 年第 11 期。

② （2018）沪 0116 刑初 924 号。

③ 《刑法》第 217 条，以营利为目的，有下列侵犯著作权情形之一，违法所得数额较大或者有其他严重情节的，处三年以下有期徒刑或者拘役，并处或者单处罚金；违法所得数额巨大或者有其他特别严重情节的，处三年以上七年以下有期徒刑，并处罚金：（一）未经著作权人许可，复制发行其文字作品、音乐、电影、电视、录像作品、计算机软件及其他作品的；（二）出版他人享有专有出版权的图书的；（三）未经录音录像制作者许可，复制发行其制作的录音录像的；（四）制作、出售假冒他人署名的美术作品的。

④ （2018）沪 0110 刑初 150 号。

用的阿里云服务器内。当用户在该手机 APP 软件上点击阅读某小说（仅有书名和目录）时，爬虫软件即从互联网上抓取用户所需的小说内容，发送并缓存至上述服务器内，供用户免费阅读。被告人金某某负责对该软件进行推广并联系广告商在该 APP 软件上登载广告，通过用户点击量谋取广告收益。经司法鉴定，该免费小说书城所关联的阿里云服务器内存储的部分文字作品侵犯了玄霆公司享有的作品信息网络传播权。法院认为，被告人金某某、潘某结伙，以营利为目的，未经玄霆公司许可，复制玄霆公司享有信息网络传播权的文字作品，并通过信息网络向公众传播，情节严重，其行为均已构成侵犯著作权罪。

除上述罪名外，根据《刑法》相关规定，如果通过爬虫对计算机信息系统实施了非法控制的，可能构成非法控制计算机信息系统罪；如果对计算机信息系统功能进行删除、修改、增加、干扰，造成计算机信息系统不能正常运行，则可能构成破坏计算机信息系统罪；如果爬取的数据信息属于被爬网站经营者的商业秘密，还可能构成侵犯商业秘密罪。在司法实践中，具体适用何种罪名，应当对比爬虫行为与特定罪名规制的犯罪行为，并结合该等爬虫行为所造成的危害后果加以判断。

（二）不正当竞争

恶意的爬虫使用可能构成不正当竞争行为。随着信息化社会的发展，数据的价值越发凸显。尤其是在互联网的商业模式背景下，经营者耗费了大量精力采集、挖掘、分析数据，经营者结合自身商业模式对于数据的合法利用能促使其产品、业务更加吸引用户，提高自身的商业竞争力。因此，在当前经济发展过程中，一方面既需要对经营者收集使用用户个人信息的行为加以规范，以保护用户的个人信息安全。另一方面也需要对经营者通过合法利用数据信息所产生的经济价值及其竞争优势加以保护，以促进数据的合法利用，促进互联网经济的健康发展。爬虫的价值在于更便利地获取数据，而如果行为人恶意使用爬虫抓取他人投入大量时间、精力收集、开发的数据并加以利用，换言之，也就是实施了我们通常所说的“搭便车”“不劳而获”等行为，会对经营者依赖数据所形成的竞争力造成损害，更进一步会破坏整个市场的合理竞争秩序，因此，有必要对基于爬虫的不正当竞争行为加以规制。

我国《反不正当竞争法》第2条对不正当竞争行为作出了规定："经营者在生产经营活动中，应当遵循自愿、平等、公平、诚信的原则，遵守法律和商业道德。本法所称的不正当竞争行为，是指经营者在生产经营活动中，违反本法规定，扰乱市场竞争秩序，损害其他经营者或者消费者的合法权益的行为。本法所称的经营者，是指从事商品生产、经营或者提供服务（以下所称商品包括服务）的自然人、法人和非法人组织。"而如何认定爬虫使用相关行为是否构成不正当竞争、应否承担相应的法律责任？笔者选取了"百度公司与汉涛公司、杰图公司不正当竞争纠纷案（以下简称百度与大众点评案）"① "谷米公司与元光公司等不正当竞争纠纷案（以下简称谷米与元光公司案）"②，拟结合该等案例中法院对于不正当竞争行为的认定，从下述三个角度对爬虫使用是否构成不正当竞争加以分析。

1. 经营者之间是否存在竞争关系

使用爬虫的经营者与被爬的经营者之间是否存在竞争关系是认定爬虫行为是否构成不正当竞争的前提。笔者将两个案例中法院对于双方是否存在竞争关系的分析概括总结如下：

百度与大众点评案	谷米与元光公司案
百度地图除了提供传统的地理位置服务如定位、导航等之外，亦为网络用户提供商户信息及点评信息，并提供部分商户的团购等服务，这与大众点评在为用户提供商户信息和点评信息的服务模式上近乎一致，存在直接的竞争关系。百度公司还通过百度知道向用户提供来自大众点评网的点评信息。百度公司不仅是搜索服务提供商，还是内容提供商。百度公司通过百度地图和百度知道与大众点评网争夺网络用户，可以认定百度公司与汉涛公司存在竞争关系。	谷米公司和元光公司各自开发的"酷米客"APP软件和"车来了"APP软件，均系为用户提供定位、公交路线查询、路线规划、实时公交信息地理位置等服务，二者用途相同，故谷米公司和元光公司在提供实时公交信息查询服务软件领域存在竞争关系。

① （2016）沪73民终242号。

② （2017）粤03民初822号。

从上述法院观点可以看出，在互联网环境下，经营者之间竞争的本质在于对网络用户的争夺，而不仅仅限于在同行业或相同业务领域之间的竞争。即使是不同行业、不同业务领域的经营者，只要双方之间存在对于相同网络用户（网络消费者）的争夺，即可能构成竞争关系。一方的不正当行为，吸引了更多网络用户的关注，导致他人经营的产品/业务对网络用户的吸引力降低，竞争优势受到损害，该等不正当行为即可能受到《反不正当竞争法》的规制。

2. 是否存在不正当竞争行为

在经济发展过程中，正当的竞争行为可以实现优胜劣汰，促进经济发展，而不正当的竞争行为则会破坏市场经济秩序。因此，认定基于爬虫的特定行为是否构成不正当竞争行为，关键在于该等行为是否具备正当性。《反不正当竞争法》第 2 条对不正当竞争行为的概念界定为：经营者在生产经营活动中，违反本法规定，扰乱市场竞争秩序，损害其他经营者或者消费者的合法权益的行为。司法实践中通常依据是否违反诚实信用原则和公认的商业道德对特定行为是否具备正当性加以判断。

百度与大众点评案	谷米与元光公司案
百度公司通过技术手段，从大众点评网等网站获取点评信息，用于充实自己的百度地图和百度知道。百度公司此种使用方式，实质替代大众点评网向用户提供信息，对汉涛公司造成损害。百度公司并未对大众点评网中的点评信息作出贡献，却在百度地图和百度知道中大量使用这些点评信息，其行为具有明显的“搭便车”“不劳而获”的特点。正是基于上述综合考虑，一审法院认为，百度公司大量、全文使用涉案点评信息的行为违反了公认的商业道德和诚实信用原则，具有不正当性。	元光公司利用网络爬虫技术大量获取并且无偿使用原告谷米公司“酷米客”软件的实时公交信息数据的行为，实为一种“不劳而获”“食人而肥”的行为，具有非法占用他人无形财产权益，破坏他人市场竞争优势，并为自己谋取竞争优势的主观故意，违反了诚实信用原则，扰乱了竞争秩序，构成不正当竞争行为。

结合上述案例中法院的观点可以看出，他人通过投入大量时间精力获取数据并生产相关产品或提供相关服务，而其他经营者未付出自己的劳动创造，直接通过爬虫抓取他人数据并加以商业化利用，从而取得本不属于其的商业利益与竞争优势。而这种商业化利用又进一步削弱了被爬企业产品对用

户的吸引力，或者更甚一步，对于被爬企业的产品产生了替代性，该等行为无疑对正常的市场竞争秩序造成了严重破坏。因此，通过恶意爬虫获取数据并加以利用的行为应当被认定为有违诚信原则和商业道德，具有不正当性。

3. 被爬企业是否因不正当竞争行为导致其合法权益遭受损害

认定该问题，主要包括两个层次：一是被爬企业具备《反不正当竞争法》保护的合法权益，二是被爬企业的合法权益因爬虫企业的不正当行为遭受损害。

关于是否具备合法权益的认定，虽然我国法律当前数据的权利属性及其归属问题还没有明确的界定，但对于相关主体基于数据所享有的合法权益的保护已经形成一定的共识。经营者通过数据的采集加工等行为，并基于该等数据的商业化利用开发自身产品，形成自身的商业模式。该等数据的利用能够帮助经营者吸引用户，为经营者带来收入，或者为经营者带来潜在的交易机会，构成了经营者的竞争优势，其性质应当受到《反不正当竞争法》的保护，任何人都不能通过不正当行为侵害该等合法权益。在百度与大众点评案、谷米与元光公司案中，法院也对“合法权益”的认定进行了论述。

百度与大众点评案	谷米与元光公司案
大众点评网的点评信息是汉涛公司的核心竞争资源之一，能给汉涛公司带来竞争优势。汉涛公司为运营大众点评网付出了巨额成本，网站上的点评信息是其长期经营的成果。汉涛公司的大众点评网站通过长期经营，其网站上积累了大量的用户点评信息，这些点评信息可以为其网站带来流量，同时这些信息对于消费者的交易决定有着一定的影响，本身具有较高的经济价值。汉涛公司依据其网站上的用户点评信息获取利益并不违反反不正当竞争法的原则精神和禁止性规定，其以此谋求商业利益的行为应受保护，他人不得以不正当的方式侵害其正当权益。	公交车作为公共交通工具，其实时运行路线、运行时间等信息仅系客观事实，但当此类信息经过人工收集、分析、编辑、整合并配合 GPS 精确定位，作为公交信息查询软件的后台数据后，其凭借预报的准确度和精确性就可以使谷米公司开发的“酷米客”APP 软件相较于其他提供实时公交信息查询服务同类软件取得竞争上的优势。鉴于“酷米客”APP 后台服务器存储的公交实时类信息数据具有实用性并能够为权利人带来现实或潜在、当下或将来的经济利益，其已经具备无形财产的属性。谷米公司系“酷米客”软件著作权人，相应地，也就对该软件所包含的信息数据的占有、使用、收益及处分享有合法权益。未经谷米公司许可，任何人不得非法获取该软件的后台数据并用于经营行为。

关于被爬企业的合法权益因爬虫企业的不正当行为遭受损害，并不限于

被爬企业因此遭受了直接的经济损失。如前所述，互联网商业模式的实质在于对网络用户的争夺，在互联网经济背景下，损害的判断更多基于爬虫企业通过不正当行为所获取的竞争优势是否对被爬企业的产品/业务产生了实质性的替代。爬虫企业通过非法手段获取被爬企业的数据信息，并以此向用户推出自身的产品/服务，自然会导致使用被爬企业产品/服务的用户减少，造成被爬企业交易机会的流失以及竞争优势的削弱，对被爬企业享有的合法权益造成损害。在百度与大众点评案、谷米与元光公司案中，法院也持该等观点。

百度与大众点评案	谷米与元光公司案
百度地图大量使用大众点评网的点评信息，替代大众点评网向网络用户提供信息，会导致大众点评网的流量减少。百度地图在大量使用大众点评网点评信息的同时，又推介自己的团购等业务，攫取了大众点评网的部分交易机会。百度公司大量使用大众点评网点评信息的行为，会给汉涛公司造成损害。此外，当网络用户使用百度搜索商户名称时，百度公司通过百度知道直接向用户提供来自大众点评网的点评信息，将一些想获取点评信息的网络用户导流到百度知道，即百度公司通过百度知道代替大众点评网向公众提供信息。百度知道上述使用方式，也会截取大众点评网的流量，给汉涛公司造成损害。	虽然，谷米公司“酷米客”APP为免费软件，元光公司爬取数据的行为不会导致谷米公司有营业收入的直接损失；元光公司的二次获取行为亦不会导致谷米公司数据丢失或者损坏。但是，更为准确及时的后台信息系谷米公司实时公交软件相对于同类产品的竞争优势，元光公司使用了谷米公司的后台数据后，势必削弱谷米公司的竞争优势，进而造成“酷米客”软件APP的流量减少、投放于谷米公司“酷米客”软件APP的广告收入减少、“酷米客”软件品牌价值降低等后果，元光公司应赔偿谷米公司因其不正当竞争行为遭受的经济损失。

经营者之间是否具备竞争关系、是否实施了基于爬虫的不正当竞争行为、是否因此对被爬企业的合法权益造成了损害，这三个维度共同构成了认定爬虫行为是否构成不正当竞争、应否承担相应法律责任的要素。而根据《反不正当竞争法》的规定，行为人实施了不正当竞争行为，给他人造成损害的，应当依法承担民事责任，包括对受到损害的经营者的赔偿责任。同时，实施不正当竞争行为，还可能受到监管部门罚款等行政处罚。

（三）网络、数据安全

恶意爬虫对于网络与数据安全产生严重的威胁。行为人通过恶意爬虫绕开或者破坏网站的防护措施，实施非法侵入网站系统的行为，大量爬取网站系统存储的数据，严重干扰网站的正常运营。爬虫侵犯网络与数据安全的行为急需明确的法律规定予以惩治。如前文所述，我国《刑法》通过“非法获取计算机信息系统数据罪”“侵犯公民个人信息罪”等规定对爬虫使用达到犯罪标准的相关行为加以规制。但由于刑法本身的谦抑性，只有当爬虫行为产生严重危害后果时（如严重危害社会秩序），才有《刑法》的适用空间。对于爬虫侵害网络与数据安全的行为在未达到犯罪标准时，《刑法》则很难起到规制作用。因此，在《刑法》之外，仍然需要有关部门以行政手段，对爬虫相关危害行为通过施加行政责任进行惩戒，以保护网站运营者的合法权益，规范网络空间的良好秩序。

我国当前关于爬虫行为所应承担的行政责任集中于《网络安全法》的相关规定。其中《网络安全法》第 27 条明确了危害网络安全相关行为的禁止性规定：“任何个人和组织不得从事非法侵入他人网络、干扰他人网络正常功能、窃取网络数据等危害网络安全的活动；不得提供专门用于从事侵入网络、干扰网络正常功能及防护措施、窃取网络数据等危害网络安全活动的程序、工具；明知他人从事危害网络安全的活动的，不得为其提供技术支持、广告推广、支付结算等帮助。”《网络安全法》的该条规定在一定程度上与刑法第 285 条以及第 286 条关于“非法侵入计算机信息系统罪”“非法获取计算机信息系统数据、非法控制计算机信息系统罪”等规定相衔接。一旦行为人通过爬虫实施了“非法侵入”“干扰”“窃取”等行为或者向他人提供用于此类非法活动的程序、工具（包括爬虫程序），涉嫌违反《网络安全法》第 27 条的规定，则需承担一定的行政责任。同时，在《网络安全法》第 63 条，对违反该规定的行政处罚措施作出了具体规定。行为人实施第 27 条禁止的行为，尚不构成犯罪的，可能被处以“没收违法所得”“拘留”“罚款”等处罚。同时，对违反该条规定受到处罚的相关人员也作出了任职限制的规定：违反第 27 条规定，受到治安管理处罚的人员，五年内不得从事网络安全管理和网络运营关键岗位的工作；受到刑事处罚的人员，终身不得从事网络安全管理和网络运营关键岗位的工作。[①]

除《网络安全法》的相关规定外，网信办在 2019 年 5 月 28 日发布的《数据安全管理办法（征求意见稿）》第 16 条也对爬虫使用作出了限流规定："网络运营者采取自动化手段访问收集网站数据，不得妨碍网站正常运行；此类行为严重影响网站运行，如自动化访问收集流量超过网站日均流量三分之一，网站要求停止自动化访问收集时，应当停止。"该条规定的必要性在于，从网站运营角度考虑，当有成千上万的爬虫机器人与同一网站进行交互时，网站将会失去对真实目标的判断，其很难确定哪些流量来自真实用户，哪些流量来自机器人。若网站运营者使用了掺杂虚假访问行为的缺陷数据，作出相关的营销决策，可能会导致大量时间和金钱的损失。[②] 同时，《数据安全管理办法（征求意见稿）》第 37 条也规定了相应的行政处罚措施。网络运营者违反相关规定的，由有关部门给予公开曝光、没收违法所得、暂停相关业务、停业整顿、关闭网站、吊销相关业务许可证或吊销营业执照等处罚。[③]

四、爬虫使用合规指引

笔者认为，爬虫作为一种技术程序、工具决定了其本身具有中立性，并

---

① 《网络安全法》第 63 条，违反本法第 27 条规定，从事危害网络安全的活动，或者提供专门用于从事危害网络安全活动的程序、工具，或者为他人从事危害网络安全的活动提供技术支持、广告推广、支付结算等帮助，尚不构成犯罪的，由公安机关没收违法所得，处五日以下拘留，可以并处五万元以上五十万元以下罚款；情节较重的，处五日以上十五日以下拘留，可以并处十万元以上一百万元以下罚款。单位有前款行为的，由公安机关没收违法所得，处十万元以上一百万元以下罚款，并对直接负责的主管人员和其他直接责任人员依照前款规定处罚。违反本法第 27 条规定，受到治安管理处罚的人员，五年内不得从事网络安全管理和网络运营关键岗位的工作；受到刑事处罚的人员，终身不得从事网络安全管理和网络运营关键岗位的工作。

② 《网络爬虫的法律规制》，http：//www. cac. gov. cn/2019 – 06/16/c_ 1124630015. htm，最后访问时间：2020 年 3 月 10 日。

③ 《数据安全管理办法（征求意见稿）》第 37 条，网络运营者违反本办法规定的，由有关部门依照相关法律、行政法规的规定，根据情节给予公开曝光、没收违法所得、暂停相关业务、停业整顿、关闭网站、吊销相关业务许可证或吊销营业执照等处罚；构成犯罪的，依法追究刑事责任。

非所有使用爬虫的行为均当然属于违法犯罪行为，关键在于如何合规使用爬虫，以规避可能由此产生的相应法律风险。基于此，笔者拟从下述三个角度对爬虫使用提出相应合规参考。

（一）基础合规要求

如前所述，使用爬虫可能遭受刑事风险；违法利用爬取的数据可能构成不正当竞争行为从而需承担一定的赔偿责任；涉及侵害网络与数据安全的，还可能受到监管部门的行政处罚。爬虫使用的相关法律风险主要来源于两方面：一是从行为角度，典型如：使用爬虫突破或者破坏网站的防护措施，干扰网站的正常运行；二是从爬取的内容角度，如果非法爬取的内容属于公民个人信息、享有著作权的作品、网站运营者的经营数据等，则可能构成侵犯公民个人信息犯罪、侵犯著作权罪、不正当竞争等。

基于此，从合规使用爬虫，规避法律风险角度，应当注意严格规范数据爬取行为，控制数据爬取的数量和频率，避免破坏、干扰被爬网站的正常运行。具体又可分为：

1. 审查被爬网站是否具备 Robots 协议，遵守被爬网站中 Robots 协议的要求。Robots 协议虽然不具有法律效力，但其反映了网站经营者对于其网站数据被爬取的意愿。正如法院在“百度诉 360 案”[①] 中对于 Robots 协议的分析，Robots 协议在一定程度上应当被认定为行业内的通行规则，属于公认的、应当被遵守的商业道德，不遵守网站 Robots 协议的行为明显不当，应当承担相应的不利后果。因此，对于爬虫使用而言，在被爬网站已经通过 Robots 协议明确告知爬虫的范围、方式、频率等限制时，应当避免绕开或违反被爬网站的 Robots 协议爬取数据。

2. 避免突破/破坏网站的防护措施进行数据爬取。网站运营者通常会通过身份认证、权限设置、加密规则等“防爬措施”对网站系统及数据进行防护，限制爬虫获取数据。而恶意使用爬虫的行为人为达到抓取数据的目的，则可能采取破解网站加密规则、伪造身份认证信息、非法获取权限等方

---

① （2014）一中民（知）终字第 08599 号。

式破坏网站设置的一系列防护措施。该等破坏网站防护措施进行数据爬取的行为很可能被认定为《网络安全法》《刑法》等相关规定制约的非法侵入、破坏计算机信息系统、非法获取数据等违法犯罪行为。因此，爬虫行为应当以不破坏被爬网站的信息系统安全为前提。

3. 合理控制爬取频率，避免给被爬网站的运行造成过度负担。应当尽可能避免使用爬虫频繁、大量抓取网站数据，妨碍被爬网站的正常运营。特别是当“自动化访问收集流量超过网站日均流量三分之一”时，如果被爬网站要求停止爬虫，应当及时停止，不得继续通过爬虫抓取数据。

（二）爬取个人信息的额外要求

对于爬取的数据，应当考察数据类别是否为公民个人信息。对于公民个人信息，应当避免未经用户事先授权同意直接爬取。值得注意的是，即便是爬取网站中公开的信息，如果其属于公民个人信息的，同样应当取得用户的授权同意，而不能以爬取的是已公开信息为由未经用户同意直接爬取。网站经营者拟爬取用户个人信息的，应当按照《网络安全法》《信息安全技术 个人信息安全规范》等规定，通过个人信息保护政策、信息采集授权书等协议文本或其他合理方式明确告知用户，获取用户的授权。同时，在爬取个人信息时，应当遵循合法、正当、必要的原则，避免超出用户的授权范围爬取信息。

数据接收方如果间接获取他人通过爬虫取得的个人信息时，同样应当对他人通过爬虫获取个人信息的合法性进行一定的审查。如要求个人信息的提供方说明个人信息来源，并对个人信息来源的合法性进行确认，了解个人信息主体是否授权同意转让、共享等。数据接收方在获取个人信息后，如果在业务开展过程中所需进行的个人信息处理活动超出已获得的授权同意范围，应当重新征得个人信息主体的同意。

（三）爬取商业数据的额外要求

如果爬虫抓取的数据类别属于网站运营者的商业经营数据，在对该等数据的获取、利用上应当着重考察是否存在“搭便车”“不劳而获”等不当行为，避免被认定为构成不正当竞争。在具体应用场景下，可以首先考虑与被爬网站之间是否存在竞争关系，获取、利用被爬网站数据的行为是否存在分流被爬网站用户、对被爬网站产生产品/服务替代性从而导致被爬网站对用户的吸引力降低、竞争优势削弱的可能。如果存在该等可能的，则应当谨慎使用爬虫获取、使用被爬网站的数据。

附录一

数据保护2019年回顾
——规范、整治、前行

规范篇

这一年，数据保护规范动作频频，15 部文件立法动态、15 项国标制定动态，网络安全法配套制度日渐完善；这一年，数据保护要求更加明朗，从无到有、从原则到细化，数据保护合规指引日渐清晰；这一年，数据保护立法未来可期，数据安全法和个人信息保护法即将进入正式立法进程，数据保护新的里程碑已在路上。

这一年，规范动态频出，数据保护，在规范中完善。

序号	文件名称	发布机构	生效时间	文件状态
A. 数据保护相关的重要规定及规范性文件动态				
1	《App 自评估指南》	App 违法违规收集使用个人信息专项治理工作组	2019 年 3 月 3 日	现行有效
2	《互联网个人信息安全保护指南》	公安部网络安全保卫局、北京市网络行业协会、公安部第三研究所	2019 年 4 月 10 日	现行有效
3	《网络安全审查办法（征求意见稿）》	国家互联网信息办公室	2019 年 5 月 21 日（发布时间）	正式版未发布，未生效
4	《数据安全管理办法（征求意见稿）》	国家互联网信息办公室	2019 年 5 月 28 日（发布时间）	正式版未发布，未生效
5	《个人信息出境办法（征求意见稿）》	国家互联网信息办公室	2019 年 6 月 13 日（发布时间）	正式版未发布，未生效
6	《网络安全漏洞管理规定（征求意见稿）》	工业和信息化部	2019 年 6 月 18 日（发布时间）	正式版未发布，未生效
7	《云计算服务安全评估办法》	国家网信办、国家发改委、工业和信息化部、财政部	2019 年 9 月 1 日	现行有效
8	《云计算服务安全评估申报说明》	中央网信办	2019 年 9 月 1 日	现行有效
9	《儿童个人信息网络保护规定》	国家互联网信息办公室	2019 年 10 月 1 日	现行有效

续表

序号	文件名称	发布机构	生效时间	文件状态
10	《个人金融信息（数据）保护试行办法（初稿）》	中国人民银行	2019 年 10 月（发布时间）	银行内部征求意见中
11	《密码法》	全国人民代表大会常务委员会	2020 年 1 月 1 日	已发布，未生效
12	《网络犯罪解释》	最高人民法院、最高人民检察院	2019 年 11 月 1 日	现行有效
13	《网络安全威胁信息发布管理办法（征求意见稿）》	国家互联网信息办公室	2019 年 11 月 20 日（发布时间）	正式版未发布，未生效
14	《App 违法违规认定方法》	国家互联网信息办公室秘书局、工业和信息化部办公厅、公安部办公厅、市场监管总局办公厅	2019 年 11 月 28 日	现行有效
15	《中国人民银行金融消费者权益保护实施办法（征求意见稿）》	中国人民银行	2019 年 12 月 27 日（发布时间）	正式版未发布，未生效
B. 数据保护相关的重要国家标准动态				
16	《信息安全技术　金融信息服务安全规范》	国家市场监督管理总局、中国国家标准化管理委员会	2019 年 4 月 1 日	现行有效
17	《信息安全技术　网络安全等级保护测试评估技术指南》	国家市场监督管理总局、中国国家标准化管理委员会	2019 年 4 月 1 日	现行有效
18	《信息安全技术　公民网络电子身份标识格式规范》	国家市场监督管理总局、中国国家标准化管理委员会	2019 年 5 月 1 日	现行有效
19	《信息安全技术　网络安全等级保护测评过程指南》	国家市场监督管理总局、中国国家标准化管理委员会	2019 年 7 月 1 日	现行有效
20	《信息安全技术　移动互联网应用（App）收集个人信息基本规范（草案）》	国家市场监督管理总局、中国国家标准化管理委员会	2019 年 8 月 8 日（发布日期）	正式版未发布，未生效

续表

序号	文件名称	发布机构	生效时间	文件状态
21	《个人信息安全规范（征求意见稿）》	信安标委	2019年10月24日（发布日期）	2018年5月版本已生效，目前征求意见稿暂未正式发布，未生效
22	《网络安全等级保护基本要求》	国家市场监督管理总局、中国国家标准化管理委员会	2019年12月1日	现行有效
23	《信息安全技术　网络安全等级保护测评要求》	国家市场监督管理总局、中国国家标准化管理委员会	2019年12月1日	现行有效
24	《信息安全技术　网络安全等级保护安全设计技术要求》	国家市场监督管理总局、中国国家标准化管理委员会	2019年12月1日	现行有效
25	《个人信息去标识化指南》	国家市场监督管理总局、中国国家标准化管理委员会	2020年3月1日	已发布，未生效
26	《信息安全技术　数据库管理系统安全评估准则》	国家市场监督管理总局、中国国家标准化管理委员会	2020年3月1日	已发布，未生效
27	《信息安全技术　网络安全等级保护实施指南》	国家市场监督管理总局、中国国家标准化管理委员会	2020年3月1日	已发布，未生效
28	《信息安全技术　云计算服务运行监管框架》	国家市场监督管理总局、中国国家标准化管理委员会	2020年3月1日	已发布，未生效
29	《信息安全技术　大数据安全管理指南》	国家市场监督管理总局、中国国家标准化管理委员会	2020年3月1日	已发布，未生效
30	《信息安全技术　政府网站云计算服务安全指南》	国家市场监督管理总局、中国国家标准化管理委员会	2020年5月1日	已发布，未生效

整治篇

这一年，数据保护监管部门争相作为，多部委、多部门齐头并进；这一年，数据保护治理行动相继开展，分领域、全领域重拳出击；这一年，数据保护爬虫治理震惊行业，洗牌出局、不破不立；这一年，数据保护行政处罚力度加大，数量增加、影响加重；这一年，数据保护刑事犯罪面临高压，打击犯罪、严惩不贷。

这一年，整治力度空前，数据保护，在整治中强化。

一、专项整治行动盘点

数据保护专项治理行动盘点				
序号	主体	时间	重点内容	阶段成果
1	中央网信办、工信部、公安部、市场监管总局	2019. 1	发布《关于开展 App 违法违规收集使用个人信息专项治理的公告》，并联合有关单位成立了 App 违法违规收集使用个人信息专项治理工作组，旨在打击 App 违法违规收集使用个人信息行为。	最新阶段成果显示，App 专项治理工作组 12 月发布《关于 61 款 App 存在收集使用个人信息问题的通告》，通告显示，在近期评估中，App 专项治理工作组发现 57 款 App 存在收集使用个人信息问题；此外，此前被发现问题建议整改但截至目前未完成整改的 4 款 App 此次也在通告之列。

续表

序号	主体	时间	重点内容	阶段成果
2	公安部	2019. 1	开展“净网2019”专项行动，依法严厉打击侵犯公民个人信息、黑客攻击破坏等网络违法犯罪活动。	截至2019年10月31日，共侦破涉网案件45743起，抓获犯罪嫌疑人65832名，打掉多个利用“暗网”倒卖公民信息的犯罪团伙，捣毁一批为“套路贷”提供技术、数据服务的科技公司。同时，针对互联网企业及联网单位开展安全监督检查17万余家次，清理违法有害信息445万余条，关闭网络账号60万余个，约谈整改相关网站及App 3. 7万余家次，行政查处9. 1万家次。
3	市场监管总局	2019. 4	在全国范围内开展“守护消费”暨打击侵害消费者个人信息违法行为专项执法行动，重点打击侵害消费者个人信息的违法行为。 重点关注违法行为多发的房产租售、小贷金融、教育培训、保险经纪、美容健身、装饰装修、旅游住宿、快递、电话营销、网站或APP运营等行业和领域。 主要查处3类违法行为：一是未经消费者同意，收集、使用消费者个人信息；二是泄露、出售或者非法向他人提供所收集的消费者个人信息；三是未经消费者同意或者请求，或者消费者明确表示拒绝的，向其发送商业性信息。	行动期间，全国市场监管部门共立案查办各类侵害消费者个人信息案件1474起，查获涉案信息369. 2万条，罚没款1946. 4万元，移送公安机关案件154起；组织执法联动4225次；开展行政约谈3536次；开展宣传活动10653次。 从查办案件的情况来看，当前侵害消费者个人信息违法行为主要高发在房产租售、装饰装修、教育培训3个领域。 最突出的违法行为是未经消费者同意，收集、使用消费者个人信息。 同时，公布“守护消费”暨打击侵害消费者个人信息违法行为专项执法行动十大典型案例。

续表

序号	主体	时间	重点内容	阶段成果
4	工业和信息化部	2019. 11	开展信息通信领域 App 侵害用户权益专项整治行动，重点整治违规收集用户个人信息、违规使用用户个人信息、不合理索取用户权限、为用户账号注销设置障碍四个方面的 8 类突出问题。 整治工作分为企业自查自纠、监督检查和结果处置 3 个阶段，时间为 2 个月。	12 月 19 日，工信部通报关于侵害用户权益行为的 App（第一批）。根据通报，在开展 App 侵害用户权益专项整治工作的自查自纠阶段共有 8000 多款 App 完成整改。但截至目前，尚有搜狐新闻、QQ 阅读等41 款 App 存在违规收集、使用用户个人信息、不合理索取用户权限、为用户账号注销设置障碍等问题，未完成整改。

二、行政处罚盘点

数据保护相关行政处罚梳理 （资料来源：威科先行、北大法宝）	
处罚机构	主要为公安部门、市场监督管理部门
处罚数量	600 例
典型违法行为	违法收集消费者个人信息
	非法获取、出售、向他人提供个人信息
	不履行个人信息保护义务
主要处罚措施	责令改正
	警告
	罚款

续表

<table>
<tr><th colspan="2">数据保护相关行政处罚梳理
（资料来源：威科先行、北大法宝）</th></tr>
<tr><td rowspan="2">主要处罚依据</td><td>《消费者权益保护法》
第 29 条　经营者收集、使用消费者个人信息，应当遵循合法、正当、必要的原则，明示收集、使用信息的目的、方式和范围，并经消费者同意。经营者收集、使用消费者个人信息，应当公开其收集、使用规则，不得违反法律、法规的规定和双方的约定收集、使用信息。
经营者及其工作人员对收集的消费者个人信息必须严格保密，不得泄露、出售或者非法向他人提供。经营者应当采取技术措施和其他必要措施，确保信息安全，防止消费者个人信息泄露、丢失。在发生或者可能发生信息泄露、丢失的情况时，应当立即采取补救措施。
经营者未经消费者同意或者请求，或者消费者明确表示拒绝的，不得向其发送商业性信息。
第 56 条　经营者有下列情形之一，除承担相应的民事责任外，其他有关法律、法规对处罚机关和处罚方式有规定的，依照法律、法规的规定执行；法律、法规未作规定的，由工商行政管理部门或者其他有关行政部门责令改正，可以根据情节单处或者并处警告、没收违法所得、处以违法所得一倍以上十倍以下的罚款，没有违法所得的，处以五十万元以下的罚款；情节严重的，责令停业整顿、吊销营业执照……（九）侵害消费者人格尊严、侵犯消费者人身自由或者侵害消费者个人信息依法得到保护的权利的……</td></tr>
<tr><td>《网络安全法》
第 41 条　网络运营者收集、使用个人信息，应当遵循合法、正当、必要的原则，公开收集、使用规则，明示收集、使用信息的目的、方式和范围，并经被收集者同意。
网络运营者不得收集与其提供的服务无关的个人信息，不得违反法律、行政法规的规定和双方的约定收集、使用个人信息，并应当依照法律、行政法规的规定和与用户的约定，处理其保存的个人信息。
第 44 条　任何个人和组织不得窃取或者以其他非法方式获取个人信息，不得非法出售或者非法向他人提供个人信息。
第 64 条　网络运营者、网络产品或者服务的提供者违反本法第 22 条第 3 款、第 41 条至第 43 条规定，侵害个人信息依法得到保护的权利的，由有关主管部门责令改正，可以根据情节单处或者并处警告、没收违法所得、处违法所得一倍以上十倍以下罚款，没有违法所得的，处一百万元以下罚款，对直接负责的主管人员和其他直接责任人员处一万元以上十万元以下罚款；情节严重的，并可以责令暂停相关业务、停业整顿、关闭网站、吊销相关业务许可证或者吊销营业执照。
违反本法第 44 条规定，窃取或者以其他非法方式获取、非法出售或者非法向他人提供个人信息，尚不构成犯罪的，由公安机关没收违法所得，并处违法所得一倍以上十倍以下罚款，没有违法所得的，处一百万元以下罚款。</td></tr>
</table>

三、爬虫治理盘点

爬虫治理盘点		
序号	监管动态	具体内容
1	网传监管调查大数据企业	网传魔蝎科技、新颜科技、公信宝、快钱支付、天翼征信等公司被调查。
2	网传央行紧急要求排查	银行是否与第三方数据公司开展合作，排查的内容主要涉及数据采集、信用欺诈、信用评分、风控建模等方面。
		企业征信机构梳理是否与以下公司有业务或股权投资关联：魔蝎科技、新颜科技、公信宝、白骑士、天机数据、立木征信与聚信立等。
		各企业征信机构排查自身业务中是否存在违规爬虫行为。
3	网传北京金融局窗口指导	摸排区内所有大数据企业是否存在违规爬虫业务，如果没有要求企业出承诺函；如果存在违规爬虫业务，要上报并尽快整改。
4	中国互联网金融协会发布《关于增强个人信息保护意识依法开展业务的通知》	要求会员单位及时就个人信息保护工作开展自查，并对数据合作方进行排查，对于存在的问题应立即整改，并及时将有关情况报告协会。
5	网传监管给金融行业大数据风控公司画下红线	只要未经允许非法获取、传输个人隐私数据、参与“套路贷”以及非法催收等环节，便会严惩不贷。

四、刑事犯罪盘点

数据保护相关刑事案件盘点 （资料来源：威科先行、北大法宝）	
案由	数量
侵犯公民个人信息罪	1262
非法获取公民个人信息罪	17
出售、非法提供公民个人信息罪	5

续表

数据保护相关刑事案件盘点 （资料来源：威科先行、北大法宝）	
合计	1284
典型违法行为	非法出售公民个人信息； 利用“暗网”倒卖公民个人信息； 为“套路贷”提供技术、数据服务。
主要判决依据	**《刑法》** **第253条之一【侵犯公民个人信息罪】**违反国家有关规定，向他人出售或者提供公民个人信息，情节严重的，处三年以下有期徒刑或者拘役，并处或者单处罚金；情节特别严重的，处三年以上七年以下有期徒刑，并处罚金。 违反国家有关规定，将在履行职责或者提供服务过程中获得的公民个人信息，出售或者提供给他人的，依照前款的规定从重处罚。 窃取或者以其他方法非法获取公民个人信息的，依照第一款的规定处罚。 单位犯前三款罪的，对单位判处罚金，并对其直接负责的主管人员和其他直接责任人员，依照各该款的规定处罚。

前行篇

这一年，企业数据权益斗争进入新的阶段，用户头像、昵称和好友关系的权利归属问题摆在了台前；这一年，“ZAO”App被约谈、墨迹科技IPO被否（注：个人信息保护问题系被否原因之一），企业个人信息违规成本明显加重、舆论关注程度显著上升；这一年，个人信息刑事附带民事公益诉讼宣判，公益诉讼的开展势必会为个人信息保护注入新的力量和影响。

这一年，热点事件频发，数据保护，在事件中前行。

序号	案件名称	具体案情
1	腾讯诉抖音、多闪不正当竞争案①	2019年3月，腾讯向天津市滨海新区人民法院起诉抖音、多闪违反开放平台协议共享微信/QQ用户头像，涉嫌不正当竞争。该案涉及开放平台情形下数据归属和共享的问题。双方争议的主要内容在于抖音是否以违反《微信开放平台开发者服务协议》的方式获取微信用户的头像、昵称用于补充用户关系链条，复制微信用户好友关系。 就抖音同多闪之间的共享行为，天津市滨海新区人民法院已通过裁定要求抖音立即停止将微信/QQ开放平台授权登录服务提供给多闪使用的行为，同时多闪此前通过抖音擅自获得的微信/QQ用户头像、昵称也被勒令停用。 该案实体部分目前尚在审理之中。
2	工信部约谈"ZAO"APP	作为陌陌推出的一款换脸产品，ZAO因其涉嫌过度收集用户个人信息，用户协议中存在不合理条款被媒体曝光并引发用户广泛质疑。 2019年9月3日，针对其存在数据泄露风险等问题，工信部网络安全局对陌陌负责人进行了问询约谈，要求其开展自查整改，依法依规收集使用用户个人信息，规范协议条款，强化网络数据和用户个人信息安全保护。
3	墨迹科技IPO被否	墨迹科技IPO上会被否，证监会发审委在公告中提出询问的主要问题，涉及墨迹天气APP存在未经其许可违规发布互联网新闻信息、通过自主收集及第三方途径获取用户数据是否合规、互联网信息服务收入占营收比过大，以及直接或间接股权关系客户贡献收入占比较大四方面问题，并要求公司说明使用用户数据是否合法合规，尤其是商业化变现的合规性等情况。 数据收集使用合规程度对企业上市之路已然开始产生重要的影响。
4	上海徐汇区宣判首例刑事附带民事公益诉讼案②	2019年12月25日，徐汇法院宣判该院首起刑事附带民事公益诉讼案。男子徐某因仿冒上海知名官方招考网站等行为套取公民个人信息，最终获刑3年，并处罚金30万元。同时，法院判令徐某在判决生效后30日内，就侵犯公民个人信息的行为，在省级媒体上向社会公众赔礼道歉。 该案中，检察机关指出，公民个人信息安全问题已不再停留在个人层面，针对个人信息的违法犯罪活动导致公民的人身、财产、隐私以及正常的工作活动都受到严重威胁，已经上升到整体网络信息安全的重大层面，应当是带有公共利益性质的抽象法益。

① 参见天津市滨海新区人民法院（2019）津0116民初2091号民事裁定书。

② 参见上海市徐汇区人民法院（2019）沪0104刑初1244号民事判决书。

附录二

《个人信息安全规范（征求意见稿）》（2019.10.22版）与《个人信息安全规范》正式版全文比对

《个人信息安全规范（征求意见稿）》 （2019.10.22 版）	《个人信息安全规范》
1 范围 本标准规范了开展收集、保存、使用、共享、转让、公开披露、删除等个人信息处理活动应遵循的原则和安全要求。 本标准适用于规范各类组织个人信息处理活动，也适用于主管监管部门、第三方评估机构等组织对个人信息处理活动进行监督、管理和评估。	1 范围 本标准规范了开展收集、存储、使用、共享、转让、公开披露、删除等个人信息处理活动应遵循的原则和安全要求。 本标准适用于规范各类组织个人信息处理活动，也适用于主管监管部门、第三方评估机构等组织对个人信息处理活动进行监督、管理和评估。
2 规范性引用文件 下列文件对于本文件的应用是必不可少的。凡是注日期的引用文件，仅注日期的版本适用于本文件。凡是不注日期的引用文件，其最新版本（包括所有的修改单）适用于本文件。 GB/T 25069—2010　信息安全技术　术语	2 规范性引用文件 下列文件对于本文件的应用是必不可少的。凡是注日期的引用文件，仅注日期的版本适用于本文件。凡是不注日期的引用文件，其最新版本（包括所有的修改单）适用于本文件。 GB/T 25069—2010　信息安全技术　术语
3 术语和定义 GB/T 25069—2010 中界定的以及下列术语和定义适用于本文件。	3 术语和定义 GB/T 25069—2010 界定的以及下列术语和定义适用于本文件。
3.1 个人信息 personal information 以电子或者其他方式记录的能够单独或者与其他信息结合识别特定自然人身份或者反映特定自然人活动情况的各种信息。 注 1：个人信息包括姓名、出生日期、身份证件号码、个人生物识别信息、住址、通信通讯联系方式、通信记录和内容、账号密码、财产信息、征信信息、行踪轨迹、住宿信息、健康生理信息、交易信息等。 注 2：关于个人信息的判定方法和类型可参见附录 A。 注 3：个人信息控制者通过个人信息或其他信息加工处理后形成的信息，例如用户画像或特征标签，能够单独或者与其他信息结合识别特定自然人身份或者反映特定自然人活动情况的，属于个人信息。	3.1 个人信息 personal information 以电子或者其他方式记录的能够单独或者与其他信息结合识别特定自然人身份或者反映特定自然人活动情况的各种信息。 注 1：个人信息包括姓名、出生日期、身份证件号码、个人生物识别信息、住址、通信通讯联系方式、通信记录和内容、账号密码、财产信息、征信信息、行踪轨迹、住宿信息、健康生理信息、交易信息等。 注 2：关于个人信息的判定方法和类型参见附录 A。 注 3：个人信息控制者通过个人信息或其他信息加工处理后形成的信息，例如，用户画像或特征标签，能够单独或者与其他信息结合识别特定自然人身份或者反映特定自然人活动情况的，属于个人信息。

续表

《个人信息安全规范（征求意见稿）》（2019. 10. 22 版）	《个人信息安全规范》
3. 2 个人敏感信息 personal sensitive information 一旦泄露、非法提供或滥用可能危害人身和财产安全，极易导致个人名誉、身心健康受到损害或歧视性待遇等的个人信息。 注 1：个人敏感信息包括身份证件号码、个人生物识别信息、银行账号、通信记录和内容、财产信息、征信信息、行踪轨迹、住宿信息、健康生理信息、交易信息、14 岁以下（含）儿童的个人信息等。 注 2：关于个人敏感信息的判定方法和类型可参见附录 B。 注 3：个人信息控制者通过个人信息或其他信息加工处理后形成的信息，如一旦泄露、非法提供或滥用可能危害人身和财产安全，极易导致个人名誉、身心健康受到损害或歧视性待遇等的，属于个人敏感信息。	3. 2 个人敏感信息 personal sensitive information 一旦泄露、非法提供或滥用可能危害人身和财产安全，极易导致个人名誉、身心健康受到损害或歧视性待遇等的个人信息。 注 1：个人敏感信息包括身份证件号码、个人生物识别信息、银行账号、通信记录和内容、财产信息、征信信息、行踪轨迹、住宿信息、健康生理信息、交易信息、14 岁以下（含）儿童的个人信息等。 注 2：关于个人敏感信息的判定方法和类型参见附录 B。 注 3：个人信息控制者通过个人信息或其他信息加工处理后形成的信息，如一旦泄露、非法提供或滥用可能危害人身和财产安全，极易导致个人名誉、身心健康受到损害或歧视性待遇等的，属于个人敏感信息。
3. 3 个人信息主体 personal information subject 个人信息所标识或者关联的自然人。	3. 3 个人信息主体 personal information subject 个人信息所标识或者关联的自然人。
3. 4 个人信息控制者 personal information controller 有权决定个人信息处理目的、方式等的组织或个人。	3. 4 个人信息控制者 personal information controller 有能力决定个人信息处理目的、方式等的组织或个人。
3. 5 收集 collect 获得对个人信息的控制权的行为，包括由个人信息主体主动提供、通过与个人信息主体交互或记录个人信息主体行为等自动采集行为，以及通过共享、转让、搜集公开信息等间接获取个人信息等行为。 注：如果产品或服务的提供者提供工具供个人信息主体使用，提供者不对个人信息进行访问的，则不属于本标准所称的收集。例如，离线导航软件在终端获取用户位置信息后，如果不回传至软件提供者，则不属于个人信息主体位置信息的收集。	3. 5 收集 collect 获得个人信息的控制权的行为。 注 1：包括由个人信息主体主动提供、通过与个人信息主体交互或记录个人信息主体行为等自动采集行为，以及通过共享、转让、搜集公开信息等间接获取个人信息等行为。 注 2：如果产品或服务的提供者提供工具供个人信息主体使用，提供者不对个人信息进行访问的，则不属于本标准所称的收集。例如，离线导航软件在终端获取个人信息主体位置后，如果不回传至软件提供者，则不属于个人信息主体位置信息的收集。

续表

《个人信息安全规范（征求意见稿）》（2019.10.22 版）	《个人信息安全规范》
3.6 明示同意 explicit consent 个人信息主体通过书面、口头等方式主动作出纸质或电子形式的声明，或者自主作出肯定性动作，对其个人信息进行特定处理作出明确授权的行为。 注：肯定性动作包括个人信息主体主动勾选、主动点击“同意”“注册”“发送”“拨打”、主动填写或提供等。	3.6 明示同意 explicit consent 个人信息主体通过书面、口头等方式主动作出纸质或电子形式的声明，或者自主作出肯定性动作，对其个人信息进行特定处理作出明确授权的行为。 注：肯定性动作包括个人信息主体主动勾选、主动点击“同意”“注册”“发送”“拨打”、主动填写或提供等。
3.7 授权同意 consent 个人信息主体对其个人信息进行特定处理作出明确授权的行为，包括通过积极的行为作出授权即（明示同意），或者通过消极的不作为而作出授权（例如信息采集区域内的个人信息主体在被告知信息收集行为后没有离开该区域）。	3.7 授权同意 consent 个人信息主体对其个人信息进行特定处理作出明确授权的行为。 注：包括通过积极的行为作出授权（即明示同意），或者通过消极的不作为而作出授权（如信息采集区域内的个人信息主体在被告知信息收集行为后没有离开该区域）。
3.8 用户画像 user profiling 通过收集、汇聚、分析个人信息，对某特定自然人个人特征，如其职业、经济状况、健康、教育、个人喜好、信用、行为等方面作出分析或预测，形成其个人特征模型的过程。 注：直接使用特定自然人的个人信息，形成该自然人的特征模型，称为直接用户画像。使用来源于特定自然人以外的个人信息，如其所在群体的数据，形成该自然人的特征模型，称为间接用户画像。	3.8 用户画像 user profiling 通过收集、汇聚、分析个人信息，对某特定自然人个人特征，如职业、经济、健康、教育、个人喜好、信用、行为等方面作出分析或预测，形成其个人特征模型的过程。 注：直接使用特定自然人的个人信息，形成该自然人的特征模型，称为直接用户画像。使用来源于特定自然人以外的个人信息，如其所在群体的数据，形成该自然人的特征模型，称为间接用户画像。
3.9 个人信息安全影响评估 personal information security impact assessment 针对个人信息处理活动，检验其合法合规程度，判断其对个人信息主体合法权益造成损害的各种风险，以及评估用于保护个人信息主体的各项措施有效性的过程。	3.9 个人信息安全影响评估 personal information security impact assessment 针对个人信息处理活动，检验其合法合规程度，判断其对个人信息主体合法权益造成损害的各种风险，以及评估用于保护个人信息主体的各项措施有效性的过程。
3.10 删除 delete 在实现日常业务功能所涉及的系统中去除个人信息的行为，使其保持不可被检索、访问的状态。	3.10 删除 delete 在实现日常业务功能所涉及的系统中去除个人信息的行为，使其保持不可被检索、访问的状态。

续表

《个人信息安全规范（征求意见稿）》（2019. 10. 22 版）	《个人信息安全规范》
3. 11 公开披露 public disclosure 向社会或不特定人群发布信息的行为。	3. 11 公开披露 public disclosure 向社会或不特定人群发布信息的行为。
3. 12 转让 transfer of control 将个人信息控制权由一个控制者向另一个控制者转移的过程。	3. 12 转让 transfer of control 将个人信息控制权由一个控制者向另一个控制者转移的过程。
3. 13 共享 sharing 个人信息控制者向其他控制者提供个人信息，且双方分别对个人信息拥有独立控制权的过程。	3. 13 共享 sharing 个人信息控制者向其他控制者提供个人信息，且双方分别对个人信息拥有独立控制权的过程。
3. 14 匿名化 anonymization 通过对个人信息的技术处理，使得个人信息主体无法被识别或者关联，且处理后的信息不能被复原的过程。 注：个人信息经匿名化处理后所得的信息不属于个人信息。	3. 14 匿名化 anonymization 通过对个人信息的技术处理，使得个人信息主体无法被识别或者关联，且处理后的信息不能被复原的过程。 注：个人信息经匿名化处理后所得的信息不属于个人信息。
3. 15 去标识化 de – identification 通过对个人信息的技术处理，使其在不借助额外信息的情况下，无法识别或者关联个人信息主体的过程。 注：去标识化建立在个体基础之上，保留了个体颗粒度，采用假名、加密、哈希函数等技术手段替代对个人信息的标识。	3. 15 去标识化 de – identification 通过对个人信息的技术处理，使其在不借助额外信息的情况下，无法识别或者关联个人信息主体的过程。 注：去标识化建立在个体基础之上，保留了个体颗粒度，采用假名、加密、哈希函数等技术手段替代对个人信息的标识。
3. 16 个性化展示 personalized display 基于特定个人信息主体的网络浏览历史、兴趣爱好、消费记录和习惯等个人信息，向该个人信息主体展示信息内容、提供商品或服务的搜索结果等活动。	3. 16 个性化展示 personalized display 基于特定个人信息主体的网络浏览历史、兴趣爱好、消费记录和习惯等个人信息，向该个人信息主体展示信息内容、提供商品或服务的搜索结果等活动。
3. 17 业务功能 business function 满足个人信息主体的具体使用需求的服务类型。如地图导航、网络约车、即时通讯、社区社交、网络支付、新闻资讯、网上购物、快递配送、交通票务等。	3. 17 业务功能 business function 满足个人信息主体的具体使用需求的服务类型。 注：如地图导航、网络约车、即时通信、网络社区、网络支付、新闻资讯、网上购物、快递配送、交通票务等。

续表

《个人信息安全规范（征求意见稿）》（2019.10.22 版）	《个人信息安全规范》
4 个人信息安全基本原则 个人信息控制者开展个人信息处理活动应遵循合法、正当、必要的原则，具体包括： a）权责一致——采取技术和其他必要的措施保障个人信息的安全，个人信息处理活动对个人信息主体合法权益造成损害时应承担责任。 b）目的明确——具有明确、清晰、具体的个人信息处理目的。 c）选择同意——向个人信息主体明示个人信息处理目的、方式、范围、规则等，征求其授权同意。 d）最小必要——只处理满足个人信息主体授权同意的目的所需的最少个人信息类型和数量。目的达成后，应及时删除个人信息。 e）公开透明——以明确、易懂和合理的方式公开处理个人信息的范围、目的、规则等，并接受外部监督。	4 个人信息安全基本原则 个人信息控制者开展个人信息处理活动应遵循合法、正当、必要的原则，具体包括： a）权责一致——采取技术和其他必要的措施保障个人信息的安全，对其个人信息处理活动对个人信息主体合法权益造成的损害承担责任。 b）目的明确——具有明确、清晰、具体的个人信息处理目的。 c）选择同意——向个人信息主体明示个人信息处理目的、方式、范围等规则，征求其授权同意。 d）最小必要——只处理满足个人信息主体授权同意的目的所需的最少个人信息类型和数量。目的达成后，应及时删除个人信息。 e）公开透明——以明确、易懂和合理的方式公开处理个人信息的范围、目的、规则等，并接受外部监督。
f）确保安全——具备与所面临的安全风险相匹配的安全能力，并采取足够的管理措施和技术手段，保护个人信息的保密性、完整性、可用性。 g）主体参与——向个人信息主体提供能够查询、更正、删除其个人信息，以及撤回授权同意、注销账户、投诉等方法。	f）确保安全——具备与所面临的安全风险相匹配的安全能力，并采取足够的管理措施和技术手段，保护个人信息的保密性、完整性、可用性。 g）主体参与——向个人信息主体提供能够查询、更正、删除其个人信息，以及撤回授权同意、注销账户、投诉等方法。
5 个人信息的收集 5.1 收集个人信息的合法性 对个人信息控制者的要求包括： a）不应以欺诈、诱骗、误导的方式收集个人信息； b）不应隐瞒产品或服务所具有的收集个人信息的业务功能； c）不应从非法渠道获取个人信息； d）不应收集法律法规明令禁止收集的个人信息； e）不应大规模收集我国公民的种族、民族、政治观点、宗教信仰等个人敏感信息。	5 个人信息的收集 5.1 收集个人信息的合法性 对个人信息控制者的要求包括： a）不应以欺诈、诱骗、误导的方式收集个人信息； b）不应隐瞒产品或服务所具有的收集个人信息的功能； c）不应从非法渠道获取个人信息。

续表

《个人信息安全规范（征求意见稿）》（2019. 10. 22 版）	《个人信息安全规范》
5. 2 收集个人信息的最小必要 对个人信息控制者的要求包括： a）收集的个人信息的类型应与实现产品或服务的业务功能有直接关联；直接关联是指没有上述个人信息的参与，产品或服务的功能无法实现。 b）自动采集个人信息的频率应是实现产品或服务的业务功能所必需的最低频率。 c）间接获取个人信息的数量应是实现产品或服务的业务功能所必需的最少数量。	5. 2 收集个人信息的最小必要 对个人信息控制者的要求包括： a）收集的个人信息的类型应与实现产品或服务的业务功能有直接关联；直接关联是指没有上述个人信息的参与，产品或服务的功能无法实现。 b）自动采集个人信息的频率应是实现产品或服务的业务功能所必需的最低频率。 c）间接获取个人信息的数量应是实现产品或服务的业务功能所必需的最少数量。
5. 3 不强迫接受多项业务功能 当产品或服务提供多项需收集个人信息的业务功能时，个人信息控制者不应违背个人信息主体的自主意愿，强迫个人信息主体接受产品或服务所提供的业务功能及相应的个人信息收集请求。对个人信息控制者的要求包括： a）不应通过捆绑产品或服务各项业务功能的方式，要求个人信息主体一次性接受并授权同意其未申请或使用的业务功能收集个人信息的请求。 b）应把个人信息主体自主作出的肯定性动作，如主动点击、勾选、填写等，作为产品或服务的特定业务功能的开启条件。个人信息控制者应仅在个人信息主体开启该业务功能后，开始收集个人信息； c）关闭或退出业务功能的途径或方式应与个人信息主体选择使用业务功能的途径或方式同样方便。个人信息主体选择关闭或退出特定业务功能后，个人信息控制者应停止该业务功能的个人信息收集活动； d）个人信息主体不授权同意使用、关闭或退出特定业务功能的，不应频繁征求个人信息主体的授权同意； e）个人信息主体不授权同意使用、关闭或退出特定业务功能的，不应暂停个人信息主体自主选择使用的其他业务功能，或降低其他业务功能的服务质量； f）不应以改善服务质量、提升个人信息主体体验、研发新产品、增强安全性等为由，强迫要求个人信息主体同意收集个人信息。	5. 3 多项业务功能的自主选择 当产品或服务提供多项需收集个人信息的业务功能时，个人信息控制者不应违背个人信息主体的自主意愿，强迫个人信息主体接受产品或服务所提供的业务功能及相应的个人信息收集请求。对个人信息控制者的要求包括： a）不应通过捆绑产品或服务各项业务功能的方式，要求个人信息主体一次性接受并授权同意其未申请或使用的业务功能收集个人信息的请求。 b）应把个人信息主体自主作出的肯定性动作，如主动点击、勾选、填写等，作为产品或服务的特定业务功能的开启条件。个人信息控制者应仅在个人信息主体开启该业务功能后，开始收集个人信息。 c）关闭或退出业务功能的途径或方式应与个人信息主体选择使用业务功能的途径或方式同样方便。个人信息主体选择关闭或退出特定业务功能后，个人信息控制者应停止该业务功能的个人信息收集活动。 d）个人信息主体不授权同意使用、关闭或退出特定业务功能的，不应频繁征求个人信息主体的授权同意。 e）个人信息主体不授权同意使用、关闭或退出特定业务功能的，不应暂停个人信息主体自主选择使用的其他业务功能，或降低其他业务功能的服务质量。 f）不得仅以改善服务质量、提升使用体验、研发新产品、增强安全性等为由，强制要求个人信息主体同意收集个人信息。

续表

《个人信息安全规范（征求意见稿）》 （2019.10.22 版）	《个人信息安全规范》
5.4 收集个人信息时的授权同意 对个人信息控制者的要求包括： a）收集个人信息，应向个人信息主体告知收集、使用个人信息的目的、方式和范围等规则，并获得个人信息主体的授权同意。 注1：如产品或服务仅提供一项收集、使用个人信息的业务功能时，个人信息控制者可通过隐私政策的形式，实现向个人信息主体的告知；产品或服务提供多项收集、使用个人信息的业务功能的，除隐私政策外，个人信息控制者宜在实际开始收集特定个人信息时，向个人信息主体提供收集、使用该个人信息的目的、方式和范围，以便个人信息主体在作出具体的授权同意前，能充分考虑对其的具体影响。 注2：符合本标准5.3和5.4a）要求的实现方法，可参考附录C。 b）收集个人敏感信息前，应征得个人信息主体的明示同意，并应确保个人信息主体的明示同意是其在理解收集目的和相关处理规则的基础上自主给出的、具体的、清晰明确的意愿表示； c）收集年满14周岁未成年人的个人信息前，应征得未成年人或其监护人的明示同意；不满14周岁的，应征得其监护人的明示同意； d）间接获取个人信息时： 1）应要求个人信息提供方说明个人信息来源，并对其个人信息来源的合法性进行确认；	5.4 收集个人信息时的授权同意 对个人信息控制者的要求包括： a）收集个人信息，应向个人信息主体告知收集、使用个人信息的目的、方式和范围等规则，并获得个人信息主体的授权同意。 注1：如产品或服务仅提供一项收集、使用个人信息的业务功能时，个人信息控制者可通过个人信息保护政策的形式，实现向个人信息主体的告知；产品或服务提供多项收集、使用个人信息的业务功能的，除个人信息保护政策外，个人信息控制者宜在实际开始收集特定个人信息时，向个人信息主体提供收集、使用该个人信息的目的、方式和范围，以便个人信息主体在作出具体的授权同意前，能充分考虑对其的具体影响。 注2：符合5.3和a）要求的实现方法，可参考附录C。 b）收集个人敏感信息前，应征得个人信息主体的明示同意，并应确保个人信息主体的明示同意是其在安全知情的基础上自主给出的、具体的、清晰明确的意愿表示。 c）收集个人生物识别信息前，应单独向个人信息主体告知收集、使用个人生物识别信息的目的、方式和范围，以及存储时间等规则，并征得个人信息主体的明示同意。 注3：个人生物识别信息包括个人基因、指纹、声纹、掌纹、耳廓、虹膜、面部识别特征等。 d）收集年满14周岁未成年人的个人信息前，应征得未成年人或其监护人的明示同意；不满14周岁的，应征得其监护人的明示同意。 e）间接获取个人信息时： 1）应要求个人信息提供方说明个人信息来源，并对其个人信息来源的合法性进行确认；

续表

《个人信息安全规范（征求意见稿）》（2019.10.22 版）	《个人信息安全规范》
2）应了解个人信息提供方已获得的个人信息处理的授权同意范围，包括使用目的，个人信息主体是否授权同意转让、共享、公开披露、删除等； 3）如开展业务所需进行的个人信息处理活动超出已获得的授权同意范围的，应在获取个人信息后的合理期限内或处理个人信息前，征得个人信息主体的明示同意，或通过个人信息提供方征得个人信息主体的明示同意。	2）应了解个人信息提供方已获得的个人信息处理的授权同意范围，包括使用目的，个人信息主体是否授权同意转让、共享、公开披露、删除等； 3）如开展业务所需进行的个人信息处理活动超出已获得的授权同意范围的，应在获取个人信息后的合理期限内或处理个人信息前，征得个人信息主体的明示同意，或通过个人信息提供方征得个人信息主体的明示同意。
5.5 隐私政策 对个人信息控制者的要求包括： a）应制定隐私政策，内容应包括但不限于： 1）个人信息控制者的基本情况，包括主体身份、联系方式； 2）收集、使用个人信息的业务功能，以及各业务功能分别收集的个人信息类型。涉及个人敏感信息的，需明确标识或突出显示； 3）个人信息收集方式、存储期限、涉及数据出境情况等个人信息处理规则； 4）对外共享、转让、公开披露个人信息的目的、涉及的个人信息类型、接收个人信息的第三方类型，以及各自的安全和法律责任； 5）个人信息主体的权利和实现机制，如查询方法、更正方法、删除方法、注销账户的方法、撤回授权同意的方法、获取个人信息副本的方法、对信息系统自动决策结果进行投诉的方法等； 6）提供个人信息后可能存在的安全风险，及不提供个人信息可能产生的影响； 7）遵循的个人信息安全基本原则，具备的数据安全能力，以及采取的个人信息安全保护措施，必要时可公开数据安全和个人信息保护相关的合规证明； 8）处理个人信息主体询问、投诉的渠道和机制，以及外部纠纷解决机构及联络方式。	5.5 个人信息保护政策 对个人信息控制者的要求包括： a）应制定个人信息保护政策，内容应包括但不限于： 1）个人信息控制者的基本情况，包括主体身份、联系方式。 2）收集、使用个人信息的业务功能，以及各业务功能分别收集的个人信息类型。涉及个人敏感信息的，需明确标识或突出显示。 3）个人信息收集方式、存储期限、涉及数据出境情况等个人信息处理规则。 4）对外共享、转让、公开披露个人信息的目的、涉及的个人信息类型、接收个人信息的第三方类型，以及各自的安全和法律责任。 5）个人信息主体的权利和实现机制，如查询方法、更正方法、删除方法、注销账户的方法、撤回授权同意的方法、获取个人信息副本的方法、对信息系统自动决策结果进行投诉的方法等。 6）提供个人信息后可能存在的安全风险，及不提供个人信息可能产生的影响。 7）遵循的个人信息安全基本原则，具备的数据安全能力，以及采取的个人信息安全保护措施，必要时可公开数据安全和个人信息保护相关的合规证明。 8）处理个人信息主体询问、投诉的渠道和机制，以及外部纠纷解决机构及联络方式。

续表

《个人信息安全规范（征求意见稿）》（2019. 10. 22 版）	《个人信息安全规范》
b）隐私政策所告知的信息应真实、准确、完整； c）隐私政策的内容应清晰易懂，符合通用的语言习惯，使用标准化的数字、图示等，避免使用有歧义的语言； d）隐私政策应公开发布且易于访问，例如，在网站主页、移动应用程序安装页、本标准附录 C. 4 中给出的交互式功能界面等显著位置设置链接； e）隐私政策应逐一送达个人信息主体。当成本过高或有显著困难时，可以公告的形式发布； f）在本条 a）所载事项发生变化时，应及时更新隐私政策并重新告知个人信息主体。 注 1：隐私政策的内容可参考附录 D。 注 2：在个人信息主体首次打开产品或服务、注册账号等情形时，宜通过弹窗等形式主动向其展示隐私政策的主要或核心内容，帮助个人信息主体理解该产品或服务的个人信息处理范围和规则，使个人信息主体决定是否继续使用该产品或服务。	b）个人信息保护政策所告知的信息应真实、准确、完整。 c）个人信息保护政策的内容应清晰易懂，符合通用的语言习惯，使用标准化的数字、图示等，避免使用有歧义的语言。 d）个人信息保护政策应公开发布且易于访问，例如，在网站主页、移动互联网应用程序安装页、附录 C 中的交互界面或设计等显著位置设置链接。 e）个人信息保护政策应逐一送达个人信息主体。当成本过高或有显著困难时，可以公告的形式发布。 f）在 a）所载事项发生变化时，应及时更新个人信息保护政策并重新告知个人信息主体。 注 1：组织会习惯性将个人信息保护政策命名为“隐私政策”或其他名称，其内容宜与个人信息保护政策内容保持一致。 注 2：个人信息保护政策的内容可参考附录 D。 注 3：在个人信息主体首次打开产品或服务、注册账户等情形时，宜通过弹窗等形式主动向其展示个人信息保护政策的主要或核心内容，帮助个人信息主体理解该产品或服务的个人信息处理范围和规则，并决定是否继续使用该产品或服务。

续表

《个人信息安全规范（征求意见稿）》（2019. 10. 22 版）	《个人信息安全规范》
5. 6 征得授权同意的例外 以下情形中，个人信息控制者收集、使用个人信息不必征得个人信息主体的授权同意： a）与个人信息控制者履行法律法规规定的义务相关的； b）与国家安全、国防安全直接相关的； c）与公共安全、公共卫生、重大公共利益直接相关的； d）与刑事侦查、起诉、审判和判决执行等直接相关的； e）出于维护个人信息主体或其他个人的生命、财产等重大合法权益但又很难得到本人授权同意的； f）所涉及的个人信息是个人信息主体自行向社会公众公开的； g）根据个人信息主体要求签订和履行合同所必需的； 注：隐私政策的主要功能为公开个人信息控制者收集、使用个人信息范围和规则，不应将其视为本条中的合同。 h）从合法公开披露的信息中收集个人信息的，如合法的新闻报道、政府信息公开等渠道； i）维护所提供产品或服务的安全稳定运行所必需的，例如发现、处置产品或服务的故障； j）个人信息控制者为新闻单位，且其开展合法的新闻报道所必需的； k）个人信息控制者为学术研究机构，出于公共利益开展统计或学术研究所必要，且其对外提供学术研究或描述的结果时，对结果中所包含的个人信息进行去标识化处理的。	5. 6 征得授权同意的例外 以下情形中，个人信息控制者收集、使用个人信息不必征得个人信息主体的授权同意： a）与个人信息控制者履行法律法规规定的义务相关的； b）与国家安全、国防安全直接相关的； c）与公共安全、公共卫生、重大公共利益直接相关的； d）与刑事侦查、起诉、审判和判决执行等直接相关的； e）出于维护个人信息主体或其他个人的生命、财产等重大合法权益但又很难得到本人授权同意的； f）所涉及的个人信息是个人信息主体自行向社会公众公开的； g）根据个人信息主体要求签订和履行合同所必需的； 注：个人信息保护政策的主要功能为公开个人信息控制者收集、使用个人信息范围和规则，不宜将其视为合同。 h）从合法公开披露的信息中收集个人信息的，如合法的新闻报道、政府信息公开等渠道； i）维护所提供产品或服务的安全稳定运行所必需的，如发现、处置产品或服务的故障； j）个人信息控制者为新闻单位，且其开展合法的新闻报道所必需的； k）个人信息控制者为学术研究机构，出于公共利益开展统计或学术研究所必要，且其对外提供学术研究或描述的结果时，对结果中所包含的个人信息进行去标识化处理的。

续表

《个人信息安全规范（征求意见稿）》（2019.10.22版）	《个人信息安全规范》
6 个人信息的保存 6.1 个人信息保存时间最小化 对个人信息控制者的要求包括： a）个人信息保存期限应为实现个人信息主体授权使用的目的所必需的最短时间，法律法规另有规定或者个人信息主体另行授权同意的除外； b）超出上述个人信息保存期限后，应对个人信息进行删除或匿名化处理。	6 个人信息的存储 6.1 个人信息存储时间最小化 对个人信息控制者的要求包括： a）个人信息存储期限应为实现个人信息主体授权使用的目的所必需的最短时间，法律法规另有规定或者个人信息主体另行授权同意的除外； b）超出上述个人信息存储期限后，应对个人信息进行删除或匿名化处理。
6.2 去标识化处理 收集个人信息后，个人信息控制者宜立即进行去标识化处理，并采取技术和管理方面的措施，将可用于恢复识别个人的信息与去标识化后的信息分开存储并加强访问和使用的权限管理。	6.2 去标识化处理 收集个人信息后，个人信息控制者宜立即进行去标识化处理，并采取技术和管理方面的措施，将可用于恢复识别个人的信息与去标识化后的信息分开存储并加强访问和使用的权限管理。
6.3 个人敏感信息的传输和存储 对个人信息控制者的要求包括： a）传输和存储个人敏感信息时，应采用加密等安全措施； b）存储个人生物识别信息时，应采用技术措施确保信息安全后再进行存储，例如将个人生物识别信息的原始信息和摘要分开存储，或仅收集、存储、使用摘要信息。	6.3 个人敏感信息的传输和存储 对个人信息控制者的要求包括： a）传输和存储个人敏感信息时，应采用加密等安全措施； 注1：采用密码技术时宜遵循密码管理相关国家标准。 b）个人生物识别信息应与个人身份信息分开存储； c）原则上不应存储原始个人生物识别信息（如样本、图像等），可采取的措施包括但不限于： 1）仅存储个人生物识别信息的摘要信息； 2）在采集终端中直接使用个人生物识别信息实现身份识别、认证等功能； 3）在使用面部识别特征、指纹、掌纹、虹膜等实现识别身份、认证等功能后删除可提取个人生物识别信息的原始图像。 注2：摘要信息通常具有不可逆特点，无法回溯到原始信息。 注3：个人信息控制者履行法律法规规定的义务相关的情形除外。

续表

《个人信息安全规范（征求意见稿）》（2019. 10. 22 版）	《个人信息安全规范》
6. 4 个人信息控制者停止运营 当个人信息控制者停止运营其产品或服务时，应： a）及时停止继续收集个人信息； b）将停止运营的通知以逐一送达或公告的形式通知个人信息主体； c）对其所持有的个人信息进行删除或匿名化处理。	6. 4 个人信息控制者停止运营 当个人信息控制者停止运营其产品或服务时，应： a）及时停止继续收集个人信息； b）将停止运营的通知以逐一送达或公告的形式通知个人信息主体； c）对其所持有的个人信息进行删除或匿名化处理。
7 个人信息的使用 7. 1 个人信息访问控制措施 对个人信息控制者的要求包括： a）对被授权访问个人信息的人员，应建立最小授权的访问控制策略，使其只能访问职责所需的最小必要的个人信息，且仅具备完成职责所需的最少的数据操作权限； b）对个人信息的重要操作设置内部审批流程，如进行批量修改、拷贝、下载等重要操作； c）对安全管理人员、数据操作人员、审计人员的角色进行分离设置； d）确因工作需要，需授权特定人员超权限处理个人信息的，应经个人信息保护责任人或个人信息保护工作机构进行审批，并记录在册； 注：个人信息保护责任人或个人信息保护工作机构的确定见本标准 10. 1。 e）对个人敏感信息的访问、修改等操作行为，宜在对角色权限控制的基础上，按照业务流程的需求触发操作授权。例如，当收到客户投诉，投诉处理人员才可访问该个人信息主体的相关信息。	7 个人信息的使用 7. 1 个人信息访问控制措施 对个人信息控制者的要求包括： a）对被授权访问个人信息的人员，应建立最小授权的访问控制策略，使其只能访问职责所需的最少必要的个人信息，且仅具备完成职责所需的最少的数据操作权限； b）对个人信息的重要操作设置内部审批流程，如进行批量修改、拷贝、下载等重要操作； c）对安全管理人员、数据操作人员、审计人员的角色进行分离设置； d）确因工作需要，需授权特定人员超权限处理个人信息的，应经个人信息保护责任人或个人信息保护工作机构进行审批，并记录在册； 注：个人信息保护责任人或个人信息保护工作机构的确定见 11. 1。 e）对个人敏感信息的访问、修改等操作行为，宜在对角色权限控制的基础上，按照业务流程的需求触发操作授权。例如，当收到客户投诉，投诉处理人员才可访问该个人信息主体的相关信息。

续表

《个人信息安全规范（征求意见稿）》（2019.10.22 版）	《个人信息安全规范》
7.2 个人信息的展示限制 涉及通过界面展示个人信息的（如显示屏幕、纸面），个人信息控制者宜对需展示的个人信息采取去标识化处理等措施，降低个人信息在展示环节的泄露风险。例如，在个人信息展示时，防止内部非授权人员及个人信息主体之外的其他人员未经授权获取个人信息。	7.2 个人信息的展示限制 涉及通过界面展示个人信息的（如显示屏幕、纸面），个人信息控制者宜对需展示的个人信息采取去标识化处理等措施，降低个人信息在展示环节的泄露风险。例如，在个人信息展示时，防止内部非授权人员及个人信息主体之外的其他人员未经授权获取个人信息。
7.3 个人信息使用的目的限制 对个人信息控制者的要求包括： a）使用个人信息时，不应超出与收集个人信息时所声称的目的具有直接或合理关联的范围。因业务需要，确需超出上述范围使用个人信息的，应再次征得个人信息主体明示同意； 注：将所收集的个人信息用于学术研究或得出对自然、科学、社会、经济等现象总体状态的描述，属于与收集目的具有合理关联的范围之内。但对外提供学术研究或描述的结果时，应对结果中所包含的个人信息进行去标识化处理。 b）如所收集的个人信息进行加工处理而产生的信息，能够单独或与其他信息结合识别特定自然人身份或者反映特定自然人活动情况的，应将其认定为个人信息。对其处理应遵循收集个人信息时获得的授权同意范围。 注 1：加工处理而产生的个人信息属于个人敏感信息的，对其处理应符合本标准对个人敏感信息的要求。	7.3 个人信息使用的目的限制 对个人信息控制者的要求包括： a）使用个人信息时，不应超出与收集个人信息时所声称的目的具有直接或合理关联的程围。因业务需要，确需超出上述范围使用个人信息的，应再次征得个人信息主体明示同意； 注：将所收集的个人信息用于学术研究或得出对自然、科学、社会、经济等现象总体状态的描述，属于与收集目的具有合理关联的范围之内。但对外提供学术研究或描述的结果时，需对结果中所包含的个人信息进行去标识化处理。 b）如所收集的个人信息进行加工处理而产生的信息，能够单独或与其他信息结合识别特定自然人身份或者反映特定自然人活动情况的，应将其认定为个人信息。对其处理应遵循收集个人信息时获得的授权同意范围。 注 2：加工处理而产生的个人信息属于个人敏感信息的，对其处理需符合对个人敏感信息的要求。

续表

《个人信息安全规范（征求意见稿）》（2019.10.22 版）	《个人信息安全规范》
7.4 用户画像的使用限制 对个人信息控制者的要求包括： a）用户画像中对个人信息主体的特征描述，不应： 1）包含淫秽、色情、赌博、迷信、恐怖、暴力的内容； 2）表达对民族、种族、宗教、残疾、疾病歧视的内容。 b）在业务运营或对外业务合作中使用用户画像的，不应： 1）侵害保护公民、法人和其他组织的合法权益； 2）危害国家安全、荣誉和利益，煽动颠覆国家政权、推翻社会主义制度，煽动分裂国家、破坏国家统一，宣扬恐怖主义、极端主义，宣扬民族仇恨、民族歧视，传播暴力、淫秽色情信息，编造、传播虚假信息扰乱经济秩序和社会秩序。 c）除为达到个人信息主体授权同意的使用目的所必需外，使用个人信息时应消除明确身份指向性，避免精确定位到特定个人。例如，为准确评价个人信用状况，可使用直接用户画像，而用于推送商业广告目的时，则宜使用间接用户画像。	7.4 用户画像的使用限制 对个人信息控制者的要求包括： a）用户画像中对个人信息主体的特征描述，不应： 1）包含淫秽、色情、赌博、迷信、恐怖、暴力的内容； 2）表达对民族、种族、宗教、残疾、疾病歧视的内容。 b）在业务运营或对外业务合作中使用用户画像的，不应： 1）侵害保护公民、法人和其他组织的合法权益； 2）危害国家安全、荣誉和利益，煽动颠覆国家政权、推翻社会主义制度，煽动分裂国家、破坏国家统一，宣扬恐怖主义、极端主义，宣扬民族仇恨、民族歧视，传播暴力、淫秽色情信息，编造、传播虚假信息扰乱经济秩序和社会秩序。 c）除为实现个人信息主体授权同意的使用目的所必需外，使用个人信息时应消除明确身份指向性，避免精确定位到特定个人。例如，为准确评价个人信用状况，可使用直接用户画像，而用于推送商业广告目的时，则宜使用间接用户画像。

续表

《个人信息安全规范（征求意见稿）》（2019.10.22 版）	《个人信息安全规范》
7.5 个性化展示的使用 对个人信息控制者的要求包括： a）在向个人信息主体提供业务功能的过程中使用个性化展示的，应显著区分个性化展示的内容和非个性化展示的内容； 注：显著区分的方式包括但不限于：标明“定推”等字样，或通过不同的栏目、板块、页面分别展示等。 b）在向个人信息主体提供电子商务服务的过程中，根据消费者的兴趣爱好、消费习惯等特征向其提供商品或者服务搜索结果的个性化展示的，应当同时向该消费者提供不针对其个人特征的选项； 注：基于个人信息主体所选择的特定位置进行展示、搜索结果排序，且不回个人信息主体身份不同展示不一样的内容和搜索结果排序，则属于不针对其个人特征的选项。 c）在向个人信息主体推送新闻信息服务的过程中使用个性化展示的，应： 1）为个人信息主体提供简单直观的退出或关闭个性化展示模式的选项； 2）当个人信息主体选择退出或关闭个性化展示模式时，向个人信息主体提供删除或匿名化定向推送活动所基于的个人信息的选项。 d）在向个人信息主体提供业务功能的过程中使用个性化展示的，宜建立个人信息主体对个性化展示所依赖的个人信息（如标签、画像维度等）的自主控制机制，保障个人信息主体调控个性化展示相关程度的能力。	7.5 个性化展示的使用 对个人信息控制者的要求包括： a）在向个人信息主体提供业务功能的过程中使用个性化展示的，应显著区分个性化展示的内容和非个性化展示的内容。 注1：显著区分的方式包括但不限于：标明“定推”等字样，或通过不同的栏目、板块、页面分别展示等。 b）在向个人信息主体提供电子商务服务的过程中，根据消费者的兴趣爱好、消费习惯等特征向其提供商品或者服务搜索结果的个性化展示的，应当同时向该消费者提供不针对其个人特征的选项。 注2：基于个人信息主体所选择的特定地理位置进行展示、搜索结果排序，且不因个人信息主体身份不同展示不一样的内容和搜索结果排序，则属于不针对其个人特征的选项。 c）在向个人信息主体推送新闻信息服务的过程中使用个性化展示的，应： 1）为个人信息主体提供简单直观的退出或关闭个性化展示模式的选项； 2）当个人信息主体选择退出或关闭个性化展示模式时，向个人信息主体提供删除或匿名化定向推送活动所基于的个人信息的选项。 d）在向个人信息主体提供业务功能的过程中使用个性化展示的，宜建立个人信息主体对个性化展示所依赖的个人信息（如标签、画像维度等）的自主控制机制，保障个人信息主体调控个性化展示相关性程度的能力。
7.6 基于不同业务目的所收集的个人信息的汇聚融合 对个人信息控制者的要求包括： a）遵守本标准7.3的要求； b）根据汇聚融合后个人信息所用于的目的，开展个人信息安全影响评估，采取有效的个人信息保护措施。	7.6 基于不同业务目的所收集个人信息的汇聚融合 对个人信息控制者的要求包括： a）应遵守7.3的要求； b）应根据汇聚融合后个人信息所用于的目的，开展个人信息安全影响评估，采取有效的个人信息保护措施。

续表

《个人信息安全规范（征求意见稿）》（2019. 10. 22 版）	《个人信息安全规范》
7. 7 信息系统自动决策机制的使用 个人信息控制者业务运营所使用的信息系统，具备自动决策机制且能对个人信息主体权益造成显著影响的（例如，自动决定个人征信及贷款额度，或用于面试人员的自动化筛选等），应： a）在规划设计阶段或首次使用前开展个人信息安全影响评估，并依评估结果采取有效的保护个人信息主体的措施； b）在使用过程中定期（至少每年一次）开展个人信息安全影响评估，并依评估结果改进保护个人信息主体的措施； c）向个人信息主体提供针对自动决策结果的投诉渠道，支持通过人工方式对个人信息主体投诉情形进行复核。	7. 7 信息系统自动决策机制的使用 个人信息控制者业务运营所使用的信息系统，具备自动决策机制且能对个人信息主体权益造成显著影响的（例如，自动决定个人征信及贷款额度，或用于面试人员的自动化筛选等），应： a）在规划设计阶段或首次使用前开展个人信息安全影响评估，并依评估结果采取有效的保护个人信息主体的措施； b）在使用过程中定期（至少每年一次）开展个人信息安全影响评估，并依评估结果改进保护个人信息主体的措施； c）向个人信息主体提供针对自动决策结果的投诉渠道，并支持对自动决策结果的人工复核。
7. 8 个人信息查询 个人信息控制者应向个人信息主体提供查询下列信息的方法： a）其所持有的关于该主体的个人信息或个人信息的类型； b）上述个人信息的来源、所用于的目的； c）已经获得上述个人信息的第三方身份或类型。 注：个人信息主体提出查询非其主动提供的个人信息时，个人信息控制者可在综合考虑不响应请求可能对个人信息主体合法权益带来的风险和损害，以及技术可行性、实现请求的成本等因素后，作出是否响应的决定，并给出解释说明。	8 个人信息主体的权利 8. 1 个人信息查询 个人信息控制者应向个人信息主体提供查询下列信息的方法： a）其所持有的关于该主体的个人信息或个人信息的类型； b）上述个人信息的来源、所用于的目的； c）已经获得上述个人信息的第三方身份或类型。 注：个人信息主体提出查询非其主动提供的个人信息时，个人信息控制者可在综合考虑不响应请求可能对个人信息主体合法权益带来的风险和损害，以及技术可行性、实现请求的成本等因素后，作出是否响应的决定，并给出解释说明。
7. 9 个人信息更正 个人信息主体发现个人信息控制者所持有的该主体的个人信息有错误或不完整的，个人信息控制者应为其提供请求更正或补充信息的方法。	8. 2 个人信息更正 个人信息主体发现个人信息控制者所持有的该主体的个人信息有错误或不完整的，个人信息控制者应为其提供请求更正或补充信息的方法。

续表

《个人信息安全规范（征求意见稿）》 （2019.10.22 版）	《个人信息安全规范》
7.10 个人信息删除 对个人信息控制者的要求包括： a）符合以下情形，个人信息主体要求删除的，应及时删除个人信息： 1）个人信息控制者违反法律法规规定，收集、使用个人信息的； 2）个人信息控制者违反与个人信息主体的约定，收集、使用个人信息的。 b）个人信息控制者违反法律法规规定或违反与个人信息主体的约定向第三方共享、转让个人信息，且个人信息主体要求删除的，个人信息控制者应立即停止共享、转让的行为，并通知第三方及时删除； c）个人信息控制者违反法律法规规定或违反与个人信息主体的约定，公开披露个人信息，且个人信息主体要求删除的，个人信息控制者应立即停止公开披露的行为，并发布通知要求相关接收方删除相应的信息。	8.3 个人信息删除 对个人信息控制者的要求包括： a）符合以下情形，个人信息主体要求删除的，应及时删除个人信息： 1）个人信息控制者违反法律法规规定，收集、使用个人信息的； 2）个人信息控制者违反与个人信息主体的约定，收集、使用个人信息的。 b）个人信息控制者违反法律法规规定或违反与个人信息主体的约定向第三方共享、转让个人信息，且个人信息主体要求删除的，个人信息控制者应立即停止共享、转让的行为，并通知第三方及时删除。 c）个人信息控制者违反法律法规规定或违反与个人信息主体的约定，公开披露个人信息，且个人信息主体要求删除的，个人信息控制者应立即停止公开披露的行为，并发布通知要求相关接收方删除相应的信息。
7.11 个人信息主体撤回授权同意 对个人信息控制者的要求包括： a）应向个人信息主体提供撤回收集、使用其个人信息的授权同意的方法。撤回授权同意后，个人信息控制者后续不应再处理相应的个人信息； b）应保障个人信息主体拒绝接收基于其个人信息推送商业广告的权利。对外共享、转让、公开披露个人信息，应向个人信息主体提供撤回授权同意的方法。 注：撤回授权同意不影响撤回前基于授权按同意的个人信息处理。	8.4 个人信息主体撤回授权同意 对个人信息控制者的要求包括： a）应向个人信息主体提供撤回收集、使用其个人信息的授权同意的方法。撤回授权同意后，个人信息控制者后续不应再处理相应的个人信息。 b）应保障个人信息主体拒绝接收基于其个人信息推送商业广告的权利。对外共享、转让、公开披露个人信息，应向个人信息主体提供撤回授权同意的方法。 注：撤回授权同意不影响撤回前基于授权同意的个人信息处理。

续表

《个人信息安全规范（征求意见稿）》（2019.10.22 版）	《个人信息安全规范》
7.12 个人信息主体注销账户 对个人信息控制者的要求包括： a）通过注册账户提供服务的个人信息控制者，应向个人信息主体提供注销账户的方法，且该方法应简便易操作； b）宜直接设置便捷的注销功能交互式页面，及时响应个人信息主体注销请求； c）受理注销账号请求后，需要人工处理的，应在承诺时限内（原则上不超过十五天）完成核查和处理； d）注销过程进行身份核验需要个人信息主体重新提供的个人信息不应多于注册、使用等服务环节收集的个人信息； e）注销过程不应设置不合理的条件或提出额外要求增加个人信息主体义务，如注销单个账户视同注销多个产品或服务，要求个人信息主体填写精确的历史操作记录作为必要注销条件等； f）注销账户的过程需收集个人敏感信息核验身份时，应明确对收集个人敏感信息后的处理措施，如达成目的后立即删除或匿名化处理等； g）个人信息主体注销账户后，应及时删除其个人信息或做匿名化处理。 注：因法律规定需要留存的个人信息应妥善保管，不能将其再次应用于业务场景。	8.5 个人信息主体注销账户 对个人信息控制者的要求包括： a）通过注册账户提供产品或服务的个人信息控制者，应向个人信息主体提供注销账户的方法，且方法简便易操作； b）受理注销账户请求后，需要人工处理的，应在承诺时限内（不超过 15 个工作日）完成核查和处理； c）注销过程如需进行身份核验，要求个人信息主体再次提供的个人信息类型不应多于注册、使用等服务环节收集的个人信息类型； d）注销过程不应设置不合理的条件或提出额外要求增加个人信息主体义务，如注销单个账户视同注销多个产品或服务，要求个人信息主体填写精确的历史操作记录作为注销的必要条件等； 注 1：多个产品或服务之间存在必要业务关联关系的，例如，一旦注销某个产品或服务的账户，将会导致其他产品或服务的必要业务功能无法实现或者服务质量明显下降的，需向个人信息主体进行详细说明。 注 2：产品或服务没有独立的账户体系的，可采取对该产品或服务账号以外其他个人信息进行删除，并切断账户体系与产品或服务的关联等措施实现注销。 e）注销账户的过程需收集个人敏感信息核验身份时，应明确对收集个人敏感信息后的处理措施，如达成目的后立即删除或匿名化处理等； f）个人信息主体注销账户后，应及时删除其个人信息或匿名化处理。因法律法规规定需要留存个人信息的，不能再次将其用于日常业务活动中。

续表

《个人信息安全规范（征求意见稿）》（2019. 10. 22 版）	《个人信息安全规范》
7. 13 个人信息主体获取个人信息副本 根据个人信息主体的请求，个人信息控制者宜为个人信息主体提供获取以下类型个人信息副本的方法，或在技术可行的前提下直接将以下类型个人信息的副本传输给个人信息主体指定的第三方： a）本人的基本资料、身份信息； b）本人的健康生理信息、教育工作信息。	8. 6 个人信息主体获取个人信息副本 根据个人信息主体的请求，个人信息控制者宜为个人信息主体提供获取以下类型个人信息副本的方法，或在技术可行的前提下直接将以下类型个人信息的副本传输给个人信息主体指定的第三方： a）本人的基本资料、身份信息； b）本人的健康生理信息、教育工作信息。
7. 14 响应个人信息主体的请求 对个人信息控制者的要求包括： a）在验证个人信息主体身份后，应及时响应个人信息主体基于本标准第 7. 8 至 7. 13 提出的请求，应在三十天内或法律法规规定的期限内作出答复及合理解释，并告知个人信息主体外部纠纷解决途径； b）宜直接在产品或服务提供的界面中设置专门的功能或选项，便于个人信息主体在线行使其访问、更正、删除、撤回授权同意、注销账户等权利； c）对合理的请求原则上不收取费用，但对一定时期内多次重复的请求，可视情收取一定成本费用； d）直接实现个人信息主体的请求需要付出高额成本或存在其他显著困难的，个人信息控制者应向个人信息主体提供其他替代性方法，以保护个人信息主体的合法权益； e）以下情行可不响应个人信息主体基于标准 7. 8 至 7. 13 提出的请求，包括： 1）与个人信息控制者履行法律法规规定的义务相关的； 2）与国家安全、国防安全直接相关的； 3）与公共安全、公共卫生、重大公共利益直接相关的； 4）与刑事侦查、起诉、审判和执行判决等直接相关的；	8. 7 响应个人信息主体的请求 对个人信息控制者的要求包括： a）在验证个人信息主体身份后，应及时响应个人信息主体基于 8. 1 ~ 8. 6 提出的请求，应在三十天内或法律法规规定的期限内作出答复及合理解释，并告知个人信息主体外部纠纷解决途径。 b）采用交互式页面（如网站、移动互联网应用程序、客户端软件等）提供产品或服务的，宜直接设置便捷的交互式页面提供功能或选项，便于个人信息主体在线行使其访问、更正、删除、撤回授权同意、注销账户等权利。 c）对合理的请求原则上不收取费用，但对一定时期内多次重复的请求，可视情收取一定成本费用。 d）直接实现个人信息主体的请求需要付出高额成本或存在其他显著困难的，个人信息控制者应向个人信息主体提供替代方法，以保障个人信息主体的合法权益。 e）以下情况可不响应个人信息主体基于本 8. 1 ~ 8. 6 提出的请求，包括： 1）与个人信息控制者履行法律法规规定的义务相关的； 2）与国家安全、国防安全直接相关的； 3）与公共安全、公共卫生、重大公共利益直接相关的； 4）与犯罪侦查、起诉、审判和执行判决等直接相关的；

续表

《个人信息安全规范（征求意见稿）》（2019. 10. 22 版）	《个人信息安全规范》
5）个人信息控制者有充分证据表明个人信息主体存在主观恶意或滥用权利的； 6）出于维护个人信息主体或其他个人的生命、财产等重大合法权益但又很难得到本人授权同意的； 7）响应个人信息主体的请求将导致个人信息主体或其他个人、组织的合法权益受到严重损害的； 8）涉及商业秘密的。 f）如决定不响应个人信息主体的请求，应向个人信息主体告知该决定的理由，并向个人信息主体提供投诉的途径。	5）个人信息控制者有充分证据表明个人信息主体存在主观恶意或滥用权利的； 6）出于维护个人信息主体或其他个人的生命、财产等重大合法权益但又很难得到本人授权同意的； 7）响应个人信息主体的请求将导致个人信息主体或其他个人、组织的合法权益受到严重损害的； 8）涉及商业秘密的。 f）如决定不响应个人信息主体的请求，应向个人信息主体告知该决定的理由，并向个人信息主体提供投诉的途径。
7. 15 投诉管理 个人信息控制者应建立投诉管理机制和投诉跟踪流程，并在合理的时间内对投诉进行响应。	8. 8 投诉管理 个人信息控制者应建立投诉管理机制和投诉跟踪流程，并在合理的时间内对投诉进行响应。
8 个人信息的委托处理、共享、转让、公开披露 8. 1 委托处理 委托处理个人信息时，应符合以下要求： a）个人信息控制者作出委托行为，不得超出已征得个人信息主体授权同意的范围或应遵守本标准 5. 6 所列情形； b）个人信息控制者应对委托行为进行个人信息安全影响评估，确保受委托者达到本标准 10. 4 的数据安全能力要求； c）受委托者应： 1）严格按照个人信息控制者的要求处理个人信息。受委托者因特殊原因未按照个人信息控制者的要求处理个人信息的，应及时向个人信息控制者反馈； 2）受委托者确需再次委托时，应事先征得个人信息控制者的授权； 3）协助个人信息控制者响应个人信息主体基于本标准 7. 8 至 7. 13 提出的请求；	9 个人信息的委托处理、共享、转让、公开披露 9. 1 委托处理 个人信息控制者委托第三方处理个人信息时，应符合以下要求： a）个人信息控制者作出委托行为，不应超出已征得个人信息主体授权同意的范围或应遵守 5. 6 所列情形。 b）个人信息控制者应对委托行为进行个人信息安全影响评估，确保受委托者达到 11. 5 的数据安全能力要求。 c）受委托者应： 1）严格按照个人信息控制者的要求处理个人信息。受委托者因特殊原因未按照个人信息控制者的要求处理个人信息的，应及时向个人信息控制者反馈。 2）受委托者确需再次委托时，应事先征得个人信息控制者的授权。 3）协助个人信息控制者响应个人信息主体基于 8. 1 ~ 8. 6 提出的请求。

续表

《个人信息安全规范（征求意见稿）》（2019.10.22 版）	《个人信息安全规范》
4）受委托者在处理个人信息过程中无法提供足够的安全保护水平或发生安全事件的，应及时向个人信息控制者反馈。 5）在委托关系解除时不再保存相关个人信息。 d）个人信息控制者应对受委托者进行监督，方式包括但不限于： 1）通过合同等方式规定受委托者的责任和义务； 2）对受委托者进行审计。 e）个人信息控制者应准确记录和保存委托处理个人信息的情况。 f）个人信息控制者得知或者发现受委托者未按照委托要求处理个人信息，或未能有效履行个人信息安全保护责任的，应立即要求受托者停止相关行为，且采取或要求受委托者采取有效补救措施（例如更改口令、回收权限、断开网络连接等）控制或消除个人信息面临的安全风险。必要时个人信息控制者应终止与受委托者的业务关系，并要求受委托者及时删除从个人信息控制者获得的个人信息。	4）受委托者在处理个人信息过程中无法提供足够的安全保护水平或发生了安全事件的，应及时向个人信息控制者反馈； 5）在委托关系解除时不再存储相关个人信息。 d）个人信息控制者应对受委托者进行监督，方式包括但不限于： 1）通过合同等方式规定受委托者的责任和义务； 2）对受委托者进行审计。 e）个人信息控制者应准确记录和存储委托处理个人信息的情况。 f）个人信息控制者得知或者发现受委托者未按照委托要求处理个人信息，或未能有效履行个人信息安全保护责任的，应立即要求受托者停止相关行为，且采取或要求受委托者采取有效补救措施（如更改口令、回收权限、断开网络连接等）控制或消除个人信息面临的安全风险。必要时个人信息控制者应终止与受委托者的业务关系，并要求受委托者及时删除从个人信息控制者获得的个人信息。

续表

《个人信息安全规范（征求意见稿）》（2019.10.22 版）	《个人信息安全规范》
8.2 个人信息共享、转让 个人信息控制者共享、转让个人信息时，应充分重视风险。共享、转让个人信息，非因收购、兼并、重组、破产原因的，应符合以下要求： a）事先开展个人信息安全影响评估，并依评估结果采取有效的保护个人信息主体的措施； b）向个人信息主体告知共享、转让个人信息的目的、数据接收方的类型以及可能产生的后果，并事先征得个人信息主体的授权同意。共享、转让经去标识化处理的个人信息，且确保数据接收方无法重新识别或者关联个人信息主体的除外； c）共享、转让个人敏感信息前，除8.2 b）中告知的内容外，还应向个人信息主体告知涉及的个人敏感信息类型、数据接收方的身份和数据安全能力，并事先征得个人信息主体的明示同意； d）通过合同等方式规定数据接收方的责任和义务； e）准确记录和保存个人信息的共享、转让情况，包括共享、转让的日期、规模、目的，以及数据接收方基本情况等； f）个人信息控制者发现数据接收方违反法律法规要求或双方约定处理个人信息的，应立即要求数据接收方停止相关行为，且采取或要求数据接收方采取有效补救措施（例如更改口令、回收权限、断开网络连接等）控制或消除个人信息面临的安全风险；必要时个人信息控制者应解除与数据接收方的业务关系，并要求数据接收方及时删除从个人信息控制者获得的个人信息。 g）因共享、转让个人信息发生安全事件而对个人信息主体合法权益造成损害的，个人信息控制者应承担相应的责任；	9.2 个人信息共享、转让 个人信息控制者共享、转让个人信息时，应充分重视风险。共享、转让个人信息，非因收购、兼并、重组、破产原因的，应符合以下要求： a）事先开展个人信息安全影响评估，并依评估结果采取有效的保护个人信息主体的措施。 b）向个人信息主体告知共享、转让个人信息的目的、数据接收方的类型以及可能产生的后果，并事先征得个人信息主体的授权同意。共享、转让经去标识化处理的个人信息，且确保数据接收方无法重新识别或者关联个人信息主体的除外。 c）共享、转让个人敏感信息前，除 b）中告知的内容外，还应向个人信息主体告知涉及的个人敏感信息类型、数据接收方的身份和数据安全能力，并事先征得个人信息主体的明示同意。 d）通过合同等方式规定数据接收方的责任和义务。 e）准确记录和存储个人信息的共享、转让情况，包括共享、转让的日期、规模、目的，以及数据接收方基本情况等。 f）个人信息控制者发现数据接收方违反法律法规要求或双方约定处理个人信息的，应立即要求数据接收方停止相关行为，且采取或要求数据接收方采取有效补救措施（如更改口令、回收权限、断开网络连接等）控制或消除个人信息面临的安全风险；必要时个人信息控制者应解除与数据接收方的业务关系，并要求数据接收方及时删除从个人信息控制者获得的个人信息。 g）因共享、转让个人信息发生安全事件而对个人信息主体合法权益造成损害的，个人信息控制者应承担相应的责任。

续表

《个人信息安全规范（征求意见稿）》（2019.10.22 版）	《个人信息安全规范》
h）帮助个人信息主体了解数据接收方对个人信息的保存、使用等情况，以及个人信息主体的权利，例如，访问、更正、删除、注销账户等。	h）帮助个人信息主体了解数据接收方对个人信息的存储、使用等情况，以及个人信息主体的权利，例如，访问、更正、删除、注销账户等。 i）个人生物识别信息原则上不应共享、转让。因业务需要，确需共享、转让的，应单独向个人信息主体告知目的、涉及的个人生物识别信息类型、数据接收方的具体身份和数据安全能力等，并征得个人信息主体的明示同意。
8.3 收购、兼并、重组、破产时的个人信息转让 当个人信息控制者发生收购、兼并、重组、破产等变更时，个人信息控制者应： a）向个人信息主体告知有关情况； b）变更后的个人信息控制者应继续履行原个人信息控制者的责任和义务，如变更个人信息使用目的时，应重新取得个人信息主体的明示同意； c）如破产且无承接方的，对数据做删除处理。	9.3 收购、兼并、重组、破产时的个人信息转让 当个人信息控制者发生收购、兼并、重组、破产等变更时，对个人信息控制者的要求包括： a）向个人信息主体告知有关情况； b）变更后的个人信息控制者应继续履行原个人信息控制者的责任和义务，如变更个人信息使用目的时，应重新取得个人信息主体的明示同意； c）如破产且无承接方的，对数据做删除处理。
8.4 个人信息公开披露 个人信息原则上不得公开披露。个人信息控制者经法律授权或具备合理事由确需公开披露时，应充分重视风险，遵守以下要求： a）事先开展个人信息安全影响评估，并依评估结果采取有效的保护个人信息主体的措施； b）向个人信息主体告知公开披露个人信息的目的、类型，并事先征得个人信息主体明示同意； c）公开披露个人敏感信息前，除 8.4 b）中告知的内容外，还应向个人信息主体告知涉及的个人敏感信息的内容； d）准确记录和保存个人信息的公开披露的情况，包括公开披露的日期、规模、目的、公开范围等； e）承担因公开披露个人信息对个人信息主体合法权益造成损害的相应责任； f）不应公开披露个人生物识别信息； g）不应公开披露我国公民的种族、民族、政治观点、宗教信仰等个人敏感数据的分析结果。	9.4 个人信息公开披露 个人信息原则上不应公开披露。个人信息控制者经法律授权或具备合理事由确需公开披露时，应符合以下要求： a）事先开展个人信息安全影响评估，并依评估结果采取有效的保护个人信息主体的措施； b）向个人信息主体告知公开披露个人信息的目的、类型，并事先征得个人信息主体明示同意； c）公开披露个人敏感信息前，除 b）中告知的内容外，还应向个人信息主体告知涉及的个人敏感信息的内容； d）准确记录和存储个人信息的公开披露的情况，包括公开披露的日期、规模、目的、公开范围等； e）承担因公开披露个人信息对个人信息主体合法权益造成损害的相应责任； f）不应公开披露个人生物识别信息； g）不应公开披露我国公民的种族、民族、政治观点、宗教信仰等个人敏感数据的分析结果。

续表

《个人信息安全规范（征求意见稿）》（2019. 10. 22 版）	《个人信息安全规范》
8. 5 共享、转让、公开披露个人信息时事先征得授权同意的例外 以下情形中，个人信息控制者共享、转让、公开披露个人信息不必事先征得个人信息主体的授权同意： a）与个人信息控制者履行法律法规规定的义务相关的； b）与国家安全、国防安全直接相关的； c）与公共安全、公共卫生、重大公共利益直接相关的； d）与刑事侦查、起诉、审判和判决执行等直接相关的； e）出于维护个人信息主体或其他个人的生命、财产等重大合法权益但又很难得到本人授权同意的； f）个人信息主体自行向社会公众公开的个人信息； g）从合法公开披露的信息中收集个人信息的，如合法的新闻报道、政府信息公开等渠道。	9. 5 共享、转让、公开披露个人信息时事先征得授权同意的例外 以下情形中，个人信息控制者共享、转让、公开披露个人信息不必事先征得个人信息主体的授权同意： a）与个人信息控制者履行法律法规规定的义务相关的； b）与国家安全、国防安全直接相关的； c）与公共安全、公共卫生、重大公共利益直接相关的； d）与刑事侦查、起诉、审判和判决执行等直接相关的； e）出于维护个人信息主体或其他个人的生命、财产等重大合法权益但又很难得到本人授权同意的； f）个人信息主体自行向社会公众公开的个人信息； g）从合法公开披露的信息中收集个人信息的，如合法的新闻报道、政府信息公开等渠道。
8. 6 共同个人信息控制者 对个人信息控制者的要求包括： a）当个人信息控制者与第三方为共同个人信息控制者时，个人信息控制者应通过合同等形式与第三方共同确定应满足的个人信息安全要求，以及在个人信息安全方面自身和第三方应分别承担的责任和义务，并向个人信息主体明确告知。 b）如未向个人信息主体明确告知第三方身份，以及在个人信息安全方面自身和第三方应分别承担的责任和义务，个人信息控制者应承担因第三方引起的个人信息安全责任。 注：如个人信息控制者在提供产品或服务的过程中部署了收集个人信息的第三方插件（例如，网站经营者与在其网页或应用程序中部署统计分析工具、软件开发工具包 SDK、调用地图 API 接口），且该第三方并未单独向个人信息主体征得收集、使用个人信息的授权同意，则个人信息控制者与该第三方为共同个人信息控制者。	9. 6 共同个人信息控制者 对个人信息控制者的要求包括： a）当个人信息控制者与第三方为共同个人信息控制者时，个人信息控制者应通过合同等形式与第三方共同确定应满足的个人信息安全要求，以及在个人信息安全方面自身和第三方应分别承担的责任和义务，并向个人信息主体明确告知； b）如未向个人信息主体明确告知第三方身份，以及在个人信息安全方面自身和第三方应分别承担的责任和义务，个人信息控制者应承担因第三方引起的个人信息安全责任。 注：如个人信息控制者在提供产品或服务的过程中部署了收集个人信息的第三方插件（例如，网站经营者与在其网页或应用程序中部署统计分析工具、软件开发工具包 SDK、调用地图 API 接口），且该第三方并未单独向个人信息主体征得收集个人信息的授权同意，则个人信息控制者与该第三方在个人信息收集阶段为共同个人信息控制者。

续表

《个人信息安全规范（征求意见稿）》（2019.10.22 版）	《个人信息安全规范》
8.7 第三方接入管理 当个人信息控制者在其产品或服务中接入具备收集个人信息功能的第三方产品或服务且不适用本标准 8.1 和 8.6 时，对个人信息控制者的要求包括： a）建立第三方产品或服务接入管理机制和工作流程，必要时应建立安全评估等机制设置接入条件； b）应与第三方产品或服务提供者通过合同等形式明确双方的安全责任及应实施的个人信息安全措施； c）应向个人信息主体明确标识产品或服务由第三方提供； d）应妥善留存平台第三方接入有关合同和管理记录，确保可供相关方查阅； e）应要求第三方根据本标准相关要求向个人信息主体征得收集个人信息的授权同意，核验其实现的方式； f）应要求第三方产品或服务建立响应个人信息主体请求和投诉等的机制，并妥善留存、及时更新，以供个人信息主体查询、使用； g）应督促第三方产品或服务提供者加强个人信息安全管理，发现第三方产品或服务没有落实安全管理要求和责任的，应及时督促整改，必要时停止接入； h）涉及第三方嵌入或接入的自动化工具（如代码、脚本、接口、算法模型、软件开发工具包、小程序等）的，宜： 1）开展技术检测确保其个人信息收集、使用行为符合约定要求； 2）宜对第三方嵌入或接入的自动化工具收集个人信息的行为进行审计，发现超出约定的行为，及时切断接入。	9.7 第三方接入管理 当个人信息控制者在其产品或服务中接入具备收集个人信息功能的第三方产品或服务且不适用9.1 和 9.6 时，对个人信息控制者的要求包括： a）建立第三方产品或服务接入管理机制和工作流程，必要时应建立安全评估等机制设置接入条件； b）应与第三方产品或服务提供者通过合同等形式明确双方的安全责任及应实施的个人信息安全措施； c）应向个人信息主体明确标识产品或服务由第三方提供； d）应妥善留存平台第三方接入有关合同和管理记录，确保可供相关方查阅； e）应要求第三方根据本标准相关要求向个人信息主体征得收集个人信息的授权同意，必要时核验其实现的方式； f）应要求第三方产品或服务建立响应个人信息主体请求和投诉等的机制，以供个人信息主体查询、使用； g）应监督第三方产品或服务提供者加强个人信息安全管理，发现第三方产品或服务没有落实安全管理要求和责任的，应及时督促整改，必要时停止接入； h）产品或服务嵌入或接入第三方自动化工具（如代码、脚本、接口、算法模型、软件开发工具包、小程序等）的，宜采取以下措施： 1）开展技术检测确保其个人信息收集、使用行为符合约定要求； 2）对第三方嵌入或接入的自动化工具收集个人信息的行为进行审计，发现超出约定的行为，及时切断接入。

续表

《个人信息安全规范（征求意见稿）》（2019. 10. 22 版）	《个人信息安全规范》
8. 8 个人信息跨境传输要求 在中华人民共和国境内运营中收集和产生的个人信息向境外提供的，个人信息控制者应遵循国家相关规定和相关标准的要求。	9. 8 个人信息跨境传输 在中华人民共和国境内运营中收集和产生的个人信息向境外提供的，个人信息控制者应遵循国家相关规定和相关标准的要求。
9 个人信息安全事件处置 9. 1 个人信息安全事件应急处置和报告 对个人信息控制者的要求包括： a）应制定个人信息安全事件应急预案； b）应定期（至少每年一次）组织内部相关人员进行应急响应培训和应急演练，使其掌握岗位职责和应急处置策略和规程； c）发生个人信息安全事件后，个人信息控制者应根据应急响应预案进行以下处置： 1）记录事件内容，包括但不限于：发现事件的人员、时间、地点，涉及的个人信息及人数，发生事件的系统名称，对其他互联系统的影响，是否已联系执法机关或有关部门； 2）评估事件可能造成的影响，并采取必要措施控制事态，消除隐患； 3）按《国家网络安全事件应急预案》等有关规定及时上报，报告内容包括但不限于：涉及个人信息主体的类型、数量、内容、性质等总体情况，事件可能造成的影响，已采取或将要采取的处置措施，事件处置相关人员的联系方式； 4）个人信息泄露事件可能会给个人信息主体的合法权益带来严重危害的，如个人敏感信息的泄露，照本标准 9. 2 的要求实施安全事件的告知。 d）根据相关法律法规变化情况，以及事件处置情况，及时更新应急预案。	10 个人信息安全事件处置 10. 1 个人信息安全事件应急处置和报告 对个人信息控制者的要求包括： a）应制定个人信息安全事件应急预案。 b）应定期（至少每年一次）组织内部相关人员进行应急响应培训和应急演练，使其掌握岗位职责和应急处置策略和规程。 c）发生个人信息安全事件后，个人信息控制者应根据应急响应预案进行以下处置。 1）记录事件内容，包括但不限于：发现事件的人员、时间、地点，涉及的个人信息及人数，发生事件的系统名称，对其他互联系统的影响，是否已联系执法机关或有关部门； 2）评估事件可能造成的影响，并采取必要措施控制事态，消除隐患； 3）按照《国家网络安全事件应急预案》等有关规定及时上报，报告内容包括但不限于：涉及个人信息主体的类型、数量、内容、性质等总体情况，事件可能造成的影响，已采取或将要采取的处置措施，事件处置相关人员的联系方式； 4）个人信息泄露事件可能会给个人信息主体的合法权益 造成严重危害的，如个人敏感信息的泄露，按照 10. 2 的要求实施安全事件的告知。 d）根据相关法律法规变化情况，以及事件处置情况，及时更新应急预案。

续表

《个人信息安全规范（征求意见稿）》 （2019.10.22 版）	《个人信息安全规范》
9.2 安全事件告知 对个人信息控制者的要求包括： a）应及时将事件相关情况以邮件、信函、电话、推送通知等方式告知受影响的个人信息主体。难以逐一告知个人信息主体时，应采取合理、有效的方式发布与公众有关的警示信息； b）告知内容应包括但不限于： 1）安全事件的内容和影响； 2）已采取或将要采取的处置措施； 3）个人信息主体自主防范和降低风险的建议； 4）针对个人信息主体提供的补救措施； 5）个人信息保护负责人和个人信息保护工作机构的联系方式。	10.2 安全事件告知 对个人信息控制者的要求包括： a）应及时将事件相关情况以邮件、信函、电话、推送通知等方式告知受影响的个人信息主体。难以逐一告知个人信息主体时，应采取合理、有效的方式发布与公众有关的警示信息。 b）告知内容应包括但不限于： 1）安全事件的内容和影响； 2）已采取或将要采取的处置措施； 3）个人信息主体自主防范和降低风险的建议； 4）针对个人信息主体提供的补救措施； 5）个人信息保护负责人和个人信息保护工作机构的联系方式。
10 组织的管理要求 10.1 明确责任部门与人员 对个人信息控制者的要求包括： a）应明确其法定代表人或主要负责人对个人信息安全负全面领导责任，包括为个人信息安全工作提供人力、财力、物力保障等。 b）应任命个人信息保护负责人和个人信息保护工作机构，个人信息保护负责人应由具有相关管理工作经历和个人信息保护专业知识的人员担任，参与有关个人信息处理活动的重要决策直接向组织主要负责人报告工作。 c）满足以下条件之一的组织，应设立专职的个人信息保护负责人和个人信息保护工作机构，负责个人信息安全工作： 1）主要业务涉及个人信息处理，且从业人员规模大于 200 人； 2）处理超过 100 万人的个人信息，或预计在 12 个月内处理超过 100 万人的个人信息； 3）处理个人敏感信息的。 d）个人信息保护负责人和个人信息保护工作机构应履行的职责包括但不限于：	11 组织的个人信息安全管理要求 11.1 明确责任部门与人员 对个人信息控制者的要求包括： a）应明确其法定代表人或主要负责人对个人信息安全负全面领导责任，包括为个人信息安全工作提供人力、财力、物力保障等。 b）应任命个人信息保护负责人和个人信息保护工作机构，个人信息保护负责人应由具有相关管理工作经历和个人信息保护专业知识的人员担任，参与有关个人信息处理活动的重要决策直接向组织主要负责人报告工作。 c）满足以下条件之一的组织，应设立专职的个人信息保护负责人和个人信息保护工作机构，负责个人信息安全工作： 1）主要业务涉及个人信息处理，且从业人员规模大于 200 人； 2）处理超过 100 万人的个人信息，或预计在 12 个月内处理超过 100 万人的个人信息； 3）处理超过 10 万人的个人敏感信息的。 d）个人信息保护负责人和个人信息保护工作机构的职责应包括但不限于：

续表

《个人信息安全规范（征求意见稿）》（2019. 10. 22 版）	《个人信息安全规范》
1）全面统筹实施组织内部的个人信息安全工作，对个人信息安全负直接责任； 2）组织制定个人信息保护工作计划并督促落实； 3）制定、签发、实施、定期更新隐私政策和相关规程； 4）应建立、维护和更新组织所持有的个人信息清单（包括个人信息的类型、数量、来源、接收方等）和授权访问策略； 5）开展个人信息安全影响评估，提出个人信息保护的对策建议，督促整改安全隐患； 6）组织开展个人信息安全培训； 7）在产品或服务上线发布前进行检测，避免未知的个人信息收集、使用、共享等处理行为； 8）公布投诉、举报方式等信息并及时受理投诉举报； 9）进行安全审计； 10）与监督、管理部门保持沟通，通报或报告个人信息保护和事件处置等情况。 e）应为个人信息保护负责人和个人信息保护工作机构提供必要的资源，保障其独立履行职责。	1）全面统筹实施组织内部的个人信息安全工作，对个人信息安全负直接责任； 2）组织制定个人信息保护工作计划并督促落实； 3）制定、签发、实施、定期更新个人信息保护政策和相关规程； 4）建立、维护和更新组织所持有的个人信息清单（包括个人信息的类型、数量、来源、接收方等）和授权访问策略； 5）开展个人信息安全影响评估，提出个人信息保护的对策建议，督促整改安全隐患； 6）组织开展个人信息安全培训； 7）在产品或服务上线发布前进行检测，避免未知的个人信息收集、使用、共享等处理行为； 8）公布投诉、举报方式等信息并及时受理投诉举报； 9）进行安全审计； 10）与监督、管理部门保持沟通，通报或报告个人信息保护和事件处置等情况。 e）应为个人信息保护负责人和个人信息保护工作机构提供必要的资源，保障其独立履行职责。
10. 2 个人信息安全工程 开发具有处理个人信息功能的产品或服务时，个人信息控制者宜根据有关国家标准在需求、设计、开发、测试、发布等系统工程阶段考虑个人信息保护要求，保证在系统建设时对个人信息保护措施同步规划、同步建设和同步使用。	11. 2 个人信息安全工程 开发具有处理个人信息功能的产品或服务时，个人信息控制者宜根据国家有关标准在需求、设计、开发、测试、发布等系统工程阶段考虑个人信息保护要求，保证在系统建设时对个人信息保护措施同步规划、同步建设和同步使用。

续表

《个人信息安全规范（征求意见稿）》 （2019.10.22 版）	《个人信息安全规范》
10.3 个人信息处理活动记录 宜建立、维护和更新所收集、使用的个人信息处理活动记录，记录的内容可包括： a）所涉及个人信息的类型、数量、来源（例如从个人信息主体直接收集或通过间接获取方式获得）； b）根据业务功能和授权情况区分个人信息的处理目的、使用场景，以及委托处理、共享、转让、公开披露、是否涉及出境等情况； c）与个人信息处理各环节相关的信息系统、组织或人员。	11.3 个人信息处理活动记录 个人信息控制者宜建立、维护和更新所收集、使用的个人信息处理活动记录，记录的内容可包括： a）所涉及个人信息的类型、数量、来源（如从个人信息主体直接收集或通过间接获取方式获得）； b）根据业务功能和授权情况区分个人信息的处理目的、使用场景，以及委托处理、共享、转让、公开披露、是否涉及出境等情况； c）与个人信息处理活动各环节相关的信息系统、组织或人员。
10.4 开展个人信息安全影响评估 对个人信息控制者的要求包括： a）应建立个人信息安全影响评估制度，评估并处置个人信息处理活动存在的安全风险； b）个人信息安全影响评估应主要评估处理活动遵循个人信息安全基本原则的情况，以及个人信息处理活动对个人信息主体合法权益的影响，内容包括但不限于： 1）个人信息收集环节是否遵循目的明确、选择同意、最小必要等原则； 2）个人信息处理是否可能对个人信息主体合法权益造成不利影响，包括是否会危害人身和财产安全、损害个人名誉和身心健康、导致歧视性待遇等； 3）个人信息安全措施的有效性； 4）匿名化或去标识化处理后的数据集重新识别出个人信息主体或与其他数据集汇聚后重新识别出个人信息主体的风险； 5）共享、转让、公开披露个人信息对个人信息主体合法权益可能产生的不利影响； 6）发生安全事件时，对个人信息主体合法权益可能产生的不利影响。 c）在产品或服务发布前，或功能发生重大变化时，应进行个人信息安全影响评估；	11.4 开展个人信息安全影响评估 对个人信息控制者的要求包括： a）应建立个人信息安全影响评估制度，评估并处置个人信息处理活动存在的安全风险。 b）个人信息安全影响评估应主要评估处理活动遵循个人信息安全基本原则的情况，以及个人信息处理活动对个人信息主体合法权益的影响，内容包括但不限于： 1）个人信息收集环节是否遵循目的明确、选择同意、最小必要等原则； 2）个人信息处理是否可能对个人信息主体合法权益造成不利影响，包括是否会危害人身和财产安全、损害个人名誉和身心健康、导致差别性待遇等； 3）个人信息安全措施的有效性； 4）匿名化或去标识化处理后的数据集重新识别出个人信息主体或与其他数据集汇聚后重新识别出个人信息主体的风险； 5）共享、转让、公开披露个人信息对个人信息主体合法权益可能产生的不利影响； 6）发生安全事件时，对个人信息主体合法权益可能产生的不利影响。 c）在产品或服务发布前，或业务功能发生重大变化时，应进行个人信息安全影响评估。

续表

《个人信息安全规范（征求意见稿）》（2019. 10. 22 版）	《个人信息安全规范》
d）在法律法规有新的要求时，或在业务模式、信息系统、运行环境发生重大变更时，或发生重大个人信息安全事件时，应进行个人信息安全影响评估。 e）形成个人信息安全影响评估报告，并以此采取保护个人信息主体的措施，使风险降低到可接受的水平。 f）妥善留存个人信息安全影响评估报告，确保可供相关方查阅，并以适宜的形式对外公开。	d）在法律法规有新的要求时，或在业务模式、信息系统、运行环境发生重大变更时，或发生重大个人信息安全事件时，应进行个人信息安全影响评估。 e）形成个人信息安全影响评估报告，并以此采取保护个人信息主体的措施，使风险降低到可接受的水平。 f）妥善留存个人信息安全影响评估报告，确保可供相关方查阅，并以适宜的形式对外公开。
10. 5 数据安全能力 个人信息控制者应根据有关国家标准的要求，建立适当的数据安全能力，落实必要的管理和技术措施，防止个人信息的泄漏、损毁、丢失、篡改。	11. 5 数据安全能力 个人信息控制者应根据有关国家标准的要求，建立适当的数据安全能力，落实必要的管理和技术措施，防止个人信息的泄漏、损毁、丢失、篡改。
10. 6 人员管理与培训 对个人信息控制者的要求包括： a）应与从事个人信息处理岗位上的相关人员签署保密协议，对大量接触个人敏感信息的人员进行背景审查，以了解其犯罪记录、诚信状况等； b）应明确内部涉及个人信息处理不同岗位的安全职责，建立发生安全事件的处罚机制； c）应要求个人信息处理岗位上的相关人员在调离岗位或终止劳动合同时，继续履行保密义务； d）应明确可能访问个人信息的外部服务人员应遵守的个人信息安全要求，与其签署保密协议，并进行监督； e）应建立相应的内部制度和政策对员工提出个人信息保护的指引和要求； f）应定期（至少每年一次）或在隐私政策发生重大变化时，对个人信息处理岗位上的相关人员开展个人信息安全专业化培训和考核，确保相关人员熟练掌握隐私政策和相关规程。	11. 6 人员管理与培训 对个人信息控制者的要求包括： a）应与从事个人信息处理岗位上的相关人员签署保密协议，对大量接触个人敏感信息的人员进行背景审查，以了解其犯罪记录、诚信状况等； b）应明确内部涉及个人信息处理不同岗位的安全职责，建立发生安全事件的处罚机制； c）应要求个人信息处理岗位上的相关人员在调离岗位或终止劳动合同时，继续履行保密义务； d）应明确可能访问个人信息的外部服务人员应遵守的个人信息安全要求，与其签署保密协议，并进行监督； e）应建立相应的内部制度和政策对员工提出个人信息保护的指引和要求； f）应定期（至少每年一次）或在个人信息保护政策发生重大变化时，对个人信息处理岗位上的相关人员开展个人信息安全专业化培训和考核，确保相关人员熟练掌握个人信息保护政策和相关规程。

续表

《个人信息安全规范（征求意见稿）》（2019.10.22 版）	《个人信息安全规范》
10.7 安全审计 对个人信息控制者的要求包括： a）应对隐私政策和相关规程和安全措施的有效性进行审计； b）应采取建立自动化审计系统等方式，监测记录个人信息处理活动； c）审计过程形成的记录应能对安全事件的处置、应急响应和事后调查提供支撑； d）应防止非授权访问、篡改或删除审计记录； e）应及时处理审计过程中发现的个人信息违规使用、滥用等情况； f）审计记录和留存时间应符合法律法规的要求。	11.7 安全审计 对个人信息控制者的要求包括： a）应对个人信息保护政策、相关规程和安全措施的有效性进行审计； b）应建立自动化审计系统，监测记录个人信息处理活动； c）审计过程形成的记录应能对安全事件的处置、应急响应和事后调查提供支撑； d）应防止非授权访问、篡改或删除审计记录； e）应及时处理审计过程中发现的个人信息违规使用、滥用等情况； f）审计记录和留存时间应符合法律法规的要求。

图书在版编目（CIP）数据

数据保护：合规指引与规则解析／刘新宇主编．—北京：中国法制出版社，2020.8
（网络信息法丛书）
ISBN 978－7－5216－1214－1

Ⅰ.①数… Ⅱ.①刘… Ⅲ.①互联网络－个人信息－隐私权－法律保护－研究－中国 Ⅳ.①D923.04

中国版本图书馆 CIP 数据核字（2020）第 134890 号

策划编辑 李小草 韩璐玮（hailuwei666@163.com）
责任编辑 韩璐玮 王紫晶　　封面设计 李 宁

数据保护：合规指引与规则解析
SHUJU BAOHU：HEGUI ZHIYIN YU GUIZE JIEXI

主编／刘新宇
经销／新华书店
印刷／三河市国英印务有限公司
开本／710 毫米×1000 毫米 16 开　　印张／29 字数／378 千
版次／2020 年 8 月第 1 版　　2020 年 8 月第 1 次印刷

中国法制出版社出版
书号 ISBN 978－7－5216－1214－1　　定价：89.00 元

北京西单横二条 2 号
邮政编码 100031　　传真：010－66031119
网址：http：//www.zgfzs.com　　**编辑部电话：010－66070084**
市场营销部电话：010－66033393　　**邮购部电话：010－66033288**

（如有印装质量问题，请与本社印务部联系调换。电话：010－66032926）